HEYNE <

JÜRGEN ROTH

DER TIEFE STAAT

Die Unterwanderung der Demokratie durch Geheimdienste, politische Komplizen und den rechten Mob

Wilhelm Heyne Verlag
München

Die Verlagsgruppe Random House weist ausdrücklich darauf hin, dass im Text enthaltene externe Links vom Verlag nur bis zum Zeitpunkt der Buchveröffentlichung eingesehen werden konnten. Auf spätere Veränderungen hat der Verlag keinerlei Einfluss. Eine Haftung des Verlags für externe Links ist stets ausgeschlossen.

FSC
www.fsc.org
MIX
Papier aus verantwortungsvollen Quellen
FSC® C014496

Verlagsgruppe Random House FSC® N001967

Redaktion: Thomas Bertram
Umschlaggestaltung: Hauptmann & Kompanie Werbeagentur, Zürich
Satz: EDV-Fotosatz Huber/Verlagsservice G. Pfeifer, Germering
Druck und Bindung: GGP Media GmbH, Pößneck
Printed in Germany 2016
ISBN: 978-3-453-20113-2

www.heyne.de

INHALT

»Unsere Welt verändert sich gerade auf eine Weise, die Ängste wiederaufleben lässt, die zu Hitlers Zeiten vertraut waren und auf die Hitler eine Antwort gab. Die Geschichte des Holocaust ist nicht vorbei. Er ist ein Präzedenzfall, der ewig währt, und seine Lektionen haben wir noch nicht gelernt.«

Timothy Snyder, 2015

VORWORT

Das stetige Schwinden von Freiheit und Brüderlichkeit

Verabschieden wir uns endlich von den Träumereien und dem idealistischen Glauben, dass es in diesen Zeiten eine gerechte und humane Gesellschaft geben könne. Es ist vergeudete Lebenszeit. »Leben einzeln und frei wie ein Baum, und dabei brüderlich wie ein Wald, diese Sehnsucht ist unser.«[1] Aus dem umfangreichen Werk des türkischen Lyrikers Nazim Hikmet ist das der einzige Satz, der in Deutschland auffällig häufig zitiert wird. Das spricht dafür, dass er die Sehnsüchte und Hoffnungen vieler Bürgerinnen und Bürger nach gesellschaftlichen Veränderungen widerspiegelt. Aber seien wir ausnahmsweise einmal ehrlich. Diese Sehnsucht nach Freiheit und Brüderlichkeit ist wie ein bunter Schmetterling, der, kaum zum Leben erwacht, schon wieder sterbend zu Boden taumelt. Eine vergiftete Atmosphäre entzieht ihm jegliche Überlebenschancen.

In dieser vergifteten Atmosphäre herrscht klirrende soziale Kälte, ist rassistische Gewalt alltäglich, während gleichzeitig Demokratieentleerung und Bürgerwut dramatisch zunehmen.

Die vergiftete Atmosphäre ist ein idealer Lebensraum für Menschen, die, wie eine Sandra, bedenkenlos fordern: »Buchenwald auf machen und weg damit!!!« Buchenwald war während der NS-Zeit ein berüchtigtes Konzentrationslager. Maja postete kurzerhand: »Ab aufs Meer mit denen. Das nimmt noch genug Asylanten auf.« Ein Torsten aus Berlin schrieb: »Kann man die nicht einfach anzünden und sagen die haben sich verbrannt beim sonnen.« Oder Manuel M.: »Deutschland braucht mehr Züge die mit pack gefüllt werden und dann direkt in die Gaskammer oder den Hochofen entfernt.« Daraufhin antwortete ihm ein Dirk L.: »Stimmt genau. Ich melde mich auch freiwillig als oberster Begrüßer an der Rampe.« Was alle verbindet? Es sind junge Frauen und Männer, die sich mit ihren kleinen Kindern oder mit putzigen Tierfotos auf Facebook präsentieren.

Solch eine verbale Barbarei als Sprüche einzelner, sozial und psychisch schwer gestörter Menschen zu verharmlosen wäre eine bequeme Diagnose, aber politisch wie gesellschaftlich brandgefährlich. Diese Stimmen sind in Wirklichkeit nur die zugespitzte Stumpfsinnigkeit unterschwellig vorhandener menschenfeindlicher und nationalistischer Einstellungen in viel breiteren Bevölkerungskreisen, als wir es uns bislang vorzustellen wagten.

Die Eskalationsstufen, die diese Einstellungen auslösen, sind spätestens Anfang der Neunzigerjahre bekannt. Erst werden von rechtsradikalen (NPD), klerikal-konservativen (CSU) und rechtspopulistischen Politikerinnen und Politikern (Alternative für Deutschland, AfD) Ressentiments geschürt, in diesem Fall gegen Asylsuchende und/oder Migranten. Dann wird gegen sie demonstriert. Seit Mitte September 2015 gehen Zehntausende sogenannter »besorgter Bürger« in symbiotischer Eintracht mit Neonazis fast täglich auf die

Straße, insbesondere in den neuen Bundesländern, mit dem Ziel, die hier Schutz suchenden Menschen zu vertreiben.

Dann werden Flüchtlingsheime angezündet, Flüchtlinge, Migranten und politische Gegner des rechten Mobs attackiert. In der Nacht zum 11. Oktober 2015, um nur ein Beispiel von vielen zu nennen, sprühten in Erfurt Unbekannte an das Wahlkreisbüro der Thüringer Landtagsabgeordneten Katharina König (Die Linke) die Neonazi-Parolen »Judenhure« sowie zwei Hakenkreuze und einen Davidstern. Ein anderes Gebäude in Erfurt wurde mit dem Davidstern und dem Wort »Juden« markiert.

Und es ist nur eine Frage der Zeit, wann wieder die ersten Todesopfer zu beklagen sein werden. Erinnerungen an die Dreißigerjahre werden zwangsläufig wach. Lebt dieser rassistische und nationalistische Geist immer noch und wenn ja, warum? Auch diese Frage soll in diesem Buch beantwortet werden.

Blanker Hass schlägt darüber hinaus demjenigen entgegen, der Flüchtlinge unterstützt und/oder sich gegen Fremdenfeindlichkeit engagiert. »Jetzt den Mund aufzumachen ist lebensgefährlich«, sagt Karen Larisch, die in Güstrow (Mecklenburg-Vorpommern) die soziale Hilfsorganisation »Villa Kunterbündnis« gegründet hat. Sie wurde bereits mehrmals zusammengeschlagen, mit dem Tod bedroht und steht deshalb unter Polizeischutz.[2] Dem Initiator einer Petition für die Initiative »HeimeOhneHass«, die sich gegen fremdenfeindliche Demonstrationen vor Flüchtlingsheimen richtete, wurde die Ermordung seiner Eltern und Geschwister angekündigt. Er hat daraufhin sein Engagement eingestellt.

Ines Kummer ist eine engagierte Grünen-Politikerin aus Freital in Sachsen, die sich für Flüchtlinge einsetzt. Sie schrieb am 22. Oktober 2015 auf ihrer Facebook-Seite einen erschütternden Kommentar. »Fremdenfeindlichkeit ist in Freital allgegenwärtig. Wiederholt wurden mein Pflegesohn und ich beleidigt und bepöbelt. Und nur auf Grund der Tatsache, dass er nicht weiß ist. Ihm wurden Prügel angedroht, unterlegt mit den Worten: ›Ich hasse Flüchtlinge und die Politik‹. Und ich musste mir anhören: ›Und du, Alte, was glotzt du da noch so blöd, willste auch was drauf ham?‹ Mein Pflegesohn sagte mir heute noch: ›Muddy, ich bin so traurig, dass die Menschen wegschauen, wenn ich beschimpft werde. Ich bin doch kein schlechter Mensch.‹ Mir zerreißt es das Herz. Ich bin immer noch wütend. Wütend auf diese jungen, Bier trinkenden Leute. Und ich werde meine Klappe nicht halten. Ich mach sie auf gegen Rassismus und Fremdenfeindlichkeit. Und ich hoffe, es bekommen in Freital endlich mal mehr Menschen ihren Hintern hoch und machen ihren Mund auf gegen diesen Fremdenhass, für Menschlichkeit und Respekt.«

Wo bleibt in dieser vergifteten Atmosphäre der öffentliche Aufschrei? Wo die nachhaltige Verdammung des rechten Mobs durch führende Regierungspolitiker? Insbesondere Politiker der CDU/CSU hüllen sich mehr oder weniger in feiges Schweigen. Der Verdacht ist daher nicht von der Hand zu weisen, dass einigen politisch-konservativen Entscheidungsträgern diese menschenfeindliche Stimmung durchaus ins politische Kalkül passt, weil sich der Hass gegen die Schwächsten der Gesellschaft richtet und zum Beispiel nicht gegen jene Kräfte, die ihre wirtschaftliche Macht missbrauchen, weil Gemeinwohl für sie ein Fremdwort ist. Denn, so stellt Armen Avanessian für *Zeit Online* fest, »der Kapitalismus war und ist – und wird es bis in seine letzten Züge bleiben – ein auf systematischer Ungerechtigkeit und strukturellem Rassismus aufbauendes Wirtschaftssystem, das naturgemäß zu Migrationsbewegungen der Ausgebeuteten führt.«[3]

Wie weltfremd ist daher der Satz des türkischen Lyrikers Nazim Hikmet: »Leben einzeln und frei wie ein Baum, und dabei brüderlich wie ein Wald, diese Sehnsucht ist unser.«

Liberté, Égalité, Fraternité – drei bedeutungsschwere Wörter. Tatsächlich ist diese Parole aus der Französischen Revolution heutzutage nicht mehr als eine wohlfeile Sprechblase. Bevorzugt zitiert wird sie bei festlichen politischen oder kulturellen Inszenierungen, wie weiland durch Gerhard Schröder (SPD), den »Genossen der Bosse«, am 22. Januar 2003 in Versailles. Damals war er noch Bundeskanzler. Anlässlich des 40. Jahrestages der Unterzeichnung des Élysée-Vertrages äußerte er sich über Freiheit, Gleichheit und Brüderlichkeit:

> »Sie sind die gemeinsame Grundlage für unsere gemeinsame Politik in unseren beiden Ländern, in Europa und darüber hinaus. Sie sind Grundlage und Leitbild dessen, was wir in den vergangenen 40 Jahren miteinander erreicht haben, wie auch dessen, was wir in der Zukunft auf unserem gemeinsamen Kontinent miteinander ins Werk setzen können und gewiss auch wollen.«[4]

Von wegen wollen. Realität ist, dass es im 21. Jahrhundert noch nicht einmal im demokratisch organisierten Europa möglich ist, Freiheit, Gleichheit und Brüderlichkeit in konkrete gesellschaftliche wie politische Wirklichkeit umzusetzen. Das krasse Gegenteil ist der Fall. Während Rechtsextremismus und Rechtspopulismus in Deutschland wie in Österreich zusammenwachsen, drohen rechtsradikale Parteien in Europa an die Macht zu kommen.

Institutioneller Rassismus, Menschenfeindlichkeit und soziale Spaltung verdrängen Gleichheit und Brüderlichkeit. Und Freiheit, dieses Wort, das von Bundespräsident Joachim Gauck als Maxime der Demokratie zitiert wird? Ja, die gibt es tatsächlich – leider aber auch für Mitglieder der rechtsradikalen Partei Die Rechte. Sie patrouillieren in einheitlichen T-Shirts durch den Stadtteil Dortmund-Dorstfeld, einer »National Befreiten Zone«, wie sie es nennen, hetzen gegen Migranten, ziehen vor Asylbewerberheime, spähen ihre politischen Gegner aus, bedrohen sie oder schlagen sie zusammen. Sie haben ein Klima der Angst geschaffen. Und Dortmund ist nur ein Beispiel von vielen dafür, dass die Trias Freiheit, Gleichheit und Brüderlichkeit ein Traum geblieben ist.

Und da wäre man bei einigen strukturell-politischen Ursachen, die mit der politischen Situation in Deutschland oder Österreich zu tun haben. Dazu gehört sicher die scheinheilige Doppelmoral einiger Repräsentanten (oder Ex-Repräsentanten) des Staates, eine Doppelmoral, an die sich die Bürger längst gewöhnt haben. Bei geheimen Machtstrukturen, die eine lange, unselige Tradition haben, sieht das schon ganz anders aus. Davon wissen die Bürger kaum etwas. Dafür wiederum umso mehr davon, dass sie mit politischen Lügen oder Halbwahrheiten abgespeist werden. Sie erleben es selbst, oder sie lesen in den seriösen Medien (sofern sie die überhaupt lesen) von staatlicher Willkür, sozialer Deklassierung, Demütigung, hemmungsloser Raffgier und Korruption sowie Amts- und Machtmissbrauch. Diese Erfahrungen führen bei ihnen dazu, dass der soziale und demokratische Rechtsstaat nur noch als prächtige Fassade wahrgenommen wird.

Ob diese subjektiven Wahrnehmungen den Tatsachen entsprechen, steht auf einem anderen Blatt, doch sie prägen ein grundsätzliches Einstellungsmuster gegenüber dem demokratischen Staat – Ablehnung, was rechtsradikale oder rechtspopulistische Heilsbringer und deren Handlanger schamlos auszubeuten wissen. Das war schon immer so, und warum sollte sich im 21. Jahrhundert daran etwas ändern?

Schließlich gibt es noch ein Element, das dafür verantwortlich ist, dass das gesamte demokratische Gebäude einzustürzen droht. Es geht um verborgene Machtstrukturen, welche die Verfassung und eine lebendige Demokratie außer Kraft setzen wollen, die durch ihr Handeln aktiv die demokratische Zivilgesellschaft bekämpfen, quasi einen Staat im Staat bilden konnten.

Ein Rückblick in die jüngere deutsche Geschichte zeigt, dass sich seit der Befreiung vom Nationalsozialismus und der Gründung der Bundesrepublik im Jahr 1949 bis in die späten Achtzigerjahre tatsächlich geheime Machtstrukturen bilden konnten. Sie waren maßgeblich durch ehemalige Nazi-Verbrecher, Geheimdienste, rechtsradikale Terroristen und nationalkonservative Politiker geprägt. Diese Machtstrukturen sind durch ihren politischen Fingerabdruck nachzuweisen. Ihre wichtigsten Erkennungsmerkmale sind institutioneller Rassismus, Elitismus, völkischer Nationalismus, Autoritarismus und Menschenfeindlichkeit. Und heute? Niemand wird bezweifeln wollen, dass es eine gefährliche Schnittmenge zwischen nationalkonservativen Bewegungen und Parteien und neofaschistischen Organisationen gibt, deren Protagonisten sich immer erfolgreicher in den politischen und gesellschaftlichen Vordergrund schieben. Fest steht ebenso, dass nicht nur in Deutschland, sondern in ganz Europa ein ausgeprägtes völkisches, antidemokratisches und rassistisches Milieu an Bedeutung gewinnt, in dem der politische Fingerabdruck (institutioneller Rassismus, Elitismus, Autoritarismus, völkischer Nationalismus und Menschenfeindlichkeit) wiederzufinden ist. Da stellt sich zwangsläufig die ketzerische Frage, ob demokratisch nicht legitimierte Machtstrukturen auch heute noch dieses Milieu düngen, um politisch und wirtschaftlich nicht genehme Entwicklungen, wie eine humane, soziale und demokratische Gesellschaft, zu verhindern.

Mit dieser Frage nähert man sich der auch in Deutschland sehr heftig geführten kontroversen Diskussion um den sogenannten Tiefen Staat. Für die unsäglichen Verschwörungstheoretiker ist er eine Wundertüte, um ihr simpel gestricktes Weltbild zu bestätigen. Was ist jedoch tatsächlich mit diesem Begriff verbunden? Gemeinhin wird unter dem Tiefen Staat verstanden, dass neben den funktionierenden staatlichen Institutionen eine demokratisch nicht kontrollierbare Struktur innerhalb der legitimen staatlichen Institutionen ein Eigenleben führt. Sie besteht in der Regel aus Nachrichtendiensten, Unternehmern, Polizei, Rechtsextremisten und Politikern, die außerhalb der Legalität agieren und sich jeglicher parlamentarischen Kontrolle entziehen können. Zentrales Ziel der Protagonisten des sogenannten Tiefen Staates war seit Anfang der Fünfzigerjahre zum einen, gegen einen Angriff der Sowjetunion gewappnet zu sein, und zum anderem die Bekämpfung systemkritischer Bewegungen oder Parteien und die Absicherung der Herrschaft der nationalen Eliten, sollten sich diese existenziell bedroht fühlen.

Das in der Vergangenheit in einzelnen europäischen Ländern ganz sicher eine solche geheime Organisation agierte, unter anderem in der Türkei, in Griechenland, Italien, Belgien, Österreich, der Schweiz oder Luxemburg, steht inzwischen außer Frage. Aber ist sie auch heute noch in Deutschland aktiv? Professor Hajo Funke, der bis zu seiner Emeritierung im Jahr 2010 an der Freien Universität Berlin Politikwissenschaft lehrte und ein angesehener Experte für Rechtsextremismus ist, sagt:

> »Tiefer Staat meint für Deutschland: eine eigene Struktur, die nicht kontrolliert wird, die nicht rechtsstaatlich eingebunden ist, in der diese tiefe Struktur nach eigenen Opportunitätsgesichtspunkten handeln und walten kann. Ohne rechtsstaatliche Einhegung und ohne Kontrolle durch die gewaltengeteilte Demokratie.«[5]

Dieser Tiefe Staat, wie ihn Hajo Funke definiert, ist jedoch nur dann möglich, wenn es, wie in Deutschland, eine gefährliche demokratiefeindliche Unterströmung in der Gesellschaft gibt. Diese bezieht einerseits ihre gewaltige Kraft aus einer steigenden Zahl von Bürgern am nationalkonservativen und rechtsradikalen Rand, die das demokratische System verachten und mit allen ihnen zur Verfügung stehenden Mitteln bekämpfen. Andererseits muss diese Unterströmung von bestimmten wirtschaftlichen, politischen und nachrichtendienstlichen Zirkeln angetrieben werden, damit diese geheime Struktur ihr Ziel erreichen kann.

DER STAAT UND SEINE SCHMUTZIGEN GEHEIMNISSE

Eher unbedacht löste die baden-württembergische Integrationsministerin Bilkay Öney eine Diskussion um den klassischen Tiefen Staat aus. Die Online-Ausgabe der Zeitung *Hürriyet* zitierte sie am 4. März 2012 im Zusammenhang mit dem rechtsextremen Terrornetzwerk Nationalsozialistischer Untergrund (NSU) mit den folgenden Worten:

> »Den Staat im Staate gibt es auch in Deutschland. Er funktioniert geheim und heimtückisch. Um die Nazis unter Kontrolle zu halten, gab Deutschland den Nazis Geld und machte aus ihnen Spione. Die gleichen Spione wurden von Nazis gegen hohe Gelder ausgenutzt. Also spielten sie ein Doppelspiel. Das Ergebnis ist, dass sie uns kontrollierten. Nicht wir sie. Nun versuchen wir, diese Blamage zu unterbinden.«

In einem früheren Zeitungsartikel zum Thema NPD hatte Öney schon einmal den Tiefen Staat erwähnt:

> »Den Tiefen Staat gibt es überall, aber es gibt keinen Staat, der über den ›Tiefen Staat‹ spricht. Die seit 2000 verübte Mordserie muss aufgeklärt werden. Damit zukünftig keine weiteren Menschen ermordet werden, trägt der Staat eine große Verantwortung. Ich appelliere an den Staat, seinen Verpflichtungen nachzukommen. Man muss sich mit dem Rassismus auseinandersetzen.«[6]

Die Entrüstung über die für eine Ministerin ungewöhnlichen Aussagen war kolossal, insbesondere natürlich in der CDU. Peter Hauk, der CDU-Fraktionsvorsitzende im baden-württembergischen Landtag, warf ihr vor, sie erschüttere absichtlich das Vertrauen von Einwanderern in den deutschen Staat.

Sein Kollege Bernhard Lasotta, der Integrationspolitische Sprecher der CDU-Landtagsfraktion in Stuttgart, schlug in die gleiche Kerbe:

> »Hinzu kommt, dass es für die Existenz eines ›Tiefen Staates‹ in Deutschland keine Anhaltspunkte gibt. Ihre Ausführungen erscheinen deshalb irrational. Außerdem unterstellen die Äußerungen offensichtlich fehlende Rechtsstaatlichkeit und mafiose Strukturen in Deutschland. Das schädigt das Ansehen der Bundesrepublik Deutschland und des Landes Baden-Württemberg.«[7]

Nach der Sturmflut der Kritik entschuldigte sich Bilkay Öney für den Vergleich:

> »Ich habe bereits mehrfach klargestellt, dass ich keinerlei Thesen zu einem Tiefen Staat in Deutschland vertrete. Es ging um Ermittlungsfehler im Rahmen der NSU-Mordserie. (…) Die Aussage Tiefer Staat wurde falsch verstan-

> den. Indem die CDU mit den Wörtern spielt, versucht sie, meine Staatstreue zu prüfen.«[8]

Unterstützung bekommt sie Jahre später von Micha Brumlik, der an der Frankfurter Johann-Wolfgang-Goethe-Universität Professor für Erziehungswissenschaft war, sowie von Professor Hajo Funke. Beide sind unbestrittene Experten im Bereich Rechtsextremismus. Für sie gibt es einen Tiefen Staat. Denn die Nichtaufklärung der Morde des Nationalsozialistischen Untergrunds (NSU) zeige, wie der sogenannte Tiefe Staat in Deutschland funktioniere. Das schrieben sie am 25. April 2014 in einem Kommentar der *taz* und begründeten es folgendermaßen:

> »Die nicht anders als kriminell zu bezeichnende Energie aber, mit der die Sicherheitsexekutive und ihre parlamentarischen Wasserträger die Aufklärung des NSU-Skandals verhindern wollen, gefährdet die bundesrepublikanische Verfassung, unterhöhlt das Vertrauen der Bürger in die Demokratie und schafft eine Sphäre jenseits des Rechtsstaates.«

Rolf Gössner ist Rechtsanwalt, Publizist und langjähriges Präsidiumsmitglied der Internationalen Liga für Menschenrechte. Und weil er eher der linken Szene zugeordnet wird, genoss er das zweifelhafte Vergnügen, jahrelang vom Verfassungsschutz beobachtet zu werden. Er spricht ebenfalls von einem System, das sich hinter dem NSU verbirgt – und verbindet es mit dem Tiefen Staat:

> »Dieses System ist ein Geheimsystem, das mit den technologischen Möglichkeiten des digitalen Zeitalters Gesellschaften und Demokratien auf immer aggressivere Weise

> durchsetzt. Der ›Tiefe Staat‹ lässt grüßen. Dafür verantwortlich sind Bundesregierungen und Parlamentsmehrheiten, die dieses System aufrechterhalten und wuchern lassen – trotz aller Gefährdungen des demokratischen Rechtsstaats und seiner Bürger, trotz millionenfacher Verletzung ihrer Freiheitsrechte und Privatsphäre.«[9]

Sind das alles maßlose Übertreibungen, ideologisch eingetrübte Erkenntnisse? Am besten wir nähern uns einfach einmal dem Wahrheitsgehalt dieser Aussagen.

Der Verfassungsschutz sei ein im Kalten Krieg geprägter antikommunistischer Inlandsgeheimdienst, der, so sieht es jedenfalls Rolf Gössner, »nicht nur eine lange Skandalgeschichte hat und immer wieder Bürger- und Persönlichkeitsrechte verletzt. Er gefährdet selbst die Verfassung und Demokratie.«[10] Reflektieren diese scharfen Worte tatsächlich die Wirklichkeit? Denn natürlich ist ein Geheimdienst kein Ort für tugendhafte Moralisten, seine Mitarbeiter zeichnen sich eher durch eine professionelle Amoralität aus. Gert René Polli, der ehemalige Chef des österreichischen Nachrichtendienstes (BVT), muss es wissen. Er sagt über das Treiben der Nachrichtendienste im Allgemeinen:

> »Es geht um Manipulation von Massen, die Zementierung von Feindbildern und die Vorbereitung von ansonsten schwer zu argumentierenden politischen Maßnahmen. Nachrichtendienste nutzen Medien, um Kritiker mundtot zu machen, Aktienkurse zu drücken, NGOs mit politischen Aufgaben einzurichten, Geld im großen Stil zu waschen oder schlicht falsche Spuren zu legen.«[11]

Das führt im Zusammenhang mit dem Tiefen Staat beziehungsweise besser dem Staat im Staate zu der Frage, ob in

Europa und Deutschland ein geheimes Netzwerk agierte, eine Art Geheimorganisation, die ohne Wissen der Parlamentarier oder der Regierungen Wurzeln schlagen konnte. Eine Geheimorganisation, die sich seit mehreren Jahrzehnten jeglicher demokratischer Kontrolle entziehen konnte und von Geheimdiensten in Zusammenarbeit mit der NATO geleitet wurde. Diese Geheimorganisation wurde mit blutigen Terrorakten in Verbindung gebracht. Sie konnte illegal in das politische Leben demokratischer Staaten eingreifen und könnte es heute noch. Sie operiert außerhalb jeglicher Legalität und entwickelte gefährliche Angriffskapazitäten gegen demokratische Strukturen. Und das mitten im Herzen Europas, diesem Vorbild für alle nichtdemokratischen Nationen. Gab es eine solche Organisation tatsächlich?

Diese haarsträubend klingenden Vorwürfe hinsichtlich der Existenz einer Geheimorganisation mit engen Verbindungen von Geheimdiensten zu rechtsradikalen Terroristen wurden in einer Entschließung des Europäischen Parlaments vom 22. November 1990 erhoben.[12] In dieser Entschließung wurden die EU-Mitgliedstaaten aufgefordert, alle erforderlichen Maßnahmen zu ergreifen, gegebenenfalls im Rahmen eines parlamentarischen Untersuchungsausschusses, um eine komplette Bestandsaufnahme dieser Organisation zu erstellen. Gleichzeitig sollten ihre Verbindungen zu den jeweiligen Geheimdiensten, den terroristischen Aktionsgruppen und ihre Affinität mit anderen illegalen Praktiken überprüft werden. Geschehen ist das mit wenigen Ausnahmen, wie in Italien, Belgien und der Schweiz, bis heute aus guten Gründen nicht. Niemand sollte erfahren, dass die Geheimdienste eine wesentliche Rolle dabei gespielt hatten und bis heute spielen, zum Beispiel im Zusammenhang mit dem Nationalsozialistischen Untergrund (NSU). Doch dazu später mehr.

Das Nazi-Netzwerk der CIA im Nachkriegsdeutschland

Um was geht es eigentlich? Hinter der vom Europäischen Parlament erwähnten Geheimorganisation Gladio verbarg sich eine Organisation, die von den USA bereits kurz nach dem Ende des Zweiten Weltkriegs in Europa installiert wurde. Die Rede ist von der Stay-behind-Organisation, die erst Anfang der Neunzigerjahre als Gladio (benannt nach dem Kurzschwert der Römer für den Nahkampf) in Europa und Deutschland für viele Schlagzeilen sorgen sollte und die der Auslöser der Entschließung des Europäischen Parlaments war.

Eigentlich begann alles bereits kurz nach dem Ende der Nazi-Diktatur im Jahr 1945. Der Westen Deutschlands war zwar von einer Diktatur befreit, aber der ideologische Konflikt zwischen den USA und der Sowjetunion, die Ostdeutschland besetzt hielt, schwelte dafür umso heftiger. Der Diktator Josef Stalin und die Sowjetunion wurden für die USA zum Hauptgegner, insbesondere nach der Berlin-Blockade im Sommer 1948 durch die sowjetischen Truppen.

In dieser Phase verabschiedete der amerikanische Nationale Sicherheitsrat weitreichende Beschlüsse. In ihnen wurden die Aufgaben des US-Geheimdienstes im weltweiten »Kampf gegen den Kommunismus« definiert. Dazu waren folgende Methoden ausdrücklich erlaubt: Propaganda, Wirtschaftskrieg, vorbeugende Direktmaßnahmen einschließlich Sabotage, Anti-Sabotage, Zerstörung, Evakuierungsmaßnahmen. Außerdem gehörte die Subversion in feindlichen Staaten dazu, einschließlich der Unterstützung für im Untergrund operierende Widerstandsbewegungen, Guerillakräfte und Gefangenenbefreiungskommandos, sowie die Unterstützung einheimischer antikommunistischer Kräfte in bedrohten

Ländern der westlichen Welt. Hinter diesem Beschluss habe der Plan der US-Regierung gestanden, die Sowjetunion mit Atomwaffen anzugreifen, schreibt Christopher Simpson in seinem 1988 erschienenen Buch *Der amerikanische Bumerang. NS-Kriegsverbrecher im Sold der USA*, um danach mithilfe einer Guerillaarmee die Ordnung in Europa aufrechtzuerhalten:

> »Jeder Aspekt der atomaren Politik der USA war von strengster Geheimhaltung umgeben, und dass die Vereinigten Staaten eine Emigrantenarmee für den Einsatz nach einem nuklearen Angriff auf die UdSSR ausbildeten, gehörte zu den am besten gehüteten Geheimnissen.«[13]

Insgesamt rekrutierte der US-Geheimdienst CIA mindestens tausend ehemalige Nazi-Offiziere, Angehörige von Gestapo und SS, für Aktionen gegen die Sowjetunion, also Personen, die bereits während der nationalsozialistischen Terrorherrschaft ihr Mordhandwerk ausgeübt hatten. Sie wurden kurzerhand in die US-Atomstrategie integriert. Ihre kriminelle Vergangenheit, das heißt ihre Beteiligung an Massenmorden, wurde im Kampf gegen den Kommunismus nicht nur schlichtweg ausgeblendet, sondern gezielt für den antikommunistischen Kampf eingesetzt. Es waren jene Kräfte darunter, die in den nächsten Jahrzehnten die politische Kultur Deutschlands erheblich beeinflussen sollten. In Westdeutschland gehörten unter anderem Reinhard Gehlen, ein ehemaliger Generalmajor der Wehrmacht, und der SS-Offizier Klaus Barbie dazu. Barbie, der »Schlächter von Lyon«, war verantwortlich für die Ermordung von über 4000 Widerstandskämpfern und Juden. Reinhard Gehlen hingegen war Chef der Abteilung Fremde Heere Ost (FHO) im Generalstab des Heeres und Leiter der Aufklärung für den Ostfeldzug der deutschen Wehrmacht.

Später war er für die brutale Befragung russischer Kriegsgefangener zuständig.

Am 20. Mai 1945 stellte Gehlen sich freiwillig dem Counter Intelligence Corps (CIC) der USA, dem Gegenspionagekorps der Armee, und wurde sofort engagiert. Gehlen hatte sich bereits seit dem Herbst 1944, angesichts der sich abzeichnenden Niederlage Nazi-Deutschlands, darauf vorbereitet, zu den Amerikanern überzulaufen. Bei denen war er begehrt, weil er brisante Unterlagen lieferte, wie das Archiv der Fremde Heere Ost (FHO): Dokumente über Offiziere und Mannschaften, Bewaffnung und Munition der Roten Armee.

Auch Klaus Barbie wurde vom CIC rekrutiert und vor den Ermittlern versteckt, um danach, im Jahr 1951, von Europa nach Argentinien flüchten zu können. Reinhard Gehlen leitete ab 1947 die sogenannte Organisation Gehlen, die Vorläuferorganisation des heutigen Bundesnachrichtendienstes (BND). Das Personal für die Organisation Gehlen suchte ein früherer SS-Scherge aus, einst ein Freund des Chefs des Reichssicherheitshauptamtes Reinhard Heydrich. 1947 bezog die Organisation in Pullach bei München ihr Hauptquartier, eine im Jahr 1936 für den Stab des Hitler-Stellvertreters Rudolf Heß errichtete Siedlung. Wegen ihrer tiefbraunen Vergangenheit belasteten Nazi-Größen wurde von Reinhard Gehlen und den Amerikanern zu einer weißen demokratischen Weste verholfen. Dem am 15. September 1949 zum ersten westdeutschen Bundeskanzler gewählten Konrad Adenauer (CDU) konnte das nur recht sein. Er erhielt von der Organisation Gehlen intime Informationen über seine politischen Gegner.

Zur Organisation Gehlen gehörte unter anderem der Philosophieprofessor Franz Six, ehemals SS-Brigadeführer und maßgeblich an der Massenvernichtung von Juden beteiligt. 1946 bereits in der Organisation Gehlen aktiv, wurde er 1948 von einem US-Militärgericht im Nürnberger Einsatzgruppenprozess zu 20 Jahren Haft verurteilt. Doch schon vier Jahre später begnadigte ihn John Jay McCloy, der US-Hochkommissar für Deutschland, obwohl die Kommandoeinheit von Six mindestens 15 000 Juden und Partisanen ermordet hatte. Das war selbstverständlich kein Hindernis für seine weitere Karriere. Wie inzwischen freigegebene CIA-Dokumente belegen, arbeitete er anschließend wieder für Reinhard Gehlen. Gleichzeitig gründete er einen Verlag und hielt als Dozent Vorträge an der Akademie für Führungskräfte der Wirtschaft in Bad Harzburg, an der deutsche Manager für künftige Führungsaufgaben in der deutschen Wirtschaft ausgebildet wurden. Die Akademie war von einem alten SS-Kameraden, Reinhard Höhn, gegründet worden, der sie auch leitete. Gehlen selbst wurde am 1. April 1956 erster Chef des neu gegründeten Bundesnachrichtendienstes, der zukünftigen beruflichen Heimat vieler hochkarätiger Verbrecher des Nazi-Regimes, dem auch Six bis 1957 angehörte, bevor er Chef der Werbeabteilung bei Porsche wurde. Hier, wo während der Nazi-Herrschaft mindestens 300 Zwangsarbeiter geschuftet hatten, wurde der Massenmörder wahrscheinlich nicht schlecht bezahlt. Er starb friedlich in seiner Bozener Villa am 9. Juli 1975.

Ein Jahr nach der Wahl Konrad Adenauers zum Bundeskanzler begann die CIA in vielen westeuropäischen Staaten mit dem Aufbau der Stay-behind-Organisation. Sie sollte bei einer sowjetischen Invasion in den dann von der Roten Armee besetzten Staaten Widerstand leisten. Und Deutschland befand sich im Mittelpunkt Europas. Am 23. Juni 1950 wurde in Frankfurt am Main der Bund Deutscher Jugend (BDJ) gegründet und wenig später der mit dem BDJ in enger Verbindung stehende Technische Dienst, der von der CIA initiiert, finanziert und personell aufgebaut wurde. Leiter des Technischen Dienstes war der BDJ-Funktionär Erhard Peters. Dem BDJ ging es im Wesentlichen darum, durch eigene Konferenzen, das Stören von Veranstaltungen der politischen Gegner, das Überkleben gegnerischer Plakate die damals starke Kommunistische Partei Deutschlands (KPD) zu bekämpfen. Auf Türen vermutlicher Sympathisanten wurden Plakate mit dem Text geklebt: »Ich bin ein Landesverräter. Ich unterstütze die Kommunisten.« Bekannt wurde damals, dass der BDJ anlässlich des BDJ-Pfingsttreffens in Frankfurt am Main vom Bundesministerium des Innern und vom Bundesministerium für gesamtdeutsche Fragen 10 000 Mark erhalten hatte. Bei diesem Treffen am 31. Mai 1952 sprach der Bundestagsabgeordnete und spätere Bundeskanzler Kurt Georg Kiesinger. Aufschlussreich in diesem politischen Klima war eine Bundestagsdebatte am 10. Oktober 1952 in Bonn. Da verteidigte Innenminister Robert Lehr (CDU) den Zuschuss an den BDJ:

> »Die von mir genannten einmaligen Zuwendungen für den BDJ stehen in keinem Verhältnis zu den Millionen, die Monat für Monat zur Unterwühlung der Bundesrepublik und ihrer demokratischen Grundordnung von der Kommunistischen Partei und ihren Hintermännern aufgewendet werden und deren unheilvoller Auswirkung unser Abwehrdienst pflichtgemäß entgegenzutreten hat.«

In einem Bericht des Hessischen Landesamts für Verfassungsschutz vom 19. Dezember 1950 war der BDJ als »stark rechts ausgerichtete Gruppe« bezeichnet worden, die »vorerst« den Rechtsradikalismus ablehne und daher keine akute Bedrohung darstelle.

Der Technische Dienst hingegen war der paramilitärische und rechtsterroristische Kampfverband für den Partisanenkrieg in Deutschland gegen kommunistische Aggressoren. Er wurde, so erinnert sich eine der BDJ-Führungsfiguren, »ein wesentlicher Bestandteil der deutsch-amerikanischen antisowjetischen Abwehr«. Die Mitgliederzahl des Technischen Dienstes lag bei 14 000, zum größten Teil ehemalige Offiziere der Luftwaffe, des Heeres und der Waffen-SS im Alter zwischen 34 und 50 Jahren. Dass in Deutschland eine Untergrundarmee aufgebaut wurde, in der Nationalsozialisten eine entscheidende Rolle spielten, wurde erstmals im Jahr 1952 bekannt. Ein ehemaliger SS-Offizier gestand der Frankfurter Kriminalpolizei am 9. September 1952, er sei Mitglied einer Gruppe, deren Aufgabe es sei, »im Fall eines russischen Vormarsches Sabotageakte durchzuführen und Brücken zu sprengen«. Dafür seien die Mitglieder der Organisation politisch geschult und in der Bedienung von amerikanischen, russischen und deutschen Waffen sowie in der Anwendung militärischer Taktik unterwiesen worden. Die Beteiligten seien »hauptsächlich ehemalige Offiziere der Luftwaffe, des Heeres und der Waffen-SS«. Aber nicht nur um die Bekämpfung einer befürchteten Invasion der Roten Armee ging es, sondern auch um die Bekämpfung der KPD und der SPD.

Die »Partisanen« aus dem Odenwald

Wir schreiben das Jahr 1952. Wald-Michelbach ist eine kleine idyllische Gemeinde im hessischen Odenwald, eingebettet in Wälder und Wiesen. Ein Stützpunkt des BDJ beziehungsweise des Technischen Dienstes war ein Landhaus nahe der Gemeinde. Sein Besitzer war ein Berliner Kammersänger, der es an einen Holzhändler vermietete. Dessen Sohn, zweiter Vorsitzender des BDJ, nutzte das Domizil und ließ zunächst einen US-Bürger einziehen, bei dem es sich um einen Agenten der CIA handelte. Hier wurden dann unter strikter Geheimhaltung Schießübungen abgehalten, an Granatwerfern geübt, mit Sprengmitteln experimentiert, Nachtmärsche absolviert und Ausflüge zum US-Truppenübungsplatz Grafenwöhr unternommen. Die Teilnehmer erhielten kakifarbene Kampfanzüge aus US-Beständen und durften sich nur mit Vornamen anreden. Zum Unterrichtsstoff gehörten auch Foltertechniken.

Am 13. September 1952 stürmte die hessische Polizei das Schulungszentrum in Wald-Michelbach und verhaftete die dort anwesenden Mitglieder von BDJ und Technischem Dienst. Die Kripobeamten stießen auf ein umfangreiches Waffenlager. Es umfasste schwere Waffen, Artillerie und Sprengstoff aus US-Beständen. Der Anführer der Geheimarmee, Gerhard Peters, wurde zwei Wochen lang in einem von den Amerikanern konfiszierten Gebäude, das die deutschen Behördenvertreter nicht betreten durften, versteckt gehalten. Gleichzeitig beschlagnahmten die Agenten des CIC sämtliche Unterlagen des Technischen Dienstes und weigerten sich, sie der deutschen Polizei zu übergeben.

Für besondere Empörung sorgte der Fund einer »Liquidationsliste«, auf der, so wurde später in den Medien berichtet, die Namen prominenter Sozialdemokraten und Kommunisten verzeichnet waren, die im Falle einer sowjetischen Okkupation ausgeschaltet werden sollten. Der stellvertretende SPD-Vorsitzende Erich Ollenhauer stand ebenso auf der Liste wie die Ersten Bürgermeister der Hansestädte Bremen und Hamburg, Wilhelm Kaisen und Max Brauer. Auch der hessische Innenminister Heinrich Zinnkann, der sich bei den Ermittlungen gegen den BDJ besonders hervorgetan hatte, war demnach zur Liquidierung vorgesehen. Der amerikanische Historiker Christoper Simpson stellte dazu fest:

> »Die deutschen Kommunisten standen auf der Todesliste des Technischen Dienstes auf den ersten zehn Plätzen. Ihnen folgten die führenden Vertreter der westdeutschen SPD. Der Technische Dienst hatte geplant, mehr als 40 führende Funktionäre der Sozialdemokraten zu ermorden.«[14]

Der BDJ selbst erklärte, es habe nie Listen führender Politiker gegeben, die liquidiert werden sollten, bestätigte jedoch, dass es eine Kartei mit den Namen politisch unzuverlässiger Personen gebe. Zu ihnen gehörte auch ein Arzt aus Oldenburg, über den vermerkt wurde: »Halbjude, starker Edelbolschewist, vermutlich Freimaurer, befreundet mit Herrn S., der SPD-Mitglied ist.« Diese Liste wurde sowohl der Organisation Gehlen als auch der CIA übermittelt.

Wenige Tage nach ihrer Festnahme in Wald-Michelbach wurden vier der verhafteten Angehörigen des Technischen Dienstes wieder auf freien Fuß gesetzt. Angeordnet hatte das der Karlsruher Bundesanwalt mit der Begründung, dass die Organisation auf Anordnung der US-Geheimdienste geschaffen worden sei. Die Entscheidung wurde getroffen, ohne sich zuvor mit der Oberstaatsanwaltschaft in Frankfurt am Main in Verbindung zu setzen und ohne dass das in Frankfurt beschlagnahmte Material gesichtet worden wäre.

In der Begründung der Bundesanwaltschaft stand:

> »Die besondere Zeitlage darf nicht aus den Augen gelassen werden, die einerseits durch eine akute Gefährdung des Bestandes der freiheitlichen Ordnung der Bundesrepublik von innen und außen, andererseits durch eine gewisse Ratlosigkeit gegenüber der von kommunistischer Seite ohne Hemmungen getriebenen Agitation gekennzeichnet war. (…) Nimmt man die finanzielle und sachli-

che Förderung durch Regierungsorgane hinzu, so liegt es nicht fern, ist den Angeschuldigten jedenfalls nicht zu widerlegen, dass sie es für recht und erlaubt gehalten haben, so zu handeln, wie sie es taten.«[15]

Zu den damaligen Bundesanwälten, die das Verfahren gegen die Mitglieder des BDJ führten, gehörte Hubert Schrübbers. Er war vor 1945 bei der Generalstaatsanwaltschaft als Ankläger in politischen Strafverfahren am Reichsgerichtshof tätig gewesen und von 1955 bis 1972 Präsident des im November 1950 neu gegründeten Bundesamtes für Verfassungsschutz. Hier waren damals viele hochbelastete SS-Offiziere beschäftigt, unter anderem Werner Aretz, ein ehemaliger SS-Hauptsturmführer und Gestapo-Kommissar. Besonders eifrig wurden während der Amtszeit von Hubert Schrübbers alte Kameraden als V-Leute eingesetzt. Das ist insofern von Bedeutung, weil die Problematik rechtsradikaler V-Leute ja bis in die heutige Zeit hineinreicht.

Der hessische Ministerpräsident Georg-August Zinn (SPD) war über die damalige Entscheidung der Bundesanwaltschaft sichtlich empört. »Die einzige juristische Erklärung für diese Haftentlassung kann sein, dass die Leute in Karlsruhe einer amerikanischen Anweisung folgten.« Zwei Wochen nach der Polizeirazzia und nachdem die Bundesanwaltschaft es abgelehnt hatte, gegen die Terrorgruppe zu ermitteln, informierte Zinn am 8. Oktober 1952 die Parlamentarier des Hessischen Landtags in Wiesbaden. Hier erfuhren die Abgeordneten zum ersten Mal, dass die hessische Polizei eine Geheimorganisation zerschlagen hatte, die Anfang 1951 von Führern des Bundes Deutscher Jugend (BDJ) unter der Bezeichnung »Technischer Dienst des BDJ« gegründet worden war. Der hessische Ministerpräsident sagte im Landtag unter anderem:

»Besonders wichtig scheint mir die Feststellung, dass derartige geheime Organisationen außerhalb jeder deutschen Kontrolle die Basis für illegale inländische Aktivitäten sind. Diese traurige Erfahrung musste unser Volk bereits vor 30 Jahren durchmachen. Und genau diese Eigenschaften trug auch diese Organisation.«[16]

Die SPD-Landesregierung intervenierte zwar beim amerikanischen Hochkommissariat, erhielt jedoch lediglich die lapidare Antwort, man dürfte nicht eingreifen, denn einflussreiche Kräfte des Pentagon hätten die Aktion ins Leben gerufen. »Eine künftige Geschichtsschreibung«, kommentierte damals Karl Gerold, der Herausgeber der *Frankfurter Rundschau*,

»wird der Erklärung des hessischen Ministerpräsidenten Georg-August Zinn große Bedeutung für die Gestaltung des demokratischen Staates zumessen. Die Aufklärung des Ministerpräsidenten über die aufgedeckte Terrororganisation in der Bundesrepublik ist nur vergleichbar mit der im Jahr 1931 in Frankfurt erfolgten Aufdeckung der Boxheimer Dokumente.«[17]

Bei den Boxheimer Dokumenten ging es um eine geplante Machtübernahme der NSDAP im Falle eines kommunistischen Putsches. Bei einem »Wegfall der seitherigen obersten Staatsbehörden« waren die Machtübernahme durch die NSDAP mithilfe von SA und SS, die Liquidierung der politischen Gegner sowie die allgemeine Arbeitsdienstpflicht vorgesehen. »Jeder Anordnung der SA, Landwehren u.ä., gleich von welchem Dienstgrade erteilt, ist sofort Folge zu leisten. Widerstand wird grundsätzlich mit dem Tode bestraft.« Benannt wurden die Boxheimer Dokumente nach dem Landgut

Boxheimer Hof im hessischen Bürstadt, in dem sich die Funktionäre der NSDAP seinerzeit getroffen hatten. Die Parteiführung distanzierte sich von dem Plan, nachdem er am 26. November 1931 durch eine Veröffentlichung in der *Vossischen Zeitung* bekannt geworden war.

Wie sehr die Spuren der von der CIA aufgebauten und finanzierten damaligen »Partisanenbewegung« bis in die jüngere Gegenwart reichten, zeigt sich an folgendem Beispiel: Eine zentrale Führungsfigur des BDJ beziehungsweise des Technischen Dienstes in Norddeutschland war Dieter von Glahn, ein ehemaliger Offizier der Wehrmacht, der nach dem Zweiten Weltkrieg als junger Soldat aus russischer Kriegsgefangenschaft nach Westdeutschland heimgekehrt war.

Von Glahn war derjenige, der die »Liquidationsliste« mitangelegt hatte. Als die Polizei eine Hausdurchsuchung bei ihm durchführte, waren die von ihm angelegten Karteikarten plötzlich verschwunden. Er war zuvor von der Polizei gewarnt worden. Das bestätigte er stolz in seinen Erinnerungen *Patriot und Partisan für Freiheit und Einheit*:

> »Ich wurde am 11. Januar 1953 erstmals persönlich in die ›Partisanenaffäre‹ hineingezogen. An diesem Tag erhielt ich einen Anruf des Leiters der Politischen Polizei in Oldenburg, den ich bestens kannte und mit dem ich eng zusammengearbeitet hatte. Er gab mir einen Hinweis, dass für den nächsten Tag eine Hausdurchsuchung in meinem Büro angeordnet worden sei. (…) Diesem Ratschlag folgte ich auch und schaffte alles beiseite, was nicht unbedingt unseren politischen Gegnern in die Hände fallen sollte.«[18]

Wie allen anderen Führungsmitgliedern des Technischen Dienstes, denen ein Gerichtsverfahren drohte, wurde auch ihm bedeutet, dass er in den USA eine neue Heimat finden könne. Doch noch lief gegen ihn ein Ermittlungsverfahren wegen Geheimbündelei, verbotenem Waffenbesitz und Tätigkeit als Leiter einer Partisanenorganisation. Verantwortlich für das Verfahren in Braunschweig war der dortige Generalstaatsanwalt Fritz Bauer, der später in Frankfurt die ersten Auschwitz-Prozesse führte. Vor ihm fürchtete sich von Glahn anscheinend. Bauer würde einen politischen Prozess inszenieren, um alle konservativen Kräfte und Kreise zu schädigen, argumentierte er. Aber er fand einen guten Rechtsanwalt aus Oldenburg. Es handelte sich um den ersten deutschen Rechtsanwalt, der Generalstabsoffiziere und Generäle der Wehrmacht verteidigte und ihre Freilassung erreichte.

Was von Glahn in seinen Erinnerungen darüber schreibt, spiegelt sehr aufschlussreich den ideologischen Geist wider, der in den Fünfzigerjahren in der bundesdeutschen Justiz einschließlich der Karlsruher Bundesanwaltschaft herrschte:

> »Wir beschlossen, dass mein Verfahren unbedingt von Dr. Fritz Bauer in Braunschweig abgezogen werden und nach Karlsruhe zum Bundesverfassungsgericht [gemeint ist der Bundesgerichtshof] übergeleitet werden müsste. Dies sollte vor allen Dingen deshalb geschehen, weil dort auch die anderen Verfahren gegen BDJ-Führer und den Technischen Dienst anhängig waren. Dort saßen in der Regel Bundesrichter, die der CDU angehörten, wie der für meinen Prozess später zuständige Oberbundesanwalt Dr. Wiechmann.«[19]

Carlo Wiechmann war während der NS-Diktatur Senatspräsident am Kammergericht Berlin gewesen und hatte Nazi-Recht gesprochen. Er wurde im Jahr 1950 der erste und oberste Vertreter der Staatsanwaltschaft beim Bundesgerichtshof. Tatsächlich stellte er im August 1955 das Verfahren gegen Dieter von Glahn ein. Im entsprechenden Urteil heißt es: »Zwar habe der Beschuldigte eine Kartei staatsfeindlicher Personen aufgestellt, aber es lässt sich nicht nachweisen, dass Dieter von Glahn oder seine Organisation die Absicht verfolgt habe, die in der Kartei enthaltenen Personen zu töten.«

Der oberste Bundesanwalt spricht von einer Kartei »staatsfeindlicher Personen«. In dieser Kartei waren bekanntlich führende SPD-Mitglieder und Gewerkschafter enthalten. Und Dieter von Glahn triumphierte ob dieses Urteils: »Das oberste Gericht der Bundesrepublik hat mir also die Staatsfeindlichkeit der von mir aufgeführten Personen bescheinigt.«

Nachfolger Wiechmanns wurde nach dessen Pensionierung im Jahr 1956 Max Güde. Auf Güde folgte Wolfgang Fränkel, der wiederum musste zurücktreten, nachdem Beweise für seine Beteiligung an Todesurteilen als Reichsanwalt öffentlich geworden waren. Fränkels Nachfolger wiederum hatte vor 1945 der Reichsanwaltschaft als wissenschaftlicher Mitarbeiter gedient. Bei der Bundesanwaltschaft in Karlsruhe wehte in den Fünfzigerjahren ein nationalsozialistischer Geist.

Dieter von Glahn hat sich nach seinen eigenen Worten »über vier Jahrzehnte für die deutsche Einheit und gegen Verzicht und Verrat eingesetzt«. Vielfältige Einsätze gegen die kommunistische Untergrundarbeit in Westdeutschland und für den Aufbau von Widerstandsgruppen in der Sowjetzone, die Beteiligung am 17. Juni 1953 in Ostberlin sowie am Freikauf politisch Verfolgter in der DDR zählte er zu seiner späteren Erfolgsbilanz. Er war FDP-Mitglied und Bezirksvorsitzender der Deutschen Jungdemokraten. Im Jahr 1955 verließ er die FDP, weil sie ihm zu linksliberal wurde. Ein Jahr später trat er in die CDU ein. In dieser Zeit gründete er ein »Forum für geistige Führung«. Nach 35 Jahren trennte er sich im Mai 1989 von der CDU, und zwar mit der Begründung, dass die CDU keine konservative Volkspartei mehr sei und »auch keine Anstalten machte, im Rahmen der versprochenen politischen und moralischen Wende, die völlig ausblieb, wieder eine zu werden – im Gegenteil, die konservativen Elemente wurden zunehmend diffamiert und ausgegrenzt«. Danach trat er für neun Monate den rechtspopulistischen Republikanern bei, wurde daraufhin geschäftsführender Vorsitzender der Konservativen Sammlung und schließlich Lobbyist des sektiererischen Vereins zur Förderung der Psychologischen Menschenkenntnis (VPM), dem wiederum in den Medien vorgeworfen wurde, mit Rechtsextremisten zusammenzuarbeiten. Über die Stay-behind-Organisation sagte von Glahn 1990 dem *Spiegel*: »Unser Auftrag und unsere Organisation waren deckungsgleich mit dem, was man heute über Gladio weiß.«[20]

Operation Kibitz – die Geheimorganisation der CIA in Deutschland

In einem CIA-Dokument vom 28. Oktober 1952 berichtet ein CIA-Agent seinem Chef in der Frankfurter CIA-Mission, dass er am 16. Oktober 1952 ein Führungsmitglied des Technischen Dienstes getroffen habe. Der als »Secret Security Information« klassifizierte Report hat die Betreffzeile: »Treffen mit Kibitz 15 und seine Reaktion auf die Enthüllungen des BDJ«. Er enthält explosive Informationen nicht nur zum Bund Deutscher Jugend und der Stay-behind-Organisation Technischer Dienst, sondern auch zu einer geheimen militärischen Gruppierung ehemaliger hoher Wehrmachtsgeneräle und Offiziere.

Kibitz war der Tarnname der CIA für das Programm, das später als Stay-behind beziehungsweise Gladio zu jener mächtigen Geheimorganisation ausgebaut wurde, die sich jeder demokratischen Kontrolle entzog.

In der Frontstadt Berlin gab es ein eigenes CIA-Programm. Es nannte sich Pastime. Bis heute ist dieses Programm eine geheime Verschlusssache. Insgesamt organisierte die CIA in Westdeutschland 13 Kibitz-Teams, mit Schwerpunkt Süddeutschland.

Kibitz 15 wiederum war der Tarnname für Walter Kopp. Bei der CIA galt der ehemalige Oberstleutnant der Wehrmacht als unverbesserlicher Nazi. Kopp schrieb im Mai 1950 einen Brief an Hochkommissar John Jay McCloy, in welchem er seine Sorge über eine russische Invasion zum Ausdruck brachte und den Amerikanern seine Hilfe anbot. Die nahmen das Angebot dankend an.

Der CIA-Agent schildert in seinem Report anfangs sehr ausführlich die Kontaktaufnahme mit Kibitz 15. Er habe zuerst überprüft, ob das sichere Haus, in dem er sich mit Kibitz 15 traf, überwacht werde, und dann festgestellt, dass auch Kibitz 15 ein »großes Sicherheitsbedürfnis« hatte. Das sichere Haus befand sich in Heidelberg, in der Rohrbacher Straße 56. Kibitz habe, bevor er zu reden begann, zuerst alle Fenster geschlossen, schreibt der Agent.

> »Kibitz 15 begann gleich die BDJ-Angelegenheit anzusprechen und sagte, dass sie eine große Publizität habe und sie unsere Operationen berühren könne. Ich möchte betonen, dass er kein schriftliches Material oder Instruktionen von mir oder anderem CIA/CIC-Personal bekommen hat.«

Dann ging es zur Sache: »Wir erklärten uns bereit, ihm, neben den normalen Ausgaben für seine Operationen, 14 000 Mark zur Verfügung zu stellen. Davon, so Kibitz 15, sollten 8000 Mark an Kibitz 17 gehen, um das Training zu beenden.« Hinter Kibitz 17 verbarg sich Eduard Woellner, ein einflussreicher Unternehmer, der bereits 1950 vom US-Geheimdienst angeworben worden war und später als BND-Agent tätig war.

Weiter heißt es in dem Bericht des US-Geheimdienstes:

> »Dieser Betrag sei notwendig für den Teamleiter und Vertrauten von Kibitz 15, um ein Schloss nahe Kaiserslautern zu kaufen, bestehend aus 12 Apartments mit sehr niedrigem Standard. Der Platz könne dann als Operationsbasis für Kibitz 15, Kibitz 137 [ein ehemaliger Wehrmachtsoffizier in Gauersheim] und den Teamleiter Kibitz 161 [ein ehemaliger Instrukteur der Luftwaffe ebenfalls in Gauersheim/Pfalz] benutzt werden. Danach diskutierten wir eine Anzahl von Operationen, bevor wir in die BDJ-Problematik einstiegen. Direkt befragt, was er über die Führer des BDJ-Apparates denke, sagte er, es seien gute Leute, nur die Abenteuertypen verhielten sich etwas wild. Im Zusammenhang mit der schwarzen Liste war er mehr oder weniger ablehnend und sagte, das sei alles SPD-Propaganda.«

Aus seiner politischen Einstellung machte Kibitz 15 gegenüber dem CIA-Agenten kein Hehl: »Kibitz 15 ist ein sehr ambitionierter Wehrmachtsoffizier, der noch voll von der nationalsozialistischen Philosophie überzeugt ist.« Und er sagte außerdem:

> »Der Kampf der weißen Rasse gegen die farbige Rasse kann nur mit amerikanischer Hilfe gewonnen werden. Er ist davon überzeugt, dass der Kampf gegen den Kommunismus in der Hauptsache ein Kampf zwischen der weißen und der farbigen Rasse ist.«

Weiter heißt es in dem aufschlussreichen CIA-Dokument:

»Das führte uns zur Diskussion über das Verhalten der Landesämter für Verfassungsschutz, des Bundesamts für Verfassungsschutz und der deutschen Polizei. Als ich ihn direkt fragte, wie sich Bonn verhalten werde, wenn sie von unserem Stay-behind-Programm erfahren, antwortete Kibitz 15, ›sie werden es tolerieren‹. Dann wollte er von uns erfahren, was wir über den BDJ wüssten. Ich verneinte jede Kenntnis und versicherte ihm, dass wir nichts mit dieser Organisation zu tun hätten. Er glaubte mir anscheinend nicht, machte jedoch keine Anstrengungen, weiter zu drängen.«

Im Zusammenhang mit den Vorgängen um den BDJ erklärte Kibitz 15 die nun getroffenen Sicherheitsmaßnamen der einzelnen Agenten und seine eigenen. Er wolle nicht, dass die Polizei »Papiere« über unsere Operation findet. Er sagte, dass er damit begonnen habe, seine eigenen Papiere ins sichere Haus nach Heidelberg zu bringen, oder alles zu vernichten, was die Operation betrifft.«

Noch eine militärische Geheimarmee, von der die Bundesregierung bis 2014 keine Kenntnisse gehabt haben will

Besonders ausführlich ging es dann um die »Selbsthilfe« in Stuttgart:

»Er erklärte, dass er viele Kontakte habe. Er sprach davon, dass seine Quellen ›Freunde‹ in der Selbsthilfe in Stutt-

> gart hätten. Ich fragte ihn, welche Art von Organisation das sei. Kibitz 15 erzählte mir, dass es eine Organisation aus ehemaligen Soldaten sei, die sich um die Pensionen und persönlichen Probleme von Soldaten kümmert. Kibitz 15 erklärte, dass er einerseits gute Kontakte zur deutschen Regierung, insbesondere zum Büro von Blank habe, er jedoch niemals die deutsche Regierung über die Existenz der Organisation informiert habe. Wir haben seine Angaben überprüft und wir glauben, dass Kibitz 15 die Wahrheit sagt.«

Die Angehörigen der Selbsthilfe würden sich darauf vorbereiten, eine militärische Formation aufzustellen, um im Falle einer sowjetischen Invasion das Vaterland zu verteidigen. So weit der CIA-Bericht.

Bei seiner Rückkehr ins Hauptquartier in Frankfurt informierte sich der Missionschef über die in dem Report seiner Agenten erwähnte »Selbsthilfe« aus Stuttgart. Demnach laute die volle Bezeichnung »Soldatenselbsthilfe in Süddeutschland«. Sie stehe, so der Report, in Verbindung mit Zipper. Das war der Codename für die Organisation Gehlen, den Vorläufer des heutigen Bundesnachrichtendienstes. Das heißt, die Organisation Gehlen half Anfang der Fünfzigerjahre mit, eine illegale Organisation aufzubauen.

Kopf der »Selbsthilfe« sei Albert Schnez, ein ehemaliger General der Infanterie. Albert Schnez unterhalte, so der Report, »enge Kontakte zu Otto Skorzeny und zu Zipper«. Skorzeny war einst Angehöriger der »Leibstandarte SS Adolf Hitler« und Mitarbeiter des Reichssicherheitshauptamt-Chefs Ernst Kaltenbrunner. Nach dem Ende der Nazi-Herrschaft wurde Skorzeny der Synagogen-Brandstiftung und der Beihilfe zum mehrfachen Giftmord beschuldigt. Er habe außerdem von ihm entwickelte lautlose Giftpistolen an KZ-Häftlingen in Sachsenhausen erproben lassen und damit den Tod zahlreicher Häftlinge verursacht. Doch er musste nicht hinter Gitter. In dem brisanten CIA-Dokument heißt es, wegen Albert Schnez

> »sei man sehr an der Selbsthilfe in Stuttgart interessiert. Schnez sei bereit, nach Ausbruch von Feindlichkeiten die westlichen Streitkräfte mit vier deutschen Divisionen zu unterstützen. Skorzeny hat dem Stationschef bereits im November 1951 eine Kopie dieses Plans übergeben.«

Das heißt im Klartext, dass der Kriegsverbrecher Skorzeny offenbar bereits damals eng mit dem US-Geheimdienst zusammenarbeitete.

Hinter den in dem Report erwähnten süddeutschen Veteranenverbänden verbargen sich, unter anderem, die im Jahr 1950 gegründeten geheimbündlerischen Kreise einer sogenannten »Bruderschaft«. Ihre Führungsgruppe (»Bruderrat«) bestand fast ausschließlich aus ehemaligen Wehrmachtsangehörigen, die eine eher dunkle Vergangenheit hatten. Dazu gehörten unter anderem: Generalleutnant Hasso von Manteuffel (Panzer-Division »Großdeutschland«); Generalleutnant Oldwig Otto von Natzmer (Panzer-Division »Großdeutschland«); Generalmajor a. D. Horst Niemack (Panzer-Lehr-Division); Generaloberst a. D. Kurt Student (ranghöchster Fallschirmjäger); sowie seitens der Waffen-SS der ehemalige SS-Brigadeführer Otto Kumm (1. SS-Panzer-Division »LAH«); SS-Obergruppenführer Felix Steiner (2. SS-Panzer-Division »Das Reich«) und SS-Obergruppenführer Herbert Otto Gille (5. SS-Panzer-Division »Wiking«). Sie sollten noch vor der Gründung der Bundeswehr eine schlagkräftige Truppe aufbauen.

Albert Schnez war daran maßgeblich beteiligt. Das bedeutet, dass fünf Jahre vor dem NATO-Beitritt der Bundesrepublik Deutschland bereits eine organisierte deutsche Militärformation vorhanden war – im Geheimen versteht sich. Im Übrigen erwähnt der CIA-Report vom 28. Oktober 1952, dass Schnez in den Jahren 1950 und 1951 auch in Österreich in die Rekrutierung von Stay-behind-Angehörigen involviert war.

Der Militärhistoriker Agilolf Keßelring von der Unabhängigen Historikerkommission zur Erforschung der Geschichte des Bundesnachrichtendienstes hat sich ausführlich mit dem Wirken der Nachrichtendienste in den Fünfzigerjahren beschäftigt. Laut seiner Studie *Die Organisation Gehlen und die Verteidigung Westdeutschlands. Alte Elitedivisionen und neue Militärstrukturen 1949-1953* gab es bereits Anfang der Fünfzigerjahre massive Bestrebungen zum illegalen Aufbau einer militärischen Truppe, in die mindestens 2000 ehemalige Offiziere der Wehrmacht involviert waren. Ziel dieses »Unternehmens Versicherungen« sei es gewesen, im Fall eines Krieges einen eigenständigen deutschen Kampfbeitrag leisten zu können. Befürchtet worden sei ein begrenzter, also ohne aktive Beteiligung der Sowjetunion durchgeführter Angriff, und zwar in Verbindung mit lokalen kommunistischen Aufständen oder gar einem Putschversuch in der Bundesrepublik Deutschland:

> »In ihrer räumlichen Ausdehnung war die Schnez-Organisation auf Württemberg und Bayern beschränkt, dafür aber teilweise bis auf Kompanieebene durchorganisiert. Beteiligt waren in erster Linie ehemalige Offiziere der 25. Panzergrenadier-Division, der 5. Infanterie-Division, der 35. Infanterie-Division und der 78. Sturmdivision sowie auch Angehörige der Waffen-SS. Die gesamte Organisation wurde durch einen sogenannten ›Gruppenstab‹ in Stuttgart geleitet und gliederte sich in einzelne ›Bereiche‹, ›Kreisbeauftragte‹ und ›Ortsbeauftragte‹. In Süd-

westdeutschland war somit jeder Kreis abgedeckt. Lücken gab es lediglich im Bodenseegebiet.«[21]

Keßelring weist im Übrigen darauf hin, dass Albert Schnez im Jahr 1957 als Brigadegeneral in die Bundeswehr aufgenommen wurde und 1968 sogar Inspekteur des Heeres werden konnte. Hier stellte er sich strikt gegen das Prinzip der Inneren Führung. Er plädierte hingegen für eine an konservativen soldatischen Werten orientierte Reform der Bundeswehr. Unter seiner Federführung entstand im Juni 1969 eine Studie, in welcher im Interesse der »Kampfkraft des Heeres« eine Reform an Haupt und Gliedern nicht nur der Bundeswehr, sondern auch der Gesellschaft eingefordert wurde, mit dem Ziel, die »Übel an der Wurzel zu packen«. Die Studie fand großes Echo im Offizierskorps und wurde erst nach Intervention des damaligen Verteidigungsministers Helmut Schmidt (SPD) aus dem Verkehr gezogen.

Albert Schnez starb im Jahr 2007. Seine Unterlagen zum »Unternehmen Versicherung« sind nicht mehr auffindbar. Auffällig ist, dass die Bundesregierung über das Projekt erst durch die Arbeit von Keßelring erfahren haben will. Wie schrieb doch der SPD-Bundestagsabgeordnete Karl-Heinz Hansen am 7. Juli 1980 in einem *Spiegel*-Essay: »Gemeinsam war den Anfängen von Bundesrepublik und Bundeswehr die institutionelle wie personelle Kontinuität, ein eindeutiges Feindbild und das fortgesetzte Versäumnis, eine mörderische Vergangenheit durch Neubesinnung auf republikanische Überlieferungen zu bewältigen.« Oder, um Bertolt Brecht zu zitieren: »Der Schoß ist fruchtbar noch, aus dem das kroch.«

Kurzum – alle diese Entwicklungen prägten entscheidend den gesamten Sicherheitsapparat Deutschlands, und der damals herrschende Zeitgeist scheint ja bis heute in bestimmten Teilen immer noch präsent zu sein.

Der Kalte Krieg und Gladio

Der Kalte Krieg führte, insbesondere in den Siebzigerjahren, zu höchst problematischen Verbindungen, wenn es darum ging, den objektiven wie subjektiven Kampf gegen den Kommunismus und alles, was unter dem Kampfbegriff verstanden wurde, zu führen. Dazu zählten auch Organisationen, die der DKP nahestanden. Auffällig sind dabei die politischen Konstellationen, die häufig wieder zu nationalkonservativen und rechtsradikalen Terrororganisationen hinführten. Und hier spielte die von den USA initiierte geheime Stay-behind-Organisation, eben Gladio, eine entscheidende Rolle. Sie war in dieser Zeit immer noch das bestgehütete und bedrohlichste politisch-militärische Geheimnis seit dem Zweiten Weltkrieg.

Am gründlichsten wurden die Stay-behind-Aktivitäten in Italien untersucht. Am 12. Dezember 1969 detonierte in der Nationalen Landwirtschaftsbank an der Piazza Fontana in Mailand zur Hauptverkehrszeit eine Bombe. 17 Menschen starben, 84 wurden zum Teil schwer verletzt. Es folgten weitere blutige Anschläge: 1972 in Peteano, wo drei Carabinieri durch eine Autobombe starben; im Mai 1974 in Brescia, als eine Bombe mitten in einer antifaschistischen Demonstration detonierte. Im August desselben Jahres explodierte ein Sprengkörper im Italicus-Express Rom – München. 1980 zündeten Rechtsterroristen einen Sprengsatz in einem Warteraum des Bahnhofs von Bologna, töteten 85 Menschen und verletzten 200.

Alle diese Anschläge zeichneten sich dadurch aus, dass sie sich gegen große Menschenansammlungen richteten. Sie verfolgten kein anderes Ziel, als Angst und Schrecken zu verbreiten und ein allgemeines Gefühl der Unsicherheit zu erzeugen. Offiziell hieß es stets, die linksextremistischen Roten Brigaden seien dafür verantwortlich. Die wahren Hintergründe der Anschläge blieben jedoch bis ins Jahr 1990 im Dunkeln. Dann deckte der italienische Richter Felice Casson die Verbindungen zwischen rechten Terrorgruppen und Gladio auf, dem italienischen Ableger der Stay-behind-Organisation. Dabei hätte man schon lange vorher wissen können, wer für den blutigen Terror verantwortlich war.

Vito Miceli, der damalige Chef des militärischen Geheimdienstes, war in den Siebzigerjahren verantwortlich für das NATO Security Office. 1974 wurde er angeklagt, und zwar wegen Konspiration gegen den Staat. Damals sprach er von der Existenz einer Geheimarmee, die als Spezialeinheit des militärischen Geheimdienstes getarnt gewesen sei: »Ein Super-Nachrichtendienst unter meinem Kommando? Natürlich! Aber ich habe diesen nicht selbst aufgebaut, um einen Staatsstreich durchzuführen. Es waren die Vereinigten Staaten und die NATO, die mich beauftragt hatten, dies zu tun.«[22] Er wurde wenig später Abgeordneter des faschistischen MSI im römischen Parlament.

Inhaftierte Rechtsterroristen bestätigten gegenüber italienischen Richtern wie Felice Casson im Jahr 1990 die Zusammenarbeit zwischen faschistischen Organisationen, den italienischen und US-Geheimdiensten und der Untergrundarmee Gladio. Der Bombenleger Vincenzo Vinciguerra, selbst Mitglied des rechtsradikalen Ordine Nuovo, machte zum Beispiel die folgende Aussage:

> »Der terroristischen Linie gehörten Menschen an, und zwar solche, die dem Sicherheitsapparat angehörten, oder solche, die mit dem Staatsapparat durch Informationsaustausch oder Zusammenarbeit verbunden waren. Ich sage, dass jede Gewalttat, die seit 1969 erfolgte, in eine einzige organisierte Matrix passte.«[23]

Sie seien rekrutiert worden, um mit Gladio zusammenzuarbeiten, um die blutigen Attentate durchzuführen. Und weiter:

> »Die Avanguardia Nazionale ebenso wie Ordine Nuovo wurden als Teil einer antikommunistischen Strategie in die Schlacht einbezogen. Diese Strategie stammte nicht aus Organisationen, die von den Institutionen der Macht abwichen, sondern vom Staat selbst und insbesondere aus dem Umkreis der staatlichen Beziehungen innerhalb der atlantischen Allianz.«[24]

Weiter sagte er gegenüber den italienischen Ermittlern aus, dass man Zivilisten angreifen müsse: Männer, Frauen, Kinder, unschuldige Menschen, unbekannte Menschen, die weit weg vom politischen Spiel seien:

> »Der Grund dafür war einfach. Die Anschläge sollten die Menschen, das italienische Volk, dazu bringen, den Staat um größere Sicherheit zu bitten. Diese politische Logik liegt hinter all den Massakern und Terroranschlägen, welche ohne richterliches Urteil bleiben werden, weil der Staat sich nicht selber verurteilen kann. Er kann sich nicht selber für das Geschehene verantwortlich erklären.«[25]

Der italienische Richter Felice Casson gilt seit seinen Ermittlungen als Experte für Gladio. Der Autor mehrerer Bücher zum Thema ist weiterhin als Richter tätig und gehört als Mitglied der Mitte-links-Partei Partito Democratico dem italienischen Senat an. Die Ermittlungen in Italien fanden innerhalb der Regierung wenig Zustimmung. Im Gegenteil:

> »Francesco Cossiga, vor fünf Jahren mit der breitesten jemals erreichten Mehrheit … in den Quirinal (Sitz des

Staatspräsidenten) gehievt, haut offenbar mit Zustimmung der Regierungsmehrheit derzeit hemmungslos auf jeden ein, der auch nur den Versuch macht, Klarheit in die trüben Machenschaften um die NATO-Geheimorganisation ›Gladio‹ und andere Untergrundorganisationen zu bringen. Dabei scheut er weder vor Machtmissbrauch zurück noch vor platter Demagogie.«[26]

In der Türkei hatte das türkische Militär in den Sechziger- und Siebzigerjahren ebenfalls eine Gladio-inspirierte »Stay-behind-Armee« im Kampf gegen Kommunisten, Minderheiten und politische Gegner aufgebaut. Die Kommandos wurden vom türkischen Geheimdienst MIT, vor allem aber von US-amerikanischen Spezialeinheiten ausgebildet. Besonders eingebunden in diese Strategie waren die Anhänger der faschistischen Partei der Nationalistischen Bewegung (MHP) und deren Führer Alparslan Türkes, mit dem sich Franz Josef Strauß in München Ende der Siebzigerjahre traf.

Am 2. Mai 1978 bedankte sich Alparslan Türkes für ein Gespräch bei dem bayerischen Ministerpräsidenten:

»Wenn wir noch nicht alle Probleme, die unsere beiden Länder betreffen, besprechen konnten, so glaube ich doch, dass Ihnen mein zentrales Anliegen in der Stunde großer Gefahr für mein Land deutlich geworden ist: Die Türkei befindet sich in einer akuten großen Gefahr.«[27]

Wenig später traf sich Türkes zu Gesprächen mit deutschen Unternehmern. Er bot sich als Garant dafür an, dass die Türkei im westlichen Bündnis bliebe und dass deutsches Privatkapital in der Türkei geschätzt würde. Es verwundert daher nicht, dass der bayerische Innenminister Gerold Tandler im November 1980 erklärte: »Die MHP und die Türk-Föderation [die deutsche Repräsentanz der Grauen Wölfe] setzen sich für die Interessen der türkischen Republik und Nation im Rahmen der Gesetze der Bundesrepublik Deutschland ein.« Entsprechend positiv fielen die Berichte des Verfassungsschutzes aus – eine unglaubliche Verharmlosung der türkischen rechtsradikalen Grauen Wölfe und der MHP. In einem »Sonderbericht des niedersächsischen Verfassungsschutzes« aus dem Jahr 1988 heißt es, dass »die MHP und die Türk-Föderation harmlose demokratische Organisationen sind, die von den Kommunisten verleumdet werden«. Noch zehn Jahre später, im Verfassungsschutzbericht des Bundes aus dem Jahr 1997, war zu lesen: »Die Grauen Wölfe sind lediglich ein Begriff, um konservative Türken durch türkische Linke zu diffamieren.« Die Informationen bezogen die deutschen Verfassungsschützer vom türkischen Nachrichtendienst MIT, der in den Siebziger- und Achtzigerjahren zentraler Bestandteil von Gladio war.

Ausgebildet wurden die MHP-Anhänger, die sogenannten Grauen Wölfe, in Kommandolagern. Nach türkischen Zeitungsberichten waren insgesamt 34 Trainingslager eingerichtet worden, in denen insgesamt 100 000 Kommandoangehörige ausgebildet wurden. Allein in der Regierungszeit des Sozialdemokraten Bülent Ecevit (1978/79) wurden 2245 Menschen ermordet. Ecevit klagte am 25. Mai 1980 über diese Entwicklung: »Die Türkei wird von einer faschistischen Macht besetzt, und diese Besetzung steigert sich.« Auch zahlreiche Massaker an Alewiten, meistens durch Graue Wölfe der MHP provoziert, die durch die Sicherheitskräfte hätten verhindert werden können, waren das Resultat des staatlich legitimierten Terrors.

In Griechenland wiederum war Gladio am Militärputsch gegen die sozialistische Regierung von Papandreou im April 1967 beteiligt. Statt »Gladio«, wie in Italien, wählten die Griechen den Tarnnamen »Sheep skin«, Schafsfell. An der Spitze der Putschisten stand Georgios Papadopoulos, der sowohl griechischer Offizier als auch CIA-Gehaltsempfänger war. Aus Washingtoner Sicht rettete der Putsch die freie Welt vor der kommunistischen Gefahr. Die Obristen selbst rechtfertigten ihren Putsch als »Revolution zur Rettung der Nation«. Denn eine kommunistische Verschwörung in Verwaltung, Bildungswesen, den Medien und sogar in der Armee habe einen Umsturz notwendig gemacht. Der Anführer der Putschisten war Leiter der 3. Generalstabsabteilung für Operationsplanung. Er realisierte mit seinem Putsch jenen Plan, der schon in den Fünfzigerjahren im Zusammenwirken mit der NATO für den Fall eines kommunistischen Angriffs erarbeitet worden war. Dieser Plan sah den Einsatz der Geheimtruppe »Sheep skin« zur überfallartigen Besetzung von wichtigen Punkten und zur Internierung unliebsamer Politiker vor. Auf Einladung des griechischen Militärs hielt sich im April 1968 übrigens eine Gruppe von italienischen Rechtsradikalen in Griechenland auf, um Methoden der Aufstandsbekämpfung vor Ort zu studieren. Unter ihnen war auch Stefano Delle Chiaie, ein berüchtigtes Mitglied der italienischen Untergrundarmee »Gladio«. Der hatte nicht nur enge Verbindungen zu deutschen Neonazis, sondern auch zu Otto Skorzeny, der in der Franco-Zeit eine wichtige Rolle in der spanischen Diktatur spielte – als Kontaktperson zum BND unter Gehlen.

Im Umfeld der griechischen Geheimtruppe hätten sich zugleich Banden aus ehemaligen Soldaten und Angehörigen der berüchtigten Militärpolizei gebildet, meldete der *Spiegel* am 26. November 1990, nachdem das gesamte Gladio-Netzwerk enttarnt worden war. »Als verlängerter Arm von ›Sheep skin‹ machten sie selbstständig Jagd auf die Roten im Lande. ›Wir waren ja‹, so ein ehemaliger Reserveoffizier der Geheimtruppe, ›offiziell ausgebildete Terroristen‹ – die unter dem Schutz der Mächtigen standen. Aber weder Konservative noch Sozialisten schienen an einer Aufklärung der Vorgänge interessiert zu sein. ›Die Fangarme von Sheep skin‹, meinte das Athener Blatt *To vima*, ›drücken nicht nur der neueren politischen Geschichte des Landes ihren Stempel auf, sondern beeinflussen auch heute noch die politische Szenerie.‹ Als der *Spiegel* die griechische Regierung bereits 1979 mit Informationen konfrontierte, wonach es eine Geheimorganisation gebe, die für die terroristischen Aktionen verantwortlich sei, und diese Behauptung mit entsprechenden Dokumenten belegte, hatte niemand Interesse, der Sache auf den Grund zu gehen.

Ein politischer Skandal wird plötzlich öffentlich

Nach dem Zusammenbruch der Sowjetunion und aufgrund der italienischen Enthüllungen weitete sich die Gladio-Affäre Anfang 1990 plötzlich zum gesamteuropäischen Skandal aus. Denn Gladio war in vielen europäischen Ländern aktiv. Während das Netzwerk in einigen Ländern, wie Dänemark, Finnland, Norwegen, Luxemburg, der Schweiz und Österreich, nicht mit terroristischen Aktionen in Verbindung gebracht wurde, sah es in Ländern wie Italien, der Türkei, Spanien, Portugal, Belgien und Deutschland ganz anders aus. »Heute steht einwandfrei fest«, schreibt Daniele Ganser von der Forschungsstelle für Sicherheitspolitik der ETH in Zürich,

> »dass die NATO das geheime Netz von Brüssel aus koordiniert hat. Das ACC (Allied Clandestine Committee), das dem NATO-Zentrum SHAPE in Mons angegliedert ist, hat zusammen mit dem CPC (Clandestine Planning Committee) die Geheimarmeen koordiniert und hätte im Falle einer Invasion in Westeuropa auch als Schaltzentrale funktioniert.«[28]

Am 30. Oktober 1990 erklärte der ehemalige griechische Ministerpräsident Papandreou, dass er bereits 1984 Beweise für die Existenz eines Geheimbundes mit dem poetischen Namen »Haut des roten Bockes« erhalten habe, der genau so strukturiert gewesen sei wie Gladio in Italien. Diese Organisation sei maßgeblich am Militärputsch gegen ihn beteiligt gewesen. Unternommen hatte er später jedoch nichts, obwohl der griechische Gladio-Ableger auch nach dem Militärputsch weiter agierte.

Kurze Zeit später bestätigte der belgische Verteidigungsminister Guy Coëme, auch er sei auf eine analoge Geheimarmee gestoßen – weil es den Hintermännern offensichtlich an Fantasie mangelte, hätte die Organisation »Glaive« geheißen, was ebenfalls »Schwert« bedeutet. Er forderte eine rasche parlamentarische Untersuchung, um zu klären, ob die belgische NATO-Geheimarmee in den sogenannten Brabant-Terror der Achtzigerjahre verwickelt war, bei dem Menschen in Einkaufszentren wahllos erschossen wurden.

Die Regierung von François Mitterrand bestätigte ebenfalls die Existenz einer Geheimarmee in Frankreich. Jedoch erst, nachdem der italienische Ministerpräsident Giulio Andreotti darauf hingewiesen hatte, dass auch französische Generäle am letzten internationalen Stay-behind-Treffen des zuvor unbekannten Allied Clandestine Committee (ACC) der NATO am 23. und 24. Oktober 1990 in Brüssel teilgenommen hatten. Im Oktober 1990 fehlte der ehemalige Chef des französischen Nachrichtendienstes SDECE Alexandre de Marenches bei dem Treffen des ACC. »Kaum einer kann sich vorstellen«, behaupteten Frédéric Laurent und ein ehemaliger Beauftragter des sozialistischen Staatspräsidenten Mitterrand für den Nachrichtendienst SDECE, »wie unter seiner Leitung der SDECE mit krimineller Politik verbunden worden ist. Es herrschte die totale Autonomie, die totale Amoralität in Teilen des Auslandsspionagedienstes.« Und die französische Zeitung *Le Monde* warf Marenches bereits am 24. Februar 1978 vor, an subversiven und terroristischen Aktivitäten beteiligt gewesen zu sein: »Unter seiner Führung wurde nicht nur der Terrorismus, sondern auch die Desinformation, das heißt die Beeinflussung der öffentlichen Meinung, besonders weit getrieben.«

Ein deutscher Politiker hatte gute Beziehungen zu Alexandre de Marenches: Franz Josef Strauß. Der *Spiegel* berichtete am 3. März 1980: »Mal besucht er de Marenches in dessen Hauptquartier in der ›Caserne des Tourelles‹, mal kommt der Graf, konspirativ, wie es sich gehört, zu Strauß aufs Zimmer im Hotel ›Le Bristol‹. Beide verband ein glühender Antikommunismus, beide waren erzkonservativ.«

In Deutschland wollte die SPD das Thema NATO-Geheimarmeen nach den Enthüllungen politisch ausreizen. Der SPD-Sicherheitsexperte Hermann Scheer nannte die Geheimarmee in Deutschland einen Ku-Klux-Klan und forderte das Einschreiten der Justiz. Worauf die CDU den SPD-Politiker darauf hinwies, dass auch SPD-Verteidigungsminister Helmut Schmidt, der spätere Bundeskanzler, das Stay-behind-Geheimnis während seiner Zeit in der Regierung gehütet habe. Folgerichtig stimmte die SPD im Bundestag zusammen mit der CDU für eine Untersuchung hinter verschlossenen Türen. Die Parlamentarische Kontrollkommission (PKK) des Bundestages erfuhr Anfang November 1990 von der Existenz der geheimen Truppe. Keiner der Verantwortlichen in Bonn, ob im Verteidigungsministerium, im Innenministerium, im Kanzleramt oder beim BND, wollte offiziell etwas von der Existenz von Gladio gewusst haben. Das war eindeutig falsch. Denn der BND war bestens informiert, ebenso das Bundeskanzleramt und das Verteidigungsministerium. Das belegt auch die Antwort der Bundesregierung auf eine kleine Anfrage der Partei Bündnis 90/Die Grünen vom 17. Mai 1991:

»Die Auflösung der Stay-behind-Organisation ist verfügt, die dadurch bedingten Einzelmaßnahmen werden noch vor Ende des laufenden Jahres abgeschlossen sein. Außer im Rahmen dieser vom Bundesnachrichtendienst durchzuführenden Auflösungsmaßnahmen gibt es in keiner Bundes-Institution Mitarbeiter, die mit Tätigkeiten für die Stay-behind-Organisation beschäftigt sind. Über die Ausrüstung der Mitarbeiter der Stay-behind-Organisation wird nach den Grundsätzen der Wirtschaftlichkeit in der Bundesverwaltung verfügt.«[29]

Ansonsten wusste die Bundesregierung natürlich nichts darüber, ob Gladio auch in anderen europäischen Ländern aktiv war:

»Der Bundesregierung ist nicht bekannt, in welchem Umfang ›Gladio-Parallelorganisationen‹ in europäischen Ländern bestehen oder bestanden haben, bzw. in welchem Umfang solche Organisationen aufgelöst sind oder aufgelöst werden sollen; dies liegt außerhalb ihres Verantwortungsbereichs.«[30]

Der Zürcher Wissenschaftler Daniele Ganser meint zur offiziell verkündeten Auflösung der Stay-behind-Organisation beziehungsweise Gladio:

»Die nationalen Vertreter der Geheimarmeen trafen sich im Oktober 1990 nochmals in Brüssel. Danach wurden die Armeen in ihrer damaligen Form vermutlich aufgelöst. Nach dem Fall der Sowjetunion war der strategische Sinn ja hinfällig geworden. Nicht abgeschafft wurde aber die Taktik der ›geheimen Kriegsführung‹ mit verdeckten Operationen. Klar ist auch, dass die Strategie der Span-

> nung weiter existiert, dass es Terroranschläge gibt, und dass man sie braucht, um Menschen zu manipulieren und politische Ziele zu erreichen.«[31]

Der italienische Untersuchungsrichter Felice Casson, der 1990 mit seinen Kollegen die geheime Organisation Gladio aufgedeckt hatte, sagt heute:

> »Solche Organisationen gab es immer, es gibt sie, und es wird sie immer geben. Derartige Geheimorganisationen sind Teil der staatlichen Strukturen, in jeder Situation und überall in der Welt. Das ist ein Problem der Politik. Doch wenn es Gesetze gibt, müssen diese respektiert werden. Die italienische Verfassung erklärt eine Organisation wie Gladio ganz eindeutig für verfassungsfeindlich. Von ihr wusste das Parlament nichts und also auch nicht das italienische Volk. Nicht nur dem italienischen Volk ist nichts gesagt worden, auch einige Ministerpräsidenten sind nie über die Organisation Gladio informiert worden. Eine über allem stehende Instanz entschied, welcher italienische Politiker es verdiente, informiert zu werden, und wer nicht. Die Kontinuität bewahrte hier der Geheimdienst, was für eine Demokratie äußerst gefährlich ist, denn sie bedarf der Transparenz.«[32]

Aber was noch viel bedeutsamer ist: Glaubt man Quellen aus dem Bundesnachrichtendienst, so ist die Stay-behind-Organisation noch bis heute aktiv. Sie stehe in einer direkten, sogenannten Cosmic Top Secret-Verbindung mit dem BND. Das ist die höchste Geheimhaltungsstufe der NATO. Doch wird im Umfeld des Bundesnachrichtendienstes mitunter fabuliert.

DER LANGE SCHATTEN DER VERGANGENHEIT

Im Vorwort ging es um die Frage, ob es im Zusammenhang mit ideologisch gesteuerten, partiell geheimen Machtstrukturen, eben dem Staat im Staate, eine Art politischen Fingerabdruck gibt, der von den Gründungszeiten des demokratischen Deutschland im Jahr 1949 bis ins Jahr 2015 nachweisbar sei. Wichtigstes Erkennungsmerkmal dieses Fingerabdrucks sind völkischer Nationalismus, Elitismus und Autoritarismus. Er zeigt sich sowohl bei nationalkonservativen als auch bei rechtsradikalen Parteien und Organisationen noch in den Achtzigerjahren. Ob es sich um die Stay-behind-Organisation der Fünfziger- und Sechzigerjahre handelt, um die nicht weniger geheime Bruderschaft der ehemaligen NS-Offiziere Anfang der Fünfzigerjahre, um die Operationen von Gladio bis Anfang der Neunzigerjahre oder um die Verstrickungen ehemaliger Nazi-Richter und hoher Polizeibeamter bis in die späten Siebzigerjahre – überall ist dieser strukturelle Fingerabdruck zu finden.

Und das hat maßgeblich damit zu tun, dass sowohl in der Justiz als auch in den Sicherheitsapparaten (Bundesnachrichtendienst, Bundesamt für Verfassungsschutz, die entsprechenden Landesämter für Verfassungsschutz, Bundeskriminalamt) viele Helfershelfer der Nazi-Diktatur und ehemalige Mitglieder der NSDAP aktiv waren und ihre nicht geänderte Geisteshaltung in praktische Politik umsetzen konnten. Ihr Geist wehte lange durch die entsprechenden Amtsstuben.

So wurde zum Beispiel Josef Eichberger im bayerischen Landeskriminalamt der zuständige Beamte für das Landfahrerreferat. Er war während des Dritten Reiches im Reichskriminalpolizeiamt wesentlich an den Deportationen der Sinti nach Auschwitz beteiligt gewesen. Zu seinen Mitarbeitern im bayerischen LKA gehörte Rudolf Uschold, der die Deportationen mitorganisiert hatte. Rudolf Uschold forderte 1951 verschärfte Kontrollen und die Errichtung einer gemeinsamen Landfahrerzentrale aller deutschen Länder. Damals schrieb er in einem Artikel: »Dass zigeunerische Personen weitgehend kriminell und asozial sind und daher oft mit dem Gesetz, das ja der Regelung der menschlichen Gemeinschaft dient, in Konflikt geraten, ist eine allgemein bekannte Tatsache.« Als einziges Bundesland erließ Bayern eine »Landfahrerverordnung«, welche die Bewegungsfreiheit der Sinti und Roma einschränkte. Diese Verordnung wurde erst im Jahr 1970 vom Bayerischen Landtag aufgehoben. Die Vorurteile gegen Sinti und Roma hingegen sind bis heute, auch in Teilen der Polizei, noch vorhanden, trotz politischer Aufklärung während der Ausbildung. Das mag daran liegen, dass vollkommen gegensätzliche Kulturen aufeinandertreffen, die sich kaum miteinander vertragen, dass die Beamten nur negative Erfahrungen machen. Doch damit, trotz aller zweifellos vorhandenen Schwierigkeiten, professionell und menschlich auch mit Sinti und Roma umzugehen, gehört zu den zentralen Aufgaben einer demokratisch organisierten Polizei.

Auffallend ist, dass bis Mitte 2007 von staatlicher Seite eine undurchdringliche Mauer errichtet wurde, um die braune

Vergangenheit führender Repräsentanten der Justiz und der Polizei in der Bundesrepublik, die doch so prägend für ganze Generationen war, nicht öffentlich zu thematisieren. Frank Bösch, Direktor des Potsdamer Zentrums für Zeithistorische Forschung, meint explizit das Bonner Innenministerium, dem sowohl das Bundesamt für Verfassungsschutz als auch das Bundeskriminalamt untergeordnet sind, wenn er von einer »markanten« NS-Belastung in vielen Bereichen spricht.[33] Frank Bösch verweist darauf, dass das Innenministerium damals noch eine viel größere Kompetenz hatte, als es heute der Fall ist. Es war unter anderem auch für die Medienpolitik verantwortlich, »also die Fragen der Filmzensur und schließlich für Bereiche, die nach 1945 besonders zentral waren und besonders sensibel zu behandeln waren, wie zum Beispiel die Belange des Judentums«.[34] Zwischen 1949 und 1970 waren knapp 50 Prozent aller Mitarbeiter des Bonner Innenministeriums ehemalige Mitglieder der NSDAP. Zu diesem erschreckenden Ergebnis kam eine neue Studie des Instituts für Zeitgeschichte und des Zentrums für Zeithistorische Forschung, meldete die *Süddeutsche Zeitung* am 5. November 2015.

Die heutige Bundespolizei beziehungsweise ihr Vorläufer, der Bundesgrenzschutz (BGS), zeichnet sich immer noch durch eine bislang nicht aufgearbeitete Geschichte aus. Gegründet wurde der Bundesgrenzschutz im März 1951 als Gegengewicht zur kasernierten DDR-Volkspolizei. Entscheidend geprägt wurde er von Brigadegeneral Paul Boullay, einem ehemaligen SS-Sturmbannführer und Partisanenjäger, NSDAP-Mitglied Nr. 6925111. Unter seiner Führung wurde der damalige Bundesgrenzschutz, sicher auch angesichts des Kalten Krieges, als eine Art militärischer Kampfverband aufgebaut, der nicht nur die Grenzen schützen, sondern auch bei inneren Unruhen (Streiks, Demonstrationen etc.) eingesetzt werden sollte.

Die schmachvolle Geschichte des Bundeskriminalamtes

Und dann wäre da noch das Bundeskriminalamt. Zwar waren die Alliierten nach dem Ende des Dritten Reiches bemüht, die deutsche Polizei zu entnazifizieren, zu dezentralisieren und zu demokratisieren, doch der Versuch ist misslungen. Im Jahr 1951 wurde das Bundeskriminalamt in Wiesbaden gegründet. Dabei fällt auf, dass sich auf der Führungsebene des BKA in den Fünfzigerjahren bis in die Siebzigerjahre ungewöhnlich häufig Hauptsturmführer, Untersturmführer, Sturmbannführer oder Obersturmführer der SS tummelten. Sie waren die Hauptakteure des Terrorapparates der NS-Diktatur. Eduard Michael, im BKA verantwortlich für Verwaltung und Hilfsdienste, war als SS-Hauptsturmführer und Angehöriger der Einsatzgruppen persönlich an Orten der Massenvernichtung anwesend und unter anderem an der Deportation von etwa 40 000 Juden in das Vernichtungslager Treblinka beteiligt.

Für diese Dichte von SS-Angehörigen und NSDAP-belasteten Polizeibeamten war unter anderem Paul Dickopf – mit richtigem Namen Paulinus –, der langjährige BKA-Präsident, verantwortlich. Er wurde während seiner Amtszeit von Polizisten verehrt und von Politikern geehrt.

Im Zusammenhang mit den NSU-Morden tauchte in Schreiben an das BKA, Abteilung Staatsschutz, stets die Adresse Paul-Dickopf-Straße 2 in Meckenheim auf. Doch seit Juni 2012 gibt es keine Paul-Dickopf-Straße mehr. Sie heißt jetzt Gerhard-Boeden-Straße, benannt nach einem von Dickopfs Nachfolgern im BKA. Die Umbenennung geschah auf Antrag des im Herbst 2014 pensionierten BKA-Präsidenten Jörg Ziercke, der sich im Zusammenhang mit der Vergangenheit von Paul Dickopf auf Forschungsergebnisse der Martin-Luther-Universität Halle-Wittenberg zu Dickopfs Vergangenheit berief. Und die war mehr als undurchsichtig.

Paul Dickopf, der eigentlich Oberförster werden wollte, absolvierte die »Führerschule für Sicherheitspolizei« in Berlin-Charlottenburg, an der die SS-Führer ausgebildet wurden. Die Zulassungsbedingungen: »deutsches oder artverwandtes Blut; unbedingte politische Zuverlässigkeit; SS-Fähigkeit; Angehörigkeit zur NSDAP oder einer ihrer Gliederungen«. Zur Ausbildung gehörten auch Besuche in Konzentrationslagern. Dickopf bestand 1939 die Prüfung zum Kriminalkommissar und wurde SS-Untersturmbannführer beim Sicherheitsdienst (SD). Während des Krieges war er bei der militärischen Abwehr unter Admiral Wilhelm Canaris im Einsatz. Unter dem Namen Peter Dorr und als Angestellter der Reichsbahnzentrale für den deutschen Fremdenverkehr bestand sein Auftrag darin, fremde Nachrichtendienste zu unterwandern. Während einer Dienstreise nach Paris im Jahr 1942 tauchte er plötzlich unter. Später erklärte er, dass er von der Gestapo verhaftet werden sollte und deshalb flüchten musste, dass er also Widerstandskämpfer gewesen sei – ein schönes Märchen.

In Brüssel und später in der Schweiz fand er Unterschlupf bei François Genoud, einem überzeugten Hitler-Fan, der den Untergang des Dritten Reiches später als »schlimme Katastrophe für uns alle« bedauerte. Unter den Augen der Schweizer Abwehr bezog Dickopf ein Zimmer in Bern und traf sich unter anderem mit dem deutschen Nazi-Abwehroffizier Fritz Albert.

Auffällig war zudem, dass dem angeblich von der Gestapo verfolgten Widerstandskämpfer gegen die Nazis noch bis Januar 1944 seine Bezüge als Kriminalkommissar auf das Konto seiner Frau in Karlsruhe überwiesen wurden.

Nach dem Ende des Dritten Reiches wurde Dickopf Mitarbeiter des US-Geheimdienstes. Erzählt wird, dass ihn die US-Agenten gerne zu »Herrenabenden« einluden und dabei seine Leidenschaft für gute Weine und gutes Essen ausgenutzt hätten. Im Jahr 1950 erhielt er eine Anstellung als Regierungs- und Kriminalrat im Bonner Innenministerium, wurde danach Vizepräsident des BKA und nicht viel später BKA-Präsident. Zu seinem Amtsantritt am 19. Februar 1965 lobte ihn der damalige Innenminister Hermann Höcherl (CSU) mit den Worten: »Zu keiner Zeit haben Sie mit dem Nationalsozialismus paktiert.« Schließlich sei er im Jahr 1942 unter dem Zwang der Verhältnisse in die Schweiz emigriert – eine glatte Lüge. In den Jahren 1965 bis 1971 erhielt Dickopf neben seinem Gehalt als BKA-Präsident noch finanzielle Zuwendungen von der CIA. Im offiziell zugänglichen CIA-Archiv sind Dutzende von Berichten über seine Kooperation mit der CIA enthalten.[35] 1971 wurde Dickopf pensioniert.

Der Mann, der sich erfolgreich das Image eines antifaschistischen Widerstandskämpfers anheftete, wurde vom damaligen Innenminister Hans-Dietrich Genscher (FDP) mit den Worten gewürdigt, dass er »ein Vorbild für die gesamte deutsche Polizei« gewesen sei. Das war er auch, im negativen Sinne, sowohl für das BKA als auch für die demokratische Gesellschaft. Der Kriminologe Armand Mergen sah das ganz anders als Genscher. In seinem 1987 erschienenen Buch *Die BKA-Story* schreibt er, dass Reinhard Heydrichs Reichssicherheitshauptamt mit seinen getreuen SD- und SS-Männern »zum Grundstock des Bundeskriminalamtes wurde«. Die Amerikaner hingegen waren auf dem braunen Auge blind. »Dafür war das rote doppelt scharfsichtig. Nazis fanden ihr Verständnis, Sozialisten und, schlimmer noch, ehemalige Kommunisten konnten mit Wohlwollen nicht rechnen. Waren die damals als Widerstandskämpfer in Hitlers Konzentrationslagern von

SS-Männern geschunden worden, setzten jetzt die früheren SS-Männer ihre Hatz mit anderen Mitteln fort!«[36] Große Beachtung in der Öffentlichkeit fand der Titel nicht.

Es ist dem ehemaligen BKA-Direktor Dieter Schenk zu verdanken, dass im Jahr 2001 öffentlich über die tiefbraune Vergangenheit des BKA gesprochen wurde. In seinem Buch *Auf dem rechten Auge blind. Die braunen Wurzeln des BKA* (Köln 2001) beschreibt er detailliert die braune Führungsriege des BKA, die entscheidenden Einfluss auf ihre Untergebenen hatte. Für ihn stand fest, dass das Leitungspersonal der Fünfziger- und Sechzigerjahre, also jener Zeit, als Dickopf BKA-Präsident war, auf »schlimmste Weise unmittelbar in die Verbrechen der Nationalsozialisten verstrickt war«. Für ihn sei das BKA von ehemaligen Nazi-Tätern aufgebaut worden. Zwei Dutzend von ihnen seien Schreibtischtäter des Reichskriminalpolizeiamtes gewesen, die »Schutzhaftbefehle« ausstellten, um Homosexuelle, Zigeuner oder sogenannte Asoziale in Konzentrationslager einzuweisen.

> »Oder sie waren Angehörige der Einsatzgruppen zur Vernichtung der polnischen Intelligenz, sie leiteten Exekutionen und schossen dabei selbst – auch auf Frauen und Kinder. Sie befehligten die Geheime Feldpolizei, die an der Ausrottung der jüdischen Bevölkerung in Weißrussland beteiligt war.«

Das alles geschah mit Wissen der USA und insbesondere der CIA.

Im SPD-geführten Innenministerium unter Otto Schily stießen Dieter Schenks Erkenntnisse naturgemäß auf heftigen Widerstand. Nein, das BKA habe keine nationalsozialistische Vergangenheit, denn es sei ja erst 1951 gegründet worden, tönte es aus Schilys Behörde. Möglicherweise hatte das Bundeskanzleramt das Bundesinnenministerium angewiesen, sich vor die »alten Kameraden« zu stellen, die wegen ihrer Vergangenheit öffentlich kritisiert wurden. Es sollten nochmals Jahre vergehen, bis die dunkle Geschichte des BKA 2007 auf nachdrückliche Initiative des neuen BKA-Präsidenten Jörg Ziercke endlich aufgearbeitet und öffentlich thematisiert wurde. Knapp drei Jahre lang durchforstete ein unabhängiges Wissenschaftlerteam unter Leitung des Historikers Patrick Wagner von der Universität Halle im Auftrag von Ziercke alte Personal- und Ermittlungsakten des BKA. Die bemerkenswert kritische BKA-Studie *Schatten der Vergangenheit. Das BKA und seine Gründungsgeneration in der frühen Bundesrepublik* wurde vom BKA ins Internet gestellt.[37]

Mitverfasser Wagner wurde in einem Spiegel-Interview 2011, nachdem die Ergebnisse des Wissenschaftlerteams veröffentlicht worden waren, mit den Worten zitiert:

> »Die Nationalsozialisten hatten die Polizei in eine weltanschaulich motivierte Kampftruppe verwandelt. Bei einigen ›alten Vollzugsbeamten‹, wie die Ehemaligen im BKA genannt wurden, lebte der Glaube an ein weltweit agierendes Judentum fort, andere sahen ihre Aufgabe weiterhin im Kampf gegen Sinti und Roma, gegen sogenannte Berufsverbrecher oder Homosexuelle.«[38]

Die alten Nazis waren inzwischen mit einer fetten Pension aus dem BKA ausgeschieden.

Wir schreiben das Jahr 2003. In Frankfurt am Main wird Dieter Schenk mit dem Fritz-Bauer-Preis 2003 ausgezeichnet. Der Preis trägt den Namen des früheren hessischen Generalstaatsanwalts Fritz Bauer und belohnt das Engagement für

Demokratie und Bürgerrechte. In seiner Dankesrede sagt Dieter Schenk:

> »Der Geist ehemaliger Nazis durchweht heute nicht mehr das Bundeskriminalamt. Trotzdem wurden über Jahrzehnte Grundeinstellungen und Handlungsweisen geprägt, die Auswirkungen bis in diese Tage zeigen: zum Beispiel in der halbherzigen Bekämpfung von Straftaten im Zusammenhang mit Rechtsradikalismus, Fremdenfeindlichkeit und Antisemitismus; bei der Verwischung der Grenzen und Arbeitsmethoden zwischen Polizei, Verfassungsschutz und Geheimdienst; bei der Gewichtung von Wirtschaftsverbrechen; in der Praktizierung eines Führungsverhaltens, das noch weit vom kooperativen Führungsstil entfernt ist; bei der Leistung von polizeilicher Entwicklungshilfe an Diktaturen, versteckt hinter dem Scheinargument, Organisierte Kriminalität zu bekämpfen.«[39]

Da war er wieder, der politisch-geistige Fingerabdruck, der auch bei der bundesdeutschen Justiz wiederzufinden ist.

Der tiefe braune Stempel in der deutschen Justiz

Analog zu den Sicherheitsbehörden war auch die Justiz ein Tummelplatz ehemaliger Angehöriger der NSDAP und verbrecherischer Organisationen wie der SS. Bereits kurz nach dem Krieg funktionierte die Justizmaschinerie wieder wie eh und je, ohne dass das Personal ausgewechselt worden wäre. Dabei hatten in Westfalen 93 Prozent des Justizpersonals zuvor der NSDAP oder einer ihrer Nebenorganisationen angehört, im Bezirk des Oberlandesgerichts Bamberg waren von 309 Juristen 302 ehemalige Parteigenossen. In Bayern agierten im Jahr 1949 wieder 924 Richter und Staatsanwälte, von denen zuvor 80 Prozent Mitglieder der NSDAP gewesen waren.

Beispielhaft für Karrieren und den herrschenden politischen Geist nach dem Ende der Nazi-Herrschaft ist der Oberstkriegsgerichtsrat und spätere Generalrichter Manfred Roeder. Er galt als Hitlers »Bluthund« und war mitverantwortlich für 49 Todesurteile des Reichskriegsgerichts gegen die Mitglieder der »Roten Kapelle«. Unter diesem Namen wurden von der Gestapo verschiedene Berliner Widerstandskreise um Arvid Harnack und Harro Schulze-Boysen zusammengefasst. Nach dem Zusammenbruch des Dritten Reiches bot Roeder sich dem US-Geheimdienst CIC als Informant an und wurde dort unter dem Tarnnamen »Othello« als Informant geführt. Den CIC-Agenten erzählte er im Dezember 1947, dass die Rote Kapelle immer noch lebendig und aktiv sei und dass sie »trotz gewisser Interessen und Versuche, sie als Widerstandsorganisation darzustellen, in Wirklichkeit ein von den Sowjets kontrolliertes Spionagenetz ist«. Weil Roeder die Nazi-Propaganda über die Rote Kapelle als kommunistische Tarnorganisation erfolgreich vermittelte, gewann er das Vertrauen der US-Nachrichtendienste.

Heinrich Grosse, Theologe und Mitarbeiter des Sozialwissenschaftlichen Instituts der Evangelischen Kirche in Deutschland (EKD), ist einer der wenigen Wissenschaftler, die sich intensiv mit Roeder beschäftigt haben. In einer Studie mit dem Titel »Ankläger von Widerstandskämpfern und Apologet des NS-Regimes nach 1945 – Kriegsgerichtsrat Manfred Roeder«, die 2005 in der Zeitschrift *Kritische Justiz* veröffentlicht wurde, schreibt er:

»Es kam, wie aus US-amerikanischen Geheimdienstunterlagen hervorgeht, zu einer bizarren Entwicklung, in der ehemalige Gestapo-Beamte und Mitarbeiter des Reichskriegsgerichts mit dem amerikanischen Geheimdienst ein nahezu symbiotisches Verhältnis eingingen. Er wurde ›im vollsten Umfang abgeschöpft, um so viel wie möglich über den sowjetischen Geheimdienst zu erfahren‹.«[40]

Später bewarb sich Roeder sogar als Richter im Bezirk des Oberlandesgerichts Celle. Doch in der Britischen Zone wurde ein Verfahren wegen Verbrechen gegen die Menschlichkeit gegen ihn eröffnet, nachdem Überlebende der Roten Kapelle ihn angezeigt hatten – und der Traum vom Richterberuf war zu Ende. Doch er musste nichts befürchten. Das Verfahren gegen ihn wurde erst verschleppt und schließlich eingestellt. Die Lüneburger Staatsanwaltschaft begründete das damit, so der Abschlussbericht des damaligen ermittelnden Staatsanwalts Hans-Jürgen Finck vom 12. Mai 1951, dass die Prozesse vor dem Reichskriegsgericht »ordnungsgemäß« abgelaufen und die Angeklagten mit Recht zum Tode verurteilt worden seien. Denn die Grundlage der Roten Kapelle sei Landesverrat gewesen: »Landesverrat (…) hat immer und zu allen Zeiten als das schimpflichste Verbrechen gegolten. (…) Auch von der Gruppe des 20. Juli (ist) in umfassendem Maße Landesverrat und Spionage betrieben worden.« Die Attentäter um Claus Schenk Graf von Stauffenberg hätten ein »ungeheures Maß von Schuld (…) auf sich genommen«. Andere deutsche Männer, die mit Hitlers Kriegs- und Staatsführung nicht einverstanden gewesen seien, aber »als Soldaten und in Verwaltung und Wirtschaft ihre Pflicht taten (…), würden es sicher mit Entrüstung abgelehnt haben, mit Männern wie Beck, Canaris, Oster, v. Dohnanyi (…) auf die gleiche Stufe gestellt zu werden«.

Staatsanwalt Finck hatte auch seine Meinung zur Gestapo, der Geheimen Staatspolizei. Dabei habe es sich um eine »absolut normale Polizeiorganisation« gehandelt. Manfred Roeder soll, unabhängig davon, dass die gegen ihn Ermittelnden ehemalige NS-Juristen waren, der Staatsanwaltschaft gegenüber geäußert haben: »Wenn sie mit diesem Verfahren gegen mich weitermachen, dann packe ich aus. Dann sind Sie auch dran.«

Im März 1955 wurde Roeder im Ermittlungsverfahren gegen den ehemaligen Präsidenten des Bundesamtes für Verfassungsschutz Otto John, dem Landesverrat vorgeworfen wurde, vom Bundesgerichtshof als Experte für sowjetische beziehungsweise kommunistische Spionagetätigkeit angehört. 1957 trat er in einem Gerichtsverfahren gegen Ex-Generalfeldmarschall Ferdinand Schörner als Zeuge für den Angeklagten auf. Es war das erste Mal, dass überhaupt gegen einen Wehrmachtsgeneral juristisch vorgegangen wurde. Schörner war überzeugter Nationalsozialist, der deutsche Soldaten ohne Gerichtsverfahren hatte hinrichten lassen. Er genoss den Ruf eines besonders brutalen Offiziers, der mit Standgerichten versuchte, die schwindende Disziplin unter den Soldaten zu bekämpfen. »Er habe«, schrieb die *Frankfurter Allgemeine Zeitung*, »seine Truppe mit der unmenschlichen Gewalt eines Dschingis-Khan geführt.«[41] Das Landgericht München verurteilte Schörner im Oktober 1957 zu viereinhalb Jahren Gefängnis, das er nach zwei Jahren bereits wieder verlassen konnte.

»Bis zuletzt wurde keine selbstkritische Äußerung Schörners über seine Rolle im ›Dritten Reich‹ bekannt. Vielmehr betrachtete er sich selbstgerecht als ›Spucknapf‹ derjenigen, die ›ihren Schleim über den deutschen Soldaten noch abführen wollen‹.«[42]

Manfred Roeder warb in dieser Zeit für die rechtsradikale Sozialistische Reichspartei, und nachdem die als Nachfolgeorganisation der NSDAP verboten worden war, sah man ihn bei Veranstaltungen der nicht weniger rechtsradikalen Deutschen Reichspartei. Während die Überlebenden der Roten Kapelle noch bis in die Siebzigerjahre vom Verfassungsschutz beobachtet wurden, zog Manfred Roeder im Jahr 1963 ins idyllische Glashütten inmitten des Naturparks Hochtaunus. Er wurde Mitglied der CDU und stellvertretender Bürgermeister von Glashütten.

Mitte der Sechzigerjahre gelang es dem französischen Journalisten und Schriftsteller Gilles Perrault, mit Roeder in Glashütten zu sprechen. Er recherchierte für sein Buch *Auf den Spuren der Roten Kapelle* (Wien/München 1994). Sein Eindruck: »Ich glaube, dass sein einziges Bedauern darin bestand, dass nicht alle zum Tode verurteilt waren.« Perrault wunderte sich, dass dieser »einhundertprozentige Nazi, der Dutzende von Widerstandskämpfern aller Nationalitäten zum Tode verurteilt hatte, in Deutschland ein angesehener Mann war, umgeben von der Achtung seiner Nachbarn«. Roeder starb im Oktober 1971.

Als Richter am Bundesgerichtshof wirkte Friedrich Mattern. Während des Dritten Reiches Beisitzer an einem Sondergericht im tschechischen Brünn, war er mitverantwortlich für Todesurteile. Adolf Voß wiederum wurde 1954 Generalstaatsanwalt in Schleswig-Holstein. Seine juristische Karriere war vom späteren Präsidenten des Volksgerichtshofes Roland Freisler besonders gefördert worden. Vor seiner Ernennung zum Generalstaatsanwalt war Mattern bei der Staatsanwaltschaft Schleswig als Oberstaatsanwalt tätig. Leiter der Politischen Abteilung innerhalb der Staatsanwaltschaft war Dietrich Glander, der 1937 als Anklagevertreter beim Schleswig-Holsteinischen Sondergericht gewirkt hatte, bevor er bis Kriegsende am NSDAP-Gaugericht Schleswig-Holstein tätig war. Einer seiner Kollegen war Kurt Jaager, ehemaliger Staatsanwalt am Volksgerichtshof und Vertreter des Oberreichsanwalts.

Nicht nur NS-belastete Juristen bevorzugten für ihre neue Karriere das Bundesland Schleswig-Holstein. Sylt ist bekanntlich die Insel der Reichen und Schönen, und mitten unter ihnen lebte ein allseits beliebter Massenmörder. Es war der SS-Gruppenführer und Generalleutnant der Waffen-SS Heinz Reinefarth, der »Schlächter von Warschau«, SS-Nummer 56634. Während der Niederschlagung des Warschauer Aufstandes der polnischen Heimatarmee 1944 war Reinefarth Befehlshaber von zwölf galizischen Schutzmannschaft-Kompanien, zu denen das berüchtigte SS-Sonderregiment Dirlewanger gehörte. Für sein verbrecherisches Wirken dekorierte Adolf Hitler ihn mit der höchsten militärischen Auszeichnung, dem Eichenlaub zum Ritterkreuz des Eisernen Kreuzes. Im Nachkriegsdeutschland war das keine Schande. Im »braunen Naturschutzgebiet«, wie die *Zeit* Schleswig-Holstein nannte, setzte er sich vehement für ein Ende der Entnazifizierung ein. Ihn selbst hatte der Spruchkammer-Hauptausschuss in Kiel entnazifiziert. Der Kriegsverbrecher Reinefarth amtierte von 1951 bis 1964 für die CDU und den Bund der Heimatvertriebenen und Entrechteten (BHE) als Bürgermeister von Sylt. Zwischen 1958 bis 1962 war er außerdem Abgeordneter für den BHE im Schleswig-Holsteinischen Landtag. 1967 ging er mit einer hohen Rente in Pension und arbeitete weiter als Rechtsanwalt. Zwar liefen mehrere Ermittlungsverfahren gegen ihn, und die polnische Regierung forderte seine Auslieferung, doch er blieb unbehelligt. Als Reinefarth am 7. Mai 1979 starb, widmete ihm die Stadt einen Nachruf: »Sein erfolgreiches Wirken für die Stadt Westerland wird unvergessen bleiben.« Die Sylter hat nie interessiert, wer ihr Bürgermeister wirklich war. Sie lobten ihn als freundlichen Menschen und guten Politiker. Erst 2014 verurteilte der Landtag von Schleswig-Holstein die Gräueltaten des ehemaligen Abgeordneten Reinefarth.

Und dann war da noch der Psychiater Werner Heyde. Der ehemalige Professor für Psychiatrie und Neurologie an der Würzburger Universität wurde per Haftbefehl wegen Mordes gesucht, weil er mitverantwortlich für das NS-Euthanasie-Programm war, das heißt die systematische Ermordung von Menschen mit geistigen und körperlichen Behinderungen. Nach dem Krieg baute er sich als Dr. Fritz Sawade in Flensburg eine neue Karriere als medizinischer Gerichtsgutachter und Obergutachter des Landessozialgerichts Schleswig auf. Bis 1959 erstellte er etwa 7000 Gutachten für verschiedenste Behörden und Institutionen. Und blieb zwölf Jahre unentdeckt, obwohl bereits Ende 1954 bekannt war, dass Dr. Sawade mit dem gesuchten Professor Heyde identisch war. Das geht aus dem Schreiben eines emeritierten deutschen Hochschullehrers hervor, der das Sozialgericht in Schleswig darüber informierte. Am 10. Januar 1955 teilte der Präsident des Landessozialgerichts mit, dass er von Amts wegen nicht verpflichtet sei, dieser Angelegenheit nachzugehen. Beamte der Kieler Landesregierung und der medizinischen Fakultät wussten von Sawades Vergangenheit. An diesem Punkt kam Adolf Voß ins Spiel, der als theologischer Ehrendoktor und Präsident der Evangelischen Landeskirche hoch geachtete Generalstaatsanwalt. Er kannte Heyde/Sawade nicht nur sehr gut, sondern die beiden sollen sogar befreundet gewesen sein. Weshalb er den mit Haftbefehl Gesuchten wohl als Gutachter an das Landgericht Flensburg vermittelt hatte. Am 27. Dezember 1960 beantragte Voß im Alter von 61 Jahren seine Versetzung in den Ruhestand. Dem Gesuch wurde bereits einen Tag später stattgegeben. Ein halbes Jahr zuvor war er, obwohl seine Beziehung zu dem Massenmörder Heyde bereits bekannt war, erneut zum Präsidenten der evangelischen Synode gewählt worden, was sicher damit zu tun hatte, dass Teile der Evangelischen Landeskirche von Schleswig sich schon vorher schützend vor NS-Verbrecher gestellt hatten. Im Januar 1961 sollte Voß vor dem Kieler parlamentarischen Untersuchungsausschuss zur Klärung des Falles Heyde/Sawade aussagen. Doch er erschien nicht, sondern legte ein Attest vor, das ihm eine starke gesundheitliche Beeinträchtigung bescheinigte. Vor dem Ausschuss verteidigte ihn der Justizminister mit der Erklärung, er sei davon überzeugt, dass Dr. Voß nichts von der Vergangenheit des Heyde/Sawade gewusst habe.

Ein im Dezember 1959 eingesetzter parlamentarischer Untersuchungsausschuss – zunächst von der CDU und Ministerpräsident Kai-Uwe von Hassel bekämpft – deckte schließlich den Skandal auf. Der Abschlussbericht des parlamentarischen Ausschusses vom 24. Juni 1961 (Drucksache Nr. 444) nannte 18 Personen, die Heydes wahre Identität kannten. Zu ihnen gehörten der Sozialgerichtsdirektor, ein Landgerichtsrat, ein Richter am Bundessozialgericht sowie mehrere Medizinprofessoren, die Ärztekammer und ein Ministerialrat im Innenministerium. Zu strafrechtlichen Konsequenzen wegen Begünstigung kam es nicht. Im Gegenteil, der Sozialgerichtsdirektor wurde zum Senatspräsidenten im Landessozialgericht befördert.

Am 12. November 1959 wurde Euthanasie-Professor Werner Heyde verhaftet. Der hessische Generalstaatsanwalt Fritz Bauer hatte ihn inzwischen angeklagt, weil er »heimtückisch, grausam und mit Überlegung mindestens 70 000 Menschen getötet haben soll«. Fünf Tage vor der Eröffnung des Hauptverfahrens nahm Heyde sich im Februar 1964 in seiner Zelle im hessischen Butzbach das Leben. Es herrschte ein Korpsgeist, der damit zu tun hatte, dass mit der Aufdeckung der wahren Identität von Heyde/Sawade die Unterstützung der sogenannten Aktion T 4 durch viele nach 1945 erneut in Justiz und Gesundheitsverwaltung tätige Juristen und Ärzte publik geworden wäre.

Erst im Jahr 2012 sollte auf Geheiß der damaligen Bundesjustizministerin Sabine Leutheusser-Schnarrenberger die braun befleckte Vergangenheit der Justiz unter die Lupe genommen werden. Geleitet wurde die Historikerkommission zur Aufarbeitung der NS-Vergangenheit der Justiz von dem Marburger Rechtshistoriker Christoph Safferling. Auf einem Symposium der Historikerkommission in Berlin im Mai 2012 wurden einige Beispiele für die NS-Belastung der Justiz diskutiert. Thematisiert wurde etwa die Karriere des einstigen »Scharfrichters« Eduard Dreher, der im Mai 1937 der NSDAP beigetreten war. Nach einer Karriere als Staatsanwalt und Richter am Landgericht Leipzig wurde er 1942 auf eigenen Wunsch Richter am Sondergericht Innsbruck. Sein Auftrag war klar: politische Gegner und sogenannte »Volksschädlinge« auszuschalten. »Todesstrafen-Dreher«, wie er genannt wurde, verhängte Todesurteile selbst bei geringfügigsten Straftaten. So weit, so normal – damals. Aber was dann geschah, ist bis heute unglaublich und für die Justiz besonders beschämend. Anfang der Fünfzigerjahre wurde Dreher Generalreferent für die Große Strafrechtsreform im Bundesjustizministerium und damit einer der einflussreichsten westdeutschen Strafrechtler. Seine Position im Ministerium und als Mitglied der »Großen Strafrechtskommission« nutzte er zugleich, um frühzeitige Gesetzentwürfe für die Amnestie von NS-Gewaltverbrechern mit Erfolg durchzusetzen. Er verfasste ein Gesetz mit dem harmlos klingenden Namen »Einführungsgesetz zum Ordnungswidrigkeitengesetz« (EGOWIG). Es passierte 1964 problemlos den Deutschen Bundestag. Damit verjährten Hinrichtungen auf Befehl und im Staatsauftrag schon nach 15 Jahren und galten fortan nur noch als Beihilfe zum Mord. Damit waren alle entsprechenden Taten verjährt. Unter anderem eingestellt wurden die Verfahren gegen 300 Angehörige des Reichssicherheitshauptamtes, der Zentrale des organisierten Völkermords. Die Anklagen gegen die Angehörigen von Gestapo, Sicherheitsdienst (SD) und Polizei beruhten fast durchweg auf dem Vorwurf der Beihilfe zum Mord. Die entsprechenden Verfahren wurden eingestellt.

Das von Dreher verantwortete Gesetz war, so gesehen, nichts anderes als ein Amnestiegesetz für NS-Verbrecher. Dreher sorgte außerdem dafür, dass Versuche einer Liberalisierung des Strafrechts verhindert wurden. Zu seinem 70. Geburtstag am 29. April 1977 wurde ihm tatsächlich eine Festschrift gewidmet. Karl Lackner, seinerzeit Professor an der Heidelberger Universität, erwähnte in einem Beitrag Drehers Tätigkeit in Innsbruck: »Er musste immer wieder sehen, wie sehr auch rechtsstaatlich denkende Juristen durch die Verlockungen, Zumutungen und Pressionen des herrschenden Regimes nicht zuletzt aus diesem Grunde gefährdet waren.«

Am 13. September 1996 verstarb Dreher in Bonn. Sein Kommentar zum Strafrecht in dem juristischen Standardwerk *Strafgesetzbuch und Nebengesetze*, zusammen mit Herbert Tröndle, ist ein Millionenbestseller und für die meisten Juristen bis zum heutigen Tag eine Art juristischer Bibel. Man darf davon ausgehen, dass die angehenden Juristinnen und Juristen beim Jurastudium von der Vergangenheit Eduard Drehers nichts erfahren und daher später auch nichts darüber wissen.

Nicht vergessen werden sollte in diesem Kontext der bis 1977 am Bundesverfassungsgericht tätige Richter Willi Geiger. Er fällte während der NS-Zeit als Staatsanwalt am Sondergericht Bamberg in mindestens fünf Fällen Todesurteile und prägte später maßgeblich das Bundesverfassungsgerichtsgesetz. In seiner 1941 verfassten Dissertation rechtfertigte er unter anderem die NS-Berufsverbote für jüdische Journalisten. Als Bundesverfassungsrichter war er maßgeblich an der Entscheidung des Gerichts vom 22. Mai 1975 zum Radikalenerlass der Bundesregierung beteiligt. Demnach durfte in das Beamtenverhältnis nur berufen werden, wer die Gewähr dafür bot, jederzeit für die freiheitlich-demokratische Grundordnung im Sinne des Grundgesetzes einzutreten; Beamte waren verpflichtet, sich aktiv innerhalb und außerhalb des Dienstes für die Erhaltung dieser Grundordnung einzusetzen. Dieser Radikalenerlass diente den Behörden als Handhabe, um durch Gesinnungsschnüffelei fast ausschließlich linke Beamte, Angestellte und Arbeiter aus dem Staatsdienst zu entfernen. Linke, systemkritische Organisationen wurden durch Verfassungsschützer ausspioniert, die gleichzeitig auf dem rechten Auge blind waren. Der Radikalenerlass wurde durch Tausende von Berufsverboten umgesetzt, beispielsweise gegen kritische Lehrer. Im Jahr 1991 wurde die Regelanfrage nach dem Radikalenerlass eingestellt.

Der Potsdamer Historiker Manfred Görtemaker, der zu der von Justizministerin Leutheusser-Schnarrenberger eingesetzten Historikerkommission gehörte, antwortete in einem Interview der *Märkischen Allgemeinen Zeitung* am 19. Januar 2012 auf die Frage, ob es einen nationalsozialistischen Ungeist gegeben habe, der in Gesetzen, Entscheidungen, Prozessen nachwirkte:

> »Wenn Sie eine Person wie Josef Schafheutle nehmen, der im Reichsjustizministerium für politisches Strafrecht zuständig war und nach dem Krieg im Bundesministerium der Justiz Abteilungsleiter für Strafrecht wurde, dann

können Sie davon ausgehen, dass er sein nationalsozialistisches Gedankengut 1945 nicht einfach auf den Müll gekippt hat. Mit anderen Worten: Personelle Kontinuität könnte auch zu inhaltlicher Kontinuität geführt haben.«

Schafheutle hatte wesentlichen Anteil an der Erarbeitung des Ersten Strafrechtsänderungsgesetzes, das fast wörtlich aus der Strafrechtsnovelle von 1934 zu Landesverratsdelikten übernommen wurde. Das Gesetz wurde im Juli 1951 vom Deutschen Bundestag verabschiedet und habe sich, stellte der Verfassungsrechtler Alexander von Brünneck fest, »eindeutig und ausschließlich gegen die Kommunisten gerichtet«[43].

Einer der ersten Senatspräsidenten des als letzte Instanz für politische Delikte zuständigen 3. Strafsenats beim Bundesgerichtshof wurde ausgerechnet Ernst Kanter, einst Richter am Reichsgericht und Generalrichter der Wehrmacht. Unter seiner Mitwirkung ergingen Todesurteile gegen Kommunisten und Zeugen Jehovas, die den Kriegsdienst verweigert hatten. Im Februar 1943 wurde er zum Generalrichter und Chefrichter der deutschen Truppen in Dänemark befördert. Zu seinen Aufgaben gehörte, neben der allgemeinen Dienstaufsicht, auch die Bestätigung der zahlreichen Todesurteile gegen dänische Widerstandskämpfer und deutsche Soldaten. Mit seinem Dienstantritt wurden, in enger Zusammenarbeit mit SS-Obergruppenführer Werner Best, dem Bevollmächtigten des Deutschen Reiches in Dänemark, 103 dänische Widerstandskämpfer zum Tode verurteilt. 1959 trat Kanter als Senatspräsident unfreiwillig zurück, nachdem seine Vergangenheit öffentlich geworden war.

Nicht zurücktreten musste Hermann Weinkauff, der erste Präsident des Bundesgerichtshofs. Er wurde 1938 mit dem nationalsozialistischen »Silbernen Treudienst-Ehrenzeichen«

ausgezeichnet und gehörte bereits seit 1934 dem Bund Nationalsozialistischer Deutscher Juristen an. In seiner Funktion als Präsident des Bundesgerichtshofs machte er sich einen Namen, weil er ein Urteil des Bundesverfassungsgerichts massiv kritisierte und sich weigerte, der Rechtsauffassung des Gerichts zu folgen. 34 ehemalige Gestapo-Beamte hatten Verfassungsbeschwerde eingereicht, weil sie behaupteten, einen Rechtsanspruch auf Wiedereinsetzung in den Beamtenstatus zu haben. Dem widersprach das Bundesverfassungsgericht. Daraufhin brach ein Sturm in der deutschen Juristenzunft aus. Die vom Bundesverfassungsgericht aufgeführten Beweise für die Unrechtsaktivitäten der nationalsozialistischen Richter- und Beamtenschaft – Stichworte Euthanasie, Rassenschande, Stand- und Sondergerichte – nannte der Präsident des BGH »Zierrate«. Seit dem 1. März 1960 im Ruhestand, wurde Weinkauff mit dem Großen Bundesverdienstkreuz mit Stern und Schulterband sowie dem Bayerischen Verdienstorden ausgezeichnet.

Und wer wurde im März 1962 sogar Generalbundesanwalt in Karlsruhe? Es war Wolfgang Fränkel, der bereits seit 1951 Bundesanwalt und Mitarbeiter der Großen Strafrechtskommission war. Im März 1962 wurde er vom damaligen FDP-Justizminister Wolfgang Stammberger zum Generalbundesanwalt ernannt. Fränkel war ehemaliger Abteilungsleiter in der NS-Reichsanwaltschaft, verantwortlich für Nichtigkeitsbeschwerden gegen Urteile, die ihm als zu milde erschienen. Der folgende Fall war typisch für ihn: Da wurde ein Mann, weil er einen Mantel gestohlen hatte, zu einer Freiheitsstrafe von sieben Jahren mit anschließender Sicherungsverwahrung verurteilt. Fränkel forderte jedoch die Todesstrafe, denn »seine geistige und seelische Minderwertigkeit«, die das Gericht als strafmildernd gewertet hatte, »hätte den Täter veranlassen müssen, seine gemeinschaftsgefährlichen Anlagen durch besondere Anstrengungen auszugleichen«. Deshalb müsse die Todesstrafe ausgesprochen werden. Das Reichsgericht erkannte auf Todesstrafe. Ähnlich war es bei einem Dieb, der drei Paar Schuhe und eine Aktentasche gestohlen hatte. Nach Fränkels Überzeugung musste er zum Tode verurteilt werden, denn es handele sich um einen für die »Volksgemeinschaft gefährlichen und wertlosen Menschen«. Fränkel hatte kein Unrechtsbewusstsein, selbst nachdem seine Vergangenheit durch Veröffentlichungen in der DDR bekannt geworden war und er im Juli 1962 bei vollen Bezügen beurlaubt wurde.

Tatsache ist, dass bis heute kein einziger Richter, der während der NS-Zeit Unrechtsurteile fällte, juristisch belangt worden ist. Die »Unschuld« ehemaliger Nazi-Militärrichter zum Beispiel wurde in der Regel mit dem kruden Argument als erwiesen angesehen, dass sie sich aus der NS-Politik völlig herausgehalten hätten. Sie seien nicht einmal der NSDAP beigetreten, vielmehr in die innere Emigration gegangen, wenn sie sich als Militärrichter bewarben. Deshalb wurden die etwa 2500 Kriegsrichter nach dem Zusammenbruch des Dritten Reiches fast ausnahmslos als unbelastet in die bundesrepublikanische Justiz eingegliedert und konnten mit blütenweißer Weste eine neue Karriere im »neuen« Deutschland beginnen.

Einer dieser Militärrichter war Hans Meier-Branecke, ehemaliger Generalstaatsanwalt in Braunschweig und Vorsitzender des Braunschweiger Strafsenats. Noch im Jahr 1980 erklärte er auf einer Podiumsdiskussion, dass die Militärjustiz die Verantwortung für die »Aufrechterhaltung der Manneszucht« gehabt habe, um dafür zu sorgen, dass die deutsche Armee, »die uns vor dem Ansturm der Russen im Osten schützen sollte«, nicht zermalmt würde. Ansonsten wäre Europa überrollt und kommunistisch geworden. Unter seinem

Vorsitz wurden in den Jahren 1959 bis 1965 mehrere Kommunisten wegen »staatsfeindlicher Meinungsäußerungen« verurteilt. Immer wieder forderte er eine Verschärfung von Strafrecht und Strafvollzug, denn »die Liberalisierung und Humanisierung der Strafrechtspflege« wie das »Resozialisierungsprinzip seien verfehlt«.

Helmut Kramer, Rechtshistoriker und ehemaliger Richter am Oberlandesgericht Braunschweig, beschäftigte sich ausführlich mit dem Unrechtssystem der Militärgerichte und ihrer Verharmlosung in Deutschland. In seinem Blog *Justizgeschichte Aktuell* berichtet er von der Staatsanwaltschaft Kassel, die das einzige Ermittlungsverfahren gegen hohe Wehrmachtsjustizbeamte Anfang der Siebzigerjahre führte. Die Staatsanwaltschaft Kassel habe dabei die Dinge auf den Kopf gestellt, schreibt er und zitiert als Beweis die Behörde selbst: »Die höchst komplexe Arbeitsweise der Wehrmachtsjustiz macht es unmöglich, heute noch einen kausalen, historisch erkennbaren ›Tatbeitrag‹ einzelner Mitarbeiter des Oberkommandos der Wehrmacht (…) zu den Erlassen und Befehlen Hitlers zu ermitteln.« Die kritisierten Unrechtsnormen seien »eindeutig dem Gehirn Hitlers entsprungen«.[44] Soweit man etwa den sogenannten Nacht-und-Nebel-Erlass, jene auf Hitler zurückgehende Anordnung Keitels vom 7. Dezember 1941, auf deren Grundlage des Widerstands Verdächtige in den besetzten Gebieten nach Deutschland verschleppt wurden, wo sie von Sondergerichten zum Tode verurteilt wurden, überhaupt als völkerrechtswidrig ansehen dürfe, seien allein Hitler oder Himmler dafür verantwortlich zu machen. Die Mitarbeiter der Wehrmachtsrechtsabteilung seien »bestrebt gewesen, alles in ihrer Macht Stehende zu unternehmen, um den Erlass abzumildern«. Ihnen sei es »zu verdanken, dass der Nacht-und-Nebel-Erlass zumindest als zulässige Repressalie« gelten könne.

Kramer kommentierte das folgendermaßen: »Mit diesem juristischen Kopfstand hat die Staatsanwaltschaft Kassel die besondere Mitwirkung der Juristen in einem Unrechtsstaat in eine widerständige Handlung umgedeutet.«

Auch an die juristischen Fakultäten der deutschen Universitäten, wo die künftigen Richter, Staatsanwälte und Rechtsanwälte ausgebildet wurden, kehrten die einstigen Scharfmacher, Täter und Mitläufer schnell zurück:

> »Nachdem die naturrechtlichen Aufwallungen verklungen und kurze Schamfristen des Schweigens abgelaufen waren, kehrten nicht wenige Helden des totalitären Präventionsstrafrechts an die Universitäten zurück, nunmehr in der von ihnen zuvor verhöhnten Gestalt von ›strengen Dogmatikern‹ und Konstrukteuren strafrechtlicher Begriffspyramiden; schon wieder ›begnadete Lehrer‹.«[45]

Doch der nationalsozialistische Zeitgeist beherrschte nicht nur die Richterschaft. Während Helmut Kramers Zeit als Richter am OLG Braunschweig ernannte Ernst Albrecht, der damalige Ministerpräsident von Niedersachsen, den langjährigen Landrat des Landkreises Verden, Hans Puvogel (CDU), zum Justizminister. Puvogel hatte 1936 mit dem Thema »Die leitenden Grundgedanken bei der Entmannung gefährlicher Sittlichkeitsverbrecher« promoviert. In seiner Dissertation befürwortete er die Förderung einer gesunden Rasse durch Ausmerzung »minderwertiger« und »verbrecherischer« Elemente. Es war einzig und allein dem damaligen Richter Helmut Kramer zu verdanken, dass der Justizminister 1978 zurücktreten musste. Kramer schickte Auszüge aus Puvogels Arbeit an seine Kollegen. Puvogel blieb danach Landrat. Weil Kramer jedoch Exemplare der Dissertation an seine Kollegen geschickt hatte, leitete der Präsident des OLG Braunschweig auf Weisung von Ministerpräsident Albrecht ein förmliches Disziplinarverfahren gegen Kramer ein. Das Verfahren wurde zwar eingestellt, aber mit der Feststellung, dass Kramer eine Dienstpflichtverletzung begangen habe.

Fazit: In zentralen Institutionen des demokratischen Rechtsstaates Bundesrepublik Deutschland herrschte bis weit in die Achtzigerjahre hinein ein autoritärer und völkischer, teilweise von der NS-Ideologie durchtränkter Geist, vor allem innerhalb der Justiz und der Sicherheitsbehörden. Personelle Kontinuität führte zu ideologischer Kontinuität.

Undurchsichtige bayerische Beziehungsgeflechte

Illegale Aktivitäten von Geheimdiensten und Zusammenarbeit mit nationalkonservativen und rechtsradikalen politischen Kräften – das ist demnach keine neue Erscheinung, sondern hat in Deutschland eine verhängnisvolle Tradition. Sie wird leider – aus welchen politisch motivierten Gründen, ist nicht bekannt – häufig ausgeblendet. Dabei erklärt sie unter Umständen vieles von dem, was nicht nur im Zusammenhang mit dem Münchner Oktoberfest-Attentat 1980, sondern auch später mit dem Netzwerk des Nationalsozialistischen Untergrunds (NSU) strukturell zu tun haben könnte.

Einblick in diese ziemlich undurchsichtige Szene der Siebziger- und Achtzigerjahre bietet der ehemalige Leiter der Abteilung Staatsschutz im Bayerischen Innenministerium Hans Langemann. Eine seiner Aussagen, die er in der nichtöffentlichen Sitzung eines späteren bayerischen Untersuchungsausschusses machte, war höchst aufschlussreich:

> »Da gibt es einen einflussreichen Klub. Ganz hohe Tiere aus Industrie und Politik stehen auf der Mitgliederliste. Man kann das eine Art privaten Geheimdienst nennen. Aber ein Dienst auf höchstem Niveau. Ich betreue den operativen Teil: Informationsbeschaffung, Abdeckung, Gegenwirkung in den Medien und Operationen. Wer muckt, wird eliminiert. Wir wissen eine Menge über die, die heute ganz oben stehen.«

Denn, so Langemann, »Geheimdienste mit ihrer unkontrollierten Macht haben schon manche Regierung bedroht. Sie haben Ereignisse bis zu einem Punkt provoziert, an dem die Regierung, zu deren Dienst sie geschaffen wurden, am Rande einer Katastrophe schwankt.«

Aber um wen ging es überhaupt?

Der bayerische Staatsschützer meinte den in den Siebziger- und Achtzigerjahren sehr aktiven *Cercle Violet*. Über diesen *Cercle Violet* wurde in einer nichtöffentlichen Sitzung des Langemann-Untersuchungsausschusses im Bayerischen Landtag am 21. Juni 1982 Eindeutiges ausgesagt. Da klagte ein SPD-Abgeordneter, dass dieser *Cercle Violet* eine große politische Bedeutung habe. Die Erwiderung seines politischen Gegners von der CSU: »Das weiß ich nicht. Aber es hat jedenfalls wenig Effekt. Für mich scheint es eine Ansammlung älterer Herren gewesen zu sein, die irgendwo herumkrebsen.« Daraufhin antwortete ihm der SPD-Abgeordnete: »Das sind keine alten Herren, sondern ehemalige CIA- und BND-Leute, die hier zusammenspielen.« An diesem Punkt intervenierte ein weiterer Abgeordneter mit folgenden aufschlussreichen Worten:

> »Ich halte es für gefährlich, wenn wir solche Dinge an die Öffentlichkeit spielen. Wenn solche Dinge publik werden, schadet das dem Ansehen der Bundesrepublik generell.

> Dann beschließen wir, dass sowohl Hinweise auf andere Staaten als auch Hinweise auf Verbindungen staatlicher Dienste, gleich welcher Art, unterlassen werden.«

Und so geschah es auch. Und um was ging es dabei?

Treibende Kraft des *Cercle Violet* war der Pariser Rechtsanwalt Jean Violet mit engen Beziehungen zum französischen Auslandsnachrichtendienst SDECE und dessen Chef Alexandre de Marenches, der wiederum in das Gladio-Netzwerk eingebunden war. Frédéric Laurent, Journalist mit engen Kontakten zum Nachrichtendienst SDECE, berichtet: »Sie sind antikommunistisch, naiv und lassen sich von der extremen Rechten austricksen. Ich habe Beweise, dass es eine Zusammenarbeit zwischen dieser extremen Rechten und Franz Josef Strauß gab.«[46]

Ende Juni 1980 trafen sich die *Cercle*-Mitglieder in Zürich. Anwesend war auch der damalige CSU-Abgeordnete Hans Graf Huyn. In seinem Buch *Der Angriff. Der Vorstoß Moskaus zur Weltherrschaft* schreibt er:

> »Solange die Sowjetunion nicht bereit oder in der Lage ist, ihren Angriff auf die übrige Welt in jeglicher Form des internationalen Klassenkampfes einzustellen, muss die Bereitschaft und Fähigkeit bestehen, dem Angriff auf allen Gebieten entgegenzuwirken, wo dies erforderlich ist: In der klassischen Diplomatie und zwischenstaatlichen Auseinandersetzungen ebenso wie auf dem Gebiet des Stellvertreterkrieges, der Subversion, der Infiltration und des Terrorismus.«[47]

Aufschlussreich sind auch die Verbindungen des *Cercle Violet* zur World Anti-Communist League (WACL, Antikommunistische Weltliga). Gegründet nach dem Zweiten Weltkrieg in Taiwan unter wesentlicher Beteiligung der US-Geheimdienste, verfügte sie in der Adenauer-Ära über beste Beziehungen zum Bundesnachrichtendienst, dem Nachfolger der Organisation Gehlen. Vielfältig und eng waren die Kontakte der WACL sowohl zu lateinamerikanischen Diktaturen als auch zu bundesdeutschen und europäischen Neofaschisten – und eben auch zur CSU.

Bayern war damals offenbar ein wichtiges logistisches Zentrum der WACL. Nach einem Report der italienischen Polizei fand 1974 in München ein Treffen der WACL statt, bei dem auch Angehörige rechtsradikaler Organisationen anwesend waren. Zwei Jahre nach diesem Treffen enthüllte ein italienischer Teilnehmer, was dort besprochen worden war: »Offiziell haben wir nicht über Terroraktivitäten auf der Konferenz gesprochen. Aber natürlich bewegten sich abends in den Kneipen die Unterhaltungen um die operationellen Beziehungen zwischen den Gruppen und die Aktionsmöglichkeiten.«

Nicht weniger aufschlussreich sind die Verbindungen zwischen Franz Josef Strauß und dem italienischen neofaschistischen MSI (Movimento Sociale Italiano) Anfang der Siebzigerjahre, wonach der MSI in Bayern unterstützt worden sein soll. Darüber schreibt Frédéric Laurent: »Wieder einmal mehr wird der Chef der bayerischen CSU als möglicher Finanzier einer europäischen neofaschistischen Bewegung erwähnt.«[48] Denn, so berichtete der *Spiegel* im Februar 1980 über die Beweggründe von Franz Josef Strauß: »Umgetrieben von blinder Kommunisten-Furcht, pflegt der Kanzlerkandidat der Christenunion Kontakte zu den Ultrarechten und Faschisten rund um die Welt – nicht nur mit wohlfeilen Ratschlägen, sondern auch mit Geld.«[49]

Bekannt wurde der bayerische Staatsschutzchef durch die Veröffentlichung von BND-Tagebüchern in der Zeitschrift *konkret* im März 1982. Langemann hatte eine Vielzahl von vertraulichen und geheimen Dokumenten aus dem Bayerischen Innenministerium kopiert und an Journalisten weitergeleitet. Am 26. März 1982 wurde er deshalb unter dem Verdacht festgenommen, vertrauliche Informationen zu BND-Operationen an die Zeitschrift *konkret* weitergegeben zu haben. Am 9. November 1984 wurde er aufgrund dieser Vorwürfe zu einer Freiheitsstrafe von neun Monaten auf Bewährung verurteilt.

Aufgrund der Enthüllungen über die Aktivitäten von Langemann kam es zu insgesamt drei parlamentarischen Untersuchungsausschüssen in Bayern, die sich mit ihm und seinen Förderern in der Staatsregierung beschäftigten. Dem Minderheitenbericht vom 10. September 1982 von SPD und FDP ist zu entnehmen, wie massiv die Untersuchungen von der CSU blockiert wurden. Im Untersuchungsausschuss selbst »hat die CSU-Mehrheit gegen den erbitterten Widerstand der SPD und FDP mehrmals die Weichen so gestellt, dass eine effektive, umfassende und schnelle Aufklärung behindert wurde«. So versuchte sie mit allen Mitteln, den von SPD und FDP formulierten Untersuchungsauftrag durch Einschränkungen oder andere Formulierungen zu entschärfen. »Das Ende des Untersuchungsausschusses am 8. Juli 1982 führte auch hinsichtlich der Geheimhaltung zu Konsequenzen, wonach sämtliche Akten, die dem Ausschuss zur Verfügung gestellt werden mussten, zu Verschlusssachen erklärt wurden.«[50]

Vollkommen unbeachtet blieb in einer nichtöffentlichen Sitzung des Langemann-Untersuchungsausschusses die Aussage eines Zeugen, der einen Eindruck davon vermittelte, wie in der damaligen Zeit gelegentlich gedacht wurde. Dabei ging es nicht um rechte Terroristen, sondern um die Rote Armee Fraktion (RAF). Der Zeuge war ein ehemaliger Direktor des Bundeskriminalamtes, der das BKA verlassen hatte und danach als Rechtsanwalt arbeitete: Demnach sollten eigene Terrorgruppen aufgebaut werden, »die sich in das Vertrauen der echten Terroristen einschleichen«. Ziel der Operation sei dann »die Eliminierung und Liquidierung der RAF-Kader gewesen«.[51]

Das unheimliche Oktoberfest-Attentat

In Bayern ist der genetische Fingerabdruck in den Achtzigerjahren unter dem bayerischen Ministerpräsidenten Franz Josef Strauß (CSU) erneut sichtbar geworden – und zwar nicht nur im Zusammenhang mit dem Oktoberfest-Attentat und dem politischen Umgang mit der Aufklärung des Attentats, sondern auch im Zusammenhang mit den geheimen Machtzirkeln und dem nationalkonservativen und antikommunistisch geprägten Umfeld von Strauß.

Am 26. September 1980, einem Freitag, wurde gegen 22.20 Uhr am Haupteingang der Münchner Theresienwiese ein Sprengkörper gezündet. Die in einem Abfalleimer versteckte Bombe tötete 13 Menschen und verletzte 219 weitere teilweise schwer. Die Ermittlungsbehörden gingen davon aus, dass der Student der Geologie Gundolf Köhler den Sprengsatz gebaut, ihn zum Tatort gebracht und dort auch gezündet hatte. Ob er die Tat alleine beging oder mit gleichgesinnten Hintermännern, ist bis heute umstritten – trotz langer Ermittlungen, selbst des Generalbundesanwalts. In dem Ermittlungsverfahren über den Täter und seine Hintergründe wurden immerhin etwa 1700 Zeugen vernommen und mehr als 100 kriminaltechnische Gutachten erstellt sowie mehr als 800 Einzelhinweise aus der Bevölkerung überprüft. Die Ermittlungsarbeit der Behörden war also gewaltig.

Am Morgen nach dem Attentat erhielt Hans Langemann einen ersten Hinweis, der »Beistandshandlungen« zumindest als möglich erscheinen ließ: Der mutmaßliche Bombenleger, der 21-jährige Gundolf Köhler, dessen Personalausweis in der Nähe seiner zerfetzten Leiche gefunden wurde, war demnach »aktiver Anhänger« der Anfang 1980 verbotenen rechtsextremistischen Wehrsportgruppe Hoffmann, was sich später als falsch herausstellen sollte. Kaum waren Köhlers Personalien und erste Erkenntnisse intern bekannt, gab Staatsschützer Langemann einige das Attentat betreffende Verschlusssachen an einen Journalisten weiter. Während des späteren Langemann-Untersuchungsausschusses zur Weitergabe vertraulicher Dokumente zum Oktoberfest-Attentat sah die bayerische Staatsregierung im Verhalten von Langemann kein »beanstandungswürdiges Verhalten«.

Etwas anders sah das der Münchner Journalist und Buchautor Ulrich Chaussy. Mit der Weitergabe der Unterlagen, kritisierte Chaussy, habe Langemann womöglich den einzigen greifbaren Ermittlungsansatz zum Hintergrund der Tat ruiniert. Ulrich Chaussy und dem Münchner Rechtsanwalt Werner Dietrich ist es überhaupt zu verdanken, dass das Oktoberfest-Attentat im Bewusstsein der Öffentlichkeit blieb. Mit ihren nachhaltigen Recherchen gelang es ihnen, viele Widersprüche aufzudecken und letztlich sogar die Bundesanwaltschaft 2014 zu einem neuen Ermittlungsverfahren zu drängen. Und seitdem kommen immer neue, bislang vertuschte Einzelheiten über das Attentat ans Licht.

Da bis heute Zweifel bestehen, ob Gundolf Köhler tatsächlich der einzige Täter war, versuchte Anwalt Dietrich, der zahlreiche Opfer des Attentats betreut, offene Fragen zu klären. Er argumentiert, dass man bei Attentaten solcher Größenordnung ein Mindestmaß an logistischen Strukturen benötige, Köhler alleine wäre zur Ausführung einer solchen Tat überhaupt nicht in der Lage gewesen.

»Dann gibt es noch die Frage nach möglichen Mittätern: Köhler wurde beispielsweise mit anderen Personen in seinem Auto von Zeugen beobachtet, und in dem Fahrzeug wurden auch nicht weniger als 48 Zigarettenkippen von sechs verschiedenen Sorten gefunden. Dieser Hinweis war damals bekannt, aber es wurde erklärt, man habe im Umfeld von Köhler recherchiert und eben herausgefunden, dass Köhler unterschiedliche Sorten Zigaretten geraucht hätte. Heute hätte man durch die Speichelspuren mühelos herausbekommen können, ob tatsächlich Köhler diese 48 Kippen von sechs unterschiedlichen Sorten alleine geraucht hat. Aber, wie gesagt, schon damals existierten Widersprüche und Ungereimtheiten, die eigentlich einen Kriminalbeamten elektrisieren müssten und die bis heute noch nicht ausgeräumt sind.«[52]

Dem halten die Ermittler entgegen:

»Im Zusammenhang mit der Einzeltäterthese gab es in der Tat Hinweise des Zeugen Frank L. auf mögliche Mittäter. Er sah Köhler 30 Minuten vor der Explosion intensiv mit zwei jungen Männern in grünen Parkas diskutieren, und sie hätten eine Plastiktüte mit zylinderförmigem Inhalt in einen Mülleimer gestellt. Die Erklärungen des Zeugen Frank L. wurden anfangs als glaubhaft und seine Wahrnehmungen als zuverlässig bewertet. Eine Identifizierung der zwei von Frank L. beobachteten Gesprächspartner des Gundolf Köhler ist allerdings nicht gelungen, obwohl auch Maßnahmen der Öffentlichkeitsfahndung getroffen wurden.«

Unabhängig davon gab es sehr schnell Hinweise darauf, dass Köhler Kontakte zur rechtsradikalen Wehrsportgruppe Hoffmann hatte. »Doch genau das war wegen der Nähe des obersten bayerischen Staatsschützers Hans Langemann zur Staatsregierung das Problem«, sagte Ulrich Chaussy. »Langemann wollte unter allen Umständen verhindern, dass eine Ermittlung gegen die Wehrsportgruppe Hoffmann zum Erfolg kommt. Weil das in politischer Hinsicht die Katastrophe schlechthin gewesen wäre.« Denn insbesondere Franz Josef Strauß, der damals als Kanzlerkandidat der Unionsparteien mitten im Bundestagswahlkampf stand, und zwar mit der Parole »Freiheit statt Sozialismus«, hatte die Wehrsportgruppe Hoffmann in der Vergangenheit als harmlose Wandertruppe bezeichnet:

> »Heutzutage gibt es keine Gefahr mehr von rechts, weder im Augenblick noch in der Zukunft. (…) Wenn niemand von diesem Verrückten (Karl-Heinz Hoffmann) spräche, würde man seine Existenz überhaupt nicht bemerken. (…) Mein Gott, wenn jemand Spaß daran hat, am Sonntag mit dem Rucksack und im Kampfanzug mit Koppelschloss durchs Gelände zu spazieren, soll man ihn in Ruhe lassen.«[53]

Und folgerichtig argumentierte der bayerische Ministerpräsident Franz Josef Strauß wenige Tage nach dem Attentat, es sei eine kommunistische Verschwörung, organisiert vom KGB oder verwandten Diensten wie der Stasi. Denn man könne davon ausgehen, dass rechtsextreme Vereinigungen nicht nur infiltriert, sondern auch zur Diffamierung der Bundesrepublik missbraucht würden.

Tatsächlich ermittelte die Polizei gegen die Wehrsportgruppe Hoffmann und ihren Chef, den heute 78-jährigen Karl-Heinz Hoffmann. Die Wehrsportgruppe war am 31. Januar 1980 verboten worden. In dem Beschluss des Bundesinnenministers wurde das Verbot unter anderem damit begründet, dass die Wehrsportgruppe Hoffmann sich gegen die verfassungsmäßige Ordnung der Bundesrepublik Deutschland richte. Bereits einen Tag nach dem Attentat wurde Hoffmann von der Generalbundesanwaltschaft ins Spiel gebracht und als hauptverantwortlicher Hintermann für das Attentat genannt. Und der bayerische Innenminister Gerold Tandler (CSU) erklärte am gleichen Tag: »Alle Ermittlungen sprechen dafür, dass die Angehörigen der Wehrsportgruppe Hoffmann schuld sind an diesem Massenmord auf der Wies'n.«

Das waren schwere Anschuldigungen, sozusagen aus der Hüfte heraus geschossen. Immerhin soll Gundolf Köhler, das ergaben die Ermittlungen, im Januar 1975 und 1976 an zwei Wehrsportübungen der Wehrsportgruppe Hoffmann teilgenommen und bereits als Jugendlicher NPD-Veranstaltungen besucht haben. Außerdem trat er der militant-rechtsradikalen Wiking-Jugend bei. Mitglieder der Wiking-Jugend hatten zudem in den Jahren 1977 und 1978 Soldaten in mindestens drei Bundeswehreinrichtungen überfallen sowie Waffen und Munition gestohlen.

Auf jeden Fall war nun der Führer der Wehrsportgruppe Hoffmann im Visier der Ermittler. Und die Generalbundesanwaltschaft eröffnete gegen ihn und andere ein Verfahren wegen Mordes und Mitgliedschaft in einer kriminellen Vereinigung. Zwei Jahre nach dem blutigen Attentat musste das Ermittlungsverfahren dann am 23. November 1982 eingestellt werden, »da sich kein Verdacht begründet« habe.

Bei einem anderen Verfahren gegen Hoffmann im Jahr 1984 fragte sein Rechtsanwalt jenen Kriminaloberkommissar, der auch in der Sonderkommission (Soko) »Theresienwiese« ermittelt hatte, ob es richtig sei, dass man Hoffmann nur deshalb als Hintermann betrachtet habe, weil der mutmaßliche Täter seinem entfernten Bekanntenkreis zugeordnet worden sei. Der Kriminalist antwortete: »Ich musste meine Ermittlungen danach ausrichten. Relativ bald stand für mich fest, dass Hoffmann mit der Sache nichts zu tun hatte.«

Das änderte nichts daran, dass bei einem Mitglied der Wehrsportgruppe Hoffmann, laut Aussage von Generalbundesanwalt Kurt Rebmann (einem ehemaligen Mitglied der NSDAP), ein Kilogramm hart gegossener Sprengstoff militärischer Herkunft gefunden wurde. Doch für die Ermittler fehlte jeder Bezug zum Oktoberfest-Attentat.

Da viele Merkwürdigkeiten des Anschlags auf die Wehrsportgruppe Hoffmann verwiesen, forderte die Linkspartei in einer kleinen Anfrage von der Bundesregierung, die im Zusammenhang mit dem Oktoberfest-Attentat angelegten Geheimdienstakten dem Bundestag zugänglich zu machen, was vom Bundesinnenministerium abgelehnt wurde. Die Informationen, so Günter Krings vom Bundesinnenministerium, seien so sensibel, »dass selbst ein geringfügiges Risiko des Bekanntwerdens unter keinen Umständen hingenommen werden kann«.

Ex-Wehrsportgruppen-Chef Hoffmann sieht sich heute als Opfer einer politischen Justiz. In seinen Erinnerungen zum Oktoberfest-Attentat schrieb er 2011: »Ich war vollkommen unschuldig und niederträchtigerweise zu Unrecht beschuldigt worden. Ich habe die Bürde des künstlich erstellten Verdachtsgebäudes noch heute zu tragen.«

So unschuldig und harmlos, wie er sich gerne präsentiert, war Hoffmann natürlich nicht, ebenso wenig wie die Mitglieder seiner Wehrsportgruppe. Am 19. Dezember 1980, drei Monate nach dem Oktoberfest-Attentat, wurden Shlomo Lewin, der jüdische Verleger und Ex-Vorsitzende der israelitischen Kultusgemeinde Nürnbergs, und seine Lebensgefährtin von Uwe Behrendt, einem Mitglied der Wehrsportgruppe Hoffmann, mit einer Maschinenpistole erschossen. Behrendt war einst Stellvertreter von Karl-Heinz Hoffmann gewesen. Die Ermittler waren damals mit Blindheit geschlagen. Monatelang suchten sie die Mörder nicht in der rechtsextremen Szene, was eigentlich nahegelegen hätte, sondern unter den Mitgliedern der Jüdischen Gemeinde. Und das, obwohl, wie der *Spiegel* am 19. November 1984 berichtete, bekannt war, dass Behrendt nach der Tat mit Hoffmann telefoniert hatte. »Chef, ich habe den Vorsitzenden der jüdischen Kultusgemeinde in Erlangen erschossen. Ich hab's auch für Sie getan.« Hoffmann wollte laut *Spiegel* von Behrendt wissen, ob er Spuren am Tatort hinterlassen habe. Behrendt: »Eigentlich nicht – aber die Sonnenbrille, diese Brille von Fräulein Birkmann.« Franziska Birkmann war Hoffmanns Lebensgefährtin.

Bis dann doch endlich die Polizei anrückte. Gegen Karl-Heinz Hoffmann und seine Lebensgefährtin wurde wegen Doppelmordes ermittelt. Wenn sie wirklich mit dem Mord in Zusammenhang standen, hatten sie jedenfalls ausreichend Gelegenheit gehabt, alle Spuren, die zu ihnen hinführten, zu beseitigen. Am 12. September 1984 begann vor dem Landgericht Nürnberg der Prozess gegen Hoffmann und seine Lebensgefährtin, der 22 Monate später endete. Hoffmann wurde am 30. Juni 1986 zu neuneinhalb Jahren Haft verurteilt. Aber nicht wegen des Vorwurfs, den Mord in Auftrag gegeben zu haben. Von diesem Anklagepunkt wurden er und seine Lebensgefährtin freigesprochen. Verurteilt wurde er wegen Freiheitsberaubung, gefährlicher Körperverletzung und unerlaubtem Waffen- und Sprengstoffbesitz. Uwe Behrendt, dem das Gericht attestierte, dass er die Morde aus freien Stücken und alleine geplant und durchgeführt habe, war da längst in den Libanon geflüchtet, wo nach dem Verbot der Wehrsportgruppe Hoffmann ein Teil ihrer Mitglieder eine bewaffnete Kampftruppe aufgebaut hatte. Behrendt ist im Libanon verschwunden, angeblich hat er Selbstmord begangen.

Hoffmann konnte das Gefängnis nach fünf Jahren wegen »guter Führung« und »günstiger Sozialprognose« als freier Mann verlassen. Resozialisiert bewegte er sich weiter im rechtsradikalen Sumpf. »Welche Rolle spielt beziehungsweise welchen Status genießt Karl-Heinz Hoffmann nach Einschätzung der Bundesregierung heute innerhalb der rechtsextremen und neonazistischen Szene in der Bundesrepublik Deutschland«, fragten Abgeordnete der Fraktion Die Linke im Jahr 2013 die Bundesregierung. Die antwortete am 21. Februar 2013: »Karl-Heinz Hoffmann genießt in Teilen der rechtsextremistischen Szene besondere Beachtung als ehemaliger Anführer der verbotenen Wehrsportgruppe Hoffmann (WSG Hoffmann) sowie der Wehrsportgruppe Ausland.«[54]

In seinen Erinnerungen fabulierte Hoffmann darüber nach, wer vom Oktoberfest-Attentat profitierte:

> »Nach meiner persönlichen Überzeugung, die ich mir inzwischen aufgrund einer Vielzahl von Verdacht erregenden Umständen und einer Reihe konkreter Indizien keineswegs leichtfertig gebildet habe, ist das Oktoberfest-Attentat in planerischer Absicht und mit verdeckter Vorbereitung durch geheim agierende politische Interessengruppen von weltumspannender Macht in Szene gesetzt worden.«[55]

Und bitte schön, mit Rechtsextremismus hat dies alles natürlich überhaupt nichts zu tun.

Weitere Gladio-Spuren in Deutschland?

Hoffmann äußert sich auch zu Gladio:

> »Ich weiß es nicht, ob es deutsche Gladio-Gruppen jemals gegeben hat, halte es aber aufgrund der Einschätzungen der deutschnationalen ideologischen Denkschemata und der mir bis zum Jahr 1980 zugänglichen Insider-Informationen über die deutsche rechte Szene, wie sie in den Jahren 1975 bis 1980 organisiert war, für außerordentlich unwahrscheinlich.«[56]

Gänzlich anders sieht das heute Max Strauß, der Sohn des früheren bayerischen Ministerpräsidenten. Nach dem Oktoberfest-Attentat begleitete er seinen Vater zum Tatort. Der damals 21-jährige Spross von Franz Josef Strauß gehörte zu jenen, die im Lagezentrum des Bayerischen Innenministeriums persönlich über den Stand der Ermittlungen informiert wurden. Für ihn sei Gundolf Köhler sowohl »Täter wie Opfer«. Und das passe besser zu »diesen P2-Typen«, die wenige Wochen zuvor, am 2. August 1980, im Bahnhof von Bologna einen verheerenden Bombenanschlag verübt hatten, dem 85 Menschen zum Opfer fielen.[57] Max Strauß spielte mit seinen Äußerungen möglicherweise auf den Anruf einer Frau nach dem Attentat in München an, die sich telefonisch bei mehreren Zeitungen mit den Worten »Wir sind die Rechten von Bologna« zu dem Anschlag bekannte. Dumm war nur, dass man die anonyme Anruferin nicht ermitteln konnte.

Die von Max Strauß erwähnte Geheimloge P2 wurde 1966 von dem italienischen CIA-Verbindungsmann Luicio Gelli gegründet und war eng mit Gladio verbunden. Zu den insgesamt 2000 Mitgliedern der Loge gehörten Armeegeneräle,

Geheimdienstchefs, Minister, Abgeordnete, Unternehmer, Bankpräsidenten, Bürgermeister, Notare, Rechtsanwälte und Journalisten. Wie die Ermittlungen eines parlamentarischen Untersuchungsausschusses später ergaben, war ihr Ziel die Verschwörung und Geheimbündelei gegen die bestehende italienische Verfassungsordnung, die Lenkung von rechtsextremistischen Terroristen zum Zwecke der Destabilisierung des politischen Systems in Italien.

Führen hier die Spuren zum Gladio-Netzwerk in Deutschland, von dem in den Achtzigerjahren, abgesehen vom Bundesnachrichtendienst und vom Verteidigungsministerium, bekanntlich niemand etwas gewusst haben wollte? Auf jeden Fall gibt es Indizien. Am 28. September 1980 erreichte die beim Bayerischen Landeskriminalamt eingerichtete Soko »Theresienwiese« ein Hinweis des Bundeskriminalamtes. Demnach hätten zwei inhaftierte Mitglieder der rechtsterroristischen Vereinigung um Manfred Roeder, Raimund Hörnle und Sibylle Vorderbrügge im Rahmen einer Befragung hinsichtlich ihrer Kenntnis der Hintergründe des Oktoberfestanschlags mitgeteilt, ein gewisser Heinz Lembke habe Roeder und ihnen Sprengmittel gezeigt und dabei von mehreren Waffendepots gesprochen. Roeder war der Kopf der Deutschen Aktionsgruppen (DA), die 1980 sieben zumeist antisemitisch oder rassistisch motivierte Brand- und Sprengstoffanschläge verübten. Die meisten Taten der DA wurden unter wesentlicher Beteiligung von Sibylle Vorderbrügge verübt, die eine zentrale Rolle in der Gruppierung spielte. In Flüchtlingsheimen in Hamburg und im württembergischen Leinfelden legten die DA Feuer, im fränkischen Zirndorf und im badischen Lörrach ließen sie Sprengkörper detonieren. Zwei junge Vietnamesen kamen ums Leben, nachdem Mitglieder der DA in einem Hamburger Übergangsheim für Asylanten am 22. August 1980 drei mit Benzin gefüllte und mit Putzwolle verschlossene Saftflaschen durch ein Fenster in den Schlafraum der Vietnamesen geschleudert hatten.

Am 1. September 1980 wurden die Deutschen Aktionsgruppen von der Polizei zerschlagen und zahlreiche ihrer Führungsfiguren verhaftet. Sie bestritten jedoch jeden Zusammenhang mit dem Oktoberfest-Attentat; der Name Köhler sei ihnen unbekannt. Diese Information gab die Soko »Theresienwiese« mit Fernschreiben vom 28. September 1980 an das Landeskriminalamt Niedersachsen weiter.

Am 29. September 1980 erfolgte eine Durchsuchung bei Heinz Lembke, an der zwei Staatsanwälte und 13 Polizeibeamte teilnahmen. Mithilfe eines Minensuchgerätes wurde in den Wohnräumen und rund um das Grundstück der Eheleute Lembke nach Waffen und Sprengmitteln gesucht. Sichergestellt wurden lediglich ein leeres Magazin zu einem Gewehr des Typs G3 sowie zwei Rollen Zündkabel.

Auch Heinz Lembke wurde befragt, ob er Gundolf Köhler kenne. Nein, antwortete er, er habe keine Ahnung, in welcher Beziehung Köhler zum Sprengstoffanschlag auf dem Oktoberfest stehe. Auch diese Erkenntnisse wurden der Soko »Theresienwiese« mitgeteilt. Ende Oktober 1981 wurden dann in der Lüneburger Heide mehr als 30 unterirdische Verstecke entdeckt. Sie enthielten neben automatischen Waffen chemische Kampfmittel, unter anderem Arsen und Zyankali, sowie 50 Panzerfäuste, 156 Kilogramm Sprengstoff, 230 Sprengkörper und 258 Handgranaten. Nur zwei Tage nach dem sensationellen Fund verhängte die Bundesanwaltschaft eine Nachrichtensperre, alle Sicherheitsbehörden wurden zum Schweigen verdonnert. Lembke selbst kündigte nach seiner Verhaftung an, über personelle Verbindungen auszusagen. Einen Tag vor den angekündigten Enthüllungen wurde er jedoch erhängt in seiner Zelle aufgefunden – Selbstmord.

Nach einem Jahr wurde das Ermittlungsverfahren gegen den Forstwirtschaftsmeister Heinz Lembke, der die Waffenverstecke angelegt hatte, eingestellt. Seine Aktivitäten, so die Bundesanwaltschaft, seien nicht gegen die bestehende Ordnung der Bundesrepublik Deutschland gerichtet gewesen. Vielmehr habe er »Vorbereitungen für den Fall einer kommunistischen Machtergreifung getroffen, um dann wie ein Werwolf zuschlagen zu können«. Die Bundesanwaltschaft unterschlug dabei, dass dieser Werwolf in mehreren neonazistischen Organisationen mitgearbeitet und an militanten Aktionen einer Neonazi-Gruppe in Lüneburg teilgenommen hatte.

Lembkes Verbindungen zu den rechtsterroristischen Deutschen Aktionsgruppen (DA) hingegen waren eindeutig. BKA-Beamten offenbarte die Nazi-Bombenlegerin Sibylle Vorderbrügge: »Ich habe erfahren, dass man über Herrn Lembke Sprengstoff bekommen könne. (…) Herr Lembke zeigte uns verschiedene Sprengkapseln und Ähnliches.« Zwei BKA-Beamte, berichtete der *stern* am 20. Januar 1982, »vernahmen am 3. Oktober 1980 den ehemaligen Rechtsanwalt Manfred Roeder, Anführer der DA. Er gab den Kontakt zu Lembke zu. Lembke habe seinem Freundeskreis angehört.«

Der unverbesserliche Nazi-Terrorist selber blieb sich treu. Nachdem er 1982 zu 13 Jahren Haft verurteilt worden war, verübte er, kaum wieder in Freiheit, einen Farbbeutelanschlag auf die von Rechtsradikalen und Nationalkonservativen verteufelte Wehrmachtsausstellung in Erfurt. Er wurde deshalb wegen Sachbeschädigung zu einer Geldstrafe verurteilt. Und wer nahm an dem Prozess in Erfurt gegen ihn teil? Es waren Uwe Mundlos und Uwe Böhnhardt, die späteren Angehörigen des Nationalsozialistischen Untergrunds.

War Roeder ein Vorbild für den NSU? Schließlich hatte er genügend Erfahrungen mit dem Leben im Untergrund, verfügte über ein internationales Netzwerk und hatte Geldgeber. Im Jahr 1998 trat er sogar für die NPD bei der Bundestagswahl an und rief in seiner Rede vor dem NPD-Bundesparteitag zum »Umsturz auf der Straße« auf, was ihm abermals eine Freiheitsstrafe, diesmal von einem Jahr und neun Monaten, einbrachte.

Doch zurück zu Gladio in den Achtzigerjahren und zum Oktoberfest-Attentat. Im Oktober 2014 richtete die Fraktion Bündnis 90/Die Grünen eine Anfrage an die Bundesregierung. Die Abgeordneten wollten wissen, ob Lembke ein V-Mann des Verfassungsschutzes gewesen sei und ob es sich bei seinen Waffen- und Sprengstoffbeständen um ein Stay-behind-Depot gehandelt habe, wie der BND sie in den Fünfziger- und Sechzigerjahren angelegt hatte, um im Falle einer Invasion der Roten Armee in Westeuropa einen Partisanenkrieg zu unterstützen. Offengelegt werden sollten auch die Akten der Untersuchungskommission »Terrorismus und Massaker« des italienischen Senats (1994 bis 2000). Darin befanden sich die Aussageprotokolle dreier deutscher Neofaschisten über ihre Verbindungen zum Oktoberfest-Attentat und zu deutschen Waffenlieferungen. Eine befriedigende Antwort steht zurzeit noch aus.

Vertuschungen waren nichts Ungewöhnliches, wenn es um die Aktivitäten rechter Terroristen und ihre Verbindungen zu Geheimdiensten ging. Im Oktober 2008 erklärte die Bundesanwaltschaft in Karlsruhe, dass sämtliche Asservate des Oktoberfest-Attentats vernichtet wurden. Der Grund: Die Asservaten-Kammer leide unter Platzmangel, und das Attentat sei nach Auffassung der Bundesanwaltschaft aufgeklärt. Deshalb habe der zuständige Staatsanwalt die Vernichtung der Beweismittel angeordnet. Das erklärte ein Bundesanwalt dem Journalisten Ulrich Chaussy.

Erinnert sei an dieser Stelle an das, was der Mailänder Richter Guido Salvini nach seinen Ermittlungen gegen Gladio-Angehörige in Italien sagte:

> »Die Technik ist fast immer die von mehreren Attentaten, welche folgende Charakteristik haben: Es gibt kein Bekennerschreiben, und sie werden immer, auch wenn sie nur demonstrativ sind, an öffentlichen Orten begangen. Sie verursachen ein Klima der Unsicherheit, der Angst.«[58]

In diesem Zusammenhang hat die Aussage des Münchner Rechtsanwalts Werner Dietrich Bedeutung, der seit über 30 Jahren im Auftrag einiger der Hinterbliebenen der Opfer versucht, eine Wiederaufnahme der Ermittlungen zu erreichen:

> »Inzwischen ist bekannt geworden, dass es im Verfassungsschutz und beim Bundesnachrichtendienst Kreise gegeben hat, die versucht haben, Franz Josef Strauß als Inkarnation einer autoritären Lösung an die Macht zu bringen, weil ihrer Ansicht nach die normale Demokratie nicht mehr in der Lage war, die Verhältnisse in den Griff zu bekommen. Hier existieren Parallelen zu anderen Ländern – Stichwort Gladio und Stay-behind-Aktionen –, und diese sind im Rahmen der Strategie der verschärften Konflikte mit Bombenanschlägen und so weiter mittlerweile gut belegt und bekannt.«[59]

Das Ziel von Gladio war bekanntlich die Strategie der Spannung, um die politische Landschaft zu verändern, indem ein Klima der Angst erzeugt wurde.

Gladio spielte auch in Luxemburg eine gewichtige Rolle, und zwar im Zusammenhang mit mehr als 20 Attentaten Mitte der Achtzigerjahre. Menschen kamen dabei nicht ums

Leben. Seit dem Jahr 2012 findet dort der sogenannte Bommeleeër-Prozess (Bombenleger-Prozess) gegen zwei Polizeibeamte statt, die für die Attentate verantwortlich gemacht werden. Im Verlauf dieses Prozesses meldete sich ein Zeuge, der einen Zusammenhang mit dem Oktoberfest-Attentat herstellte. Der Anwalt dieses Zeugen hatte zuvor behauptet, dass Gladio hinter den Attentaten in Luxemburg stehe. Nahrung gab dieser These die Aussage von Pierre Reuland, dem ehemaligen Polizeigeneraldirektor des Großherzogtums, vor dem Luxemburger Gericht. Für ihn sei 1985 bereits eine »militaristische Piste« bei den Attentaten erkennbar gewesen. »Eine Hypothese, die man in Zeiten des Kalten Krieges ernst nehmen musste«, sagte er vor Gericht aus. »In dieser Optik waren die Geheimdienstorganisationen ganz sicher in der Lage, sich (das für die Attentate nötige) Insiderwissen anzueignen.« Sie hätten die nötigen Kompetenzen und Ressourcen gehabt, die Attentate durchzuführen. »Vor allem aber hatten sie die Ressourcen, dies 30 Jahre lang zu verheimlichen.«

In den deutschen Medien spielte der Prozess in Luxemburg erst in dem Moment eine größere Rolle, als ein deutscher Zeuge Ungeheuerliches behauptete. Vor dem Luxemburger Gericht sagte Andreas Kramer Mitte März 2013 unter Eid unter anderem aus, dass sein Vater ein ehemaliger Stay-behind-Offizier und Mitarbeiter des BND gewesen sei, der nicht nur für die Bombenattentate in Luxemburg verantwortlich sei, sondern auch den Sprengstoff für den Anschlag auf das Oktoberfest 1980 geliefert habe, und zwar im Auftrag der geheimen Gladio/Stay-behind-Truppe der NATO. Verschiedene deutsche Medien zitierten ihn mit dieser Aussage.

Im Bundestag kam es nach den Aussagen Kramers zu verschiedenen parlamentarischen Anfragen der Partei Die Linke. In einer kleinen Anfrage kurz nach den Aussagen von Kramer in Luxemburg wollten die Abgeordneten zum Beispiel wissen, welche weiteren Details zur von einem deutschen Zeugen vor einem Luxemburger Gericht behaupteten Beteiligung des BND an Bombenanschlägen auf Strommasten in Luxemburg die Bundesregierung habe. Die Bundesregierung antwortete, es gebe »keinen Hinweis, der den angesprochenen Sachverhalt bestätigen könnte«. Selbst die Generalbundesanwaltschaft ermittelte ohne Ergebnis. Es gab also viel Wirbel um die Aussage von Kramer. Als »Sachbeweise« für seine Aussagen präsentierte er dem Luxemburger Gericht unter anderem Bücher zum Thema Gladio, etwa Daniele Gansers *Nato-Geheimarmeen in Europa. Inszenierter Terror und verdeckte Kriegsführung.*

Erst viel zu spät stellte sich heraus, dass der »Historiker« Kramer ein Hochstapler war. Die angesehene Tageszeitung *Luxemburger Wort* schrieb am 14. Mai 2013:

> »Kramer sei in den letzten Jahren mehrmals als notorischer Lügner aufgefallen. Laut seinen Schwestern und seiner Exfrau soll der Zeuge, entgegen seinen Behauptungen, über keinen akademischen Abschluss verfügen. Er habe seine Familie diesbezüglich jahrelang hinters Licht geführt. Ein Umstand, der laut seiner Schwester zu einem unterkühlten Verhältnis mit seinem Vater, dem vermeintlichen Superterroristen, geführt hat. Bei einem Sorgerechtsstreit um seine zwei Kinder aus zweiter Ehe hat Kramer sogar erklärt, er habe in der Türkei im Auftrag des US-amerikanischen Präsidenten dessen Treffen mit dem türkischen Premier vorbereitet.«

Man könnte die Aussagen von Kramer auch als gezielte Desinformation bezeichnen, um die Glaubwürdigkeit derer zu beschädigen, die sich ernsthaft mit Gladio auseinandersetzten.

DIE FINGERABDRÜCKE DES STAATES IM STAATE UND DER NATIONALSOZIALISTISCHE UNTERGRUND (NSU)

Nach dem Zusammenbruch der UdSSR und der Auflösung der DDR sowie dem damit verbundenen vermeintlichen Ende des Kalten Krieges tauchte ein neues altes Gespenst wieder auf – der Rassismus. Bereits zu Zeiten des Nazi-Regimes vorherrschend, bestimmte er jetzt neben dem Antikommunismus die Geisteshaltung von Teilen der deutschen Bevölkerung in Ost und West. Besonders prägend war dieser Fingerabdruck im Zusammenhang mit dem Pogrom von Lichtenhagen 1991, und er ist es heute noch in den fremdenfeindlichen und menschenfeindlichen Angriffen auf Migranten und Flüchtlinge. Und genau dieser Fingerabdruck ist auch beim Nationalsozialistischen Untergrund (NSU) in den Jahren 1989 bis 2011 zu finden, insbesondere wegen der direkten und indirekten Partizipation von Verfassungsschützern und deren V-Leuten an den mörderischen Terroranschlägen, bei denen der Verdacht des Tiefen Staates nicht von der Hand zu weisen ist. Die zentrale Frage lautet, ob der Nationalsozialistische Untergrund seine mörderischen Aktionen überhaupt ohne den Verfassungsschutz hätte durchführen können.

Nur zur Erinnerung: Bereits vor der Mordserie des NSU gab es eine Reihe terroristischer Anschläge bzw. versuchter Anschläge, etwa 1997 in Berlin durch die rechtsradikale Kampfgruppe Schömer (der noch verhindert werden konnte), 1998 ebenfalls in Berlin auf das Grab von Heinz Galinski, den ehemaligen Vorsitzenden des Zentralrats der Juden in Deutschland, 1999 in Saarbrücken auf die Wehrmachtsausstellung, 2000 auf die jüdische Synagoge in Erfurt (missglückt), im selben Jahr auf einen türkischen Imbiss in Eisenach, fünf Tage später auf eine Ausländerunterkunft in Bremen. Im Oktober 2000 wurde eine Rohrbombe bei Skinheads in Bocholt gefunden; im September 2001 wurde ein Sprengstoffanschlag auf ein Asylbewerberheim in Lienen/Nordrhein-Westfalen verübt – um nur einige Vorgänge aus den Jahren 1997 bis 2002 zu nennen, die dem Bundesamt für Verfassungsschutz bekannt waren.

Zuvor hatte bereits im Jahr 2000 die Mordserie des Nationalsozialistischen Untergrunds (NSU) begonnen. Grundsätzlich lautete die offizielle Version, es handle sich durchweg um rechtsextreme Einzeltäter. Ein im Hintergrund agierendes Netzwerk und entsprechende Unterstützer gebe es nicht. In einem Bericht des Bundesamtes für Verfassungsschutz (VS – Nur für den Dienstgebrauch) vom Juli 2004 wurde diese These quasi regierungsoffiziell gestützt: »Derzeit sind in Deutschland keine rechtsterroristischen Organisationen und Strukturen erkennbar. (…) Möglich ist derzeit allenfalls ein von Kleinstgruppen oder Einzelpersonen geführter ›Feierabendterrorismus‹.«[60] Als dieser Bericht im Sommer 2004 erschien, mordeten die Mitglieder des NSU bereits. Das Bundesamt für Verfassungsschutz in Köln hätte es besser wissen können, besser wissen müssen, wusste es wahrscheinlich sogar besser.

Was war geschehen? Zwischen 2000 und 2007 wurden acht türkische und ein griechischer Mitbürger sowie eine deutsche Polizeibeamtin erschossen: Enver Simsek am 9. September 2000 in Nürnberg; Abdurrahim Özüdogru am 13. Juni 2001 in Nürnberg; Süleyman Tasköprü am 27. Juni 2001 in Hamburg; Habil Kılıç am 29. August 2001 in München; Mehmet Turgut am 25. Februar 2004 in Rostock; Ismail Yasar am 9. Juni 2005 in Nürnberg; Theodoros Boulgarides am 15. Juni 2005 in München; Mehmet Kubasik am 4. April 2006 in Dortmund; Halit Yozgat am 6. April 2006 in Kassel und Michèle Kiesewetter am 25. April 2007 in Heilbronn. Dazu kommen mindestens 14 Banküberfälle und zwei Bombenattentate in Köln.

NSU und bundesdeutsche Geheimdienste

Es ist bereits viel Enthüllendes über den NSU und dessen rechtsextremes Umfeld geschrieben und berichtet worden. Kritische Bücher, wie zum Beispiel das von Stefan Aust und Dirk Laabs (*Heimatschutz. Der Staat und die Mordserie des NSU*), *Geheimsache NSU. Zehn Morde, von Aufklärung keine Spur*, mit Beiträgen von Andreas Förster, Thomas Moser und Rainer Nübel, oder *Staatsaffäre NSU* von Hajo Funke, thematisierten zahlreiche Widersprüche zur offiziellen Darstellung der Bundesanwaltschaft. Es waren immer wieder Journalisten, die versuchten, Licht ins Dunkel der Verschleierungen und Lügen zu bringen. Zeitungen, Zeitschriften und TV-Dokumentationen brachten ausführliche Analysen zum NSU.

Parlamentarische Untersuchungsausschüsse auf Bundesebene in Berlin und auf Landesebene in Hessen, Nordrhein-Westfalen, Baden-Württemberg, Bayern, Thüringen und Sachsen versuchten beziehungsweise versuchen immer noch, die Hintergründe des NSU und seine Verbindungen sowohl zu den jeweiligen Verfassungsschutzämtern wie zu anderen rechtsextremen Netzwerken aufzuzeigen. Und noch immer tappen viele im Dunkeln. Und das, obwohl Bundeskanzlerin Angela Merkel 2012 auf der Gedenkfeier für die Opfer des NSU gelobte: »Als Bundeskanzlerin der Bundesrepublik Deutschland verspreche ich Ihnen: Wir tun alles, um die Morde aufzuklären und die Helfershelfer und Hintermänner aufzudecken und alle Täter ihrer gerechten Strafe zuzuführen.« Vielleicht wollte sie das wirklich, hat dabei jedoch den Staat im Staate etwas unterschätzt.

Um was geht es wirklich? Es geht um den Staat »als mögliche[n] Mordbeteiligte[n]«, schreibt der Buchautor und Journalist Thomas Moser in den *Blättern für deutsche und internationale Politik*:

> »Sicherheits- und Ermittlungsbehörden vertuschen in großem Stil die Hintergründe des NSU-Mordkomplexes. Hundertfach wurden Akten vernichtet und manipuliert. Falsche Zeugen wurden in den Untersuchungsausschuss geschickt. Eine ganze Schicht staatlicher Funktionäre unterschlägt ihr Wissen gegenüber der Demokratie.«[61]

All das wiederum zeichnet auch den Tiefen Staat aus.

Kurz vor dem Beginn des Prozesses gegen Beate Zschäpe und vier Komplizen im Mai 2013 in München meldete sich der Journalist Hans Leyendecker im ARD-Presseclub vom 14. März 2013 warnend zu Wort:

»Aber wir werden aufpassen müssen, an der einen oder anderen Stelle, dass es auch keine Showveranstaltung wird. Es sind so viele Leute da, die sich aus unterschiedlichen Gründen auch bei diesem Prozess werden einbringen wollen. Was passiert, wenn Verschwörungstheorien kommen über braune Kumpanei des Staates, über Staatsversagen, das noch mal ganz anders war. Das sind die Gefährdungen, die wir haben.«

Und er sprach davon, dass der NSU eine »abgeschottete, kleine Terrorgruppe« gewesen sei. Aber ist die These von der braunen Kumpanei des Staates mit den NSU-Mördern wirklich eine Verschwörungstheorie? War es zweifelsfrei eine »abgeschottete, kleine Terrorgruppe«? Oder wurde schon sehr früh etwas ausgeschlossen, weil nicht sein kann, was nicht sein darf?

Tatsächlich wucherten seit Beginn des Prozesses in München die Verschwörungstheorien. Wer eine direkte Verwicklung von Teilen des Staates in die rechte Mordserie auch nur für möglich hielt, wurde gerne als Verschwörungstheoretiker abgekanzelt, wie es Hans Leyendecker tat. »Verschwörungstheoretiker sind für ein demokratisches Gemeinwesen tatsächlich die Pest«, stellte auch Carsten Hübner fest, der ehemalige innenpolitische Sprecher des PDS-Landesverbandes Thüringen und Mitglied im Bundesvorstand der Partei:

»Verschwörer sind es aber auch. Und von einer Verschwörung sollte nicht nur dann gesprochen werden, wenn Teile des Staatsapparats Verbrechen aushecken oder direkt an ihnen beteiligt sind, sondern auch, wenn sie die strukturelle Intransparenz von Geheimdiensten und Ermittlungsbehörden nutzen, um sich außerhalb geltender Gesetze und demokratischer Kontrolle zu stellen. Wäre das in Deutschland völlig undenkbar?«[62]

Ziemlich krude Verschwörungstheorien entwickelten die rechtsextreme NPD und ihr nahestehende Organisationen. Auf der Website *Die Russlanddeutschen Konservativen,* einem offensichtlichen Propagandaorgan der NPD, war zu lesen:

> »Was misstrauisch machen muss: Die Systemmedien taten von Anfang an so, als sei der NSU ein Faktum. Als Täter der bis zum 4. November 2011 unaufgeklärten Mordserie stehen Uwe Mundlos und Uwe Böhnhardt praktisch fest, ohne dass es dafür einen einzigen Beweis gibt.«[63]

In einem Arbeitskreis NSU, der auf einer *NSUleaks*-Website teilweise vertrauliche Dokumente aus den Ermittlungen gegen die Rechtsterroristen veröffentlicht, werden die zweifellos vorhandenen Widersprüche gebündelt und mit der Behauptung verknüpft, dass die Täter überhaupt nichts mit rechtsradikalem Gedankengut zu tun hätten, es vielmehr der Staat selber sei, der alles organisiert habe. Das dürfte wohl auch damit zusammenhängen, dass auf der Anklagebank ein ehemaliger NPD-Funktionär sitzt.

Verlinkt mit dieser *NSUleaks*-Website ist das Internetportal *1980 Oktoberfest.* Dort steht: »Wir begrüßen unsere neuen Leser herzlich auf der Seite des Projekt 1980 Oktoberfest, das vom Arbeitskreis NSU in Ergänzung zum Projekt NSU Leaks betrieben wird.«[64] Dahinter verbirgt sich neben anderen auch Karl-Heinz Hoffmann, der ehemalige Führer der Wehrsportgruppe Hoffmann.[65]

Wes Geistes Kind sich hinter dem Internetportal *NSUleaks* verbirgt, ist der Selbstdarstellung auf der Website zu entnehmen: »Dabei will NSU-Leaks ein Augenöffner sein, ein Werkzeug: Der NSU-Betrug ist ein gewaltiger Hebel, mit dem man ein marodes, verfaultes System aus den Angeln heben kann.« Und in einem anderen Beitrag ist zu lesen:

»Warum war uns das klar, dass vertuscht werden würde? Weil die Staatsantifa+Linke und der Sicherheitsapparat dieselben Interessen verfolgen: dem NSU-Phantom zu dienen. Dasselbe gilt natürlich analog für die staatstragende Presse, und für die Linkspresse: Das gemeinsame Ziel ›NSU-Mörder-Netzwerk‹ verlangt gemeinsames Handeln.«

Am 6. Mai 2013 begann in München vor dem 6. Strafsenat des Oberlandesgerichts München der Prozess gegen Beate Zschäpe und vier mutmaßliche Unterstützer. Die Hauptangeklagte Zschäpe schweigt seitdem, ob aus eigener Überzeugung, auf Anraten ihrer Anwälte oder weil sie aus anderen Quellen gesteuert wird – die Spekulationen wuchern. Und sie sitzt stumm auf der Anklagebank, selbst wenn über die grausamen Morde gesprochen wird, wenn Zeugen sie belasten – als wollte sie ein Zeichen setzen.

Mit auf der Anklagebank sitzen der ehemalige hohe thüringische NPD-Funktionär Ralf Wohlleben, ein Mann mit besten Beziehungen in die europäische Neonazi-Szene hinein. Die Bundesanwaltschaft wirft ihm vor, die Beschaffung jener Ceska-Pistole in Auftrag gegeben zu haben, mit der zahlreiche NSU-Morde begangen wurden. Gekauft und an das Trio weitergegeben wurde die Pistole von Carsten S. Deshalb wurden er und Wohlleben der Beihilfe zum Mord in zehn Fällen angeklagt. Holger G. wiederum unterstützte das Terror-Trio unter anderem mit Dokumenten. Er ist der Unterstützung einer terroristischen Vereinigung angeklagt, ebenso wie André Eminger, dem die Bundesanwaltschaft vorwirft, bei der Anmietung eines Wohnmobils Unterstützung geleistet zu haben. Ihm wird deshalb Beihilfe zum versuchten Mord vorgeworfen. Es ist ein Prozess der Superlative, ein lähmender Prozess des hemmungslosen Lügens, des offenkundigen Zynismus und der streckenweise neonazistischen Propaganda.

Der Angeklagte André Eminger grüßte zum Beispiel seine »Kameraden« mit einem T-Shirt, auf dem die Schrift prangte: »Brüder schweigen – bis in den Tod«. In einem solchen T-Shirt war am 29. Juli 2014 bereits der Bruder des Angeklagten zum Prozess erschienen. Die Bundestagsabgeordnete Martina Renner, die für die Partei Die Linke als Obfrau im Thüringer Untersuchungsausschuss saß und den Prozess in München beobachtete: »Der Langmut von Richter Götzl, sich von lügenden, frechen oder unwilligen Neonazizeugen auf der Nase rumtanzen zu lassen, ist kaum noch zu ertragen.« Tatsächlich gab es trotz Lügen und Schweigen nie die Androhung von Beugehaft, so wenig wie faktische Falschaussagen mit der Forderung nach einer eidesstattlichen Erklärung sanktioniert wurden.

Unter den bis zum 200. Verhandlungstag angehörten Zeugen waren knapp 50, die bereits in den Neunzigerjahren entweder aktive Neonazis waren oder mit dem Unterstützerumfeld der NSU-Angehörigen verbunden waren. Die meisten von ihnen haben vor Gericht gelogen, verharmlost, konnten sich nicht erinnern, haben geschwiegen. »Konsequenzen hatte das für sie nicht, selbst wenn es offensichtliche Falschaussagen waren«, stellte das Internetportal *NSU Watch* fest. Die Betreiber dieser seriösen Website erstellen detaillierte Protokolle der Verhandlung und stellen sie ins Internet. Ihr Resümee anlässlich des 200. Verhandlungstages im April 2015:

> »Die Aussagen und das Aussageverhalten der Zeuginnen und Zeugen aus der Neonazi-Szene zeigt deutlich, dass es sich beim NSU um ein Netzwerk militanter Neonazis handelt, die bis heute zusammenhalten, wenn es darum geht, ihre Kamerad/innen zu schützen und die Taten des NSU zu verklären.«[66]

Bis heute ist nicht geklärt, wie die drei untergetauchten Neonazis über ein Jahrzehnt lang unerkannt unter anderem in Chemnitz und Zwickau leben konnten, mit Nachbarn freundschaftliche Kontakte pflegen und gleichzeitig zehn Morde, mindestens zwei Bombenanschläge und zahlreiche Banküberfälle begehen konnten, ohne entdeckt zu werden. Gibt es da einen Zusammenhang mit den politischen Einstellungen ihrer Nachbarschaft, verkürzt gesagt: Waren die Nachbarn geistige Sympathisanten?

Mit der Gnade des kritischen Denkens war das Trio zweifellos nicht gesegnet, im Gegenteil. Alle drei waren eigentlich Versager. Es ist nichts darüber bekannt, ob sie sich jemals für die Unterdrückten, die Entrechteten, die Verzweifelten einsetzen wollten. Keinen einzigen Gedanken dürften sie daran verschwendet haben. Ihre einzige Botschaft, wie die ihrer Komplizen, sofern sie überhaupt so etwas wie eine Botschaft hatten, war blanker rassistischer Hass, von wem oder durch was auch immer angefacht.

Beate Zschäpe (Jahrgang 1975) war mit einer schwierigen Kindheit belastet. Sie verließ nach der zehnten Klasse die staatliche Regelschule in Jena und begann im Rahmen einer Arbeitsbeschaffungsmaßnahme eine Tätigkeit als Malergehilfin. Von 1992 bis 1996 versuchte sie eine Lehre als Gärtnerin mit der Fachrichtung Gemüsebau. Die Lehre beendete sie mit der Note Befriedigend. Danach meldete sie sich arbeitslos und trat im September 1996 eine ABM-Stelle als Malergehilfin an.

Uwe Böhnhardt (Jahrgang 1977) musste die siebte Klasse wiederholen und wurde in einer Lernförderschule unterrichtet. Nachdem er beim Diebstahl erwischt wurde, verließ er die Schule ohne Abschluss.

Uwe Mundlos (Jahrgang 1973) schien ein wenig mehr Verstand zu haben. Der Sohn eines Professors verließ die Schule nach der zehnten Klasse und ließ sich bei einem Unternehmen als Datenverarbeitungskaufmann ausbilden. Der Versuch, das Abitur nachzuholen, scheiterte.

Die Frage ist, wie dieses mäßig intelligente Trio sich über ein Jahrzehnt der Verfolgung entziehen und gleichzeitig Morde und Raubüberfälle planen und erfolgreich durchführen konnte. Hatten die drei möglicherweise tatkräftige Hilfe von anderen Kräften, oder waren sie in etwas eingebunden, das bis heute nicht bekannt ist? Aber wer hat sie unterstützt?

Bereits am 2. September 1998 – das Trio wurde bereits seit sechs Monaten wegen Sprengstoffbesitz und Rohrbombenbau per Haftbefehl gesucht – gab V-Mann Carsten S. seinem Brandenburger V-Mann-Führer eine wichtige Information. In einer Auswertungsakte des brandenburgischen Landesamtes für Verfassungsschutz (LfV) findet sich folgende Meldung:

> »Laut Antje P. seien drei sächsische Skinheads (zwei Männer und eine Frau) zurzeit wegen verschiedener Straftaten auf der Flucht vor der Polizei. Dieser Fall war medienbekannt. Die drei, von denen einer einen anonymen Artikel für die Publikation ›White Supremacy‹ geschrieben habe, wollen sich angeblich innerhalb der nächsten drei Wochen mit ›geliehenen Pässen‹ nach Südafrika absetzen und dort in neue Identitäten schlüpfen.«

Anmerkung des Auswerters im LfV Brandenburg: »Diese Quellenmeldung war Ihnen zunächst nicht übermittelt worden. Nach Anfragen des BfV [Bundesamt für Verfassungsschutz] könnte es sich jedoch bei den hier genannten ›sächsischen Skinheads‹ um Personen aus Jena handeln.«

Am 9. September 1998 wurde ein weiterer Vermerk angelegt:

»Einen persönlichen Kontakt zu den drei Skinheads soll Jan W. haben. Jan W. soll zurzeit den Auftrag haben, ›die drei Skinheads mit Waffen zu versorgen‹. Gelder für diese Beschaffungsmaßnahmen soll die ›Blood & Honour‹-Sektion Sachsen bereitgestellt haben. Die Gelder stammen von Einnahmen aus Konzerten und dem CD-Verkauf. Vor ihrer beabsichtigten Flucht nach Südafrika soll das Trio einen weiteren Überfall nach dem Erhalt der Waffen planen, um mit dem Geld sofort Deutschland verlassen zu können. Der weiblichen Person des Trios will Antje P. ihren Pass zur Verfügung stellen.«

Diese im Prinzip alarmierende Meldung über den Aufenthalt des Mörder-Trios erreichte auch die Landesämter für Verfassungsschutz in Thüringen und Sachsen. Doch sie wurde nicht an die Polizei weitergegeben – aus Gründen des Quellenschutzes, lautete unisono die Begründung. Oder wollte man die drei Gesuchten zu diesem Zeitpunkt überhaupt nicht finden? Welche andere Erklärung gibt es, wenn insbesondere die Zielfahndung der Polizei in Thüringen von diesen Erkenntnissen aus Magdeburg nichts erfuhr? Dazu passt die Aussage eines Zeugen vor dem Thüringer Untersuchungsausschuss, ihnen sei »massiv vorgeschrieben« worden, »diese Informationen nicht an die Polizei weiterzugeben«.

Auch die insgesamt 22 Vertreter der Nebenkläger listeten zahlreiche Widersprüche im Zusammenhang mit den Hintergründen des NSU auf. Wenn diese nicht aufgeklärt würden, schrieben sie anlässlich des 200. Verhandlungstages in München, werde es trotz der Ermittlungen der Untersuchungsausschüsse und der umfangreichen Beweisaufnahme vor dem Oberlandesgericht München keine wirkliche Aufklärung geben.

> »Eine schlichte Verurteilung der Angeklagten nach Schuldnachweis in Hinblick auf die angeklagten Taten ohne Aufklärung der tatsächlichen Größe des NSU und seines Unterstützernetzwerkes und der Verstrickung und Mitwisserschaft der Nachrichtendienste ist nicht das Ziel unserer Mandanten und Mandantinnen. Sie wollen wirkliche und nicht durch die Staatsraison begrenzte Aufklärung«[67],

fordern die Nebenklageanwälte in München. Wesentliche Gründe für die Nicht-Aufklärung sind nach Überzeugung der Opferanwälte unter anderem die angebliche und manchmal

> »groteske Erinnerungs- und Ahnungslosigkeit der Mitarbeiter der Nachrichtendienste und der von ihnen geführten V-Personen und deren offene und nicht geahndete Verstöße gegen die Wahrheitspflicht, die Vielzahl der enttarnten und nicht enttarnten V-Männer und Informanten in dem (Unterstützer-)Umfeld des Trios, die unzähligen echten und scheinbaren Fahndungspannen bei der Suche nach dem Trio und das Zurückhalten und Schreddern von relevanten Akten«.

Einer der Nebenkläger ist Rechtsanwalt Mehmet Daimagüler. In einem Beitrag in *Zeit Online* klagte er am 12. November 2015 die Bundesanwaltschaft an. »Sie findet es normal, dass ein Neonazi-Zeuge mit einem Anwalt auftaucht, der vom Verfassungsschutz ausgewählt und bezahlt wird. Nicht die Kaltschnäuzigkeit einer Beate Zschäpe macht mich fassungslos, sondern die Dreistigkeit einer Bundesanwaltschaft, die behauptet, der NSU-Komplex sei ›ausermittelt‹. Dabei haben wir nicht etwa durch Ermittlungen, sondern erst durch die Aussage des Angeklagten Carsten S. im Gerichtssaal erfahren, dass der NSU nicht zwei, sondern mindestens drei Bombenanschläge verübt hat.«

Tatsache ist, wissen hochrangige BKA-Beamte zu berichten, dass das Trio zumindest nach der Flucht vom Verfassungsschutz geschützt wurde.

Zum Hintergrund der Affäre um den NSU

Spätestens seit Anfang 1995 waren Uwe Böhnhardt, Uwe Mundlos und Beate Zschäpe in der rechtsextremistischen Szene in Thüringen aktiv, und zwar in der »Anti-Antifa Ostthüringen«, die seit 1997 unter dem Namen »Thüringer Heimatschutz« (THS) auftrat. Böhnhardt und Mundlos gehörten der Führungsebene des THS an, und Beate Zschäpe war eines seiner aktivsten Mitglieder. Dieser Thüringer Heimatschutz schien unangreifbar zu sein.

Dass Zschäpe, Mundlos und Böhnhardt in der rechtsextremistischen Szene Thüringens ihre menschenfeindlichen und rassistischen Ideen mehr oder weniger unbehindert ausleben konnten, belegten Funde in einem Pkw am 9. November 1996. In diesem Pkw saßen nicht nur Zschäpe, Mundlos und Böhnhardt, sondern auch der Rechtsextremist Holger Gerlach. In dem Wagen stellte die Polizei ein Handbeil, einen Schlagstock mit eingebauter Reizgassprühvorrichtung samt passender Patrone, eine Gaspistole, ein Faustkampfmesser, CO_2-Treibgaspatronen, einen Wurfstern, beidseitig geschliffen, ein Kampfmesser mit Haltegriff und Holster, eine Luftdruckpistole, zwei Magazine mit 15 Gaspatronen sicher.

Ende 1997/Anfang 1998 waren gegen Böhnhardt, Mundlos und Zschäpe wegen der Funde von Spreng- und Brandvorrichtungen noch weitere Verfahren bei der Staatsanwaltschaft anhängig. Die Verfassungsschützer wussten auch, dass drei Mitglieder des THS im Raum Jena Rohrbombenanschläge vorbereiteten. Auf Ersuchen des Thüringer Landeskriminalamtes wurde Uwe Böhnhardt vom Thüringer Verfassungsschutz daher in der Zeit vom 24. November bis 1. Dezember 1997 observiert. Dabei wurden erneut die engen Kontakte Böhnhardts unter anderem zu Mundlos und Zschäpe festgestellt. Dokumentiert wurde außerdem, dass Böhnhardt und Mundlos in einem Baumarkt Brennspiritus und Gummiringe kauften, die sie zu einem noch aus DDR-Zeiten stammenden Garagenkomplex an der Kläranlage in Jena transportierten, wobei sie sich sehr konspirativ und vorsichtig verhielten. Die Garage war, wie sich im Zuge der weiteren Ermittlungen herausstellte, an Beate Zschäpe untervermietet. Der Verfassungsschutz unterrichtete das Thüringer Landeskriminalamt über diese Erkenntnisse, das daraufhin einen Durchsuchungsbeschluss wegen des Verdachts der Vorbereitung eines Explosions- und Strahlungsverbrechens erwirkte. Bei den Absprachen zwischen dem Landeskriminalamt und der Staatsanwaltschaft Gera wurde unter anderem die Frage geprüft, inwieweit überhaupt die Voraussetzungen für einen Haftbefehl vorlagen. Dass zuvor Bombenattrappen gefunden worden waren, unter anderem in einem Koffer mit aufgesprühtem Hakenkreuz, schien offenbar keine Rolle zu spielen. Die Staatsanwaltschaft sah jedenfalls keinen Grund für einen Haftbefehl.

Immerhin wurde der Durchsuchungsbeschluss genehmigt und am 26. Januar 1998 vollstreckt. Nicht anwesend war dabei der leitende Ermittler, der sich gerade auf einem Lehrgang befand. Und der zuständige Staatsanwalt hielt sich wegen Krankheit nicht in seinem Büro auf.

In der Garage fanden die Ermittler unter anderem vier funktionsfähige Rohrbomben und 1,4 Kilogramm TNT.

Böhnhardt setzte sich unterdessen in seinen Pkw und fuhr davon. Sven Wunderlich vom Thüringer Landeskriminalamt sollte später vor einem Untersuchungsausschuss zu den in der Garage gefundenen Rohrbomben die abgeklärte Antwort geben: »Ja, also, das ist mir klar, dass das gefährlich ist, aber die Bombe war ja nicht jemandem direkt zuzuordnen. Es ist ja bekannt, dass viele Jugendliche so was mal als Silvesterknaller machen.«

Wunderlich hatte nun die Aufgabe, das inzwischen untergetauchte Trio zu finden. Besonders großen Eifer bei der Suche schien er nicht an den Tag zu legen. Denn alle vorliegenden Informationen deuten darauf hin, dass sich Böhnhardt, Mundlos und Zschäpe nach der für sie überraschenden Polizeiaktion in Jena unverzüglich zunächst ins sächsische Chemnitz und anschließend nach Zwickau absetzten und versteckten.

Aber versteckten sie sich tatsächlich? Ein Zeuge, ein enger Freund von Uwe Mundlos, der in Chemnitz ein Geschäft mit Kleidung und Musik für die rechtsradikale Szene betrieb, sagte vor dem Oberlandesgericht München am 5. März 2015 aus, dass sein Kontakt in Chemnitz mit dem Trio nicht anders als vor dem Untertauchen gewesen sei. Es habe überhaupt keine Notwendigkeit gegeben, etwas geheim zu machen. Denn viele wussten offenbar vom Aufenthaltsort der Gangster, schrieb das Magazin *Focus* am 21. November 2011 und bezog sich dabei auf eine Aussage von Karl-Heinz Brüsselbach, dem Präsidenten des Militärischen Abschirmdienstes (MAD), vor dem Parlamentarischen Kontrollgremium (PKGr) des Bundestages. Demnach sei seine Behörde kurz nach der Flucht des verbrecherischen Trios aus Jena im Jahr 1998 auf den Aufenthaltsort der Gesuchten hingewiesen worden.

»Auch der MAD – quasi der Verfassungsschutz der Bundeswehr – arbeitet mit V- Leuten. Und, so ergaben *Focus*-Recherchen, es war tatsächlich ein solcher Informant, der den Tipp an die MAD-Außenstelle in Leipzig weitergegeben hatte. Die brisante Information wanderte weiter in die Zentrale nach Köln in die zuständige Abteilung II (Extremismus und Terrorabwehr) – und blieb dort liegen. Warum, vermochte Brüsselbach nicht zu erklären.«[68]

Im Jahr 2003 gab das LKA Thüringen die Suche nach dem Trio wegen des Bombenfunds auf. Nur gegen Uwe Böhnhardt wurde aufgrund eines rechtskräftigen Urteils weiter gefahndet. Der Grund für den eher spärlichen Verfolgungsdruck mag damit zusammenhängen, dass mit den aufgefundenen Rohrbomben – nach Überzeugung der Verfassungsschützer – keine »konkreten tatsächlichen Anschläge geplant waren«. Das behauptete das Bundesamt für Verfassungsschutz noch im Juli 2004. Und weiter: »Auch haben sich keine Anhaltspunkte für weitere militante Aktivitäten der Flüchtigen ergeben.« Diese Einschätzung ist angesichts der Vorgeschichte des Terror-Trios und seiner Sympathisanten nicht einmal ansatzweise verständlich. Sie spricht vielmehr dafür, dass das Treiben der drei anscheinend gedeckt wurde, gerade weil sehr viele V-Leute des Verfassungsschutzes im Umfeld des NSU tätig waren. Im Jahr 2003 wurde das Ermittlungsverfahren gegen das Neonazi-Trio wegen Verjährung eingestellt.

Auf den Gedanken, dass in diesem Fall eigentlich wegen Mitgliedschaft in einer kriminellen Vereinigung nach § 129 StGB ermittelt werden müsste, durfte, wollte oder sollte niemand kommen, bis auf eine Ausnahme. Der Thüringer Kriminalist Mario Melzer lieferte dazu eine Erklärung. Er war von 1995 bis 1998 bei der Sonderkommission Rechtsextremismus mit dem Trio befasst und hatte Beate Zschäpe zweimal verhört. Melzer bewies viel Zivilcourage, als er vor den Abgeordneten des Berliner wie des Thüringer NSU-Untersuchungsausschusses offen redete. Er litt, im Gegensatz zu vielen anderen Zeugen vor den jeweiligen NSU-Untersuchungsausschüssen, nicht unter Amnesie. Nach seinen Aussagen gab es bereits in den Neunzigerjahren zahlreiche Erkenntnisse und Aussagen von Informanten, um gegen die »Kameradschaft Thüringen« vorzugehen, der auch Böhnhardt, Wohlleben, Mundlos und Zschäpe angehörten.

Der Thüringer Untersuchungsausschuss fasste in seinem Abschlussbericht vom 16. Juli 2014 Melzers Aussage folgendermaßen zusammen:

> »Zum Ergebnis des Strukturermittlungsverfahrens befragt, gab der Zeuge Kriminalhauptmeister Mario Melzer an, seiner Ansicht sei das Verfahren polizeilich ausermittelt gewesen und man habe von einer kriminellen Vereinigung sprechen können. Sämtliche Umstände zur Entstehung dieser Kameradschaft hätten als Deliktsmerkmale des Tatbestandes der kriminellen Vereinigung gem. § 129 StGB eingeordnet werden können.«[69]

In diesem Paragrafen heißt es:

> »Wer eine Vereinigung gründet, deren Zwecke oder deren Tätigkeit darauf gerichtet sind, Straftaten zu begehen, oder wer sich an einer solchen Vereinigung als Mitglied beteiligt, für sie um Mitglieder oder Unterstützer wirbt oder sie unterstützt, wird mit Freiheitsstrafe bis zu fünf Jahren oder mit Geldstrafe bestraft.«

Aber man habe sich geweigert, Verfahren nach § 129 StGB einzuleiten, sie seien vielmehr gezielt sabotiert worden. Melzer wusste damals nicht, dass eine zentrale Figur des Thüringer Heimatschutzes ein ebenso zentraler V-Mann des Thüringer Landesamtes für Verfassungsschutz war. Das erklärt natürlich auch, warum von Melzer angesprochene Quellen, die bereit waren, gegenüber der Polizei ausführlich über die kriminellen Netzwerke der Thüringer Neonazis auszusagen, vom Landesamt für Verfassungsschutz und dem Militärischen Abschirmdienst (MAD) massiv eingeschüchtert wurden, sodass sie daraufhin den Kontakt zur Polizei abbrachen. »Ich habe es kritisiert und dokumentiert, aber das war eigentlich nicht gewollt«, so Melzer. Er kritisierte außerdem die Durchsuchung der Garagen am 26. Januar 1998 in Jena, weil das alles »äußerst merkwürdig gewesen« sei. Gefunden wurde in der Garage in Jena am 26. Januar 1998 nicht nur Sprengstoff, sondern auch eine Telefonliste. Auf ihr standen die Namen führender Personen aus der Neonazi-Szene. Die auf der Telefonliste befindlichen Namen und Nummern sind nach Städten geordnet, und die Liste enthält fast alle Bundesländer, in denen das Kerntrio untertauchte, mordete oder Sprengstoffanschläge beging. Auf dieser Liste finden sich neben aktiven Unterstützern des NSU-Kerntrios auch V-Leute diverser Sicherheitsbehörden. Neben Thomas Starke (VP 562 des Berliner Landeskriminalamtes) waren das Tino Brandt (2045, V-Mann »Otto« bzw. »Oskar« des Thüringer Landesamtes für Verfassungsschutz), Kai Dalek (Deckname unbekannt, des Bayerischen Landesamtes für Verfassungsschutz) sowie Thomas Richter (»Corelli«, V-Mann des Bundesamtes für Verfassungsschutz). Das wäre ein zentrales Hinweisstück über das Umfeld der Geflüchteten gewesen. Diese Liste hat die Thüringer Zielfahndung jedoch, laut Aussage von Kriminalhauptkommissar Sven Wunderlich, nie zu Gesicht bekommen. Sie blieb fast 15 Jahre in einer Asservatenkammer verschollen. Was Yavuz Selim Narim, ein Anwalt des NSU-Opfers Theodoros Boulgarides aus München, zu der logischen Schlussfolgerung veranlasste: »Erstaunlicherweise finden sich auf dieser Liste die Namen von V-Leuten, sodass durch die Nachrichtendienste eine Verfolgung bewusst vereitelt wurde.«

Dem Trio, das anscheinend übernatürlichen Schutz genoss, standen bis zu seiner Entdeckung in Eisenach am 4. November 2011 sieben Wohnungen zur Verfügung, teilweise von V-Leuten angemietet. In dieser Zeit wurden in Chemnitz und Zwickau elf Raubüberfälle begangen und mehr als 270 000 Euro erbeutet. Beamte des BKA sagen, noch nie eine derart konspirativ agierende Gruppe erlebt zu haben. Mario Melzer wird seit seiner offenen Aussage gemobbt.

Die im Dunkeln ihrer rassistischen Vorurteile tappenden Verfassungsschützer und Polizisten

Die Polizei tappte bei der Aufklärung der Morde, der Bombenattentate und der Raubüberfälle mehr als zehn Jahre im Dunkeln. Das ist unbestritten. Doch nur Unfähigkeit oder bürokratischer Wirrwarr zwischen den einzelnen Dienststellen auf Länderebene war es sicher nicht allein. Etwas ganz anderes muss in den Köpfen der Beteiligten vorgegangen sein. Was die Morde und die Bombenattentate anging, waren die polizeilichen Ermittler fest davon überzeugt, dass es um Auseinandersetzungen im türkischen Milieu gegangen sei, getreu dem gängigen Vorurteil, dass so etwas bei den Türken nichts Außergewöhnliches sei. Sonderkommissionen mit erfahrenen Kriminalisten wurden gebildet, etwa die Sonderkommission Bosporus. Die Morde und Bankraube konnten auch sie ebenso wenig aufklären wie die Hintergründe der Taten.

Geradezu beispielhaft dafür, wie tief in der Mitte der Gesellschaft und damit auch der Polizei das Ressentiment im Zusammenhang mit den Ermittlungen gegen die Mörder des NSU verankert ist, ist eine »Gesamtanalyse der bundesweiten Serie von Tötungsdelikten an Kleingewerbetreibende mit Migrationshintergrund«. Sie datiert vom 30. Januar 2007 und stammt vom Landeskriminalamt Baden-Württemberg.

»Vor dem Hintergrund, dass die Tötung von Menschen in unserem Kulturkreis mit einem hohen Tabu belegt ist, ist abzuleiten, dass des Täter hinsichtlich seines Verhaltenssystems weit außerhalb des hiesigen Normen- und Wertesystems verortet ist.« So lange ist es bekanntlich nicht her, dass trotz des »hohen Tabus«, was die Tötung von Menschen in unserem Kulturkreis angeht, die Nazi-Schergen Millionen von Juden, Homosexuellen, Roma und Sinti sowie politischen Gegnern ermordeten.

Was lag da ermittlungstaktisch näher, als die Täter innerhalb der türkischen Gemeinschaft zu suchen? Denn die Ermittler gingen von der Ermittlungsprämisse aus, dass die Opfer in kriminelle Machenschaften verwickelt waren und, wie es in einem Ermittlungsbericht heißt, »wegen etwaiger Verfehlungen von einer unbekannten Organisation bestraft« wurden. Unterstützungsangebote erhielten die polizeilichen Ermittler nach Angaben aus dem BND übrigens von einem Oberst Ali aus Ankara. Der hatte einst dem illegalen Geheimdienst der türkischen Gendarmerie JITEM angehört. Im Zusammenhang mit dem türkischen Tiefen Staat in den Achtzigerjahren spielte die JITEM eine zentrale Rolle bei Morden und Bombenanschlägen, insbesondere gegen Kurden. Ob deutsche Sicherheitsbehörden Karaosmanoglus Angebot annahmen, ist nicht bekannt. Sicher ist hingegen, dass die Türkei einen ihrer Verbindungsbeamten der Soko Bosporus anbot. Die Ermittler lehnten das Angebot jedoch ab.

Nicht nur Morde, sondern auch mindestens zwei Sprengstoffanschläge in Köln werden dem NSU zugeschrieben. Am frühen Morgen des 19. Januar 2001 explodierte in der Kölner Probsteigasse eine mit Sprengstoff gefüllte Dose. Sie verletzte eine 19-jährige Iranerin schwer. Ort der Explosion war der Lebensmittelladen ihres Vaters, eines iranischen Einwanderers. Die Polizei ermittelte eher zögerlich. Sie vermutete zunächst einen Racheakt aus dem Rotlichtmilieu und danach finanzielle Schwierigkeiten mit einem türkischen Bauunternehmer. Die junge Iranerin selbst erklärte später vor dem OLG München: »Die Polizei hat mir nach Abschluss der Ermittlungen erklärt, dass ich ein Zufallsopfer gewesen sei und die Tat keinen rechtsextremistischen Hintergrund habe und dass kein Täter ermittelt wurde.« Nachdem die polizeilichen Ermittlungen keine Täter hatten finden können, wurden die Asservate im Jahr 2006 vernichtet. »Es wurde nicht recherchiert«, klagten hingegen die Anwälte der iranischen Familie. Rechtsanwältin Christina Clemm, eine NSU-Opferanwältin: »Es ist ein Foto vorgelegt worden, auf dem nichts zu erkennen ist. Danach wurde die Spur geschlossen. Das Foto wurde beim LKA gelöscht.«

Mathilde Koller, die frühere Präsidentin des Nordrhein-Westfälischen Verfassungsschutzes, verfasste eine dienstliche Erklärung, die als »geheime Verschlusssache« eingestuft war. Demnach sei der Vize-Chef der rechtsextremen Kameradschaft Köln (die im Sommer 2012 verboten wurde) als V-Mann ihres Amtes aktiv gewesen, und er habe »Ähnlichkeit« mit dem Phantombild eines Mannes, der an dem Bombenanschlag in der Kölner Probsteigasse beteiligt war. Bei einer späteren Befragung dementierte der von Koller ins Spiel gebrachte V-Mann jede Beteiligung an dem Attentat. Unabhängig davon hätte es für die Fahnder durchaus eine Möglichkeit gegeben, den Tätern auf die Spur zu kommen. In Deutschland gibt es die vom BKA geführte Zentraldatei »Tatmittelmeldedienst für

Spreng- und Brandvorrichtungen« (TMD). Dort waren Uwe Mundlos, Uwe Böhnhardt und Beate Zschäpe verzeichnet.

Köln, 9. Juni 2004. Der NSU verübt einen weiteren Anschlag, diesmal in der Kölner Keupstraße, einem Zentrum türkischer Geschäfte. Eine Nagelbombe, die auf dem Gepäckträger eines Fahrrads befestigt ist, wird ferngezündet. 22 Personen werden verletzt, vier davon schwer; zahlreiche Ladenlokale werden teilweise schwer beschädigt.

Der damalige Innenminister Otto Schily verkündete am Tag nach dem Anschlag, dass es keinen terroristischen Hintergrund gebe. Oberstaatsanwalt Rainer Wolf erklärte, dass die Staatsanwaltschaft einen »allgemeindeliktischen Hintergrund« in Erwägung ziehe. Wie in allen anderen Fällen im Zusammenhang mit dem NSU ging die Polizei wahlweise von einer Auseinandersetzung im Türkenmilieu aus, von Streitigkeiten im Drogen- oder Rotlichtmilieu beziehungsweise zwischen Kurden und Türken. Entsprechend intensiv wurde in diese Richtung hin ermittelt. Eine Expertise der Abteilung Rechtsterrorismus des Bundesamtes für Verfassungsschutz zeigte zwar Parallelen zwischen dem Anschlag in der Kölner Keupstraße und einem Bombenanschlag in London im Jahr 1999 auf, für den die rechtsradikale Terrororganisation Combat 18 verantwortlich war, aber die Expertise fand keine weitere Beachtung. Videoaufnahmen vor Ort wurden zwar ausgewertet, aber nur sechs Minuten der 18-stündigen Aufzeichnung wurden für die Tätersuche genutzt. Wichtige Zeugen, die das Attentat beobachtet hatten, wurden erst zehn Jahre nach der Tat befragt. Ali Demir zum Beispiel, der damalige Vorsitzende der Interessengemeinschaft von Bürgern und Geschäftsleuten in der Keupstraße, wo das Nagelbombenattentat stattfand, sah zwei bewaffnete Zivilpersonen direkt zum Zeitpunkt des Attentats vor seinem Steuerberatungsbüro. Er dachte, es handele sich um zwei Polizisten. Sie wurden erst neun Jahre nach dem Attentat befragt und konnten sich an nichts mehr so richtig erinnern. So entsinnt sich Arif S., dessen Kölner Ladenlokal bei dem Attentat am 9. Juni 2004 erheblich beschädigt wurde, dass er danach Besuch von der Polizei erhielt. Die Beamten wollten von ihm wissen, ob es Verbindungen zu Mafia, PKK oder Hisbollah gebe, was er verneinte. »Ich sagte, das waren bestimmt Neonazis, die das gemacht haben. Die Polizei sagte zu mir: ›Halt den Mund, du darfst nicht davon reden.‹«

Aufschlussreich war nicht nur, dass am Attentatsort zahlreiche Polizeibeamte anwesend waren, sondern auch, dass nur zwei Wochen nach dem Nagelbombenanschlag in der Stadt ein Flugblatt auftauchte, das die Tat als ein »Zeichen von Protest, eine Warnung« bezeichnete. Es endet mit den Worten: »Deutsche, wehrt euch.« Die Ermittler kannten dieses Flugblatt nicht, also wurde weiter in die falsche Richtung ermittelt. Selbst die Zusammenarbeit von Polizei und Verfassungsschutz klappte nicht. So erhielt der Verfassungsschutz keine DVD der ausgewerteten Videoaufnahmen vom Tatort vor und nach dem Nagelbombenattentat. Um sich einige Videoaufnahmen anzusehen, mussten die Verfassungsschützer auf die Homepage der Kölner Polizei zugreifen. Die wiederum hatte das Video ins Netz gestellt, um festzustellen, wer sich wie häufig das Video ansah, weil es unter Umständen der oder die Tatverdächtigen sein könnten. Die Ersten, die in Verdacht gerieten, waren die Verfassungsschützer selbst. Und der damalige Innenminister Otto Schily sah sich immer wieder dem Verdacht ausgesetzt, bei seiner Beurteilung einen gravierenden Fehler begangen zu haben, weil er ein rechtsextremistisches Motiv von Anfang an ausgeschlossen hatte. In einer Klarstellung gegenüber dem *Kölner Stadt-Anzeiger* ließ er im November 2014 mitteilen:

»Die Erkenntnisse, die unsere Sicherheitsbehörden bisher gewonnen haben, deuten nicht auf einen terroristischen Hintergrund, sondern auf ein kriminelles Milieu. Aber die Ermittlungen sind noch nicht abgeschlossen, sodass ich eine abschließende Beurteilung dieser Ereignisse jetzt nicht vornehmen kann.«[70]

Schily wies ferner darauf hin, dass den Sicherheitsbehörden zum damaligen Zeitpunkt die Existenz einer terroristischen rechtsradikalen Gruppe nicht bekannt war und dass sich daher der Ausdruck »terroristischer Hintergrund« in seiner Erklärung eindeutig ausschließlich auf den »islamistischen Terrorismus« bezogen habe. Auf diese Klarstellung bezog sich ein offener Brief von 30 Nebenklagevertretern und der Initiative »Keupstraße ist überall« vom 29. November 2014:

»Die in der Klarstellung gegenüber dem *Stadt-Anzeiger* nicht kommentierte Behauptung, die ›Erkenntnisse … [der] Sicherheitsbehörden … deuten auf ein kriminelles Milieu‹ hin, war damals falsch und ist es heute. Dementsprechend waren Sie als Zeuge vor dem Bundestagsuntersuchungsausschuss am 15.3.2013 auch nicht in der Lage mitzuteilen, worin diese ›Erkenntnisse‹ bestanden haben sollen. Richtig ist vielmehr, dass die Sicherheitsbehörden ohne tatsächliche Grundlage und auf Weisung ›von oben‹ unterstellten, dass gegen Migranten gerichtete Straftaten ihre Ursache nur im sogenannten kriminellen Milieu haben könnten. (…) Anwohner, die den Verdacht eines rechtsradikalen Hintergrundes äußerten, wurden von Polizeibeamten zum Schweigen verpflichtet. Es ist überfällig, dass Sie ohne Wenn und Aber zu Ihrer Rolle im NSU-Skandal stehen.«[71]

Im Juli 2012 schilderten Mitat Özdemir, der Vorsitzende der Keupstraßen-Initiative, und ein ehemaliger Anwohner die Auswirkungen des Anschlags auf die Stimmung in der türkischen Gemeinschaft. Demnach sei durch die Ermittlungen im Umfeld der Opfer das grundsätzlich freundschaftliche Klima einer zunehmenden Verunsicherung gewichen. »Die Art der Anschläge käme ihm bekannt vor. Vor rund 30 Jahren seien sie in der Türkei auch mit Nagelbombenanschlägen konfrontiert gewesen, eine Folge des Zusammenwirkens von Militär, Geheimdiensten und faschistischen Banden.«

Vor dem NSU-Untersuchungsausschuss des Bundestages erklärte Lutz Irrgang, der höchst umstrittene Chef des Hessischen Landesamtes für Verfassungsschutz, der inzwischen in Pension gegangen ist, dazu am 11. September 2012:

> »Es gab ein Gremium, das ist die sogenannte IGR, eine Informationszentrale für rechtsextremistische Gewalttaten und Ähnliches. Auf dieser Sitzung ist nie über diese Mordserie geredet worden. Also, die Kollegen hatten gar keine Gelegenheit, einen Anhaltspunkt zu bekommen, sich um diese Richtung zu kümmern. (…) Es hat im Jahre 2003 und 2004 noch einmal eine Rechtsterrorismustagung gegeben; die Protokolle habe ich noch mal gelesen. Da taucht die Gruppe noch mal auf, bedauerlicherweise nur in der Anlage. Wir hatten keinen Anhaltspunkt. Die Polizei hat immer wieder auf das kriminelle Milieu, die mafiosen Strukturen und Ähnliches reflektiert, aber nie auf Extremismus.«

Und der stellvertretende BKA-Vizepräsident Bernhard Falk beklagte sich vor demselben Untersuchungsausschuss über die Einseitigkeit der Ermittlungen. »Ich bedauere sehr, dass wir es auch beim BKA nicht fertiggebracht haben, die richtigen Verbindungen herzustellen. Wenn ich Anhaltspunkte für einen rechtsextremen Hintergrund der Taten gehabt hätte, hätte ich reagiert – aber ich hatte solche Informationen nicht.«

Heute noch sagt einer der führenden BKA-Ermittler, dass sie alles durchleuchtet, »jedes Blatt mehrmals umgedreht« hätten (was übrigens stimmte), aber »es gab für uns keinen einzigen Hinweis bei den Ermittlungen, dass rechtsextreme Terroristen dafür verantwortlich waren«. Wobei zu bedenken sei, so Falk, dass das, was vor den ersten Morden im Jahr 2000 geschah, vom BKA nicht ermittelt wurde.

Fest steht jedenfalls, dass aus den oben genannten Gründen rechtsextreme Terroristen und ihre Helfershelfer unbehindert in Deutschland herumreisen, ihren Urlaub genießen und ihre Sympathisanten und Freunde im rechtsextremen Lager besuchen konnten. Hinweise, dass die Täter Rechtsextremisten gewesen sein könnten, wurden nicht nur deshalb nicht verfolgt, weil es keine »Anhaltspunkte für einen rechtsextremen Hintergrund« gab, sondern auch, weil diese Möglichkeit außerhalb des polizeilichen Vorstellungsvermögens lag. Und das, nachdem der damalige bayerische Innenminister Günther Beckstein bereits zu Beginn der Mordserie, im Jahr 2000, ein fremdenfeindliches Motiv für möglich gehalten hatte. Auf einem Zeitungsartikel vom 12. September 2000 über den Mord an dem türkischstämmigen Blumenhändler in Nürnberg notierte er: »Bitte genau berichten. Ist ausländerfeindlicher Hintergrund denkbar?« Nach dem achten und neunten Mord schrieb er nochmals einen ähnlichen Vermerk. Günther Beckstein war während seiner Zeit als Innenminister innerhalb der deutschen Polizei hochgeachtet. Daher ist es umso unverständlicher, dass seinen Hinweisen nicht nachgegangen wurde, weder bei der Polizei noch beim Verfassungsschutz.

Im Frühjahr 2006 entwickelte Alexander Horn, ein Profiler der bayerischen Polizei die These, dass bei den Morden und Banküberfällen ein rechtsextremistischer Hintergrund wahrscheinlich sei. Und nach dem Mord an dem jungen Türken Yozgat im Jahr 2006 in Kassel sprach dessen Vater von einer Tat mit fremdenfeindlichem Hintergrund. Dazu wurde der hessische Verfassungsschutz-Chef Lutz Irrgang im Berliner Untersuchungsausschuss von dem Bundestagsabgeordneten Wolfgang Wieland befragt.

> »Nun finden wir in einem Vermerk vom 24. April 2006 des Landespolizeipräsidiums die Mitteilung, dass der Vater des Opfers gegenüber der Tageszeitung *Hürriyet* von einer ›Tat mit fremdenfeindlichem Hintergrund‹ gesprochen habe. Erinnern Sie sich, dass es im Mai 2006 in Kassel eine Demonstration ›Kein zehntes Opfer‹ gab nach dem Mord in Kassel und dass auf dieser Demonstration – das wurde ja auch medial berichtet; also selbst, wenn man nicht selbst dort den Reden gefolgt ist – ganz massiv von den Demonstranten der Verdacht, dass diese Morde fremdenfeindlich-rassistisch motiviert sind, durch Rechtsextremisten begangen werden, ausgesprochen wurde?«

Darauf antwortete Irrgang lapidar: »Wir waren für diese Veranstaltung in keiner Weise zuständig.« Seine Antwort ist geradezu typisch. Denken, und zwar eigenständig und unabhängig vom üblichen ideologisch geprägten Raster, das schien zumindest in den Landesämtern für Verfassungsschutz nicht erwünscht gewesen zu sein. Oder hing das damit zusammen, dass ein seit Jahrzehnten gepflegtes Denkschema die Köpfe vieler Verfassungsschützer, auch in den Leitungsgremien, beeinflusste? Dass hier wieder der politische Fingerabdruck zu finden ist?

Die Schlussfolgerungen zur Arbeit der Verfassungsschützer fasste der CDU-Bundestagsabgeordnete Clemens Binninger im Zusammenhang mit den Aussagen des ehemaligen hessischen Verfassungsschutz-Chefs Irrgang mit folgenden Worten zusammen:

> »Ja, wissen Sie, was es uns – jetzt bei allem Respekt, den ich versuche einzuhalten – hier wirklich sehr schwer macht und auch der Öffentlichkeit schwerfällt und nach meinem Punkt auch ein ganz wesentlicher Grund dafür ist, dass der Verfassungsschutz – egal ob in den Ländern oder im Bund – so schlecht dasteht? Man hat immer den Eindruck – und Sie sind jetzt beileibe nicht der erste Verfassungsschutzzeuge: Nur, wenn Sie ganz konkret und ganz präzise gefragt werden, dann gibt es vielleicht eine Antwort. Ich meine jetzt nicht speziell Ihre Behörde, sondern allgemein Verfassungsschutzbehörden. Eigeninitiative, Mitdenken, Dinge auch mal vorneweg analysieren – Fehlanzeige. Das treibt die Leute ein bisschen in Verzweiflung, sodass viele auch fragen: Wozu brauchen wir dann einen Verfassungsschutz, wenn er nicht auch mitdenkt?«[72]

Bei Irrgang tauchte noch ein anderes Problem auf. Am 6. April 2006 wurde Halit Yozgat in einem Internetcafé in Kassel erschossen. In seiner direkten Nähe, im selben Internetcafé, befand sich zur gleichen Zeit ein V-Mann des Landesamtes für Verfassungsschutz. Er wollte von den Schüssen nichts mitbekommen haben, tauchte erst einmal unter, entzog sich später zunächst den polizeilichen Vernehmungen. Hessens damaliger Innenminister Volker Bouffier hatte angeordnet, dass die Vertraulichkeit unter allen Umständen gewahrt werden müsse. Vor dem NSU-Untersuchungsausschuss des Bundestages befragte der SPD-Abgeordnete Sebastian Edathy den hessischen Verfassungsschutz-Chef:

> »Heißt das, dass eine Verfassungsschutzbehörde, wenn ein Mitarbeiter des Verfassungsschutzes unter Mordverdacht steht, in jedem Fall Ermittlungen blockieren darf, weil es ja sein könnte, dass der Mitarbeiter zu Unrecht einem Verdacht unterzogen wird? Oder ist es nicht umgekehrt völlig logisch und absolut unersetzbar in einem Rechtsstaat, dass dort, wo es einen Mordverdacht gibt, die zuständigen Ermittlungsbehörden – das ist nicht der Verfassungsschutz, das sind Polizei und Staatsanwaltschaft – auch in die Lage versetzt werden, ihrer Arbeit nachzugehen? Und ist es nicht Einmischung in die Arbeit von Polizei und Staatsanwaltschaft, wenn Sie dem, was Polizei und Staatsanwaltschaft von Ihnen als dienstvorgesetzter Behörde, von Herrn Temme wünschen, nicht nachkommen?«[73]

Daraufhin antwortete ihm Irrgang: »Ich habe meine Ausführungen zu meiner Rolle und meiner Überzeugung gemacht. Sie machen Ihre Arbeit. Ich habe meine Arbeit gemacht.« Sebastian Edathy:

> »Herr Irrgang, Sie haben, glaube ich, weniger V-Leute geschützt als die Versuche von Polizei und Staatsanwaltschaft verunmöglicht, dem Tatverdacht gegen Herrn Temme durch Vernehmung der von Ihnen geführten V-Leute nachzugehen. Das ist der Hauptvorwurf, den man Ihnen machen muss.«

Vor dem Hintergrund der Tatsache, dass offiziell angeblich auf Hochtouren nach dem Trio gefahndet wurde, ist es mehr als seltsam, dass die italienischen Behörden, zumindest was die Person Ralf Wohlleben angeht, sehr genaue Kenntnisse über dessen Reisen nach Italien hatten. Am 14. Dezember 2011 erhielten die deutschen Verfassungsschutzbehörden ein Schreiben vom italienischen Inlandsnachrichtendienst (AISI) aus Rom. Darin heißt es:

> »Wohlleben, Organisator des jährlich stattfindenden ›Festes der Völker‹, unterhielt Kontakte zu extremistischen Gruppierungen in Italien, und zwar insbesondere zum Südtiroler Kameradschaftsring SKB, zu der Gruppe Skinhead Tirol Sektion Meran und zu Veneto Front Skinheads VFS, deren Militante regelmäßig an der Veranstaltung teilgenommen haben.«

Das erwähnte »Fest der Völker für ein Europa der Vaterländer« ist ein von der NPD veranstaltetes Festival, das erstmals am 11. Juni 2005 in Jena stattfand. An der Veranstaltung nahmen in der Vergangenheit mehrere Führer rechtsextremer Organisationen aus ganz Europa und viele rechte Musikgruppen teil. Organisator war Ralf Wohlleben. Und die Behörden wollen das nicht mitbekommen haben? Im Südtiroler Kameradschaftsring sind sehr viele Mitglieder des Südtiroler Schützenbundes vertreten. Laut dem Schreiben der AISI (VS-Vertraulich) hielt sich Wohlleben zum Beispiel vom 29. September bis 6. Oktober 2007 gemeinsam mit einer Delegation österreichischer und deutscher Extremisten in San Martino in Passiria bei Bozen auf, und zwar in einem Gasthof, dessen Besitzer als treue Kameraden bekannt waren.

> »Die Konferenz wurde vom deutschen Neonaziverband Junge Landsmannschaft Ostpreußen e.V. gemeinsam mit dem Südtiroler Kameradschaftsring und der Skinheads

> Tirol Sektion Meran organisiert. Bei der Veranstaltung wurden Themen mit fremdenfeindlichem und rassistischem Hintergrund diskutiert. Im März 2009 reiste Wohlleben gemeinsam mit anderen deutschen Neonazis, unter anderem dem stellvertretenden bayerischen NPD-Vorsitzenden, dem Führer des Bund Frankenland, mit Thomas Gerlach, dem Führer des Netzwerkes Thüringer Heimatschutz und dem Führer der Gruppe Nationaler Widerstand Jena nach Caldaro bei Bozen. Die südtirolerischen Aktivisten sollen von der deutschen Delegation 20 000 Euro für die Unterstützung von südtirolerischen ›Kameraden‹ erhalten haben.«

Der italienische Nachrichtendienst wusste davon. Warum jedoch niemand in Deutschland? Oder wollte man es nicht wissen? Offiziell hingegen wurde das Bundesamt für Verfassungsschutz am 21. März 2003 vom italienischen Nachrichtendienst über einen anderen Vorgang informiert, bei dem im Bundesamt für Verfassungsschutz alle Alarmglocken hätten läuten müssen. Bereits im November 2002 hätten italienische Rechtsextremisten in Waasmunster in Belgien an einem internationalen Neonazi-Treffen teilgenommen, schrieb der italienische Inlandsnachrichtendienst an den deutschen Verfassungsschutz. An der Veranstaltung in Belgien nahmen laut AISI mehr als 100 Rechtsextremisten teil, darunter neben Vertretern aus Italien und Belgien auch Neonazis aus Deutschland, Dänemark, den Niederlanden, Frankreich, den USA und Angehörige der ehemaligen Waffen-SS. »Nach der Veranstaltung berichteten diese in einschlägigen Kreisen, sie hätten bei vertraulichen Gesprächen von der Existenz eines Netzwerks militanter europäischer Neonazis erfahren. Dieses bilde eine »halb im Untergrund befindliche autonome Basis, losgelöst von offiziellen Verbindungen zu den einschlägig bekannten Bewegungen«, und sei in der Lage, mittels spontan gebildeter Zellen kriminellen Aktivitäten nachzugehen. Berichtet wurde aus Italien zudem, dass es in Deutschland »ein Netzwerk militanter Neonazis« gebe, dem auch Jugendliche angehörten, die unter Leitung des damaligen stellvertretenden NPD-Vorsitzenden Jürgen Rieger »geheimen Aktivitäten nachgehen würden«.

Dass der damalige stellvertretende NPD-Vorsitzende Kontakte sowohl zu Wohlleben als auch zu Zschäpe gehabt habe, behauptete der Journalist Andreas Förster am 26. Januar 2013 in der *Berliner Zeitung*: »Die durch Polizei- und Verfassungsschutzakten belegte Verbindung Zschäpes und der wichtigsten Helfer des Trios mit Rieger ist brisant – von den Ermittlern wurde sie bislang jedoch offenbar nicht ernst genommen.« Denn wäre man diesen Informationen nachgegangen, wäre man unter Umständen bereits viel früher auf den Nationalsozialistischen Untergrund und das sich dahinter verbergende europaweite rechtsextreme Netzwerk gestoßen.

Wie der NSU per Zufall entdeckt wurde

Dass das Trio am 4. November 2011 überhaupt aufflog, ist ja weniger den Ermittlungsbemühungen der Polizei zu verdanken als einem Zufall, und der hing mit einem Banküberfall im thüringischen Eisenach zusammen. Am Morgen dieses 4. November überfielen zwei maskierte Männer mit Schusswaffen eine Filiale der Thüringer Sparkasse. Vor dem Eintreffen der Polizei flüchteten die beiden Männer auf Fahrrädern. Kurz vor 12.00 Uhr fiel einer Funkstreife, nach einem Hinweis von Passanten, in einem Wohngebiet in Eisenach ein verdächtiges Wohnmobil auf. Als sich die Polizisten dem

Fahrzeug näherten, hörten sie aus dem Innern zwei Knallgeräusche in kurzer Folge, und kurz darauf sahen sie eine Stichflamme durch das Fenster. Daraufhin sei die Feuerwehr alarmiert worden. Nach dem Löschen des Brandes wurden im Innern des Wohnmobils zwei männliche Leichen mit Schussverletzungen am Kopf aufgefunden. Durch Abgleich von Fingerabdrücken wurde noch am selben Tag eine der Leichen als Uwe Mundlos identifiziert. Dass es sich bei der zweiten Leiche um Uwe Böhnhardt handeln könnte, soll sich erst am folgenden Tag herausgestellt haben. In dem ausgebrannten Wohnmobil wurden mehrere Schusswaffen gefunden. Bei zweien davon handelte es sich um die Dienstwaffen der am 25. April 2007 in Heilbronn ermordeten Polizistin Michèle Kiesewetter und ihres schwer verletzten Kollegen Martin Arnold. Offiziell wird später gesagt werden, es sei Selbstmord gewesen, woran es jedoch Zweifel zu geben scheint.

Ebenfalls am 4. November 2011 kam es kurz nach 15 Uhr im sächsischen Zwickau-Weißenborn in der Frühlingsstraße 26 zu einer Explosion. Mehrere Hauswände stürzten ein. Hier wohnte das Trio in der ersten Etage: vier Zimmer, Küche, Bad. Offizieller Mieter der Wohnung war Matthias D., Mitglied der rechtsradikalen Weißen Bruderschaft Erzgebirge.

Matthias D. erzählte später der Polizei und Staatsanwaltschaft, mit der Ideologie des NSU wirklich überhaupt nichts zu tun zu haben. Er will das Trio nicht einmal richtig gekannt haben. Die hatten dann offenbar ohne sein Wissen in zwei Zimmern der Wohnung angehängte Decken als Schallschutz angebracht und vier Kameras installiert. Eine Kamera behielt vom Wohnzimmer aus die Straße im Blick, eine zweite Kamera beobachtete den Eingang auf der Rückseite des Hauses, damit kein toter Winkel entstand. Eine dritte Kamera kontrollierte von der anderen Seite den Eingangsbereich, und der Spion in der Tür wurde durch eine vierte Kamera ersetzt. Die

Aufnahmen wurden auf einer Festplatte aufgezeichnet, die trotz des Brandes später ausgewertet werden konnte. An dem Tag jedoch, als das NSU-Trio aufflog, waren die vier Überwachungskameras ausgefallen.

Nach Zeugenaussagen soll kurz vor der Explosion eine Bewohnerin das Haus verlassen haben. Es sei Beate Zschäpe gewesen. In der zerstörten Wohnung fand die Polizei unter anderem zwölf Schusswaffen, 1600 Schuss Munition und zweieinhalb Kilogramm Schwarzpulver. Obwohl die übrigen Hausbewohner nur knapp dem Tod entronnen waren, erließ das Amtsgericht Zwickau erst drei Tage nach der mutwillig herbeigeführten Explosion einen Haftbefehl gegen Beate Zschäpe.

Am 8. November 2011 rief Zschäpe den Polizeinotruf in Jena an. Das folgende Telefonprotokoll dokumentiert die Unfähigkeit oder Ratlosigkeit der Jenaer Polizei, obwohl doch höchste Alarmstufe ausgerufen war, um Zschäpe zu verhaften:

Polizistin: Polizeinotruf Jena.
Zschäpe: Ja, guten Tag, hier ist Beate Zschäpe, die Verantwortliche hier für den Einsatz. Könnte ich mal bitte mit dem Obersten davon sprechen?
Polizistin: Ja, einen Moment.

Beate Zschäpe wird weiterverbunden und spricht nun mit einem Polizeibeamten.

Polizist: Polizei Jena, guten Tag.
Zschäpe: Ja, guten Tag, hier ist Zschäpe am Apparat. Sind Sie Haupt… (unverständlich) von der Aktion jetzt?
Polizist: Jetzt, heut Nachmittag?
Zschäpe: Nein, jetzt. Das ist schon seit Tagen hier am Laufen. Jetzt bin ich nur in Jena gelandet. Deswegen geht das hier weiter. Und Sie wissen (…) genau, wovon ich spreche.

Polizist: Von welcher Behörde sind Sie denn?
Zschäpe: Wie … wie bitte?
Polizist: Von welcher Behörde sind Sie denn?
Zschäpe: Ich bin von keiner Behörde. Ich bin diejenige, weswegen Sie hier sind (…).
Polizist: Weswegen Sie hier sind? Um was geht's 'n da?
Zschäpe: Weswegen der Einsatz ist.
Polizist: Was denn für ein Einsatz? Ich weiß bisher nicht, worum es geht.
Zschäpe: Die ganze Stadt wird gerade abgesperrt. (…) Wollen Sie mich veräppeln? (…)
Polizist: Das kann ich aber nicht nachvollziehen.
Zschäpe: Ja, okay, dann ist gut.

Danach beendete sie das Gespräch und stellte sich vier Stunden später der Polizei.

Inzwischen hatten die Ermittler wichtige Funde gemacht, insbesondere DVDs mit dem NSU-Bekennervideo, von denen 16 Kopien vor dem Tod von Uwe Mundlos und Uwe Böhnhardt verschickt worden waren, unter anderem an den türkischen Kulturverein in München-Pasing. Weitere 35 dieser Bekennervideos fand die Polizei in versandfertigen und adressierten Umschlägen in der Zwickauer Wohnung. Auf einem an die *Lippische Landeszeitung* geschickten Umschlag befanden sich Fingerabdrücke von Beate Zschäpe. Am 11. November 2011 übernahm der Generalbundesanwalt beim Bundesgerichtshof die Ermittlungen gegen Zschäpe, unter anderem wegen des Verdachts der Bildung einer terroristischen Vereinigung, und beauftragte das Bundeskriminalamt mit der Wahrnehmung der kriminalpolizeilichen Aufgaben. So weit die Geschichte der Enttarnung des NSU.

Einige Widersprüche nach der Enttarnung des NSU

Zentrale Fragen im Zusammenhang mit den Vorkommnissen des 4. November 2011 in Eisenach beziehen sich unter anderem auf die Art und Weise, wie mit dem Tatort umgegangen wurde, und auf die genauen Todesumstände von Uwe Mundlos und Uwe Böhnhardt.

Am 4. Juni 2013 fand die erste Zeugenbefragung vor dem NSU-Untersuchungsausschuss des thüringischen Parlaments statt. Themenkomplex war der Brand des Wohnmobils in Eisenach. Vor dem Untersuchungsausschuss sagten auch jene Feuerwehrmänner aus, die am 4. November 2011 im Einsatz gewesen waren.

Der Einsatzleiter der Feuerwehr ging später noch vor der Polizei in den Wohnwagen und fotografierte zur Einsatzdokumentation das Innere des Wohnwagens. Doch dann schritt der inzwischen eingetroffene Leiter der Polizeiaktion, Polizeidirektor Michael Menzel, ein. Ein Feuerwehrmann berichtete den Parlamentariern, dass Menzel »die ganze Kamera erst mal genommen« habe, »nachdem ich selbst den Innenraum fotografiert hatte. Ich wollte sie ihm eigentlich gar nicht geben.« Die Kamera sei schließlich wichtig »für unsere Einsatzdokumentation« gewesen. Polizeidirektor Menzel soll ihn dann sehr unfreundlich herausgebeten und seine Kamera beschlagnahmt haben. Der Feuerwehreinsatzleiter wollte die Kamera zurück, Menzel hingegen wollte sie einkassieren. »Das dauerte aber gut eine Stunde, bis die Einsicht kam, dass wir die Kamera wiederbekommen«, so der Zeuge. Die Speicherkarte jedoch erhielten sie erst Wochen später wieder zurück – leer. Von den Fotos fehlt seitdem jede Spur.

Doch warum war an diesem Tag eigentlich so viel Polizei in Eisenach, wo doch sonst eher kaum Polizei zu sehen ist?

Wusste der zuständige Polizeidirektor Menzel, dass die Bankräuber in Eisenach zuschlagen würden? Wohl kaum. War es ein Bauchgefühl, dass im 60 Kilometer entfernten Eisenach ein neuer Banküberfall stattfinden würde? Vor dem Thüringer Untersuchungsausschuss würde Menzel später aussagen, dass er über mehrere Wochen hinweg zusätzliche Einsatzkräfte vorgehalten habe. Denn wenige Wochen zuvor hatten zwei Männer die Sparkassenfiliale in Arnstadt überfallen. Menzel: »Es kommt, wie es kommen muss – am 4. November wird die Sparkassenfiliale von Eisenach überfallen.« Es muss also mehr als ein Bauchgefühl gewesen sein. Darüber machte sich auch Andreas Förster in der *Berliner Zeitung* vom 30. Mai 2014 seine Gedanken:

> »Hatte die Polizei möglicherweise einen Tipp von Mitwissern bekommen? Waren Behörden – Geheimdienste oder Polizei – Mundlos und Böhnhardt schon auf die Spur gekommen und hatten sie observiert? Oder wurde den untergetauchten Neonazis eine Falle gestellt von jemandem, der das Trio auffliegen lassen wollte?«

Hinzu kam, dass der Tatort nicht so untersucht wurde, wie es schon in der Polizeischule gelehrt wird. Menzel ließ sehr schnell einen privaten Abschleppdienst kommen, der den Wohnwagen in eine Garagenhalle zur Spurensicherung transportieren sollte. Während der Fahrt wurde der Wohnwagen, also der Originaltatort, durcheinandergerüttelt. Den Aussagen der Feuerwehrleute vor dem parlamentarischen Untersuchungsausschuss in Thüringen zufolge könnte sich der Tatort dabei verändert haben, auch was die Position einer Leiche und heruntergestürzten Schutt angeht. Dem hielt Menzel entgegen, dass vor dem Abschleppen ja Tatortfotos im Wohnwagen gemacht worden seien.

Vor dem zweiten Thüringer NSU-Untersuchungsausschuss berichtet die Journalistin Carolin Lemuth am 27. August 2015: »Ich habe auch noch nie erlebt, dass bei Leichen, gerade zwei Leichen, keine Tatortgruppe vor Ort war.« Sie kenne »es nicht anders, aus meiner Erfahrung und allen Berichten, die ich gemacht habe, dass man Schutzkleidung anhat«.

Ein Mitarbeiter einer Abschleppfirma berichtete den erstaunten Abgeordneten, dass aus dem Wohnmobil am Tatort Sachen ausgeräumt worden seien und dass der Chef des Abschleppunternehmens erklärt habe, dass er den NSU-Wohnwagen samt Leichen und Waffen im Innern im 40-Grad-Winkel hochgezogen und drei bis fünf Kilometer durch Eisenach gefahren habe, ihn dann in seiner Halle parkte, wo er einen Monat rumgestanden habe, davon die meiste Zeit völlig unbewacht.

> »Außerdem berichtete der Abschleppchef, dass der sächsische Innenminister oder ein Vertreter des sächsischen Innenministers in seine Halle nach Eisenach gekommen sei, um sich den Wohnwagen anzuschauen. Eine Gerichtsmedizinerin, die zufällig vor Ort war, konnte nur einen ganz kurzen Blick in den Wohnwagen werfen, aber nicht feststellen, ob die beiden Uwes tot waren. Wann und ob überhaupt jemand korrekt den Tod von Mundlos und Böhnhardt im Wohnwagen am 4. November feststellte, konnte bisher noch nicht geklärt werden.«[74]

Wie Mundlos und Böhnhardt gestorben sind, dürfte ebenfalls noch nicht vollständig aufgeklärt sein. Hartnäckig ist die offizielle Sprachregelung von Polizei, Bundesanwaltschaft und BKA: Es sei eindeutig Mord und Selbstmord gewesen. Intern haben sich an der Ermittlung beteiligte Beamte gegenüber Journalisten jedoch anders geäußert. Gegen die These vom Selbstmord spreche, dass sich sowohl Böhnhardt als auch Mundlos bei ihren Banküberfällen und Morden grundsätzlich als extrem kaltblütig und gewaltbereit gezeigt hätten. Und weil sie den Polizeifunk abhörten, hätten sie gewusst, dass nach ihnen gefahndet wurde. Und deshalb sollen sie sich in einer ausweglosen Situation befunden und keinen Versuch mehr unternommen haben, zu flüchten oder sich den Weg freizuschießen?

Als weiteres Indiz dafür, dass es vielleicht doch kein Selbstmord war, wurde Folgendes festgestellt: Der tote Uwe Böhnhardt habe umgekehrt zur angeblichen Schussrichtung im Wohnwagen gelegen, mit dem Kopf in Richtung Wageninneres, zum angeblichen Schützen hin. Und obwohl im Wohnwagen vier schussbereite Pistolen lagen, habe Mundlos sich mit einem langen Repetiergewehr erschossen, nachdem er seinen Kameraden Böhnhardt getötet hatte.

Die Diskussion entbrannte besonders heftig, weil bei der Obduktion der Leichen kein Ruß in den Lungen festgestellt wurde. So der Obduktionsbericht, den Generalbundesanwalt Harald Range nach zweieinhalb Jahren freigab. Kein Ruß in Lunge und Atemwegen bedeutete für viele Beobachter, dass Böhnhardt schon tot war, als das Feuer ausbrach. Wer hatte dann das Feuer gelegt? Hinzu kam, dass bei beiden Toten keine Brandspuren festgestellt wurden. Das gab den Meldungen Auftrieb, wonach Mundlos und Böhnhardt von einer dritten Person erschossen wurden, die anschließend das Feuer im Wohnwagen legte. Den fehlenden Ruß in den Lungen erklärte vor dem Oberlandesgericht München der Gerichtsmediziner Reinhard Heiderstädt und entkräftete damit auch die Behauptung, dass Mundlos und Böhnhardt im Wohnwagen von einer dritten Person erschossen worden seien. Es sei möglich, dass Böhnhardt und Mundlos vor ihrem Tod Rauchgase ein- und dann wieder ausgeatmet hätten. Die Todesursache jedenfalls seien Kopfdurchschüsse mit den großkalibrigen Waffen gewesen, die im Wohnwagen gefunden wurden. Der Rechtsmediziner konnte jedoch nicht sagen, ob bei einem der beiden Toten Schmauchspuren an den Händen vorhanden waren. Schmauchspuren wären ein Hinweis darauf gewesen, wer schoss. Auch das wurde geklärt. Die Ermittler hätten Schmauchspuren an den Händen von Uwe Böhnhardt festgestellt.

Nicht hundertprozentig aufgeklärt ist außerdem die Rolle eines gewissen André Kapke. Seine Geschichte veranschaulicht, wie schwer es selbst dem Oberlandesgericht München fällt, die Wahrheit darüber herauszufinden, ob und wenn ja, welche Unterstützung Zschäpe, Böhnhardt und Mundlos auch nach der Flucht von rechten Komplizen erhielten.

Am 5. Februar 2013 durchsuchten Fahnder die Wohnung des 1975 in Jena geborenen André Kapke, eines berüchtigten Neonazis. Kapke ist seit Anfang der Neunzigerjahre in Jena und Thüringen politisch aktiv und war zusammen mit Tino Brandt einer der Hauptakteure des Thüringer Heimatschutzes. Aufgefallen ist er in dieser Zeit zum einen wegen seiner rechtsradikalen Aktivitäten. So trat er in den frühen Neunzigern mit dem späteren NSU-Trio bei Veranstaltungen und Demonstrationen der rechtsradikalen Szene auf. Unter anderem nahm er mit dem Trio und weiteren Neonazis in Jena an einer Kreuzverbrennung nach dem Vorbild des Ku-Klux-Klan teil. 1997 erhielt Kapke 23 000 DM Existenzgründungshilfe aus dem Thüringer Sozialministerium, und zwar für das rechte Zeitungsprojekt *Neues Denken* in Erfurt. In der Redaktion saß unter anderem der V-Mann Thomas Dienel.

Zusammen mit Ralf Wohlleben fiel Kapke am 2. Januar 1999 auf, als zwei junge Frauen von einer Gruppe vermummter Neonazis in Burgau bei Jena überfallen wurden. Die Opfer wurden durch Kapke bedroht, mehrere Stunden festgehalten und unter Androhung von massiver Gewalt – bis hin zu Mord – dazu gezwungen, Namen und Adressen von linken Jugendlichen preiszugeben. Im August 1999 verurteilte das Amtsgericht Jena Kapke und Wohlleben wegen gemeinschaftlich begangener gefährlicher Körperverletzung und Nötigung zu einer Geldstrafe von 8500 DM. Am 16. März 2000 bestätigte das Landgericht Gera in einem Berufungsverfahren das Jenaer Urteil.

Aus seiner Gesinnung hat Kapke nie einen Hehl gemacht. So unterzeichnete er im Oktober 2001 gemeinsam mit führenden deutschen Neonazis eine Erklärung, in der es unter anderem heißt:

> »Das Deutsche Reich befindet sich im Krieg seit 1914. Seine Feinde sind entschlossen, das Reich zu vernichten und das Deutsche Volk auszulöschen. Wir Deutsche als Angegriffene, die zum Reich stehen, haben nur das eine Kriegsziel: die Bewahrung des Deutschen Reiches und des Deutschen Volkes als selbstbeherrschter Staat.«

Die Brandenburgische Landeszentrale für politische Bildung zitiert in einem Bericht über die extreme Rechte aus einem Interview, das Kapke am 2. Dezember 2011 mit der Wochenzeitung *Junge Freiheit* führte:

> »Er räumt ein, dass sie sich ›immer mehr radikalisiert, beziehungsweise politisiert‹ hätten. ›Die wollten irgendwann auch aktionistischer werden, um mehr Öffentlichkeit zu bekommen, aber das bedeutet ja nicht gleich Terrorismus.‹ Deshalb habe er die ersten Bombenattrappen 1997 als Warnung verstanden: ›Seht her, wir könnten, wenn wir wollten.‹ Die Motive für die Mordserien könne er nicht erklären, sie seien auch ihm rätselhaft.«[75]

Lässt sich daraus schließen, dass Kapke mit dem Mörder-Trio eigentlich nichts zu tun hatte, weil er die Morde aus taktischen und ideologischen Motiven verurteilte? Sollte ausgerechnet er abseits gestanden haben, als das Trio dringend auf Hilfe angewiesen war, fragte die *Welt* am 28. November 2011, »weil es nach seinem Verschwinden von der Polizei auf die Fahndungsliste gesetzt wurde?«

Nach Angaben der thüringischen Landtagsabgeordneten Katharina König war André Kapke seit November 2011 »als mindestens ehemaliger enger Freund von Uwe Mundlos, Beate Zschäpe und Uwe Böhnhardt wieder verstärkt von Interesse für die Polizei geworden«. In einem Schreiben des Thüringer Landesamtes für Verfassungsschutz an den Generalbundesanwalt vom 30. November 2011 wird Kapke mehrmals erwähnt:

> »Hinweis vom 29.07.1998: André Kapke soll in einem Gespräch mit einem Hinweisgeber am 24.07.1998 geäußert haben, innerhalb der nächsten eineinhalb Wochen 1.800,– DM zu benötigen, um die drei ›Flüchtigen aus Jena endgültig wegzubringen‹. Der Hinweisgeber vermutete damals, dass die Flüchtigen ins Ausland gebracht werden sollten. Kapke äußerte weiter, ›Wohlleben und zwei andere Kameraden hätten bereits vor längerer Zeit Kredite aufgenommen, um die Flüchtigen zu unterstützen. Aus diesem Grund könnten sie jetzt keine weiteren Kredite aufnehmen.‹«

Kapke geriet nach der Auswertung von Handy-Daten erneut ins Visier der Ermittler, diesmal vonseiten der Polizei. Knapp zwei Stunden nach dem Banküberfall in Eisenach am 4. November 2011 buchte sich sein Mobiltelefon für zwölf Minuten in eine Eisenacher Funkzelle ein – exakt der Sendebereich, in dem das Wohnmobil mit den beiden Leichen parkte. Kapkes Anwalt hat eine harmlose Erklärung dafür parat: Sein Mandant sei an jenem Tag zusammen mit seinem Vater in der Nähe von Eisenach wegen eines Autokaufs unterwegs gewesen, und sein Handy könnte sich schließlich von der Autobahn aus in jene Funkzelle eingeloggt haben. In seiner Zeugenvernehmung vor dem OLG München am 19. Februar 2014 erklärte Kapke, er habe nach der Flucht des Trios keine weiteren Kontakte zu ihm gehabt, »ab 1998 gar nicht mehr«. Das ist insofern verwunderlich, da er am 21. November 2013 eingeräumt hatte – so steht es wenigstens im Bericht des Thüringer NSU-Untersuchungsausschusses vom 12. August 2014 (Thüringer Landtag, 5. Wahlperiode, Drucksache 5/8080) –, »dass er mit Brehme drei Wochen in Südafrika war und dort nach einem Unterschlupf für das flüchtige Trio suchte, u.a. beim extremen Rechten Claus Nordbruch«.

Im März 2014 trat er erneut vor dem OLG München als Zeuge auf. Der Vorwurf lautete abermals, dass er der letzte Verbindungsmann zu dem Terror-Trio gewesen sei. Das behauptete jedenfalls die Mutter von Uwe Böhnhardt vor dem OLG München. André Kapke dementierte erneut. Auf Fragen der Nebenkläger antwortete er ansonsten wieder, wie schon zuvor, lapidar: »Weiß nicht«, »Kann mich beim besten Willen nicht erinnern«, »Keine Ahnung«.

In Ergänzung zu den im Abschlussbericht des Thüringer Untersuchungsausschusses getroffenen Feststellungen, Wertungen und Schlussfolgerungen kam die Fraktion Die Linke im Thüringer Landtag zu folgendem Ergebnis:

> »Einen schwerwiegenden und ebenfalls nicht zu erklärenden Fehler stellt dar, dass nach dem Untertauchen sämtliche Ermittlungen gegen weitere Verdächtige und gegen das

Umfeld der Kameradschaft Jena zum Erliegen kommen. (…) Die Frage nach dem Warum korreliert auch hier mit der nach der Rolle des Verfassungsschutzes. Dazu passt, dass gegen sämtliche Personen des Umfeldes, die auch durch die Polizei als FluchthelferInnen und mutmaßliche UnterstützerInnen identifiziert worden sind, keinerlei Ermittlungstätigkeit zum Zwecke der Strafverfolgung erfolgte. Weder gegen Ralf Wohlleben, der über Überwachung von Telefonverkehr als direkter Unterstützer bekannt war, noch gegen André Kapke, der nach eigener Aussage vor dem OLG in München sogar der Garagendurchsuchung mit Uwe Böhnhardt beigewohnt hatte, wurde ermittelt. (…) Im besten Fall handelt es sich hier um ein schwerwiegendes Versäumnis des ermittelnden TLKA, im schlimmsten Fall liegt eine bewusste Vereitelung der Strafverfolgung vor, die erneut die Frage nach dem Motiv aufwirft.«[76]

Der ehrenwerte Verfassungsschutz-Chef aus Thüringen, oder Ohne Verfassungsschutz kein NSU?

Nur selten wird öffentlich, wie Führungsfiguren des Verfassungsschutzes agieren. Hier soll es einmal am Beispiel von Helmut Roewer beschrieben werden, einem ehemaligen Panzeroffizier, der von 1994 bis zu seiner Suspendierung im Sommer 2000 Präsident des Thüringer Verfassungsschutzes war. Roewer war seit seinem Amtsantritt in Erfurt ein Paradiesvogel in der Geheimdienst-Community. Er selbst wird vor dem Thüringer Untersuchungsausschuss sagen, dass er im Bundesministerium des Inneren als Jurist angestellt gewesen sei und gefragt wurde, ob er das Amt in Thüringen übernehmen wolle. Als Beamter im höheren Dienst habe er über erhebliche Erfahrungen im Bereich des Verfassungsschutzes verfügt und als Spitzenkraft auf dem Gebiet gegolten. Er habe das Angebot natürlich angenommen. Wer ihm die Ernennungsurkunde in Erfurt überreicht habe, daran könne er sich nicht mehr erinnern. Kurz vor Mitternacht habe ihm »irgendwer« in einer Erfurter Gaststätte das Dokument übergeben. Doch wer genau, das wisse er nicht mehr, schließlich sei es dunkel und er etwas alkoholisiert gewesen.

Roewer beschwerte sich vor dem Thüringer Untersuchungsausschuss darüber, dass die 50 Mitarbeiter oder fast alle – abgesehen von ihm – nicht über die notwendige Ausbildung verfügt hätten. Dem widersprach Michael Lippert, der ehemalige Thüringer Innenstaatssekretär, vor dem Thüringer Untersuchungsausschuss. Von den Mitarbeitern sei ein Großteil aus den alten Ländern oder vom Bund gekommen, alle seien nachrichtendienstlich als Verfassungsschutz-Mitarbeiter ausgebildet gewesen. Auf der anderen Seite, so Mitarbeiter des LfV vor dem Thüringer Untersuchungsausschuss, sei bei vielen Mitarbeitern der Eindruck der Günstlingswirtschaft sowie der ständigen Bespitzelung und Überwachung entstanden. Die Folge sei gewesen, dass viele Behördenmitarbeiter sich nicht mehr getraut hätten, Probleme offen anzusprechen. Dadurch sei ein Klima des Misstrauens und zum Teil der Angst entstanden.

Nicht nur Roewers Führungsstil war exzentrisch, sondern auch seine konkrete Arbeit. So gab er für einen kleinen exklusiven Kreis einen monatlichen »Nachrichtendienst« heraus. In der April-Ausgabe 1999 ist unter anderem über einen Infostand der NPD zu erfahren:

> »Die Vorsitzende der NPD Grit Ortlepp gibt bei der Polizei zu Protokoll, dass der Termin für den Infostand allein

> auf Wunsch des Fernsehjournalisten Rainer Fromm zustande gekommen sei. Man erinnert sich: Das ist der Experte, der bereits zwei staatlich subventionierte Rechtsextremismusfilme über Thüringen gedreht hat.«

Dieser schwere Vorwurf, dass ein Journalist etwas provozierte, stand im Zusammenhang damit, dass Rainer Fromm in der Vergangenheit für das ZDF sehr kritische Berichte über Helmut Roewer produziert hatte, die letzterem überhaupt nicht gefielen. Der Vorwurf, dass der Termin für den Infostand auf Wunsch von Fromm stattgefunden habe, dementierte dieser mit den Worten: »Das ist eine bösartige Unterstellung, eine Diffamierung und ein Versuch von Roewer, Berichterstattung über Rechtsextremismus zu verhindern.« Der Hauptvorstand der IG Medien kommentierte die Vorwürfe des Verfassungsschutz-Chefs in einem Schreiben an den Staatssekretär im Thüringer Innenministerium als »rufschädigendes Verhalten, das der Anlage nach durchaus geeignet ist, das berufliche Fortkommen von Herrn Dr. Fromm zu behindern.« Rainer Fromm selbst erwirkte einen Beschluss beim Verwaltungsgericht Weimar (Aktenzeichen 6 E 2171/99), wonach Verfassungsschutz-Chef Roewer seine Behauptung nicht mehr wiederholen dürfe.

Roewer wurde auch vorgeworfen, dass er durch seine Auftritte in der Öffentlichkeit die Enttarnung von Mitarbeitern des Amtes ermöglicht habe. Oder dass er ein Buch in einem von ihm selbst mitgegründeten Verlag (Heron) veröffentlicht habe. Als angeblicher Journalist hatte er unter dem Namen Stephan Seeberg die Heron-Verlagsgesellschaft ins Erfurter Handelsregister eintragen lassen. Geschäftsführer wurde der Journalist, also er selbst. Die Bankkonten des Heron-Verlages sowie die seines Geschäftsführers wiesen stets hohe Guthaben aus, kritisierte der Landesrechnungshof. Laut *Spiegel* (29/2005) wurde vermutet, dass Roewer damit Spesenabrechnungen beglich und unbekannte Quellen finanzierte. Bestätigt wurden diese Vorwürfe im sogenannten Gasser-Bericht (»Untersuchungsbericht über in den Medien dargestellte Vorgänge in dem Thüringer Landesamt für Verfassungsschutz und deren Auswirkung auf die Funktionsweise des Amtes«), der vom Thüringer Innenministerium in Auftrag gegeben worden war. Verfasser war der Rechtsanwalt Karl Heinz Gasser, der spätere Thüringer Innenminister. Der Bericht vom 23. August 2000 wurde lange geheim gehalten und erst im Jahr 2012 veröffentlicht. »Bei dem Journalisten handelt es sich um Herrn Dr. Helmut Roewer unter Verwendung seines Tarnnamens. Roewer selbst sagte, dass Zweck der Firma Heron das heimliche Nachrichtenbeschaffen gewesen sei.« In diesem Zusammenhang ist die Aussage eines Mitarbeiters seiner Behörde vor dem Thüringer Untersuchungsausschuss aufschlussreich: »In München haben wir uns mit dem BND getroffen, der gab Tipps für die Gründung von Tarnfirmen, da das ja nicht so einfach ist wegen Steuern und so. Der Roewer wollte unbedingt eine Tarnfirma.«

Friedrich-Karl Schrader war bis 1998 Leiter der Abteilung Rechtsextremismus im Thüringer LfV. Der passionierte Hobbyjäger genießt heute seine Pension in einem kleinen, idyllischen Dorf im Rheintal. Er ist der eher seltene klassische Typus des pflichtbewussten, dabei aber couragierten und kritischen Beamten. An seinen ehemaligen Chef Roewer kann er sich noch gut erinnern:

> »Er ist in der sechsten Etage der Verfassungsschutzbehörde einmal Fahrrad gefahren. Auf die Frage, warum er das macht, antwortete er, er müsse neue Observationsfahrräder für die Observationskräfte prüfen. Einmal kam ich in

Roewers Dienstzimmer, da standen drei Tische aneinander, mit Kerzen, Käse, Wein und sechs bis sieben Damen drum herum. Man wusste gar nicht, mit welcher er zuerst zu Gange ist. Ich sollte ihm in deren Anwesenheit geheime Dinge erzählen. Im Sommer lief der Roewer immer barfuß durchs Amt. Dann lagen seine schwarzen Füße auf dem Schreibtisch, während wir uns in seinem Büro besprachen. Leider wurde das Referat 1998 von Roewer aufgelöst, so wie er das immer selbstherrlich machte. Immer dann, wenn er mit dem Referatsleiter Ärger hatte, hat er das Referat aufgelöst, und dann war das so.«[77]

Als Personalratsvorsitzender geriet Schrader ernstlich mit Roewer aneinander. »Roewer führte das Amt, wie er wollte. Er hat drei Referatsleiter ohne die notwendige Organisationsänderung abgesetzt. Ich habe ihm gesagt, wir müssen uns an das Personalvertretungsgesetz halten.« Schraders Mahnung stieß bei seinem Chef auf wenig Gegenliebe. In einem Schreiben vom 3. November 1999 an Christian Köckert, den Thüringer Innenminister, schilderte Schrader weitere Vorgänge. Demnach kam es im August 1999 im Zusammenhang mit der beabsichtigten Neueinstellung eines Bewerbers für den gehobenen Dienst aufgrund fehlender Verfahrensvoraussetzungen zu einer Ablehnung durch den Personalrat. Daraufhin

»bedrohte der Behördenleiter den Personalratsvorsitzenden in einem offiziellen Erörterungsgespräch mit dem gesamten Personalrat mit den Worten: ›Sie haben im Verhältnis mit mir die wesentlich schlechteren Karten, überlegen Sie sich daher sehr genau, wie Sie sich in Zukunft verhalten.‹«

Weil der Konflikt zwischen dem Personalratsvorsitzenden und Roewer eskalierte, griff der Amtsleiter zu einem klassischen Instrument, um seinen Gegenspieler außer Gefecht zu setzen. Schrader erinnert sich:

> »Im Januar 2000 erteilte er mir das Verbot des Umgangs mit Geheimsachen. Danach gab es ein Verfahren wegen Geheimnisverrat, und drei Wochen später folgte ein förmliches Disziplinarverfahren, verbunden mit meiner Suspendierung. Als Nächstes wurde noch eine Strafanzeige wegen Betrugs gegen mich gestellt.«[78]

Schrader fuhr daraufhin mit seinem Anwalt ins Thüringer Innenministerium und fragte den zuständigen Abteilungsleiter:

> »Haben Sie Beweise gegen mich? ›Nein, nichts‹, antwortete er mir. Daraufhin machten wir ihm ein Angebot. Das Disziplinarverfahren gegen mich wird eingestellt, und der Präsident des Landesamtes für Verfassungsschutz gibt für mich eine Ehrenerklärung ab, dass ich rehabilitiert bin. Außerdem übernimmt das Ministerium alle Anwaltskosten und zahlt mir eine Entschädigung. Alles wurde eingehalten.«[79]

Dem von Schrader erhobenen Vorwurf des Lotterlebens im Amt widersprach Roewer. Er könne ausschließen, in der Behörde Fahrrad gefahren zu sein, ein Candle-Light-Dinner abgehalten und den Personalrat veranlasst zu haben, der Einstellung seiner Geliebten zuzustimmen. Auch sei er keinesfalls nachts in der Behörde mit sechs bis sieben Frauen überrascht worden.

Roewers Entlassung aus dem Landesamt für Verfassungsschutz im Jahr 2000, schrieb Andreas Förster am 4. Oktober

2012 in der *Frankfurter Rundschau*, »war nach V-Mann-Skandalen, unzähligen Sicherheits- und Fahndungspannen und fragwürdigen Geldflüssen längst überfällig«.

Roewer selbst sah das anders und glaubte an eine Verschwörung. Er sei ein »naiver Exot in einem Sumpf aus Parteiprotektionismus« gewesen. Er habe eben nicht zu jener Thüringer CDU-Clique von »Scheinheiligen gehört, die ich beim Heucheln ertappte und beim Geschäftemachen«.

Nach seiner Entlassung musste Roewer sich wegen Betrugs und Untreue vor Gericht verantworten. Es ging um 250 000 Euro. Das Verfahren wurde im Jahr 2010 wegen Verhandlungsunfähigkeit des Angeklagten gegen Zahlung von 3000 Euro eingestellt.

Für Helmut Roewer war der Verfassungsschutz ein Geheimdienst, der auch steuernd in die jeweiligen Strukturen und Bestrebungen eingreifen sollte. Die Abgeordneten des Thüringer NSU-Untersuchungsausschusses gingen in ihrem Abschlussbericht vom August 2014 davon aus, dass es »hinreichende Gründe einer mittelbaren Unterstützung und Begünstigung rechtsradikaler Strukturen« gegeben habe. Mit dem Zurückhalten von Informationen aus Rücksicht auf seine Quellen habe der Verfassungsschutz das Terror-Trio zumindest »mittelbar« geschützt.

Dieser Befund deckt sich in etwa mit der Aussage des ehemaligen LKA-Chefs Uwe Kranz. Kranz war zur damaligen Zeit Chef des Thüringer Landeskriminalamtes. Dem Innenministerium wirft er heute vor, dass seine Warnungen vor einem zunehmend militanten Rechtsextremismus »abgeblockt« wurden. Zu Roewer sagt er:

> »Wenn dieser Mann nicht gewesen wäre, hätten wir keinen Heimatschutzverein gehabt, also auch nicht das Terror-

> Trio. Es hätte das ganze Szenario in dieser Dichte, Logistik, Abschottung und Finanzierung nicht gegeben, denn durch die Bank weg waren die Führungskräfte der rechtsradikalen Bewegung V-Leute, die vom Landesamt für Verfassungsschutz ständig unterstützt wurden.«[80]

Der Rechtsextremismus-Experte Rainer Fromm, der seit mehr als 20 Jahren intensiv in der rechtsradikalen Szene arbeitet, bestätigt die Einschätzung von Kranz: »Von der Flucht aus Jena bis zur Anfangszeit in Chemnitz war das Terror-Trio komplett eingebunden in die Struktur von V-Männern und V-Frauen verschiedener Verfassungsschutzämter.« Sie hätten die für die Flucht und das Untertauchen zentrale Hilfestellung gegeben:

> »Da gab es Solidaritätsaktionen von V-Leuten, die Spenden von V-Leuten, die Infrastruktur von V-Leuten, bis hin zur Waffenbeschaffung, in die V-Leute eingebunden waren. Darüber hinaus wurden die Strukturen, in denen sich das Trio radikalisierte, maßgeblich von V-Leuten geprägt.«[81]

Fromm ist überzeugt, dass es den mörderischen NSU ohne V-Leute des Verfassungsschutzes nie gegeben hätte. Als Uwe Kranz im Jahr 1997 öffentlich erklärte, es bestünde die Gefahr, dass sich eine »Braune Armee Fraktion« bilde, wurde er zu Michael Lippert zitiert, dem Staatssekretär im Innenministerium. Der habe ihm wütend vorgeworfen, Panik zu verbreiten, und ihn aufgefordert, sich zurückzuhalten, erinnert sich Kranz. Dabei hatte er als LKA-Chef lediglich darauf hingewiesen, dass sich die Neonazis des Thüringer Heimatschutzes abgeschottet hätten und dabei seien, Befehls- und Kommandostrukturen aufzubauen. Sie hätten von der Rote Armee Fraktion (RAF) gelernt, so Kranz.

Diese Einschätzung deckt sich mit der Aussage des damaligen Berliner Verfassungsschutz-Chefs Eduard Vermander, der ebenfalls vergeblich vor der Militanz der Neonazi-Szene warnte, weil seiner Ansicht nach die Gefahr wachse, dass rechte Terroristen nach dem Muster der RAF losschlagen könnten. Kranz ärgerte besonders, dass Roewer seinem LKA wichtige Informationen vorenthielt, denn er wollte unbedingt gegen den Thüringer Heimatschutz und dessen Führer Tino Brandt ermitteln.

> »Hätten wir vom LKA gewusst, dass Tino Brandt mit dem LfV zusammenarbeitete und große Geldsummen kassierte, ich wäre bei der wöchentlichen Sicherheitslage, an denen alle zuständigen Amtsleiter, also auch Roewer, beim Staatssekretär Michael Lippert ihre Erkenntnisse zur Sicherheitslage vortrugen, wütend auf den Tisch gesprungen, weil man uns wichtige Informationen vorenthalten hatte.«[82]

Helmut Roewer war mit der Quelle 2045/2150 amtlich verbunden. Diese Quelle war der Neonazi Tino Brandt. Im NSU-Abschlussbericht des ersten Thüringer Untersuchungsausschusses ist zu lesen:

> »Die Quelle 2045/2150 war von Januar 1995 bis 29. Mai 2000 und wieder vom 12. Juli 2000 bis 17. Januar 2001 für das Thüringer Landesamt für Verfassungsschutz tätig. Sie lieferte in dieser Zeit insgesamt ca. 50 Quellenberichte zum Trio [gemeint sind Beate Zschäpe, Uwe Mundlos und Uwe Böhnhardt] und zahlreiche weitere Berichte zur rechten Szene, die mit circa 200 000 DM honoriert wurden. Dazu kamen weitere Leistungen als Auslagenersatz und Ähnliches.«[83]

Brandt wurde offensichtlich beschützt. Zwar wurden gegen ihn insgesamt 35 Ermittlungsverfahren geführt, unter anderem wegen schweren Landfriedensbruchs, aber er blieb immer straffrei. Eine Erklärung liefert der Kriminalist Mario Melzer. Demnach sei der zuständige Staatsanwalt von zwei Mitarbeitern des Thüringer Landesamtes für Verfassungsschutz besucht worden, die ihn fragten, warum er eine »Hexenjagd« gegen Tino Brandt veranstalte, der niemals Anstifter dieses schweren Landfriedensbruchs gewesen sei, und ihn aufforderten, von weiteren Ermittlungen gegen Brandt Abstand zu nehmen.

Schließlich erwähnt Ex-LKA-Chef Kranz im Gespräch mit dem Autor etwas, das durchaus bedenkenswert ist: Bis zum heutigen Tag sei nicht bekannt, wer jener Günther ist, der von Helmut Roewer persönlich geführt wurde. Dass der Chef eines Verfassungsschutzes selbst eine Quelle führt, ist höchst seltsam und widerspricht den gängigen Praktiken eines Verfassungsschutzes. Das Gerücht, dass Beate Zschäpe für den Verfassungsschutz arbeitete, wabert seit geraumer Zeit durch die nachrichtendienstliche Szene.

Doch Roewer schweigt. »Es könnte ja auch eine Frau sein«, sagt Kranz vieldeutig und verweist darauf, dass Roewer seine Arbeit sehr fantasievoll verrichtete. Friedrich-Karl Schrader, der ehemalige Abteilungsleiter Rechtsextremismus beim Thüringer Verfassungsschutz, sagte im Thüringer NSU-Untersuchungsausschuss aus, dass Roewer eine eigene Quelle namens »Günther« geführt habe, die niemand gekannt habe, aber die »heftig« bezahlt worden sei. Alle hätten etwas von »Günther« gehört und gewusst, aber keiner habe ihn gekannt. Der V-Mann-Führer von Tino Brandt gab auf Nachfrage vor dem Untersuchungsausschuss an, dass auch Brandt von »Günther« gesprochen habe.

Tino Brandt ist, wie gesagt, jener führende, vom Verfassungsschutz alimentierte Neonazi, der enge Kontakte zu dem

Terror-Trio unterhielt. Damit erledigt sich auch die Frage, ob es bei Geheimdiensten Seilschaften gab, die direkt oder mittelbar an den kriminellen Aktivitäten der Neonazis beteiligt waren und deshalb jetzt alles unternehmen, um eine umfassende Aufdeckung zu verhindern. Das gilt insbesondere für die Frage, wer die Quelle Günther tatsächlich ist. Und Helmut Roewer muss sich den Vorwurf gefallen lassen, rechte Machenschaften (aus welchen Gründen, sei dahingestellt) übersehen zu haben. Ein Indiz dafür sei, so seine Kritiker, dass nach dem Brandanschlag auf die Erfurter Synagoge im April 2000 die Tat zuerst linken Gruppen angelastet wurde. Später stellte sich heraus, dass drei Rechtsradikale dafür verantwortlich waren. Jeder wisse, sagte damals der DGB-Landesvorsitzende Frank Spieth, dass Thüringen der Exerzierplatz der Rechtsextremen sei. Doch der Präsident des LfV Helmut Roewer zeichne sich durch auffällige Blindheit auf dem rechten Auge aus.

Daher stellte die Fraktion Die Linke in ihrem Sondervotum zum Abschlussbericht des ersten Thüringer Untersuchungsausschusses fest, dass das Thüringer Landesamt für Verfassungsschutz Straftäter und Führungskader führte, vor Verfolgung schützte und über sie neonazistische und zum Teil hochgefährliche Organisationen und Strukturen alimentierte:

> »Dass es sich hierbei nicht um ein ›Phänomen Roewer‹ handelt, wird ersichtlich, wenn man sich die Verwicklungen um den V-Mann Trinkaus in den Jahren 2006 und 2007 vor Augen führt. Auch dieser war Straftäter, auch dieser war eine Führungsfigur der Thüringer Naziszene, und auch dieser wusste seine V-Mann-Tätigkeit für seine politischen Aktivitäten zu nutzen. So hat der Untersuchungsausschuss des Thüringer Landtages zu dessen Verpflichtung konstatiert, dass in dessen Zeit als V-Mann die

Zahl der Aktivitäten seines Kreisverbandes massiv anstieg, Trinkaus viele seiner Meldungen erst selbst produzierte und seine Abschaltung nicht aufgrund der vielfältigen, teils rufschädigenden Aktivitäten gegen den politischen Gegner oder seiner Vielzahl von Ermittlungsverfahren erfolgte, sondern weil er sich einem anderen Geheimdienst ebenfalls als Quelle angedient hatte. In der Logik des Verfassungsschutzes bleibend, erfolgte auch im Fall Trinkaus selbstverständlich keine Übermittlung von Kenntnissen zu Straftaten an Polizei oder Staatsanwaltschaft.«[84]

Der Mord an einer Polizistin und zu viele offene Fragen

Nicht aufgeklärt ist bis heute außerdem, wer die 22-jährige Polizistin Michèle Kiesewetter tatsächlich am 25. April 2007 auf dem Parkplatz der Theresienwiese in Heilbronn erschoss und den Polizeibeamten Martin Arnold mit einem Klopfschuss lebensgefährlich verletzte. Beide Beamte parkten an jenem Mittwoch mit ihrem Streifenwagen auf der Theresienwiese. Zwei Schützen näherten sich von rechts und von links und feuerten auf die beiden Ahnungslosen. Das war gegen 14 Uhr. Obwohl sich zahlreiche Personen in der Nähe befanden, entwendeten die Täter danach vollkommen ungerührt die Dienstwaffen, Munition, Handschellen, eine Reizgasdose und ein Multifunktionstool der beiden Beamten. Im Falle von Martin Arnold sei nach fachkundiger Einschätzung eine gewisse Kraftanstrengung nötig gewesen, um das Holster zu öffnen und die Pistole herauszuziehen. All das habe einige Zeit erfordert. Von den in der Nähe befindlichen Personen schritt niemand ein.

Bundesanwaltschaft wie baden-württembergisches Innenministerium halten nach wie vor stur an der Theorie fest, dass Uwe Böhnhardt und Uwe Mundlos die Mörder waren und dass es sich bei Michèle Kiesewetter und Martin Arnold um Zufallsopfer gehandelt habe. Sie sollten liquidiert werden, verkündete die Bundesanwaltschaft ernsthaft, weil sie als »Repräsentanten der wehrhaften Demokratie für die Verteidigung unserer Grundwerte« eintraten; die Pistolen seien als »Siegestrophäen« mitgenommen worden. Sowohl Mundlos als auch Böhnhardt hätten aus allgemeinem Hass auf den Staat spontan zwei ihnen unbekannte Polizisten ermordet. Und deshalb sind sie über Hunderte von Kilometern aus Sachsen nach Heilbronn gefahren, um spontan zwei zufällig auf der Theresienwiese im Streifenwagen sitzende Polizisten zu ermorden? Um die Ansicht der Bundesanwaltschaft zu teilen, muss man schon sehr gläubig sein. Die Erklärung der Bundesanwaltschaft ist umso fragwürdiger, als das Bundeskriminalamt im Oktober 2012 zu dem Ergebnis kam, ein eindeutiger Nachweis, dass zumindest Uwe Böhnhardt und Uwe Mundlos am Tattag in unmittelbarer Tatortnähe waren, habe nicht erbracht werden können. Und die Personen, die am Tatort waren, sollten nicht enttarnt werden.

Zeugen vor Ort berichteten, dass an dem Attentat mehrere Personen beteiligt waren, und aufgrund der Phantombilder können das weder Mundlos noch Böhnhardt gewesen sein. Diese Phantombilder wurden nie der Öffentlichkeit zugänglich gemacht. Selbst der schwer verletzte und glücklicherweise inzwischen wieder genesene Polizeibeamte Martin Arnold erinnerte sich nur an einen »südländischen Typ«. Was weder auf Böhnhardt noch auf Mundlos zutrifft.

Bemerkenswert ist nun, was Zeugen gesehen haben wollen und bei der Polizei zu Protokoll gaben. Diese Aussagen nährten bei den Ermittlern anfangs den Verdacht, dass die Täter vielleicht aus dem kriminellen Milieu kamen. In einer vertraulichen Notiz gab ein »Hinweisgeber« der Sonderkommission Parkplatz zu Protokoll, dass er einen Pkw beobachtet habe. Er habe gesehen, wie ein Mann auf das Fahrzeug zurannte. Er habe noch gehört, wie der Fahrer ›dawei, dawei‹ rief und der Mann mit dem Kopf voran ins Fahrzeug hechtete. Der Wagen sei mit quietschenden Reifen davongefahren. Der Mann sei zwischen 28 und 30 Jahre alt gewesen, mit einer auffälligen Tätowierung (Kreuz und Hügel) am muskulösen Unterarm (was bedeuten würde, dass er einer russischen kriminellen Organisation angehört). Am auffälligsten sei jedoch gewesen, dass der rechte Arm des Mannes voller Blutflecken war. Auch im vorderen rechten Bereich des T-Shirts seien Blutspritzer zu sehen gewesen. Dennoch wurde nicht weiter ermittelt.

Später meldete sich noch ein Zeuge, der erklärte, dass ein Freund von ihm, Alexej B., konkret wisse, wer die Polizistin in Heilbronn umgebracht habe und welches Tatfahrzeug benutzt worden sei. Außerdem erzählte er den Beamten der Sonderkommission Parkplatz, dass dieser Alexej zurzeit um 50 000 Euro erpresst werde. Sollte er nicht bezahlen, so sei sein Leben bedroht. Bei den Erpressern handle es sich um Russen aus Moskau, die nach Russland zurückkehren wollten. Diese Russen seien eine Gruppe von 30 Leuten, die mit Waffen, Drogen, Zuhälterei und Zigaretteneinfuhr zu tun hätten und sich in den Räumen Heilbronn, Stuttgart, Neckarsulm und Chemnitz aufhielten. Der von diesem Zeugen erwähnte Alexej wurde später vernommen. Der gab an, sein Wissen von einem Mann namens Stas zu haben. In dem Ermittlungsbericht der Sonderkommission Parkplatz heißt es weiter:

> »Dort hätte ein Drogengeschäft mit Türken stattgefunden. Bei diesem Geschäft seien überraschend Polizisten

gekommen, die dann weggemacht werden mussten, d.h., sie mussten umgebracht werden, da sie ansonsten für eine lange Zeit hätten ins Gefängnis müssen.«

Zum Mord auf der Theresienwiese erklärte Stas, dass die schmutzige Arbeit von Leuten aus Moskau gemacht werde.

Ein weiterer Zeuge, dem von der Staatsanwaltschaft Vertraulichkeit zugesichert wurde, erklärte den Beamten der Sonderkommission Parkplatz, dass er die Täter namentlich kennen würde, und schildert eine neue Motivierung der Tat. Für die Preisgabe sämtlicher Informationen forderte er bestimmte Zugeständnisse. Seinen Angaben zufolge befand sich am Tattag ein Fahrzeug auf der Theresienwiese, in dem zehn Kilo Heroin versteckt eingearbeitet gewesen seien. Der Fahrer des Drogenfahrzeugs stamme aus Kirgistan und hätte den vereinbarten Treffpunkt für die Übergabe aus technischen Gründen nicht erreicht, weshalb er sein Fahrzeug auf der Theresienwiese geparkt habe. Er sei dann mit der Gruppe, die das Drogenfahrzeug übernehmen sollte, zur Theresienwiese gefahren. Genau zu dem Zeitpunkt, als drei aus dieser Gruppe zu dem Drogenfahrzeug gingen, sei der Streifenwagen aufgetaucht. Daraufhin hätten zwei aus dieser Gruppe auf die Polizeibeamten geschossen. Nach Bekanntwerden der neuen Situation, so ist auf Seite 225 des Ermittlungsberichts zu lesen, wurden keine weiteren Gespräche mit der Vertrauensperson mehr geführt.

Im Verlauf der weiteren Ermittlungen stießen die Kriminalisten auf ein ganzes Netzwerk krimineller russischer Personen und Organisationen in und um Heilbronn. Ansätze, wonach es einen Zusammenhang zwischen organisierter Kriminalität und NSU geben könnte, wurden nicht einmal rudimentär verfolgt.

Das Gleiche gilt auch für Zeugen, etwa zwei FBI-Agenten, die genau sagen könnten, was auf der Theresienwiese geschehen sei. Sie befanden sich in einem Einsatz gegen islamistische Terroristen, nachdem es Tage zuvor eine Terrorwarnung der USA gegeben hatte (Heilbronn war als Zentrum der Islamisten bekannt). Eine Operation amerikanischer Agenten gegen Islamisten auf deutschem Boden ohne Wissen der zuständigen Behörden dürfte jedoch eher unwahrscheinlich sein. Doch wie belastbar sind diese Behauptungen?

Als Rainer Nübel, ein akribisch recherchierender investigativer Journalist und Sachverständiger im baden-württembergischen NSU-Untersuchungsausschuss, Anfang Dezember 2011 im *stern* von einer Operation amerikanischer Agenten in Heilbronn berichtete und entsprechende Dokumente vorlegte, dementierten sämtliche zuständigen Behörden bis hin zur Bundesanwaltschaft. Letztere mobilisierte eine journalistische Putztruppe, um die Mär zu verbreiten, Nübel sei unglaubwürdig und seine präsentierten Dokumente seien eine Fälschung. Daher las man in einigen Medien, dass die US-Botschaft das vom *stern* in Abschrift zur Verfügung gestellte Papier als »nicht authentisch« eingestuft habe. Außerdem habe die Botschaft erklärt, dass es im April 2007 »keine Observationen durch US-Einheiten in Heilbronn« gegeben habe. Inzwischen steht aber fest, dass es sehr wohl eine Geheimoperation von US-Agenten in Heilbronn gegen Islamisten gab und dass sich mindestens zwei FBI-Agenten am Tatort aufhielten. Geschützt wurden die Agenten von US-Elitesoldaten, wie *Focus* unwidersprochen bereits im Sommer 2013 berichtete.[85]

Nübel konnte seine Recherchen anhand zahlreicher interner Berichte und E-Mails dokumentieren. In einer dem Berliner NSU-Untersuchungsausschuss vorliegenden E-Mail etwa informierte ein BND-Agent aus Stuttgart eine Kollegin über folgenden Sachverhalt:

»Mr. [Name geschwärzt] von der US-Verbindungsstelle in Stuttgart sprach bei einem Treffen in der MAD-Dienststelle in Stuttgart einen ihn bekannten BND-Ermittler auf die jüngsten Presseberichte des *stern* an, in denen auf eine US-Observation in zeitlicher und räumliche Nähe zur Ermordung einer Polizistin in Heilbronn verwiesen wird. Der US-Mitarbeiter ließ dabei erkennen, dass eine eigene Untersuchung der Ereignisse die Beteiligung von zwei Mitarbeitern des FBI ergeben habe, und regte in diesem Zusammenhang ein offizielles Gespräch zu den Hintergründen an. Aufgrund der BND-internen Weisungslage, die grundsätzlich inhaltliche Kontakte des Verbindungswesens zu den US-Diensten unterbindet, wurde seitens der Ermittler das Gespräch nicht fortgesetzt. Ein Eingehen auf das Gesprächsangebot des Mitarbeiters des US-Dienstes ist von hiesiger Seite nicht vorgesehen.«

Das heißt, es gab wichtige Zeugen vor Ort, deren Erkenntnisse jedoch nicht gefragt waren. Weitaus gravierender ist der folgende von Rainer Nübel beschriebene Sachverhalt:

»Das alles wusste die Bundesanwaltschaft, als sie – wie auch das Bundeskriminalamt – das vom *stern* veröffentliche US-Papier zur ›Fälschung‹ erklärte und später über *Spiegel Online* auch ›Spekulationen‹ um eine FBI-Aktion ›beendete‹. Generalbundesanwalt Harald Range hatte es am 9. Dezember 2011 vom BND schriftlich bekommen, in einer Botschaft an ihn: ›Man hätte auf US-Seite Hinweise darauf, dass möglicherweise das FBI im Rahmen einer Operation auf deutschem Boden zwei Mitarbeiter nach Deutschland habe reisen lassen und diese nach dem Vorfall in Heilbronn wieder zurückbeordert habe‹, schrieb BND-Chef Uhrlau an Range.«[86]

Tatsache ist, dass es fünf Tage vor dem Einsatz von Michèle Kiesewetter und Martin Arnold am 20. April 2007 in Heilbronn eine US-Terrorwarnung an Amerikaner in Deutschland gab und zwar aufgrund von Hinweisen auf drohende Anschläge radikaler Islamisten auf US-Einrichtungen in Deutschland. Das geht aus einem Dokument des Stuttgarter Innenministeriums (Rahmenbefehl) hervor. Im Raum Heilbronn lebten demnach fünf Gefährder, vornehmlich Iraker und Libanesen. Dabei stieß man darauf, so die Erkenntnisse von Rainer Nübel, die er auch an den Landtags-Untersuchungsausschuss übermittelte, dass diese Islamisten Geldwäsche betrieben, offenbar für die Hisbollah (Drogengelder). Am 9. November 2015 tagte in Stuttgart erneut der parlamentarische NSU-Untersuchungsausschuss. Als Zeuge war unter anderem Peter Rudolph L. geladen, ein Ex-Verbindungsbeamter der Koordinierungsstelle für Geheimdienste der US-Streitkräfte. Insbesondere wollten die Abgeordneten wissen, ob das von Rainer Nübel im *stern* präsentierte Observationsprotokoll des militärischen US-Nachrichtendienstes DIA über den 25. April 2007 echt sei. Thumilan Selvakumaran, der Prozessbeobachter der *Südwest Presse*, schrieb am nächsten Tag: »Auf die Frage, ob das Papier authentisch ist, sagt er: ›Nicht ausgeschlossen‹. Die gewählten Formulierungen seien gängig.« Die Grünen twitterten zudem aus dem Untersuchungsausschuss: »Ex-US-Geheimdienstler hat Gerüchte gehört, dass Amerikaner sich mit Verfassungsschützern am Tattag getroffen hätten.« Das heißt übersetzt, US-Dienste waren im Verlauf einer geheimen Aktion gegen Islamisten auch am Tatort, sahen offensichtlich was geschah und wurden trotzdem nie als Zeugen vernommen – übrigens wie andere Augenzeugen ebenfalls. Zum Beispiel Jamil C., ein bekannter Islamist, der am gleichen Tag vom Untersuchungsausschuss als Zeuge vernommen wurde. Er war nach seiner Aussage noch vor der Polizei am Tatort. Doch die Polizei dachte nicht daran, ihn zu vernehmen. Er habe zudem sechs oder sieben weitere Personen in der Nähe des Tatortes gesehen. Die Polizisten hätten alle dort Anwesenden weggeschickt, ohne deren Personalien aufzunehmen. Nicht weniger brisant war die Aussage von Kriminalhauptkommissar Kurt K, dem Phantombildexperten des Stuttgarter LKA. Er hatte aufgrund der detaillierten Angaben des durch einen Kopfschuss schwer verletzten Kollegen von Michèle Kiesewetter ein Phantombild eines der Täter erstellt. Doch dieses Phantombild durfte nie veröffentlicht werden. Hier twitterten Die Grünen die Aussage von Kurt K. mit folgenden Worten: »Dass ein Phantombild bewusst nicht veröffentlicht worden ist, ist mir nur einmal passiert – im Fall Martin A.«

Delikat war außerdem, dass der Zugführer der Bereitschaftspolizei, in der Michèle Kiesewetter ihren Dienst verrichtete, dem rassistischen »European White Knight of Ku-Klux-Klan« (KKK) angehörte. Der deutsche Anführer des KKK war Achim Schmid, ein V-Mann des Verfassungsschutzes. Er sollte später aussagen, dass in der baden-württembergischen Polizei mehrere Anhänger seines Rassistenverbandes aktiv waren. »Es gab eine Interessengruppe von zehn bis zwanzig Mann. Es gab Dienststellen, wo es mehrere Interessenten gab, und wir haben deshalb geprüft, ob wir eine eigene Ortsgruppe für Polizisten einrichten.« Nach Auskunft des baden-württembergischen Innenministeriums vom 20. August 2012 über »mögliche rechtsextremistische Aktivitäten innerhalb der Polizei Baden-Württemberg« bestand der KKK aus 20 Mitgliedern, die außer in Baden-Württemberg in Bayern, Hessen, Sachsen-Anhalt, Sachsen, Thüringen, Nordrhein-Westfalen und Mecklenburg-Vorpommern wohnhaft waren. Laut baden-württembergischem LKA wurden seit 1999 in Baden-Württemberg 15 Straftaten im Zusammenhang mit politisch motivierter Kriminalität von Rechts und vonseiten des KKK im Allgemeinen oder seinen Ablegern polizeilich erfasst. Dabei ging es im Wesentlichen um Beleidigungen, Volksverhetzung oder Körperverletzungsdelikte, bei denen in Ausführung der Tat eine KKK-Kapuze getragen wurde. Demselben KKK gehörte ja auch der V-Mann Piatto an, der sich häufig in Baden-Württemberg aufhielt. Die Behörden in Baden-Württemberg wollten den Eindruck vermitteln, dass es in ihrem Ländle keine Neonazis gäbe.

Dabei hielt sich auch Beate Zschäpe häufig in Ludwigsburg auf, wo sie sich ab und zu vor dem Schloss fotografieren ließ. Uwe Mundlos schwärmte in Briefen von seinen Besuchen in der Stadt. An einen Gesinnungsgenossen im Gefängnis schrieb er, dass es toll sei, wie viele Waffen »die Spätzles« aus Ludwigsburg gesammelt hätten. In Kreisen der Ermittler wurde seit geraumer Zeit von einer regelrechten »Ludwigsburg-Connection« gesprochen. In den Trümmern des letzten Wohnortes in Zwickau fanden die Ermittler einen Stadtplan von Stuttgart mit verschiedenen Einzeichnungen. Auf einer DVD mit der Bezeichnung »Stuttgart« fanden sich zehn Fotos, die unter anderem Uwe Böhnhardt vor einem türkischen Laden im Stuttgarter Norden zeigen. Die Ermittler sind sich sicher, dass die drei, nachdem sie sich 2003 unter falschen Namen auf einem Stuttgarter Campingplatz eingemietet hatten, einen Anschlag in Stuttgart vorbereiteten.

Man könnte natürlich auch die Frage stellen, warum die privaten E-Mails von Michèle Kiesewetter nicht sichergestellt wurden. Sie sind mittlerweile gelöscht. Christoph Meyer-Manoras, der zuständige Staatsanwalt aus Heilbronn, beantwortete als Zeuge die Frage folgendermaßen: »Ich finde nicht, dass die privaten E-Mails von Frau Kiesewetter interessant gewesen wären.« Und obwohl den Kriminalisten bei ihren so intensiven Ermittlungen aufgefallen sein dürfte, dass der Heimatort der erschossenen Polizistin ein zentraler Ort für die Neonazi-Szene war und sie selbst mehrmals als Lockvogel für Ermittlungen gegen die organisierte Kriminalität eingesetzt worden war, wurde in diese Richtung nicht ermittelt.

Ins Kreuzfeuer der unterschiedlichen polizeilichen, medialen und politischen Interessen geriet ein sehr aufrechter Mitarbeiter des baden-württembergischen Landesamtes für Verfassungsschutz: Günter Stengel. Bereits im Jahr 2011, kurz nachdem das Mord-Trio enttarnt worden war, erinnerte Stengel sich an einen Jahre zurückliegenden Vorgang. Im August 2003 traf der damals für den Bereich Wirtschaftsschutz und Spionage eingesetzte Beamte einen Informanten. Der habe ihm von einer rechtsradikalen Terrororganisation berichtet, und dabei sei auch der Name NSU gefallen. Stengel konnte sich deshalb so gut daran erinnern, weil die NSU-Autowerke einmal in Neckarsulm bei Heilbronn ihren Sitz hatten. Der Informant, den er traf – übrigens kurzfristig ein V-Mann des Verfassungsschutzes –, habe ihm fünf Namen genannt, erinnern konnte er sich an Uwe Mundlos und Beate Zschäpe. Einen diesbezüglichen Bericht habe er auf Anweisung seiner Vorgesetzten jedoch schreddern müssen, die ihm vorhielten, es gebe keine Organisation mit dem Namen NSU.

Wenn es stimmt, was Stengel erzählt, dann hätten die Behörden in Baden-Württemberg schon sehr früh über den NSU Bescheid wissen müssen. Im Jahr 2005 wandte er sich an das Bundesamt für Verfassungsschutz, wo seine Informationen immerhin in das Nachrichtendienstliche Informationssystem (NADIS) eingegeben wurden. Das hätte er besser unterlassen. In der Stuttgarter Behörde war sein Engagement überhaupt nicht gefragt. Nachdem bekannt geworden war, dass er sich an das Bundesamt für Verfassungsschutz gewandt hatte, musste Stengel beim Präsidenten des LfV antreten. Wenig später wurde er auf eigenen Wunsch in den Ruhestand versetzt. Danach blieb es einige Monate ruhig, bis kurz vor seiner Zeugenvernehmung vor dem NSU-Untersuchungsausschuss des Bundestages im September 2012. Plötzlich wurde in einigen Medien verbreitet, dass der Verfassungsschützer Stengel auf einen obskuren V-Mann hereingefallen sei und den Lügen dieses Informanten, eines Torsten O., geglaubt hätte. So schrieb die *Süddeutsche Zeitung* am 31. August 2012:

> »Ein ehemaliger Beamter des Verfassungsschutzes in Baden-Württemberg hat behauptet, bereits im Jahr 2003 durch einen Informanten von einer Thüringer Neonazi-Gruppe mit dem Kürzel NSU gehört zu haben. Der Informant mit dem Tarnnamen ›Erbse‹ habe damals angeblich auch den Namen ›Mundlos‹ genannt. (…) Verfassungsschutz und Polizei in Baden-Württemberg halten die Angaben des 60-Jährigen, der wegen Dienstunfähigkeit im Ruhestand ist, für unglaubwürdig. Das geht aus einem Schriftwechsel der Behörden hervor. Auch die Bundesanwaltschaft erklärte, der Fall sei ›abgeklärt‹.«

Gegenüber der Polizei habe der Informant Torsten O. ausgesagt, im Gespräch mit Günter Stengel keinerlei Aussagen über den NSU gemacht zu haben. Das Treffen mit ihm sei außerdem nur sehr kurz gewesen. Obwohl dieser Informant höchst unglaubwürdig war, war Günter Stengel erst einmal diskreditiert, und seine Aussage vor dem NSU-Untersuchungsausschuss wurde deshalb von einigen Parlamentariern in Berlin als Märchen abgetan. Prompt erklärte das Stuttgarter Innenministerium, dass der Untersuchungsausschuss Günter Stengel als »nicht glaubwürdig« eingestuft habe. Was so nicht stimmte. Der Ausschuss gab überhaupt keine Bewertung ab, sondern erklärte lediglich, dass Widersprüche nicht zu lösen gewesen seien. Das BKA hingegen bescheinigte Stengel, »einen sehr glaubwürdigen Eindruck« gemacht zu haben. Dann jedoch gelang es dem Journalisten Thomas Moser, mit Torsten O. zu sprechen, der auf eine lange kriminelle Karriere zurückblickt und zu der Zeit wieder einmal im Gefängnis saß. Dem Journalisten gegenüber bestätigte er plötzlich Stengels Angaben und erklärte, warum er die Angaben zum NSU bislang geleugnet hatte: Wenige Tage nachdem das Trio enttarnt worden war, hätten ihn drei Verfassungsschützer aufgesucht und ihm klar zu verstehen gegeben, dass er über das Gespräch mit Stengel nicht reden dürfe. Die Schweigepflichterklärung, die er 1989 als V-Mann abgegeben habe, gelte auch für das Treffen im Jahr 2003. »Dann wurde mir noch angedroht, wenn ich nur piep sagte, würde man mich aus dem Verkehr ziehen, und ich würde irgendwo in einem Gefängnis vergammeln«, zitierte ihn Moser. Außerdem seien am selben Tag, als Günter Stengel vom Landeskriminalamt Stuttgart als Zeuge vernommen wurde, dieselben drei Verfassungsschützer erneut bei ihm aufgetaucht. »Ich sollte sagen, wenn ich gefragt werde, das Gespräch mit Herrn Stengel hätte 10 bis 15 Minuten gedauert, und soll alles dementieren, was mit dem Rechtsspektrum im Zusammenhang steht.«

Die Frage bleibt, wie glaubwürdig dieser Informant tatsächlich ist. Belegt ist auf jeden Fall, dass sowohl Böhnhardt als auch Mundlos jahrelang enge Kontakte im Raum Heilbronn unterhielten. Heute ist Günter Stengel im Grunde ein gebrochener Mann, der anscheinend immer noch starkem Druck ausgesetzt ist.

Das Vertuschen und Verharmlosen oder auch das pure Nichtwissen im Zusammenhang mit dem Fall Kiesewetter demonstrierte vor dem Untersuchungsausschuss des Baden-

Württembergischen Landtags der Heilbronner Kriminalhauptkommissar Klaus Häberle. In der Wochenzeitung *Kontext* schilderte Johanna Henkel-Waidhofer ihren Eindruck vom Auftreten Häberles vor den Parlamentariern:

> »Äußerlich ganz und gar ungerührt ließ der Beamte die immer schärfer werdenden Fragen der Abgeordneten über sich ergehen. Er kennt die ›Standarte Württemberg‹ nicht, keine ›Freien Nationalisten Kraichgau‹, auch nicht die Skinheads von ›Furchtlos und Treu‹. Kameradschaften gebe es in Heilbronn gar nicht, sagt er. (…) Drexler insistiert. Keine rechte Szene? Häberle präzisiert: Es gebe so 20 oder 30 Personen mit verfassungsfeindlichen Gedanken, ›aber die kennen sich nicht‹. Verbindungen zur Rocker-, Waffen- oder Drogenszene? Keine Ahnung. Fast eine Dreiviertelstunde dauert das fruchtlose Pingpong.«[87]

Auffällig ist vielleicht, dass insbesondere einige V-Leute der Polizei nicht nur nicht sprechen wollen, sondern auch nicht mehr sprechen können. Zu ihnen gehört Florian H., der seinerzeit aus der rechten Szene ausgestiegen war und die Mörder der Polizistin Michèle Kiesewetter gekannt haben soll.

Florian H. starb im Herbst 2013 in einem brennenden Auto in Stuttgart. Die Polizei geht davon aus, dass er sich selbst tötete. Seine Familie bezweifelt das aber. Sie warf den Ermittlern schlampige Arbeit vor, da sie einige Gegenstände in dem ausgebrannten Fahrzeug übersehen hätten. Nach dem Tod von Florian H. teilte ein Polizeibeamter den Eltern mit, dass ihr Sohn sich wegen schlechter Zensuren umgebracht habe. Das war eine Lüge. Dann wurde den Eltern erzählt, es sei Liebeskummer gewesen. Sein Sohn habe keinen Liebeskummer gehabt, widersprach der Vater von Florian H. in der Tageszeitung *Südwest Presse*. Er sei vielmehr glücklich verliebt gewesen. Das bestätigte auch seine Freundin: »Er hat am Vorabend einen Anruf erhalten, der ihn sehr verstört hat.«[88] Immer wieder sei Florian H. mit Drohanrufen aus der rechten Szene unter Druck gesetzt worden. Journalisten fanden außerdem heraus, dass die Mitarbeiter der Tankstelle, an der Florian H. angeblich das Benzin für seinen mutmaßlichen Suizid kaufte, sich nicht an ihn erinnern konnten und obendrein von der Polizei gar nicht zu Florian H. befragt worden waren. Der Leichnam von Florian H. wurde ohne das Einverständnis seiner Eltern eingeäschert.

Seine 20-Jährige Ex-Freundin sollte Anfang März 2015 als Zeugin im NSU-Ausschuss in Stuttgart in nichtöffentlicher Sitzung vernommen werden. Sie hatte zuvor erklärt, dass sie sich bedroht fühle. Am 29. März 2015 gegen 18.25 Uhr wurde sie tot in der Wohnung ihres Lebensgefährten aufgefunden. Die Polizei stellte fest:

> »Am Dienstagabend suchte die 20-Jährige ein Krankenhaus auf und ließ sich hier ambulant versorgen. Zwei Tage später stellte sie sich ihrem Hausarzt vor. Demnach dürfte sich aus dem unfallbedingten Hämatom im Knie ein Thrombus gelöst und letztlich die Embolie verursacht haben. Anzeichen für eine wie auch immer geartete Fremdeinwirkung haben sich bei der Obduktion nicht ergeben.«[89]

Und es gab noch einen weiteren Todesfall: Arthur C. aus Weinsberg. Der 18-Jährige wurde am 25. Januar 2009 gegen zwei Uhr morgens in einem Waldstück bei Heilbronn tot aufgefunden. Die Rekonstruktion ergab, dass ein Benzin-Diesel-Gemisch in seinem Pkw gezündet worden war. Kurz darauf muss Arthur C. brennend aus dem Auto geflüchtet sein. Als die Rettungskräfte eintrafen, bewegte er sich noch. Todesursache: Schock durch vollständige Verbrennung der Hautoberfläche. Anhaltspunkte für einen Suizid oder gar eine Tötung gab es nicht. Arthur C. tauchte mehrfach in Akten zum Heilbronner Polizistenmord (2007) auf. Zweifel an der Todesursache gab es in diesem Fall deshalb nicht, weil die Ermittler außerordentlich akribisch gearbeitet hatten – im Gegensatz zu den anderen Todesfällen.

Schließlich starb Anfang April 2014 plötzlich und unerwartet der Neonazi Thomas Richter alias V-Mann »Corelli«. Er war in der rechtsradikalen Szene von Sachsen-Anhalt eine zentrale Führungsfigur gewesen, hatte 18 Jahre lang, von 1994 bis 2012, für das Bundesamt für Verfassungsschutz gearbeitet und war 2012 in ein Zeugenschutzprogramm aufgenommen worden. Dort erhielt er den neuen Namen Thomas Dellig. Er stellte seinen Kameraden Serverkapazitäten für deren Internetauftritte zur Verfügung und kannte das Trio noch aus dessen legaler Zeit in Thüringen, wo sich sein Name auf der berüchtigten Garagenliste fand, sprich: der viel zu spät ausgewerteten Telefonliste fand. Thomas Richter war eng mit der Publikation *Der weiße Wolf* verbunden. Im Jahr 2002 erhielt das rechte Magazin 2500 Euro vom NSU-Trio, und das Blatt bedankte sich: »Vielen Dank an den NSU. Es hat Früchte getragen.« Was insofern beachtenswert ist, als die Behörden nach offizieller Leseart vor dem Jahr 2011 überhaupt nicht wussten, was der NSU ist. V-Mann »Corelli« verfügte über beste Kontakte in der internationalen Neonazi-Szene und flog unter anderem zu Treffen des Klu-Klux-Klan in die USA. Als Top-Informant erhielt er für seine Erkenntnisse vom Bundesamt für Verfassungsschutz im Laufe von zehn Jahren knapp 300 000 Euro.

Ende März 2014 brach der Kontakt zwischen Richter alias »Corelli« alias Dellig und seinen Betreuern vom BfV überraschend ab. Am 3. April hätte »Corelli« zu neuen Erkenntnissen im NSU-Komplex vom Generalbundesanwalt vernommen werden sollen, unter anderem zu einem Datenträger, der von ihm stammte und auf dem schon Jahre zuvor von einem Nationalsozialistischen Untergrund die Rede war. Diese CD mit Tausenden von Dateien war mit den Kürzeln NSU/NSDAP gekennzeichnet. Sie lag seit 2005 im Bundesamt für Verfassungsschutz, wurde niemals ausgewertet und erst im Jahr 2014 vom Bundeskriminalamt entdeckt.

Am 7. April 2014 fanden zwei Männer des Verfassungsschutzes den 39-jährigen Thomas Richter in dessen Wohnung nahe Paderborn tot auf. Der einstige Spitzel verstarb an einer bis dato nicht erkannten Diabetes. Was dann jedoch mit der Leiche geschah, ist ziemlich dubios. Verfassungsschutz, Staatsanwaltschaft und Polizei verständigen sich darauf, dass Thomas Richter alias »Corelli« unter seinem neuen Namen Dellig eingeäschert werden sollte. Damit wollte man mögliche Erbschaftsansprüche seiner Familie ausschließen. Nachdem jedoch der *Spiegel* über den Tod des V-Mannes berichtet hatte, meldete sich der Bruder von Thomas Richter. Daraufhin wurde der Totenschein umgeschrieben, und der Staatsanwalt stellte einen neuen, rückdatierten Beerdigungsschein aus. Hendrik Kranert-Rydzy kommentierte in der *Mitteldeutschen Zeitung* vom 22. Juni 2015: »Der ursprünglich auf den Namen Dellig ausgestellte Schein und weitere Dokumente werden von einem hochrangigen Paderborner Kriminalisten vernichtet. Thomas Dellig hat aufgehört zu existieren. Thomas Richter war schon lange vorher gestorben.«

Aufgrund der ungewöhnlich zahlreichen Widersprüche bei der Aufklärung des Mordes an Michèle Kiesewetter sind viele führende Abgeordnete heute mehr denn je davon überzeugt, dass der Fall Kiesewetter neu aufgearbeitet werden muss, wenn nötig, gegen den Widerstand der baden-württembergischen Ermittler und der Bundesanwaltschaft. Für den CDU-Bundestagsabgeordneten Clemens Binninger, den einstigen Vorsitzenden im ersten NSU-Untersuchungsausschuss in Berlin, gibt es auf jeden Fall »große Zweifel« an der offiziellen Darstellung hinsichtlich der Beteiligung von Böhnhardt und Mundlos an dem Mord in Heilbronn. Und nicht nur für ihn.

Geschichten über merkwürdige V-Männer

Dass bezahlte Vertrauenspersonen des Verfassungsschutzes fantasievolle Märchen erzählen, ist keine große Neuigkeit. Am 10. April 2013 erreichte mich die E-Mail eines Kieler Rechtsanwalts:

> »Sehr geehrter Herr Roth, ich vertrete als Verteidiger Herrn Steffen R., der in einem Verfahren in Kiel in umfangreicher Weise gegen Hells Angels ausgesagt hat. Ich bitte um möglichst zeitnahe Kontaktaufnahme, da mein Mandant an einer Zusammenarbeit interessiert ist.«

Das klang interessant. Denn die Aussagen des Mannes, der mal Chef der Legion 81 war – einer Hilfstruppe der mittlerweile verbotenen Kieler Hells Angels –, hatten umfangreiche Ermittlungen gegen die Rockerszene ausgelöst. Aufgrund seiner Aussagen waren über tausend Beamte im Einsatz, unter ihnen auch Mitglieder der Anti-Terroreinheit und der GSG 9. Frank Hanebuth, dem Chef der Hannoveraner Hells Angels, warf Steffen R. sogar direkte Beteiligung an einem Mord vor. Er war ein Kronzeuge des niedersächsischen LKA und zuvor zehn Jahre lang V-Mann des LKA Sachsen-Anhalt gewesen, nannte sich »der Pate von Weißenfels«, betrieb illegale Bordelle, einen Wachdienst, handelte mit Waffen und erpresste Schutzgelder.

Im Jahr 1988 wurde Steffen R. vom Landgericht Halle wegen Brandstiftung zu sechs Jahren Haft verurteilt und 2001 vorzeitig aus dem Gefängnis entlassen. Unter dem Decknamen »Herzbube« trug er nun Informationen aus der rechten Szene zusammen, während er gleichzeitig im Süden Sachsen-Anhalts ein Bordell-Imperium schuf. Er setzte seine Prostituierten, teilweise Minderjährige, unter Heroin, zwang sie mit Schlägen zum Anschaffen. Nach seiner erneuten Verhaftung versprach er der Polizei, sie mit Informationen über die innere Struktur der Hells Angels zu versorgen, und erwartete als Gegenleistung sowohl ein mildes Urteil als auch eine neue Identität.

Ende Mai 2012 musste sich Steffen R. vor der Großen Strafkammer des Kieler Landgerichts wegen Menschenhandels, räuberischer Erpressung und schwerer Körperverletzung verantworten. Ihm drohte eine Haftstrafe von bis zu zehn Jahren, unter Umständen sogar die anschließende Sicherungsverwahrung. Dafür packte er vor dem Gericht Einzelheiten über die kriminellen Aktivitäten der Hells Angels aus. Ein leitender Beamter des Landeskriminalamtes bescheinigte ihm im Gerichtssaal eine Glaubwürdigkeit von »bis zu 100 Prozent«. Deshalb und weil er sich sehr reuig zeigte, wurde Steffen R. zu einer geringen Strafe von vier Jahren und vier Monaten verurteilt, wegen Menschenhandels zum Zwecke der sexuellen Ausbeutung, Zuhälterei, schwerer Körperverletzung sowie versuchter Erpressung. Seitdem befand er sich, mit einer neuen Identität versehen, im Zeugenschutzprogramm des LKA Niedersachsen. So gesehen war es interessant zu erfahren, was er mir zu erzählen hatte.

Das Treffen mit Steffen R. fand am 22. Mai 2013 in Kiel statt. Ich fuhr zusammen mit seinem Rechtsanwalt zum Kieler Landeskriminalamt. Dort saß Steffen R. in einem kleinen Zimmer, bewacht von Personenschützern des LKA. Er wollte eigentlich, dass ich ein Buch über seine Geschichte schrieb, und war, ebenso wie sein Anwalt und die stets anwesenden Personenschützer, damit einverstanden, dass das Gespräch auf Tonband aufgenommen wurde. Nach einem kurzen Vorgeplänkel seine Erwartungshaltung mir gegenüber betreffend fing er an zu reden: »Ich bin ausgestiegen und muss für den Rest meines Lebens damit rechnen, enttarnt zu werden. Das ist auch nicht einfach. Es greift sehr an die Nerven.«

In dem von ihm geplanten Buch ginge es um seine Lebensgeschichte als Kind gewalttätiger, alkoholkranker Eltern, um seinen Aufenthalt in einer Erziehungsanstalt der DDR, wie er nach der Wende als Kopf einer Bande in Weißenfels mit Waffen gehandelt und Schutzgeld erpresst habe. »Die einen sagen über mich, ich erzähle Märchen und hätte sie nicht alle. Aber es hat sich herausgestellt, dass meine Angaben richtig waren, und es hat sich durch die Beamten herausgestellt, dass ich die Wahrheit sage.« Zu Beginn erzählte er viel über seine Karriere als krimineller Rocker, alles ging bei ihm etwas durcheinander, eine Struktur war nur mühsam auszumachen. Nach einer knappen halben Stunde erwähnte er dann plötzlich einen Themenkomplex, mit dem ich überhaupt nicht gerechnet hatte. Es ging um seine Kontakte als V-Mann zu dem Terror-Trio, insbesondere zu Beate Zschäpe. »Ich kenne die Thüringer Truppe, Jena – aus Kindertagen, Leute wie Rico. (…) Das ging bis 2003, dann bin ich dort weggegangen und hier hoch nach Kiel, als ich die Hells Angels kennenlernte.«

Beispielsweise sprach er über eine Feier in Weißenfels, die er organisiert habe und bei der auch Beate Zschäpe anwesend gewesen sei. »Da hat der Innenminister gesagt, die Feier hat es nie gegeben. Dann hat er gesagt, ja, die Feier hat es gegeben, aber man sei sich nicht sicher, ob ich auch anwesend war, und das, obwohl mittlerweile nachgewiesen wurde, dass ich das organisiert habe.« Als Nächstes wollte er seine Glaubwürdigkeit als V-Mann des LKA Sachsen-Anhalt demonstrieren, für das er, nach seinen Worten, über zehn Jahre tätig war. »Es wird gesagt, ich sei 1997 abgeschaltet worden, dann wird gesagt, ich sei als V-Mann unglaubwürdig, dann wird ermittelt und gesagt, oh, er hat ja doch bis 2002 als V-Mann gearbeitet.«

Sein Anwalt unterbrach ihn kurz. »Er war inzwischen im Knast, wurde aber von dort als V-Mann geführt.« Steffen R. redete weiter:

> »Im Knast hat man Sachen konstruiert, die dann auch später zum Erfolg geführt haben, und ich bin auch nach Thüringen zum Landesamt für Verfassungsschutz ausgeliehen worden. Damals waren die Rechten im Fokus, der bewaffnete Arm des Heimatschutzes, um die Szene ging es. Ich habe ein paar Veranstaltungen dort organisiert.«

Über seinen V-Mann-Führer in Sachsen-Anhalt sagte er: »Er hat mich aus vielen Sachen rausgeholt. Wir haben gemeinsam viele Waffengeschäfte gemacht. Hat mich in den Knast gebracht, dann wieder rausgeholt. Über zehn Jahre.«

Irgendwann soll es ihm alles zu viel gewesen sein, und er fuhr, ohne seinen V-Mann-Führer zu benachrichtigen, nach Griechenland. »Zwei Stunden später erhielt ich einen Anruf von ihm. ›Entweder du kommst zurück, es läuft weiter, oder du kriegst eine Kugel in den Kopf. Entscheide dich‹«, soll ihm sein V-Mann-Führer gedroht haben. »Habe für ihn ja tolle Leute aus dem Milieu angeworben. Das sind Typen, zwei Meter groß, die haben vor nichts Angst.« Sein V-Mann-Führer sei ganz ruhig gewesen, wenn er sie angeworben habe. »Du hast die Möglichkeit, mit mir zusammenzuarbeiten, verdienst viel Geld, oder ich mache dir das Leben für den Rest zur Hölle. Ich verbreite, dass du schwul bist, ein Spitzel, und bei jeder Aktion lasse ich dich zusammenschlagen. Er bedroht die Leute.«

Nach einer Zigarettenpause vor dem Gebäude kamen wir wieder auf den NSU zu sprechen.

> »Ich habe den Behörden erzählt, dass ich Zschäpe und Mundlos getroffen habe, habe ja Partys für sie organisiert, und der Verfassungsschutz war dabei. Ich habe erzählt von einer gemeinsamen Aktion des LKA, des Verfassungsschutzes, des MAD. Zu der Zeit war das noch nicht in der Presse, nicht öffentlich. Es ist gar nicht im Interesse, etwas aufzuklären im Zusammenhang mit NSU-Ermittlungen. Ich habe Beate Zschäpe in Hamburg gesehen und meinem V-Mann-Führer in Thüringen gemeldet. Damals hatte ich einen anderen Spitznamen. Wir waren, wie meine damalige Lebensgefährtin, an den Verfassungsschutz in Thüringen ausgeliehen.«

Und er erzählte, dass er Zschäpe in Norddeutschland getroffen habe. Sein Anwalt unterbrach ihn:

> »Es gibt Aussagen von ihm. Er hat in groben Zügen die gesamten Zusammenhänge mit dem NSU und Zschäpe geschildert. Ich war derjenige, der sich bemüht hatte, Details einzuflechten. Das wurde nicht nur nicht geschätzt, sondern auch klargemacht, dass man nicht interessiert sei. Das war ein Bundesanwalt. Verstärkt durch Ermittlungsbeamte des BKA. Das war für mich eine neue Erfah-

rung. Die Signale, die vermittelt wurden. (…) Wie man das interpretiert, ist eine andere Frage. Ich glaube, der abgesandte Bundesanwalt in Hamburg hat die Reichweite erahnt, der hat mental einen Ausschlag bekommen, was das heißt, das alles aufzuarbeiten. Haben wir Ressourcen? (…) Also war sein Anliegen: Oh, um Gottes willen, wenn wir dem noch nachgehen.«

Aus anderen Quellen wurde bestätigt, dass Steffen R. in der Tat entsprechende Aussagen gemacht hatte. Demnach habe er bei einer Vernehmung im Juni 2012 von einer von der Behörde bezahlten Party gesprochen, die er mitorganisiert habe. Auf der seien Mundlos, Böhnhardt und Zschäpe kurz vor Mitternacht aufgetaucht. Zschäpe habe zur Fortsetzung des bewaffneten Kampfes gegen Ausländer aufgerufen. Ein Thüringer Verfassungsschützer, der dabei gewesen sei, habe die Rede Zschäpes dokumentiert. Im Jahr 2009 habe er das Trio erneut gesehen. »Die beiden Uwes und die Beate« hätten mit örtlichen NPD-Funktionären in Kiel zusammengestanden, und einer von der NPD habe gesagt, die drei seien jetzt für das »Grobe« zuständig. Sie seien gekommen, um Waffen zu kaufen. Das Trio habe dann ein Maschinengewehr, eine Maschinenpistole, mehrere Pistolen sowie Schrotflinten bekommen.

Vom BKA wurde deshalb auch der V-Mann-Führer von Steffen R. vernommen, und zwar am 27. Juni 2012 im Polizeirevier Eisleben. Er bestätigte, dass Steffen R. als VP 001 geführt wurde und bereits während des Strafvollzugs mit ihm gearbeitet wurde. Nach seiner Entlassung wurde er weiter als VP geführt. Er bestreitet jedoch die Aussage von Steffen R., wonach bei einer Party Zschäpe erschienen sei und eine kleine Dankesrede mit dem Tenor »Der bewaffnete Kampf gegen den Staat und gegen die Ausländer müsse weitergehen« gehalten habe. Die ganze Veranstaltung sei vom LKA und LfV Thüringen durch Video- und Fotoaufnahmen dokumentiert worden. »Diese Aussage entspricht in keiner Form der Wahrheit. Eine solche von Steffen R. beschriebene Zusammenkunft hat es nie gegeben.« Im Übrigen bezeichnete er Steffen R. als »hinterhältig« und »gefährlich, wenn er in die Enge getrieben wird«.[90]

Die Bundesanwaltschaft sah das ähnlich. Dort erklärte man ihn nach ausgiebigen Befragungen zum Lügner, der sich seine Informationen aus Zeitungslektüre zusammenreime. In einem Schreiben teilte die Bundesanwaltschaft den Ermittlern in Kiel mit, Steffen R. habe »bewusst wahrheitswidrige Angaben gemacht, indem er Sachverhalte frei erfunden und reale Vorgänge aufgebauscht hat«. Den Kieler Ermittlern wurde von der Bundesanwaltschaft deshalb vorgeschlagen, wegen des Verdachts der Falschaussage und des Vortäuschens einer Straftat ein Ermittlungsverfahren gegen ihren Kronzeugen einzuleiten. Dem widersetzten sie sich jedoch.

Ein Jahr nach dem Gespräch mit Steffen R. waren alle von ihm beschuldigten Hells Angels, die an einem Mord beteiligt gewesen sein sollen, aus der Haft entlassen, und die Verfahren gegen sie wurden offiziell eingestellt. Frank Hanebuth, den Steffen R. ebenfalls massiv belastet hatte, war nach einer Polizeiaktion gegen ihn nach Spanien gezogen.

Ich konfrontierte den ehemaligen Abteilungsleiter im Thüringer LfV Schrader mit den Aussagen von Steffen R. Nach seinen Worten wurde nie ein V-Mann von einem anderen Bundesland ausgeliehen, wie Steffen R. behauptet hatte, und es habe auch nie Partys mit V-Mann-Führern gegeben, bei denen das Terror-Trio anwesend war. »Während meiner Zeit jedenfalls nicht.« Er bestritt auch, dass es möglich gewesen sei, Steffen R. aus dem Gefängnis zu holen, um eine Spitzeltätigkeit auszuüben, und er danach wieder zurückgehen konnte. Das ginge nur mit Genehmigung der Staatsanwaltschaft und der Vollzugsbehörde.

Und dann war da noch die Party in Weißenfels, von der Steffen R. gesprochen hatte. Bereits Ende 2012 wurde im nichtöffentlichen Teil der Sitzung des Innenausschusses des Landtags von Sachsen-Anhalt über die Aussagen von Steffen R. debattiert. Innenminister Holger Stahlknecht erklärte nach der Sitzung gegenüber dem Sender MDR Sachsen-Anhalt: »Das haben wir regelrecht ermitteln lassen. Es gibt anhand dieser Recherchen keine Erkenntnisse für ein solches Konzert.« Bekannt ist auf der anderen Seite, so der Rechtsextremismus-Experte Rainer Fromm, dass V-Leute auf den Partys des Trios zugegen waren:

> »Auf Fotos von Partys mit Zschäpe und Mundlos war Ralf M., ein V-Mann des Bundesamtes für Verfassungsschutz mit dem Codenamen Primus zu sehen. Oder Thomas S., die Vertrauensperson des Landeskriminalamtes Berlin, oder V-Mann Carsten S., Tarnname Piatto, vom Landesamt für Verfassungsschutz (LfV) Brandenburg.«[91]

So weit die Geschichte eines V-Mannes der Polizei in Sachsen-Anhalt, der behauptete, das Terror-Trio zu kennen und sogar Partys für die drei mitveranstaltet zu haben. Einerseits ist er als Lügner hingestellt worden, andererseits hält das LKA Niedersachsen nach wie vor schützend seine Hand über ihn. Während des langen Gesprächs mit ihm und seinem Rechtsanwalt kam von den anwesenden Kriminalisten kein einziges Mal eine Reaktion wie: »Na, jetzt übertreiben Sie mal nicht.« Hingegen schienen sie besorgt um ihren Schützling zu sein.

Nach dem Gespräch im Mai 2013 geschah Merkwürdiges. Der zuvor so beflissene Rechtsanwalt, der mir versprochen hatte, entsprechende Dokumente zu übermitteln, verweigerte plötzlich jeden weiteren Kontakt. Telefonanrufe oder E-Mails blieben unbeantwortet. Selbst wenn er zufällig einmal ans Telefon ging, würgte er das Gespräch sofort ab und versprach, gleich zurückzurufen, was jedoch nie geschah. Ein solches Verhalten war mir bislang fremd. Am 7. Juni 2015, also zwei Jahre nach meinem Besuch in Kiel, schrieb ich ihm eine letzte E-Mail:

> »Sehr geehrter Herr Rechtsanwalt M., da es unmöglich ist, mit Ihnen zu kommunizieren, Sie es aus welchen Gründen auch immer ablehnen, auf meine E-Mails und Telefonanrufe zu antworten, schicke ich Ihnen hier den Auszug des Gesprächs, das wir im LKA Kiel, zusammen mit Ihrem Mandanten Steffen R., geführt haben. Ich werde Sie in meinem neuen Buch mit folgenden Sätzen zitieren und zwar im Zusammenhang mit den Aussagen Ihres Mandanten zum NSU und Beate Zschäpe: ›Es gibt Aussagen von ihm. Den Bericht gibt es. Er hat in groben Zügen die gesamten Zusammenhänge mit dem NSU und Zschäpe geschildert. Ich war derjenige, der sich bemüht hatte, Details einzuflechten. Das wurde nicht nur nicht geschätzt, sondern auch klargemacht, dass man nicht interessiert sei. Das war ein Bundesanwalt. Verstärkt durch Ermittlungsbeamte des BKA. Das war für mich eine neue Erfahrung. Die Signale, die vermittelt wurden. (…) Wie man das interpretiert, ist eine andere Frage. Ich glaube, der abgesandte Bundesanwalt in Hamburg hat die Reichweite erahnt, der hat mental einen Ausschlag bekommen, was es heißt, das alles aufzuarbeiten. Also war sein Anliegen: Oh, um Gottes willen, wenn wir dem noch nachgehen.‹«

Eine Antwort habe ich nicht erhalten. Hängt dieses eigenwillige Verhalten damit zusammen, dass er zum Schweigen verdonnert wurde, weil die Aussagen seines Mandanten doch nicht so falsch waren, wie die Bundesanwaltschaft und das BKA suggerierten? Darf der Anwalt nicht reden? Und wenn ja, wer hat es ihm untersagt? Ich werde es wohl nie erfahren.

Bei der Beschäftigung mit den häufig äußerst dubiosen V-Leuten des Verfassungsschutzes trifft man geradezu zwangsläufig auf fantasievolle Märchenerzähler, auf Agents provocateurs, auf Typen, die ihre Legende als V-Mann benutzen, um sich zu bereichern und/oder ihre kriminelle Macht abzusichern.

Aber natürlich gibt es auch V-Leute, die wichtige Informationen zur Aufklärung von Verbrechen liefern. Aufschlussreich ist daher die Geschichte des V-Mannes Carsten S. alias V-Mann »Piatto« aus Brandenburg. Er ist ein Beispiel dafür, welche kriminellen Kaliber für den Verfassungsschutz arbeiten, gleichzeitig ermöglichte er jedoch tiefe Einblicke in die kriminelle Szene und musste deshalb unter allen Umständen von seinen Auftraggebern geschützt werden, mit fatalen Konsequenzen.

V-Mann »Piatto«, der inzwischen in ein Zeugenschutzprogramm aufgenommen worden ist, galt als besonders zuverlässige, ja qualitätsvolle Quelle des Brandenburger Landesamtes für Verfassungsschutz. Er war bereits mit 19 Jahren ein fanatischer Rechtsextremist, gehörte den »Weißen Rittern des Ku-Klux-Klan« in Berlin an, bei denen im Dezember 1991 Rohrbombenrohlinge und Sprengstoff gefunden wurden, und zwar in der Wohnung von »Piatto«. Ein Jahr später war er bereits Anführer einer Gruppe von 18 rechtsextremen Skinheads, die eine Diskothek im 60 Kilometer südöstlich von Berlin gelegenen Wendisch Rietz aufsuchten. Sie brüllten rassistische Sprüche über die Herrschaft der weißen Rasse, riefen »Sieg Heil«, »Ausländer raus«. Dann stürzten sie sich auf den nigerianischen Lehrer Steve Erenhi. Der hatte zum ersten Mal das Asylbewerberheim verlassen, um sich ein wenig Abwechslung zu gönnen. Erenhi versuchte vergeblich, vor den Schlägern zu flüchten. Kurz darauf lag er schwer verletzt vor der Disco, während die rechtsradikalen Skinheads brüllten: »Verbrennt die Kohle, verbrennt die Kohle.« Als der Versuch, ihn anzuzünden, nicht klappte, schleppten sie ihr Opfer zu einem nahe gelegenen Teich. Carsten S. rief: »Dann ertränken wir ihn«, woraufhin sie den bereits bewusstlosen Asylbewerber in den Teich warfen. Dem Türsteher, der Steve Erenhi zu Hilfe kam, war es zu verdanken, dass er nicht ertrank. Lebensgefährlich verletzt wurde Steve Erenhi in ein Krankenhaus eingeliefert. Zeugen benannten am nächsten Tag die beteiligten Neonazis, doch nach Carsten S. wurde erst einmal nicht gefahndet. Erst zwei Jahre später erließ die Staatsanwaltschaft Frankfurt/Oder einen Haftbefehl gegen ihn, und zwar auf massiven Druck des Berliner Rechtsanwalts Christoph Kliesing, der die Interessen von Steve Erenhi wahrnahm.

Es dauerte nur wenige Monate – Carsten S. befand sich noch in U-Haft –, da meldete sich der Verfassungsschutz Brandenburg, um ihn als V-Mann »Piatto« zu verpflichten. Am 18. Januar 1995 begann unter starkem Polizeischutz der Prozess gegen ihn. Während des Prozesses erhob Rechtsanwalt Kliesing schwere Vorwürfe gegen die Staatsanwaltschaft Frankfurt/Oder. Carsten S. sollte im Herbst 1993 zunächst nur wegen Körperverletzung angeklagt werden. Erst auf Kliesings Intervention hin wurde er wegen Beihilfe zum versuchten Mord angeklagt. Ermittlungen gegen Mittäter seien erst acht Monate nach der Tat aufgenommen worden, so der Anwalt, obwohl die Gruppe nach Zeugenaussagen schon einen Tag später bekannt war.[92]

Am vierten Verhandlungstag griff Rechtsanwalt Kliesing erneut die Staatsanwaltschaft an: »In mir kocht es.« Laut *Tagesspiegel* vom 4. Februar 1995 bezog er sich auf zwei Potsdamer Staatsanwälte, die ausgesagt hatten, dass das Ermittlungsverfahren gegen Carsten S. wegen eines Erpressungsversuchs gegenüber einem Mittäter und wegen der Verbreitung nazistischen Materials nichts gebracht habe und eingestellt worden sei. »Die Aufarbeitung von Neonazi-Delikten kann man der Staatsanwaltschaft einfach nicht überlassen«, sagte Kliesing. So sei das Ermittlungsverfahren gegen drei Mittäter in Potsdam bereits eingestellt gewesen, und die Akte von Carsten S. habe neun Monate lang auf dem Schreibtisch der Frankfurter Staatsanwaltschaft gelegen. »Die wollten ihn nur wegen Körperverletzung anklagen, was auf eine Geldstrafe hinausgelaufen wäre«, so der Rechtsanwalt. Heftige Kritik äußerte er zudem am Brandenburger Verfassungsschutz. Dort lägen mehrere Aktenordner zu politischen Aktivitäten des Angeklagten, der als Neonazi-Größe in Brandenburg bekannt war.

Ende Februar 1995 wurde der V-Mann des LfV Brandenburg, der während des Prozesses keine Reue zeigte, wegen versuchten Totschlags zu acht Jahren Haft und Zahlung von 50 000 Mark Schmerzensgeld verurteilt. Der Richter des Landgerichts sagte nach der Urteilsverkündung: Der Angeklagte habe seine Kumpane in einen Tötungsrausch getrieben, habe eine tief verfestigte rechtsradikale, neofaschistische, gewaltverherrlichende und menschenverachtende Gesinnung. Die Strafe von 50 000 Mark hat er nie bezahlt, und er blieb V-Mann des Brandenburger LfV. Monatlich kassierte er nun zwischen 300 und 1000 Mark. Und siehe da, wie ein Wunder kam er bereits nach zwei Jahren in den offenen Vollzug (zwischen 6 und 21 Uhr), und ab 1998 gab es Ausgang und Hafturlaub bis zu 18 Tage pro Vollstreckungsjahr.

Die rechtsradikale Szene reagierte unterschiedlich auf die Verhaftung und Verurteilung von Carsten S. Zum einen sahen sie ihn als unschuldiges Justizopfer, zum anderen als Person, die endlich einmal gehandelt habe und nicht nur quatsche. Entsprechend viele Solidaritätsbekundungen erreichten ihn ihm Gefängnis. Während seiner Haft war es für Carsten S. kein Problem, die Broschüre »United Skin« zu veröffentlichen. Sie wurde zum Sprachrohr des Terrornetzwerkes »Combat 18«. Und er kommunizierte munter mit seinem V-Mann-Führer – über ein ihm zur Verfügung gestelltes Diensthandy des LfV. Diese Gespräche dürften kaum mitgeschnitten worden sein.

Am 7. Oktober 2013 sollte Gordian Meyer-Plath, der Auswerter von Carsten S. im LfV Brandenburg, vor dem Thüringer Untersuchungsausschuss auf die Frage, ob er den gewalttätigen Hintergrund des V-Mannes gekannt habe, sinngemäß antworten: Er habe sich damit nicht auseinandergesetzt, ihm ginge es um das Abschöpfen der Informationen. Er habe bei der Auswahl der Quellen auf seine Vorgesetzten vertraut. Der Auswerter Meyer-Plath traf »Piatto« nach seinen eigenen Angaben erstmals im April 1997. Insgesamt habe es bis zum Jahr 1998 36 solcher Treffen gegeben. Meyer-Plath sollte später Chef des sächsischen Landesamtes für Verfassungsschutz werden – ein recht beachtlicher Karrieresprung.

Die besondere sächsische Demokratie – der Fingerabdruck eines Staates im Staate?

Freitag, 10. Oktober 2015. Vor einer Schule in Dresden-Prohlis protestieren »besorgte Bürger« gegen Flüchtlinge aus Syrien und dem Irak, die hier Schutz finden sollten. Wenige Tage zuvor gab es bereits einen Brandanschlag gegen das Gebäude.

Die beiden Initiativen »Prohlis ist bunt« und das Netzwerk »Flüchtlingshilfe Südost« hatten daher zum Dialog mit den Bürgern von Prohlis aufgerufen, um für eine friedliche Willkommenskultur im Stadtteil zu werben. Knapp 150 »besorgte Bürger« reagierten auf das Angebot, in dem sie ihnen ausländerfeindliche Parolen entgegenschrien und Böller und Bierflaschen auf die Versammlungsteilnehmer warfen. Einige dieser Bürger ließen sich dann auf der Treppe der Schule nieder und bliesen die Kerzen aus, die von den Veranstaltern zu einem Herz geformt auf dem Boden drapiert waren. Danach entwendeten sie das an der Schule aufgehängte Transparent »Herz statt Hetze«. Die anwesende Polizei ließ den aggressiven Mob erst einmal gewähren. Sie forderte hingegen die Anmelder der Veranstaltung auf, die kritische Situation selbst zu klären – sonst müsse die Versammlung aufgelöst werden. Als die Beamten schließlich doch einschritten, wurden sie selbst mit Steinen attackiert. Schaulustige standen derweil auf der Straße und skandierten »Wir sind das Volk«.

Rechtsradikalismus und Rechtspopulismus, geduldet wenn nicht sogar gefördert von der Regierungspartei CDU, sie sind, auch wenn man es nicht wahrhaben will, das gesellschaftliche und kulturelle Markenzeichen von Sachsen. Um diese Behauptung zu beweisen, ist ein kurzer Rückblick notwendig. Die Enthüllungen des sächsischen Landesamtes für Verfassungsschutz im Frühjahr 2007 über einen sogenannten Sachsensumpf führten zu einem politischen Erdbeben. Alles Lüge, alles Erfindungen durchgeknallter Verfassungsschützer, tönte es aus der sächsischen Staatskanzlei und aus der sächsischen Justiz. Um trotz der vielen Dementis der Staatsregierung die zahlreichen Widersprüche aufzudecken, wurde ein parlamentarischer Untersuchungsausschuss eingesetzt. Er hatte die Aufgabe – und das beinhaltete den Sachsensumpf in seiner ganzen Dimension –, die Verantwortung

> »von Mitgliedern der Staatsregierung und von ihr beauftragter leitender Behördenvertreter« festzustellen, unter anderem für »etwaige schwerwiegende Mängel bei der Aufdeckung und Verfolgung krimineller und korruptiver Netzwerke unter Beteiligung von Vertretern aus Politik, Wirtschaft, Justiz, Polizei … sowie gezielte Desinformation gegenüber der Presse und der Öffentlichkeit im Umfeld der Debatten um den sogenannten Sachsensumpf (kriminelle und korruptive Netzwerke in Sachsen)«.

Dieser Ausschuss konnte zu keiner Aufklärung beitragen. Nach der Landtagswahl 2009 wurde daher ein neuer parlamentarischer Untersuchungsausschuss eingesetzt, um die noch offenen Fragen im Zusammenhang mit dem Sachsensumpf zu klären.

Im Minderheitenbericht der Oppositionsparteien Die Linke, SPD und Bündnis 90/Die Grünen lautete der zentrale Befund, dass durch Versäumnisse und Fehlentscheidungen

> »sowie ein politisches Klima der Abwiegelung und Abmoderation seitens der Staatsregierung eine tatsächliche, rechtsstaatliche Aufklärung der möglichen Existenz von Personengeflechten krimineller und korruptiver Netzwerke in Sachsen nie ernsthaft in Angriff genommen wurde und damit im Ergebnis (gezielt) verhindert worden ist«.

Stattdessen wurde zur Verschleierung

> »ein regelrechtes Szenario entwickelt, in dem nicht davor zurückgeschreckt wurde, eine Reihe von Mitarbeiterinnen und Mitarbeitern in ihrer beruflichen und sozialen Stellung regelrecht zu vernichten, teilweise mit erhebli-

> chen negativen Konsequenzen für ihre Gesundheit, bis zur vorzeitigen Versetzung in den (einstweiligen) Ruhestand wegen in der Folge eingetretener Dienstunfähigkeit«.[93]

Das geschah nach Einschätzung der Opposition auf sehr subtile Art und Weise, »in der hier scheinbar und allenfalls noch am Rande der Legalität vorgegangen wurde«. Klaus Bartl, der Obmann des parlamentarischen Untersuchungsberichts, sprach von »weißer Korruption«. Und Johannes Lichdi von Bündnis 90/Die Grünen sagte: »Die Kernfrage war ja: Gibt es, gab es korruptive Netzwerke im Freistaat Sachsen? Nach unserer Überzeugung ist es bisher nicht nachgewiesen, dass es diese korruptiven Netzwerke gegeben hat. Allerdings ist auch ihr Nichtbestehen nicht nachgewiesen.« Für die CDU hingegen war bewiesen, dass es keinerlei mafiose oder korruptive Netzwerke in Sachsen gab.

So weit ein Einblick in das bis heute vorherrschende politische Klima in Sachsen im Zusammenhang mit dem Prinzip der Aufklärung oder der Vertuschung höchst delikater Vorgänge in Justiz und Politik des Freistaates.

Nachdem die Existenz des Nationalsozialistischen Untergrunds öffentlich geworden war und sich herausgestellt hatte, dass enge Beziehungen nach Sachsen bestanden, sollte wieder ein Untersuchungsausschuss eingesetzt werden. Diesmal zum Thema »Neonazistische Terrornetzwerke in Sachsen«.

Jetzt sollte sich in Sachsen das wiederholen, was bereits wenige Jahre zuvor im Zusammenhang mit dem »Sachsensumpf« deutlich geworden war – es wurde vertuscht, verharmlost, dementiert. Der von der Opposition geforderte Untersuchungsausschuss zum »Sachsensumpf« war seinerzeit über mehrere Monate hinweg blockiert worden, indem der Opposition generell das Recht abgesprochen wurde, der Frage nachzugehen, ob es ein kriminelles Netzwerk gebe. Erst nach einem Urteil des sächsischen Verfassungsgerichts konnte der Ausschuss seine Arbeit aufnehmen.

Der größte Widerstand gegen die Einsetzung eines Untersuchungsausschusses nach den Morden des NSU kam, wie nicht anders zu erwarten, von der CDU. Sie lehnte das Gremium ab und sprach von einem »NPD-Informationsausschuss«. Der 34-jährige CDU-Landtagsabgeordnete Sebastian Fischer nannte den geforderten Ausschuss eine »Beschäftigungstherapie«. Für den 27. Februar 2015 lud er auf seinem Internetportal zu den »Großenhainer Gesprächen« ein. Er wählte dafür das Thema »Lügenpresse, Volksverräter, Asylbetrüger? – Pegida und Großenhain«. Knapp 50 Bürger folgten der Einladung. Berührungsängste mit Pegida hatte er anscheinend nicht. Medienberichten zufolge wäre er sogar gerne als Redner bei Pegida in Dresden aufgetreten.

Letztendlich kam der am 7. März 2012 eingesetzte Untersuchungsausschuss »Neonazistische Terrornetzwerke in Sachsen« nur aufgrund der Stimmen von den Fraktionen der Partei Die Linke, der SPD und von Bündnis 90/Die Grünen zustande. 120 Zeugen sollten vernommen werden, doch man schaffte es, gerade mal 34 Zeugen zu befragen. Wie beim Untersuchungsausschuss im Zusammenhang mit dem »Sachsensumpf« sah die CDU wenig Schuld bei den staatlichen Institutionen. Dagegen zählte der rot-rot-grüne Gegenbericht eine beispiellose Serie von Fehlentscheidungen auf. Die Rede war von behördlichem Versagen, obwohl es sich eigentlich um ein strukturelles Versagen handelte.

Das Problem der ermittelnden Parlamentarier begann damit, dass wichtige Akten unauffindbar waren. Zwischen dem 4. November 2011 und dem 19. Juli 2012 sind im sächsischen Verfassungsschutzamt rund 5000 Aktenstücke vernichtet worden, darunter 800 Einzeldokumente aus dem Bereich Rechtsextremismus.[94] Dazu gehörte eine Ermittlungsakte der Staatsanwaltschaft Chemnitz zum allerersten bekannten NSU-Raubüberfall auf einen örtlichen Supermarkt im Dezember 1998. Der Untersuchungsausschuss in Dresden bekam diese Akte nicht zu Gesicht, denn sie ging durch den Reißwolf. Eigentlich hätte sie bis 2020 aufbewahrt werden müssen. Die damals unerkannt gebliebenen Täter hatten einen Edeka-Markt ausgeraubt und bei der Flucht auf einen jungen Mann geschossen. Ermittelt wurde gegen unbekannt, wegen räuberischer Erpressung. Die verwendete Schusswaffe blieb verschwunden. Dafür wurden jedoch passende Patronenhülsen in Zschäpes Wohnung in Zwickau gefunden. Die Bundesanwaltschaft wertet den Fall inzwischen als Mordversuch.

Ebenfalls bei der Staatsanwaltschaft Chemnitz gingen Akten zu älteren Ermittlungsverfahren gegen Uwe Mundlos sowie den mutmaßlichen NSU-Helfer und ehemaligen »Blood & Honour«-Chef Jan W. verloren. Ein »Hochwasserschaden« sei eingetreten. Noch nachdem der Ausschuss seine Arbeit aufgenommen hatte, liefen die Aktenvernichtungen beim LfV Sachsen weiter, was dort anscheinend nicht selten vorkommt, schließlich gibt es Verjährungsfristen. Dann lieferte das sächsische LfV den Abgeordneten völlig unaufgefordert ein geheimes Dokument, dem die im Untersuchungsausschuss vertretene NPD entnehmen konnte, wie viele V-Leute des Verfassungsschutzes in ihrem Landesverband saßen. Im Fachjargon der Dienste heißt so etwas »Obstruktion«.

Da alle Hinweise auf den Aufenthalt des Terror-Trios nach 1998 nach Sachsen zeigten, hätte eigentlich die gesamte Zielfahndung der sächsischen Polizei an den Verfassungsschutz übergeben werden müssen. Doch der wollte oder konnte diese Aufgabe nicht übernehmen. Vor dem Untersuchungsausschuss des Deutschen Bundestages wurde deshalb Friedrich-Karl Schrader, der damalige Leiter der Abteilung Rechtsextremismus Thüringen, vom Ausschussvorsitzenden Clemens Binninger gefragt, warum das nicht geschehen sei. Antwort: »Herr Binninger, das hätten wir gerne getan.« Binninger: »Aber?« Daraufhin Schrader: »Die waren personell noch dünner dran wie wir«, und sein damaliges Pendant beim sächsischen Verfassungsschutz habe gesagt: »Mach, was du willst, aber lass mich außen vor. Wir haben dafür keine Zeit und kein Personal.«

Was wohl auch daran lag, dass man sich mit rechtsterroristischen Gruppen in Sachsen in den zurückliegenden Jahren nicht ausreichend auseinandergesetzt hatte. Die Journalistin Andrea Röpke wurde jahrelang selbst vom niedersächsischen Verfassungsschutz beobachtet, weil sie sich anscheinend zu kritisch mit dem Rechtsextremismus befasste. Vor dem sächsischen Untersuchungsausschuss sagte sie aus, dass sie aufgrund ihrer Recherchen in Sachsen eindringlich vor Neonazi-Ansiedlungen in bestimmten Regionen gewarnt habe. Als sie den Verfassungsschutz damit konfrontiert habe, sei ihr vorgeworfen worden, sie würde Hysterie schüren. Zur gleichen Zeit wimmelte es in Sachsen von rechtsradikalen und teilweise gewaltbereiten Neonazis. Der Verfassungsschutz wimmelte Straftaten aus rechtsextremistischen Strukturen als schlichte Einzeltäterstraftaten ab.

Dem heutigen Leipziger Polizeipräsidenten Bernd Merbitz zufolge sei die Bekämpfung des Rechtsextremismus seit Anfang der 1990er-Jahre ein Schwerpunkt gewesen. Er selbst war Mitbegründer der Sonderkommission »Rechtsextremismus« (Rex), die eigens zur Bekämpfung des Rechtsextremismus gegründet wurde und wegen ihrer Erfolge bundesweit Anerkennung fand. Sie sei ein leistungsstarkes, flexibles und schlagkräftiges Instrument gewesen, stellte Merbitz fest, der immerhin vom Zentralrat der Juden in Deutschland mit dem angesehenen Paul-Spiegel-Preis für Zivilcourage ausgezeichnet wurde. Er sei zunächst optimistisch gewesen, dass die Sonderkommission den rechten Sumpf binnen zwei Jahren austrocknen könne, was sich aber als Irrtum herausgestellt habe.

Im August 1998 verließ Merbitz die Soko Rex. Nur wenige Wochen nach seinem Abschied veranlasste der damalige sächsische Innenminister Klaus Hardraht (CDU) einen radikalen Personalabbau. Er hatte davor gewarnt, angesichts des Aufschwungs der NPD in Hysterie zu verfallen. Durch den von ihm veranlassten radikalen Stellenabbau wurde die Soko Rex mehr oder weniger handlungsunfähig, auf jeden Fall war eine effektive Bekämpfung rechtsradikaler Straftaten in der Folge nicht mehr möglich. Auch der heutige Bundesinnenminister Thomas de Maizière änderte nichts an dieser Situation, als er sächsischer Innenminister war. Erst unter Innenminister Albrecht Buttolo (CDU) wurde damit begonnen, die Soko Rex wieder auf 30 Beamte zu erweitern, um erfolgreicher gegen rechte Strukturen vorgehen zu können. Inzwischen arbeiten 18 Kriminalisten in der Soko Rex – und sind heillos überfordert.

Genau in der Zeit, als die Soko Rex aufgrund politischer Entscheidungen handlungsunfähig gemacht wurde, entwickelte sich das rechtsradikale Milieu in Sachsen besonders rasch und unbehindert. Im Jahr 2001 operierten bereits 35 namentlich bekannte Kameradschaften mit etwa 600 Mitgliedern im Freistaat, unter anderem die »Skinheads Sächsische Schweiz« (SSS), die rassistische und antisemitische Gedanken vertraten. Feindbilder waren Ausländer und die angebliche jüdische Weltverschwörung, die nach Vernichtung des deutschen Volkes trachte, sowie der politische Gegner. Die SSS wurde im April 2001 verboten, weil sie als kriminelle Vereinigung gegen Strafgesetze verstieß und die freiheitlich-demokratische Ordnung gefährdete.

Doch anscheinend befand sich die gewaltbereite sächsische Skinhead-Szene nicht so richtig im Visier der Verfassungsschützer. »Blood & Honour« entwickelte sich zu einem internationalen Netzwerk der rechtsextremistischen Skinhead-Szene. In Deutschland wurde eine »Division« gegründet, und 1995 entstand eine eigene »Blood & Honour«-Sektion in Sachsen mit etwa 40 Mitgliedern.

Mit »Blood & Honour«-Strukturen vernetzt war die rechtsextremistische, gewaltbereite, sich zum bewaffneten Kampf bekennende Gruppe »Combat 18«, die als bewaffneter Arm von »Blood & Honour« europaweit agiert. Bei »Blood & Honour« fanden Beate Zschäpe, Uwe Mundlos und Uwe Böhnhardt Rückhalt und konkrete Unterstützung.

Nach ihrem Untertauchen sollen allein in Chemnitz bis zu 20 Personen aus dem Umfeld von »Blood & Honour« die Flüchtigen unterstützt haben. Es ist kaum vorstellbar, dass die sächsischen Verfassungsschützer vollkommen ahnungslos waren. Nicht unerwähnt bleiben darf in diesem Zusammenhang die Verflechtung des NPD-Milieus mit dem gewaltbereiten rechtsextremistischen Milieu. Ein Zeuge vor dem sächsischen Untersuchungsausschuss: »Wo wir in die konkreten Gruppenzusammenhänge hineinschauen, sieht man sehr schnell: Da sind auch Leute aus der NPD mit drin. Auch im engeren Zirkel findet man immer wieder Leute aus der NPD.« Seit 1998, so der Zeuge weiter, habe es zahlreiche ernsthafte Hinweise gegeben, dass das Trio sich in Sachsen, vor allem in Chemnitz und Zwickau, aufhielt. Dennoch habe es keinen Verfolgungsdruck gegen die rechtsextreme Szene in Chemnitz gegeben, monierten die Parlamentarier im Ausschuss. Antwort: Man sei passiv geblieben und nur dann aktiv geworden, wenn von Thüringen oder anderen Ländern Informationen kamen und um Bestätigung gebeten worden war. Denn schon kurz nach dem Untertauchen des Trios gingen Zielfahnder des Thüringer LKA davon aus, dass sich Zschäpe, Mundlos und Böhnhardt in Chemnitz versteckt hielten. Bereits im Sommer 1998 waren wichtige Fluchthelfer und Quartiermacher aus Sachsen namentlich bekannt, die für die Gesinnungsgenossen aus Jena Waffen besorgen wollten.

Tatsache ist, dass die mit den Aufgaben des Staatsschutzes betrauten Dienststellen der sächsischen Polizei zu keinem Zeitpunkt eine eigenständige Initiative entwickelten, um selbst nach dem Trio zu suchen.

Der Zusammenhang zwischen rechtsradikalen Organisationen und kriminellen Strukturen wurde generell in Deutschland und nicht nur in Sachsen bislang sträflich vernachlässigt. Sowohl das Bundesamt für Verfassungsschutz als auch das Bundeskriminalamt wiesen in einem Lagebild zu »Verbindungen zwischen der rechtsextremistischen Szene und Rockergruppierungen« im September 2014 auf personelle Vernetzungen und Überschneidungen zwischen Neonazis und Rockern hin. Seit Jahren finden konspirativ organisierte rassistische Neonazi-Konzerte häufig in den Klubhäusern von Rockergruppen statt, was sich seit dem Verbot der rechtsextremen kriminellen Vereinigung »Blood & Honour« im Jahr 2001 erheblich verstärkte.

Die früheren Leiter des sächsischen Verfassungsschutzes, Reinhard Boos und sein Stellvertreter Olaf Vahrenhold, die bereits im Zusammenhang mit dem »Sachsensumpf« eine schwer nachvollziehbare, manche sagen, unheilvolle Rolle spielten, beteuerten vor dem parlamentarischen Untersuchungsausschuss, dass ihre Behörde nichts von den rechtsterroristischen Aktivitäten gewusst habe. In ihren öffentlichen Jahresberichten notierten sie immer wieder: Rechtsterrorismus gibt es nicht.

Im Zusammenhang mit Vahrenhold erinnerten sich einige Abgeordnete an sein Verhalten im Zusammenhang mit der sogenannten »Sachsensumpfaffäre«. Damals, im März 2007, wandte sich ein ehemaliger Mitarbeiter des Referats Organisierte Kriminalität an seine Chefin, die ehemalige Staatsanwältin Simone Henneck. Er offenbarte ihr, dass Vahrenhold ihn beauftragt habe, einige Vermerke und Stellungnahmen des LfV aus dem Aktenbestand der Abwicklung des OK-Referats zu entfernen und zu vernichten. Und die damalige Abteilungsleiterin der Abteilung Organisierte Kriminalität sagte vor dem zweiten parlamentarischen Untersuchungsausschuss aus:

> »In der 23. Kalenderwoche 2007, also zwischen dem 4. und 7. Juni 2007, erteilte Dr. Vahrenhold einem mir nicht unterstellten Mitarbeiter des LfV Sachsen die dienstliche Weisung, konkrete Aussagen eines Informanten des ehemaligen OK-Referats zum Fallkomplex Abseits III nicht zu dokumentieren.«

Auch an den damaligen Leiter des sächsischen Verfassungsschutzes Reinhard Boos kann sich ein ehemaliger Mitarbeiter, dem Geheimnisverrat vorgeworfen wurde, noch sehr gut erinnern. Der Vorwurf ist bis heute nicht bewiesen. Der Rechtsanwalt des Ex-Verfassungsschützers schrieb in einem Brief vom 23. September 2013 an den zweiten parlamentarischen Untersuchungsausschuss in Dresden:

> »Mein Mandant schildert, dass Herr Boos sich mit seinen Händen am Tisch verkrampfte, leicht aufstand und ihn die ganze Zeit in einer nahezu nicht aushaltbaren Weise anschrie. (...) Herr D. H. fürchtete, dass die ›Kontrolle‹ des Gesprächs verloren ginge, und fühlte sich durch die lang anhaltenden und schreiend vermittelten Fragen und Unterstellungen bedroht und unter Druck gesetzt. Wie-

derholt wurde ihm schreiend vermittelt, er solle überlegen, was er sage, und er solle die Wahrheit sagen.«

Diese Verhaltensweisen erklären vielleicht, warum die Gefahren des Rechtsterrorismus weder von Boos noch von Vahrenhold gesehen wurden, obwohl die Fakten eindeutig waren, wenn man sie denn sehen wollte. Doch was man nicht sehen will, sieht man eben nicht.

Auch Uwe Backes von der Technischen Universität Dresden, Mitherausgeber des *Jahrbuchs für Extremismus und Demokratie*, der zuvor eher durch die Bagatellisierung rechtsextremer Aktivitäten aufgefallen war, berichtete vor dem sächsischen Untersuchungsausschuss von Diskussionen, in denen erklärt wurde, dass nicht von rechtem Terrorismus geredet werden solle. Sicherheitspolitiker seien der Ansicht, »man solle nicht ständig Alarm schlagen«.

In einem Schreiben des damaligen Staatssekretärs im Innenministerium an seinen Chef, den Innenminister Klaus Hardraht, vom 11. Juni 1998 wurden Zschäpe, Mundlos und Böhnhardt im Zusammenhang mit dem Fund von Rohrbomben in Jena am Tag des Untertauchens der drei als Beispiel für »unverkennbar rechtsterroristische Ansätze« genannt. Als Hardraht das Schreiben im Untersuchungsausschuss vorgehalten wurde, konnte er sich an nichts mehr erinnern.[95]

Der Bericht des Bundesamtes für Verfassungsschutz aus dem Jahr 2004 dürfte den Chefs des sächsischen Landesamtes für Verfassungsschutz ebenso wenig entgangen sein. Dort ist die Rede von einer »militanten Gruppe« im Raum Meerane. Und das liegt nun mal in Sachsen. In dem Bericht heißt es: »Mitte 1997 erlangten die Verfassungsschutzbehörden Erkenntnisse über eine militante rechtsextremistische Gruppierung im Raum Meerane, die im Verdacht stand, im Besitz scharfer, vollautomatischer Schusswaffen zu sein.«[96] Bei umfangreichen Durchsuchungen wurden große Bestände an Waffen (darunter vollautomatische Kriegswaffen), Waffenteile, Munition, neonazistisches Propagandamaterial sowie ein selbst gebauter zündfähiger Sprengkörper sichergestellt. Die Opposition vermutete daher eine Falschaussage mit »strafrechtlicher Relevanz«.

In Bezug auf die Aktenvernichtung im LfV Sachsen erstattete der Abgeordnete und stellvertretende Obmann im NSU-Untersuchungsausschuss Johannes Lichdi am 24. Juni 2012 Strafanzeige unter anderem wegen Beteiligung am Verwahrungsbruch gegen Reinhard Boos, den damaligen Präsidenten des LfV Sachsen, und gegen Olaf Vahrenhold, den Abteilungsleiter für Rechts- und Linksextremismus. Ein Jahr später verfassten Lichdi und ein Parteifreund erneut eine Strafanzeige und wieder gegen die beiden ehemaligen höchsten Verfassungsschützer des Freistaates, diesmal wegen des Verdachts der uneidlichen Falschaussage vor dem parlamentarischen Untersuchungsausschuss. »Beide haben dem NSU-Untersuchungsausschuss in einem entscheidenden Punkt nicht die Wahrheit gesagt«, ist Lichdi überzeugt.

> »Obwohl die beiden (ehemaligen) Führungskräfte Reinhard Boos und Dr. Olaf Vahrenhold im Jahr 2000 einen Antrag auf Überwachungsmaßnahmen gegen das NSU-Trio und seine Unterstützer damit begründet haben, dass ihr Vorgehen der ›Strategie terroristischer Gruppen‹ ähnele, sagten sie als Zeugen vor dem Untersuchungsausschuss im Dezember 2012 beziehungsweise März 2013 aus, sie hätten damals ›keine‹ (Vahrenhold) bzw. ›keinerlei‹ (Boos) Anhaltspunkte für Rechtsterrorismus gehabt. Diese Aussage steht im Widerspruch zu der im Jahr 2000 gegenüber dem Innenminister Klaus Hardraht (CDU)

> und der G10-Kommission gemachten Begründung des G10-Antrages und der darin getroffenen Einschätzung der Gefährlichkeit des Trios. Der Untersuchungsausschuss wurde in diesem Punkt belogen.«[97]

Beide Strafanzeigen wurden von der Dresdner Staatsanwaltschaft nicht angenommen, das heißt, es wurde nicht einmal ein Ermittlungsverfahren eingeleitet. »Das ist absurd aufgrund der Erkenntnisse im Untersuchungsausschuss«, kommentierte Klaus Bartl, der Ausschuss-Obmann, diese Entscheidung der Dresdner Staatsanwaltschaft, die ansonsten eher den Eindruck macht, sehr schnell Ermittlungsverfahren einzuleiten, wenn es politisch opportun ist.

Von den sächsischen Sicherheitsbehörden völlig vernachlässigt werden die in einzelnen Regionen, wie im Erzgebirge, aktiven religiösen Fundamentalisten mit ihren Verbindungen zu nationalkonservativen wie rechtsradikalen Bewegungen. Die Journalistin Jennifer Stange hat sich im Auftrag der Heinrich-Böll-Stiftung mit den lokalen evangelikalen Strömungen in Sachsen und ihrer gesellschaftspolitischen Einflussnahme beschäftigt. Die Ergebnisse ihrer Recherchen sind besorgniserregend:

> »Regelmäßig werden aus diesem Spektrum homophobe und islamophobe Positionen laut, werden Feminismus und Gender-Mainstreaming bekämpft, repressive, patriarchale Gesellschaftsentwürfe als alternativlos befördert, und der Schulterschluss mit so mancher rechtsradikaler Position ist erschreckend augenfällig.«[98]

Von verbalen Attacken der einflussreichen radikalen Frömmler gegen Schwule und Lesben, gegen Frauen, Atheisten, Andersgläubige und vor allem gegen Muslime habe sich die sächsische Evangelisch-Lutherische Landeskirche bisher nicht öffentlich abgegrenzt, stellt Jennifer Stange in ihrer Studie fest:

> »Einer Frontstellung gegen eine Pluralisierung der Lebensweisen zugunsten einer Idealisierung der patriarchalischen Familie und der diffamierenden Abgrenzung gegenüber denjenigen, die sich dafür einsetzen, hat sie offenbar wenig entgegenzusetzen. Die Gesamtschau lässt erkennen, dass Fundamentalisten zumindest latent Parallelen zu rechten Ideologien zeigen. Das Heilsversprechen der Nazis unterscheidet sich zwar inhaltlich vom christlichen Himmelreich, strukturell ist ihnen aber gemein, dass Welt und Mensch nur aus einer Perspektive gedeutet und in einer grundlegenden Krise dargestellt werden, aus der es nur einen Ausweg gibt.«[99]

Vielleicht sah man im sächsischen Innenministerium und im Landesamt für Verfassungsschutz auch deshalb nicht so genau hin, weil die Auswerter nicht unbedingt neutral waren.

Einer von ihnen ist Hendrik Seidel, der für die rechtspopulistische Alternative für Deutschland (AfD) gerne in den Landtag eingezogen wäre. Bei der AfD-Basis warb er für sich mit seiner Erfahrung im innerbehördlichen Ablauf und dass er »aussagefähig zur Sicherheitsarchitektur in Sachsen« sei. Auf der Website des AfD-Kreisverbandes Mittelsachsen antwortet er auf die Frage, warum er sich in der Alternative für Deutschland engagiere: »Die Medien sind gleichgeschaltet und lassen keine objektive Betrachtung mehr zu, geschweige eine anderslautende Meinung. Im Zweifel muss dann die ideologische Keule ran, somit ist die herrschende Meinung ›alternativlos‹.« In seinem privaten Facebook-Profil teilte er Inhalte der Bürgerinitiative »Gohlis sagt Nein« und schrieb dazu »sehr gut«, wie am 29. Oktober 2013. Diese Bürgerinitiative zeichnet sich durch Fremdenfeindlichkeit aus und wirbt für Pegida (»Patriotische Europäer gegen die Islamisierung des Abendlandes«) und den Leipziger Ableger Legida (»Leipziger gegen die Islamisierung des Abendlandes«). Am 17. Dezember 2013 kommentierte er einen mit »Messerstecherei vor Asyl-Schule« betitelten Beitrag in der rechtspopulistischen Zeitschrift *Junge Freiheit* mit den Worten: »Unglaubliche Zustände! Wieso lässt sich ein Staat so etwas gefallen? Und die Gutmenschen von den Linken und den Grünen unterstützen die anarchischen Zustände noch, einfach unglaublich.« Ansonsten warb er in den Jahren 2013 und 2014 auf Facebook sehr intensiv für die AfD. Mitgewirkt hatte er zudem, so die Landtagsabgeordnete der Linken Kerstin Köditz, an den »Programm-Thesen der Arbeitsgemeinschaft Innere Sicherheit« der AfD, die vom Sprecher des Verfassungsschutzes in Teilen als »verfassungswidrig« eingeschätzt wurden. Vielleicht gilt Seidel deshalb im sächsischen Verfassungsschutz als besonders kompetent. Auf Nachfrage erklärte der Pressesprecher des sächsischen Innenministeriums am 17. August 2015:

> »Sollten tatsächliche Anhaltspunkte dafür vorliegen, dass ein Beamter seine dienstrechtlichen Verpflichtungen im außerdienstlichen Lebensbereich verletzt haben könnte, werden diese Vorwürfe geprüft und nach Maßgabe des geltenden Dienstrechts behandelt.«

Fazit? Miro Jennerjahn, sächsischer Abgeordneter von Bündnis 90/Die Grünen, stellt in seinem äußerst lesenswerten Blog (www.miro-jennerjahn.eu/) fest:

> »Das LfV ist seiner Verantwortung als ›Frühwarnsystem‹ der Demokratie somit in der Vergangenheit nicht gerecht

geworden und wird es allem Anschein nach bis heute nicht. Fehlende Analysefähigkeit, mangelnde Kommunikation gegenüber anderen Behörden und eine anhand fachlicher Kriterien kaum kontrollierbare Arbeit stellen die Legitimität und die Existenzberechtigung dieser Behörde infrage.«[100]

Sachsen – das unfreieste Bundesland Deutschlands?

Doch was sind die tieferen Ursachen dieser Entwicklung in Sachsen? Die spezielle politische Kultur in Sachsen kommt ja nicht von ungefähr, sondern hat sehr viel mit der sächsischen Geschichte zu tun. Im Dritten Reich war Sachsen eine Hochburg der Nationalsozialisten. »Bereits im Frühjahr 1933«, resümierte der ehemalige sächsische SPD-Landtagsabgeordnete Karl Nolle,

> »war Sachsen das erste Land im Deutschen Reich, das den öffentlichen Dienst von ›jüdischem Ungeist‹ säuberte, das Richter und Referendare entließ sowie Notaren, Ärzten und jüdischen Kulturschaffenden Berufsverbote erteilte. Bereits am 23. Mai 1933 beschloss der Sächsische Landtag als erstes Landesparlament im Deutschen Reich das von den Nazis vorgelegte Ermächtigungsgesetz. (…) Hakenkreuzfahnen über der Universität, der Semperoper und den Theatern symbolisierten, dass man bereits begonnen hatte und wieder eifriger und schneller war mit der Machtergreifung als in anderen deutschen Städten.«[101]

Der Übergang von der nationalsozialistischen Diktatur zur kommunistischen Gewaltherrschaft war fließend. Die überwiegende Mehrheit der DDR-Bürger verhielt sich systemkonform und war entsprechend autoritätsgläubig. Und Rassismus herrschte bereits. Der Historiker Harry Waibel ist einer der besten Kenner von Geschichte und Gegenwart des Rechtsextremismus. Für die DDR sagt er: »1975, als die ersten ›Vertragsarbeiter‹ aus sozialistischen Bruderländern kamen, begann der Rassismus in der DDR.«[102]

Gerade mal ein Vierteljahrhundert ist es her, dass die Bürger in den neuen Bundesländern zum ersten Mal demokratische Kultur kennenlernten, und das noch in Form der Fremdbestimmung über ihr bisher mehr oder weniger harmonisches Leben in einem totalitären System, mit dem die meisten sich arrangiert hatten. Insbesondere aus Bayern und Baden-Württemberg eilten die Repräsentanten nationalkonservativer und autoritärer Strukturen, Richter, Staatsanwälte etc., nach Sachsen, um den demokratischen Aufbau nach ihrem ideologischen Denkmuster zu managen. Sie übernahmen praktisch die gesamten Verwaltungsstrukturen des Freistaates.

Mehr als ein Vierteljahrhundert lang wurde Sachsens öffentliche Personalpolitik mehr oder weniger von der CDU bestimmt, die sich als patriotische, konservative und christlich-wertorientierte Volkspartei mit hohem sozialen Anspruch versteht. »Alle wichtigen Funktionen im Land, angefangen beim Hausmeister einer Schule bis zum Ministerialdirigenten, wurden mit Besitzern eines ›Gesangbuches‹ besetzt«, klagte der langjährige SPD-Landtagsabgeordnete Nolle. Gesangbuch meint ein CDU-Parteibuch. Sein Besitz dürfte (wie einst das der SED) sehr hilfreich gewesen sein, wenn es um Stellen in der Bildung, Justiz, bei der Polizei und beim Landesamt für Verfassungsschutz ging, und manch eine Karriere nicht unbedingt zum Vorteil der demokratischen Kultur gefördert haben. In einem vom CDU-Landesparteitag am 5. November beschlossenen Dokument »Deutscher Patriotismus in Europa« heißt es unter anderem: »Die herrschende Deutungsdominanz der ›Achtundsechziger‹ in Medien, Wissenschaft und Schule und die damit verbundene Diskreditierung wertorientierter patriotischer Positionen« müssen überwunden werden.[103]

Wirtschaftlich blühte Sachsen auf, die demokratische Kultur blieb hingegen auf der Strecke.

Kurt Biedenkopf, auch König Kurt genannt, der ehemalige sächsische Ministerpräsident, hatte in den Neunzigerjahren immer behauptet, die Sachsen seien dem Rechtsextremismus gegenüber immun. In einem Interview mit der *Leipziger Volkszeitung* (LVZ) vom 21. September 2015 antwortete er auf die Frage: »*Wieso haben Sie sich mit Ihrer Aussage so getäuscht, dass die Sachsen immun gegen den Rechtsextremismus seien*«, entrüstet:

> »Wieso habe ich mich getäuscht? Die große Mehrheit ist immun und bleibt es – wie in Westdeutschland, wo der Rechtsextremismus in Gestalt der Republikaner in Baden-Württemberg seinen Anfang nahm. Überwiegend sind es zudem Westdeutsche, die ihn nach Osten bringen. Dort, wo es ihnen gelingt, erzeugen sie zwar eine Protesthaltung, aber keine strategische Kraft.«

Ist das Altersstarrsinn oder politische Schönrederei?

Im Jahr 2004 gelang der NPD bei der sächsischen Landtagswahl mit 9,2 Prozent der Stimmen der Wiedereinzug in ein Landesparlament; die Partei wurde fast so stark wie die SPD

(9,7 %). Bei der Landtagswahl 2014 erhielt die NPD nur 4,9 Prozent der Stimmen, dafür errang die rechtspopulistische AfD einen Anteil von 9,7 Prozent. NPD und AfD zusammen wurden von mehr Bürgern gewählt als die SPD mit ihren kümmerlichen 12,4 Prozent. Die CDU blieb stärkste Partei.

Im September 2015 stiegen bei einer Umfrage des Meinungsforschungsinstituts Infratest die Werte für die rechtspopulistische AfD auf 13 Prozent, sie lag damit gleichauf mit der SPD. Und der rechtsradikalen NPD gelänge der Wiedereinzug in den Landtag.[104]

Das Motiv für das alarmierende Erstarken dieser menschenfeindlichen und rassistisch geprägten Parteien bringt Gregor Gysi, der Vorsitzende der Linken-Bundestagsfraktion, auf den Punkt, wenn er sagt, dass die CDU »zu Fremdenfeindlichkeit und Ausländerhass schweigt und partiell dazu auch noch die Stichworte liefert«.[105]

Dieses Sachsen ist nach Überzeugung des Berliner Historikers Wolfgang Wippermann das »rechtskonservativste und unfreieste Bundesland der Republik«. Anfangs eher nur an den Stammtischen ausgesprochene Einstellungen haben es im Laufe der letzten Jahre, zunächst langsam und zaghaft, dann jedoch immer offensichtlicher und öffentlicher bis in die Mitte der Gesellschaft geschafft. Links zu sein, das kapitalistische System zu kritisieren, gegen Nazis zu demonstrieren bedeutete, als radikaler Linksextremist abgestempelt zu werden

Zu häufig sahen dafür Verfassungsschutz wie Polizei nur zu oder, noch ärger, schützten die Neonazis. In einer 2012 veröffentlichten Dokumentation der Amadeu Antonio Stiftung berichtet Marion Kraske über das »Kartell der Verharmloser. Wie deutsche Behörden systematisch rechtsextremen Alltagsterror bagatellisieren«. Da beschwerte sich der SPD-Stadtrat von Plauen und Vorstandsmitglied des Vereins »Vivere –

Leben für Vielfalt und Courage«, Benjamin Zabel, über die naive bis mutwillig ignorierende Herangehensweise der Ermittler. Nach seinen Erkenntnissen seien rassistische oder fremdenfeindliche Taten regelmäßig von Polizei und Staatsschutz verharmlost worden: »Ein immer wiederkehrendes Muster: Die Gefährlichkeit der Täter wird negiert, Rassismus und Fremdenfeindlichkeit als Tatmotiv ausgeblendet, die prekäre Lage der Opfer dadurch zusätzlich erschwert.«[106]

Ähnliches mussten und müssen auch die engagierten Mitglieder der »Sozialen und politischen Bildungsvereinigung« im sächsischen Limbach-Oberfrohna erfahren. Rechtsmotivierte Gewalt zieht sich wie ein roter Faden durch die jüngste Geschichte der Großen Kreisstadt im Landkreis Zwickau mit ihren 26 000 Einwohnern. Der Verein wurde 2008 unter anderem mit dem Ziel gegründet, Menschen unterschiedlichster gesellschaftlicher Schichten zusammenzuführen, um zwischenmenschliche Barrieren abzubauen und ein friedliches Miteinander zu fördern. Während die Neonazis junge Menschen terrorisierten, die es wagten, anders auszusehen, anders zu denken als die alteingesessenen Bürger, nahmen die politisch Verantwortlichen nicht etwa die rechtsradikalen Schläger ins Visier, sondern die Angegriffenen. Nach einer Razzia in einem alternativen Wohnhaus, dem »Schwarzen Peter«, teilte die Polizei mit, Sprengstoff gefunden zu haben. Diverse Medien übernahmen die Meldung. Die angeblich brandgefährliche Substanz entpuppte sich später als eher schlecht brennbare Erde. Ein Vereinsmitglied musste ein Ordnungsgeld wegen Ruhestörung zahlen. Aber nicht, weil der Betreffende zu laut gefeiert hatte, sondern weil er nach einem Angriff von Rechtsradikalen ein eingeschlagenes Fenster vernagelte, das diese zuvor zertrümmert hatten. Im Erzgebirge sind solche Aktivitäten nur von 7 bis 22 Uhr erlaubt. Über die Folgen schrieb der *Spiegel*:

»Wie kein anderes Bundesland hat Sachsen über Jahre hinweg eine Serie unglaublicher Verletzungen rechtsstaatlicher Prinzipien produziert. (…) Immer wieder werden eklatante Fälle staatlichen Machtmissbrauchs und polizeilicher Willkür bekannt, ohne dass sich die Verhältnisse grundlegend bessern würden.«[107]

Das beste Beispiel für die ideologischen Scheuklappen in Teilen der sächsischen Sicherheitsbehörden lieferten eine Demonstration und Blockade gegen einen Neonazi-Aufmarsch am 19. Februar 2011 in Dresden. 3000 Rechtsextreme, darunter viele Gewalttäter, strömten nach Dresden. Mehr als 20 000 Menschen aus der ganzen Bundesrepublik versuchten den Nazi-Aufmarsch zu verhindern. Dabei kam es jedoch auch zu heftigen Auseinandersetzungen zwischen der hochgerüsteten Polizei und gewaltbereiten Demonstranten. Sie waren zwar nicht prägend für den Widerstand der Bürger gegen die Neonazis an diesem Tag, boten den Ermittlungsbehörden und der Staatsregierung jedoch einen Anlass, die gesamte Demonstration, die unter dem Motto »Nazifrei – Dresden stellt sich quer« stand, zu diskreditieren. Während mehr als 100 gewaltbereite Neonazis ein alternatives Wohnprojekt angreifen konnten, ging die Polizei mit ungewöhnlicher Härte gegen diejenigen vor, die versuchten, den Aufmarsch der Neonazis zu blockieren. Gleichzeitig fand eine massenhafte Handyüberwachung statt, eine Million Handy-Daten wurden abgefragt. Das Haus der Begegnung, die Zentrale der Dresdner Linkspartei und das Jugendhaus des Vereins »Roter Baum« wurden durch Spezialeinsatzkommandos gestürmt. 16 Personen wurden mit Kabelbindern gefesselt, unter ihnen zwei Mitarbeiter der Linkspartei, die am Info-Telefon der Partei saßen, und vier Mitglieder des Bündnisses »Nazifrei – Dresden stellt sich quer«. In der *Sächsischen Zei-*

tung vom 21. Februar 2011 war darüber zu lesen: »Die Verdächtigen müssen sich bis auf die Unterhose entkleiden und werden durchsucht, angeblich nach Speichersticks. Stunden später werden sie abgeführt. Die Nacht verbringen sie im Gewahrsam, werden vernommen. Offenbar erst da sollen ihnen alle Vorwürfe eröffnet worden sein: neben Landfriedensbruch auch ›Bildung einer kriminellen Vereinigung‹.«

Der Sprecher der Staatsanwaltschaft Dresden wird später sagen, dass ihm von Festnahmen nichts bekannt sei und ausschließlich die Räume des Jugendvereins »Roter Baum« durchsucht worden seien – eine offensichtlich falsche Erklärung. Denn tatsächlich wurden alle Räume aufgebrochen, sowohl das Parteibüro als auch die Kanzlei eines Rechtsanwalts und eine Privatwohnung. »Der Umgang der sächsischen Behörden mit dem Versammlungsrecht sowie die Kriminalisierung von zivilgesellschaftlichem Engagement zeugen von einem vordemokratischen Zustand in diesem Bundesland«, klagte Ringo Bischoff, der Bundesjugendsekretär der DGB-Gewerkschaft ver.di, im Namen der »Untersuchungskommission 19. Februar«, zu der sich das Komitee für Grundrechte und Demokratie sowie Politiker von Linkspartei, SPD und Grünen und andere Bürgerrechtler zusammengeschlossen hatten.

Was an diesem Tag geschah, war eine beispiellose Bespitzelungsaktion. Auf Antrag der Staatsanwaltschaft Dresden wurden bei mehreren Dutzend Funkzellen, insbesondere in der Dresdner Südvorstadt, alle an diesem Tag angefallenen Telekommunikationsverkehrsdaten abgefragt. Erhoben wurden dabei mehr als eine Million Datensätze. Von mehr als 54 000 Mobilfunknutzern wurden die persönlichen Stammdaten erhoben. Betroffen waren neben Tausenden von Demonstranten auch Abgeordnete, Geistliche, Rechtsanwälte und Journalisten. Weder Polizei oder Staatsanwaltschaft noch das Amtsgericht, das diese Maßnahme angeordnet hatte, sahen darin ein Problem. Eine Prüfung der Verhältnismäßigkeit fand anscheinend nicht statt. Für den Republikanischen Anwältinnen- und Anwälteverein in Berlin bedeutete das eine »systematische Missachtung und Umdeutung bislang geltender rechtsstaatlicher Grundsätze«. In Dresden gelte, klagte die Anwaltsvereinigung, »offenbar ein eigenes Demokratie- und Rechtsstaatsverständnis«. Es folgte eine Flut von Ermittlungsverfahren der einschlägig bekannten Staatsanwaltschaft Dresden gegen Demonstranten sowie Bundes- und Landespolitiker sowohl von der SPD wie von der Partei Die Linke, die sich an der Demonstration gegen die Neonazis beteiligt hatten. Insgesamt wurden 465 Ermittlungsverfahren eingeleitet, von denen inzwischen 296 wieder eingestellt wurden; lediglich in sechs Fällen endeten die Verfahren mit einer Verurteilung zu einer geringen Geldstrafe.

Ein Ermittlungsverfahren wurde gegen den damaligen Bundestagspräsidenten Wolfgang Thierse (SPD) eingeleitet. Er war ebenfalls an der Demonstration beteiligt gewesen und kritisierte später heftig den Polizeieinsatz: »Die Polizei ist vollauf beschäftigt, die Neonazis zu schützen. Das ist so. Das ist sächsische Demokratie.«[108] Diese Bemerkung führte bei der Staatsregierung in Dresden reflexhaft zu heftigen Protesten, einige CDU-Abgeordnete forderten den Rücktritt Thierses, und ein ranghoher sächsischer Polizeibeamter stellte Strafanzeige wegen Beleidigung. Während einer Landtagsdebatte beklagte sich Jürgen Martens (FDP), der Staatsminister für Justiz und Europa, über den aufrechten Politiker: »Herr Thierse hat einen schweren Nachteil: Er lebt nicht in Sachsen, sonst würde er vielleicht etwas von dem verstehen, worüber er spricht.« Der FDP-Abgeordnete Torsten Herbst sprang seinem Parteifreund mit der Bemerkung bei: »Mir ist die sächsische Demokratie, die auf dem Erbe von 1989 aufbaut, viel lieber als die Thierse-Demokratie, die Grundrechte mit Füßen tritt.« Nein, Wolfgang Thierse hat großes Glück, dass er nicht in Sachsen leben muss.

Ein Ermittlungsverfahren wurde auch gegen den Jenaer Stadtjugendpfarrer Lothar König eröffnet, der sich ebenfalls an der Demonstration gegen die Neonazis beteiligt hatte. Er war in der Vergangenheit Opfer gezielter Angriffe der rechtsextremen Kameradschaft Jena, der die mutmaßlichen NSU-Terroristen Uwe Böhnhardt und Uwe Mundlos angehörten. Ihm wurde von der Dresdner Staatsanwaltschaft schwerer Landfriedensbruch, versuchte Strafvereitlung und Beihilfe zum Widerstand gegen Polizisten vorgeworfen, weil er die Demonstranten aufgewiegelt habe. Sechs Monate nach der Dresdner Demonstration wurde in Königs Dienstwohnung in Jena am frühen Morgen des 10. August 2011 von sächsischen Staatsanwälten und 30 Beamten der sächsischen Polizei eine Haussuchung durchgeführt, um Beweismittel sicherzustellen – sechs Monate nach der Demonstration!

Jena liegt bekanntlich in Thüringen – aber das interessierte die sächsischen Strafverfolgungsbehörden nicht, weshalb das normalerweise obligatorische Amtshilfeersuchen an die Thüringer Behörden ausblieb. Lothar König selbst befand sich in Urlaub, was die Durchsuchung natürlich erleichterte. Neben den Behördenvertretern war lediglich noch ein Referendar der Staatsanwaltschaft Dresden anwesend. Königs Tochter, einer Abgeordneten des Thüringer Landtags, wurde die Teilnahme an der Hausdurchsuchung lange Zeit verwehrt. »Wir können nicht erkennen«, schreiben unter anderem Andreas Bausewein, der SPD-Oberbürgermeister von Erfurt, und Martin Dulig, der Vorsitzende der SPD-Fraktion im Sächsischen Landtag in einem öffentlichen Aufruf,

> »dass die sächsischen Behörden mit gleicher Intensität Neonazis verfolgen. Es ist vielmehr der Eindruck entstan-

den, dass die sächsischen Behörden dem linken Auge eher zuneigen als dem rechten. Diese politische Einseitigkeit hat in der Vergangenheit zur Verharmlosung, Nichtwahrnehmung und Kriminalisierung der Opfer geführt.«[109]

Am 10. November 2014 wurde der Prozess gegen Lothar König vor dem Amtsgericht Dresden, der im April 2013 begonnen hatte, gegen Zahlung von 3000 Euro eingestellt. Während des Prozesses stellten Königs Verteidiger fest, dass entlastendes Material zielgerichtet vorenthalten und eine faire Verteidigung dadurch verhindert worden war. Es war die übliche sächsische Vorgehensweise: Kritiker werden durch Ermittlungsverfahren mundtot gemacht. Wie sagte doch der SPD-Landtagsabgeordnete Henning Homann: »Wer Kritik an der Staatsregierung äußert, ist entweder kriminell, oder er verteidigt Gewalttäter.«

Ein bemerkenswertes Urteil wegen der Sitzblockade in Dresden gab es gegen den Landtagsabgeordneten Johannes Lichdi. Die Staatsanwaltschaft warf ihm vor, am 19. Februar 2011 im Zuge der Antinazi-Proteste gegen § 21 des Versammlungsgesetzes (VersG) verstoßen zu haben.

»Die Platzbesetzer und auch ich wandten sich gegen den geplanten Naziaufmarsch, die Verhöhnung der Opfer des Bombenangriffs vom 13. Februar 1945 durch die politischen Nachfahren der dafür Verantwortlichen und den Missbrauch der Opfer für die geschichtsrevisionistischen Thesen der rechtsradikalen Aufzüge«[110],

so Johannes Lichdi in seiner Verteidigungsrede am 31. März 2014. Es nutzte ihm nichts. Das Amtsgericht Dresden verurteilte ihn am 7. April 2014 zu einer Geldstrafe von zehn Tagessätzen zu je 150 Euro. In den Gerichtsunterlagen findet sich ein aufschlussreicher Hinweis in den Ermittlungsakten.

Demnach habe ein Polizeibeamter dem Anmelder der rechtsextremen Demonstration den Hinweis gegeben, doch gegen Lichdi Strafanzeige zu erstatten, weil er an der Blockade beteiligt gewesen sei.[111]

Das Oberlandesgericht Dresden bestätigte das Urteil gegen den Grünen-Abgeordneten Johannes Lichdi am 29. September 2014, weil keine Rechtsfehler vorgelegen hätten. Wahrscheinlich ist es von den sächsischen Staatsanwälten und Richtern zu viel verlangt, sich einfach einmal das Urteil des Oberverwaltungsgerichts Nordrhein-Westfalen vom 18. September 2012 durchzulesen. Dort steht zur Sitzblockade:

> »Die Freiheit kollektiver Meinungskundgabe ist verfassungsrechtlich bis zur Grenze der Unfriedlichkeit geschützt. (…) Deshalb ist es insbesondere gestattet, die Blockade als Mittel einzusetzen, um das kommunikative Anliegen, öffentliche Aufmerksamkeit für einen politischen StaNPDunkt zu erzielen … und dadurch am Prozess öffentlicher Meinungsbildung teilzuhaben.«[112]

Ein halbes Jahr nach der Antinazi-Demonstration begann am 15. September 2011 im Sächsischen Landtag auf Antrag der SPD und der Partei Die Linke eine aktuelle Debatte zu der Frage »Sächsische Demokratie – wie der Freistaat seinen Bürgerinnen und Bürgern vertraut«. André Hahn von der Partei Die Linke fasste dabei das »Wesen« der sächsischen Demokratie zusammen:

> »Gibt es noch ein anderes Land in der Bundesrepublik, in dem ein Justizminister – es war Herr Heitmann – ungestraft von der Richterschaft fordern kann, dass sie doch hin und wieder einmal die Gesetzbücher beiseite legen, an die Decke schauen und kreativ entscheiden möge?

> Gibt es noch ein anderes Land in der Bundesrepublik Deutschland, in dem ein Generalstaatsanwalt bei Ermittlungen gegen den Ministerpräsidenten und den Finanzminister wegen Untreue eine geplante Hausdurchsuchung und ebenso die Vernehmung als Beschuldigte unterbindet, und zwar so lange, bis die Straftaten verjährt sind? Gibt es noch ein anderes Land in der Bundesrepublik, in dem, wie hier in Sachsen, versucht wird, kritische Oppositionspolitiker durch höchst fragwürdige Fördermittel- und Steuerkontrollen finanziell zu ruinieren und damit mundtot zu machen?«[113]

Der SPD-Abgeordnete Martin Dulig bestätigte diese Einschätzung seines Kollegen während der Parlamentsdebatte:

> »Deshalb sage ich Ihnen, sowohl Ihnen von der Staatsregierung als auch Ihnen von der CDU und der FDP: Sie müssen Ihr Verhältnis zum Rechtsstaat und zur Demokratie einmal klären. Das muss ich Ihnen einmal klar sagen. (…) Da gibt es eine ganz gefährliche Entwicklung, und zwar eine Entfremdung zwischen Regierenden und Regierten.«[114]

Immerhin gibt es in Sachsen einen Ausländer- und Integrationsbeauftragten. Das ist seit Dezember 2014 der ehemalige Justizminister Geert Mackenroth (CDU). Als er im Jahr 2003 noch Landgerichtspräsident in Itzehoe war, fiel er mit der Feststellung auf: »Es sind Fälle vorstellbar, in denen auch Folter oder ihre Androhung erlaubt sein können, nämlich dann, wenn dadurch ein Rechtsgut verletzt wird, um ein höherwertiges Rechtsgut zu retten.«[115]

Während seiner Amtszeit als Justizminister machte er häufig Negativ-Schlagzeilen. Die Opposition warf ihm unter anderem »politische Einflussnahme«[116] bei Ermittlungen vor. »Er war keine Perle des Rechtsstaats«, urteilt der ehemalige Landtagsabgeordnete Karl Nolle. In einer Rede am 10. Juli 2014 führte er im Sächsischen Landtag unter anderem aus:

> »Wir sprechen heute über die Willfährigkeit, politische Steuerung und Instrumentalisierung der sächsischen Justiz. Und das ist der eigentliche Skandal, wie sie Gerechtigkeit verfehlt und den Opfern von Straftaten nicht etwa Genugtuung und Rehabilitierung verschafft, sondern sie erneut zu Opfern gemacht hat.«[117]

In seinem neuen, außerordentlich gut bezahlten Amt hielt der Jurist Mackenroth den Flüchtlingen schon mal vor, dass sie im Gegensatz zu den Flüchtlingen im Zweiten Weltkrieg doch nur »Luxusprobleme« hätten. Und gegenüber dem Radiosender MDR Info sagte er: »Es gibt viele, die sagen: Wenn wir das Niveau der ärztlichen Versorgung für Asylbewerber weiter erhöhen, dann kommen manche Menschen allein deswegen ins Land, um sich hier behandeln zu lassen.« Das sei zwar verständlich, aber Deutschland gewähre kein Asyl, »damit Flüchtlinge hier medizinisch durchsaniert werden«.[118] Dem Autor ist nicht bekannt, dass er zu den rassistischen Demonstrationen gegen Asylbewerber in Meißen klar Stellung bezogen hätte. Hier war Mackenroth von 2009 bis 2015 Vorsitzender des CDU-Kreisverbandes.

Außerdem entschied Mackenroth in seinem neuen Amt, den von seinem Vorgänger beschlossenen vorbildlichen Heim-TÜV für Flüchtlingsunterkünfte abzuschaffen. Damit waren bis dahin Größe, Ausstattung, Lage sowie angebotene Sprachkurse und Freizeitangebote mit einem Ampelsystem bewertet worden. In einer Presseerklärung der Landtagsfraktion von Bündnis 90/Die Grünen stellte ihm die Abgeordnete Petra Zais ein denkbar schlechtes Urteil aus:

> »Herr Mackenroth hat den Auftrag, die Interessen der hier lebenden Ausländer zu vertreten. Davon habe ich seit seinem Amtsantritt wenig von ihm wahrgenommen. Aufgefallen ist er mit verbalen Entgleisungen im Zusammenhang mit dem Flüchtlingscamp auf dem Theaterplatz, einer deutlichen Positionierung gegen ein Winterabschiebestopp und Vorschlägen zum Asylrecht, die mich hellhörig werden lassen.«[119]

Und Juliane Nagel, die Sprecherin für Flüchtlings- und Migrationspolitik der Fraktion Die Linke im Sächsischen Landtag, kritisiert, dass er sich »nicht entblödet«, vor der »Besserstellung der Asylsuchenden gegenüber den gesetzlich Krankenversicherten und vor Gesundheitstourismus zu warnen«.[120]

Der Journalist Arndt Ginzel gilt in Sachsen als einer der renommiertesten Journalisten, und er verfolgt die politische Szene in Sachsen seit Jahren. Sein Urteil über Geert Mackenroth ist vernichtend:

> »Er ist das Gegenmodell zu seinem Amtsvorgänger, der sich wirklich für die Interessen der Ausländer und Flüchtlinge eingesetzt hatte. In diesem Zusammenhang ist er ein Totalausfall. Er hat die in ihn gesetzten Erwartungen vollkommen enttäuscht und tritt auf jeden Fall nicht als Lobbyist der Ausländer auf. Das ist zumindest mein Eindruck.«[121]

DAS MÄRCHEN VOM MÜNDIGEN BÜRGER

Wie groß ist eigentlich der Anteil mündiger Bürger an der deutschen Gesamtbevölkerung? Sind wir Bürgerinnen und Bürger tatsächlich nur die armen, ohnmächtigen, bemitleidenswerten und unterdrückten Opfer »der« Politik und der Politiker »da oben«? Und ist das Volk eigentlich die wahre Stimme von Vernunft, Menschlichkeit und Solidarität?

Der »Schwachpunkt der Demokratie«, behauptet der Politikwissenschaftler Werner Patzelt von der Technischen Universität Dresden, »ist die Bürgerschaft mit ihren fossilisierten Vorurteilen, durch Halbbildung überwucherten Wissenslücken und einem bloß aufgesetzten Begehren nach politischem Engagement, bei dem man sie – bitte! – nicht über die Spaßgrenzen hinaus fordern soll.« Der von Werner Patzelt zum Ausdruck gebrachte Elitismus geht davon aus, dass die Bürger sowieso nichts mit der Demokratie anfangen können. Der Politikwissenschaftler ist an seiner Hochschule daher auch höchst umstritten. Als Mitglied der sächsischen CDU hat er in der Vergangenheit eine »stärkere Rechtsausrichtung« seiner Partei gefordert – was in Sachsen schon etwas heißen soll. Unterstützung leistete Patzelt, ein gern gesehener

Dauergast im öffentlich-rechtlichen Fernsehen, als es 2014 um die politische Einordnung der rechtspopulistischen Pegida-Demonstrationen in Dresden ging. Er bestritt, dass es bei Pegida Fremdenfeindlichkeit gebe, vielmehr handele es sich lediglich um eine »Ablehnung von Verfremdung der eigenen Heimat«. Die an die Medien gerichteten »Lügenpresse«-Rufe und die in Richtung Politik geäußerten »Volksverräter«-Schmähungen hatte er offensichtlich überhört.

Klarer als der Dresdner Professor sahen im Dezember 2014 die beiden Wissenschaftler Heinz Bude und Ernst-Dieter Lantermann die Motive der Pegida-Marschierer – eine Aussage, die auch noch im Herbst 2015 und wahrscheinlich auch für das Jahr 2016 zutrifft:

> »Im Gefühl selbstgerechter Statussicherheit lehnt man Einwanderer aus der islamischen Welt ab und verlangt verlässliche Regelungen, um die ›brauchbaren‹ und integrationsbereiten von ›unbrauchbaren‹ und integrationsunwilligen Migranten zu unterscheiden. Im Empfinden sozialer Marginalität fühlt man sich zudem bedroht von dieser Flut von Menschen, die von woanders her in unser Land strömen und einem ein Stück vom Kuchen wegnehmen.«[122]

Und wes Geistes Kind der Hauptorganisator von Pegida ist, scheint der Dresdner Professor auch nicht zu wissen. Da postet Lutz Bachmann am 19. September 2015 auf seiner Facebook-Seite:

> »… stimmt, es wird Krieg geben, wenn wir es jetzt nicht verhindern, dass diese gewalttätigen, undankbaren Invasoren hier herkommen und ihre brutale, fordernde, wahnsinnige, menschenverachtende Ideologie (…) mit-

> bringen! Auf die Straßen, Freunde, in jeder Stadt, in ganz Europa! Gesicht zeigen, bevor sie unsere einschlagen in ihrem grenzenlosen Hass!«

Aber das stört Patzelt anscheinend nicht. Anfang Oktober 2015 fand er gegenüber der *Bild*-Zeitung erneut eine Entschuldigung für Pegida: Das zentrale Thema von Pegida sei die Sorge um den Wandel der Gesellschaft in ein Einwanderungsland gewesen, so Patzelt. »Das wollte niemand hören und wurde als Rassismus abgetan.« Mit den Flüchtlingsströmen sehe sich Pegida nun aber bestätigt.[123]

Das eigentliche Problem für Patzelt waren diejenigen Bürger und Bürgerinnen, die gegen Pegida demonstrierten. Die hätten das politische Klima vergiftet. In der *Frankfurter Allgemeinen Zeitung* vom 21. Januar 2015 veröffentlichte er unter dem Titel »Edel sei der Volkswille« eine Analyse, wonach die öffentliche Wahrnehmung durch mehrheitlich linksliberal besetzte Medien geprägt werde, die alles, was einmal »als rechts von der Mitte« galt, jetzt schon als Rechtspopulismus, Rechtsradikalismus, Rechtsextremismus und Faschismus« werten würden. Bürger, die sich rechts von der Mitte artikulieren wollten, dürften in Talkshows allenthalben noch die Rolle des »Krokodils im Kasperletheater« spielen. Die Folge sei eine »Repräsentationslücke für einen gar nicht so kleinen Teil unserer Gesellschaft, deren unterrepräsentiertes Volksempfinden sich jetzt auf der Straße entlade«. Und dieses Volksempfinden schreit »Ausländer raus«, »Das Volk sind wir«, »Sie sollen verrecken«, hetzt undifferenziert gegen die USA und die NATO als die Verantwortlichen für alle Weltkonflikte, lobt dafür den russischen Despoten.

Dieses unterrepräsentierte Volksempfinden demonstriert gegen eine vermeintliche Islamisierung des Abendlandes (ein christliches Abendland wie Deutschland, in dem sechs Millionen Juden vergast wurden). Das unterrepräsentierte Volksempfinden ist demnach ganz normal, eben nur der rechte Rand von der Mitte, also mehr oder weniger harmlos, im Gegensatz zu den bösen linken Gegendemonstranten, sprich: Gewerkschafter, Sozialdemokraten, Linke und Initiativen gegen Fremdenfeindlichkeit.

Kein Weg führt daher an der bitteren Erkenntnis vorbei, dass es nicht nur den mündigen Bürger gibt. Bemerkenswert ist die stetig wachsende Anzahl jener Menschen, die schlicht und einfach nur dumm sind, sich zugleich nicht bilden möchten und emotional handeln. Sicher finden sich vielfältige sozialpsychologische und sozialökonomische Erklärungsmuster für diese Dummheit – doch sie vernebeln nur ein strukturelles Problem der letzten Jahre. Insbesondere die sozialen Medien im Internet bieten diesen Bürgern einen perfekten Resonanzboden. Im virtuellen Raum, und zwar nicht nur in der Anonymität, eröffnen sich ihnen bislang nie gekannte Spielwiesen für dummes Geschwätz, die irrwitzigsten Verschwörungstheorien, die übelsten Beleidigungen und abscheulichsten Hasstiraden. Der Kabarettist und Autor Dieter Nuhr meint es durchaus ernst, wenn er feststellt: »Die pöbelnde Masse tritt heute wieder selbstbewusst als Handelnder auf. Die Anonymität des Internets bedeutet insofern einen zivilisatorischen Rückschritt in Richtung Faschismus und Mittelalter, Pogrom und Hexenverbrennung.«[124]

Immerhin haben diese unsäglichen Bekenntnisse in den sozialen Medien den positiven Nebeneffekt, unseren treuherzigen Glauben an den mündigen Bürger nachhaltig zu erschüttern.

Mit welch dreister Attitüde sich heute Volkes Stimme zu Wort meldet, wird auf der Website »Perlen aus Freital« dokumentiert[125], und zwar, so weit möglich, mit dem Profil und den Arbeitgebern dieser Personen. Da wird trotzdem gepostet:

> »dreckige kaffer … de adolf wieder belebe und ku klux clan lieber mit millione sponsore … damit die schwarze huresöhn ausradiert werde«; »Schickt die Negerschweine zurück in den Urwald, oder sie werden irgendwann mal den Zorn (Deutschlands+Europa) zu spüren bekommen … Schwarzes Dreckspack«; »Boah, diese nigger sollen alle verrecken, die dummen hurensöhne … alle vergasen«; »Schaut euch diese Wichser an!!! drei Kugeln, Problem gelöst und für den Rest gibt es auch noch etwas Wirksames«; »Ab mit ihnen nach Polen so wie früher. Damals sind dort sogar die Züge hingefahren und das kostenlos«.

Diese menschenverachtenden Stimmen stellen nur eine winzige Auswahl dar. Und ohne die Aufklärungsarbeit der couragierten Bürger, die die Website »Perlen aus Freital« betreuen, würden wir wenig darüber wissen, was nicht nur in vielen hirnlosen Glatzköpfen vorgeht.

Sabrina Hoffmann, Chefin vom Dienst bei der *Huffington Post Deutschland*, kommentierte diese menschenfeindlichen Äußerungen folgendermaßen:

> »Natürlich gibt es auch gebildete und intelligente Menschen, die fremdenfeindlich sind, geniale Strategen rechter Parteien, die Massen begeistern können. Aber sie sind die Ausnahme. Nur 6,8 Prozent der Deutschen mit Abitur sind laut einer Studie der Universität Leipzig ausländerfeindlich. Bei den Deutschen ohne Abitur sind es 20,8 Prozent. Diese 20 Prozent sind gefährlich. Sie hören nicht auf die Vernunft, nicht auf Fakten und Argumente.

> Sie lassen sich von ihren Gefühlen beherrschen – und ihre stärkste Emotion ist die Angst. Wenn sie auf Unwissen trifft, ist das eine explosive Mischung.«[126]

Geschürt wurde diese explosive Mischung speziell in der Auseinandersetzung um den Islam. Es sind teilweise Journalisten und Politiker, die den Islam vollkommen undifferenziert in die terroristische Ecke stellen und viel Gehör finden, auch bei jenen mit Abitur und Hochschulabschluss. Ob Taliban, Salafisten oder andere sich auf den Islam berufende Terroristen, ob religiös verblendeter Hass, ob Morde und Mordanschläge dieser Terroristen im Namen des Islam gegen Islam-Kritiker – alles wird zu einer einzigen Soße der Vorurteile verrührt. Ein früher angesehener Journalist, der einige Jahre in Nordafrika lebte, hat es auf den Punkt gebracht: »Der Islam, auch der offizielle, brave, kann mit unserer Gesellschaft nichts anfangen. Ohne Europa wäre die Welt ein Tal der Finsternis.« Und plötzlich gehen die Menschen gerade dort auf die Straße, wo in mittelbarer oder unmittelbarer Nähe kein einziger Muslim lebt, und demonstrieren gegen die »Islamisierung des Abendlandes«, wie in Dresden und anderswo. Wobei zu der Gefahr der »Islamisierung des Abendlandes« inzwischen die »drohende Asylantenflut« hinzugekommen ist.

Natürlich darf in diesem Kontext ein Mann wie Thilo Sarrazin (SPD) nicht fehlen. Er hatte ja schon vor Jahren behauptet, dass Muslime generell eine Gefahr für das bedrohte christliche Abendland darstellen. Im Zusammenhang mit den Flüchtlingen forderte er im September 2015 eine grundsätzliche Einschränkung des Asylrechts. Es solle nur für Menschen gelten, die als politische Aktivisten oder im Rahmen eines Völkermordes verfolgt werden. »Aber nicht für jeden, der in einer Diktatur oder einer unvollkommenen Demokratie irgendwie unterdrückt wird.«[127]

Die Konsequenzen dieser rechtsradikalen und rechtspopulistischen Stimmungsmache mit ihren antisemitischen Untertönen sind für jeden sichtbar. Die Attacken auf Flüchtlingsheime, die Verachtung von Asylsuchenden und Migranten, in der sich offenkundiger Hass manifestiert, sind ein Beleg dafür, dass »heute längst wieder die Schwächsten und Unangepassten zu Opfern werden«, so Albrecht von Lucke. Für den Politologen und Publizisten geben heute jene den Ton an, »die – häufig mit Schaum vor dem Mund – behaupten, ›die Politik‹ bevorzuge die aus bitterer Not geflohenen Flüchtlinge gegenüber den ›hart arbeitenden‹ Deutschen«. Oder der Islam bedrohe das Abendland und die deutsche Kultur. Oder die »faulen Griechen« wollten nur an »unser Steuergeld«, Deutschland sei der Zahlmeister Europas, »das Sozialamt der Welt«. »Doch immer dann, wenn der gemeine Deutsche sich als Opfer sieht, wird es gemeingefährlich«, stellt Albrecht von Lucke fest.[128]

Exkurs über die ungebrochene Macht des Ressentiments

Rührt man etwas tiefer in diesem gesellschaftlichen Morast, wird deutlich, dass sich in ihm nicht nur die mit blindem Hass geschlagenen Bürger suhlen, die Rechtsradikalen, von der NPD bis zur neuen neofaschistischen Partei Der Dritte Weg. Die könnte man noch verharmlosend als die schmutzige Seite der demokratischen Gesellschaft abtun. Tatsächlich aber sind es weitaus mehr Bürger, die vielleicht weniger radikal, aber ähnlich denken, wie zum Beispiel jene, die 1992 in Lichtenhagen pöbelten und brandschatzten oder seit 2014 in vielen Städten Deutschlands ihre Wut, Dummheit und Frustration über »das System« herausgebrüllt haben und deren selbst ernannte Sprecher daraufhin zum Dialog mit Politikern eingeladen wurden. Denn die glaubten, dass seien doch Bürger aus der Mitte der Gesellschaft, also irgendwie verlorene Seelen, die nichts mit Rechtsextremismus zu tun hätten. Gesine Schwan, einstige Kandidatin für das Amt des Bundespräsidenten, stellte in einer Talkrunde im Hinblick auf Pegida fest, nachdem behauptet worden war, die Demonstranten kämen doch aus der Mitte der Gesellschaft: »Aus der Mitte der Gesellschaft heißt ja nicht automatisch, dass die alle Demokraten sind.«[129]

Das sieht Anetta Kahane von der Amadeu Antonio Stiftung nicht anders:

> »Ein zentraler Mythos der deutschen Geschichte war immer die des Extremen, aus dem das Böse kriecht, versus der guten Mitte, in der die Welt ihr Gleichgewicht findet. (…) Die deutsche Mitte wurde zu lange zu unkritisch betrachtet. Auch als sich nach der Vereinigung im Osten die Nazis in ›national befreiten Zonen‹ gegen ›Zecken‹, ›Assis‹ und ›Ausländer‹ austobten, handelte es sich scheinbar nur um Extremisten. Doch die Mitte duldete dies mit mehr oder weniger Wohlwollen, konnte im Zweifel jedoch immer auf die Extremisten zeigen. Erst als Pegida selbst auf die Straße ging, wurde die aggressive Mitte sichtbar.«[130]

Ähnlich sieht es Wolfgang Hetzer. Der Jurist und heutige Publizist war einst Referatsleiter im Bundeskanzleramt, zuständig für den Bundesnachrichtendienst im Bereich Organisierte Kriminalität und Korruption, danach in Brüssel persönlicher Berater des Generaldirektors des Europäischen Amtes für Betrugsbekämpfung (OLAF). Er sagt:

»Sie können in der deutschen Geschichte sehr gut studieren, wie sich eine Herde von Lämmern in ein Rudel reißender Wölfe verwandelt. Neueste Untersuchungen zeigen übrigens auf, dass gar nicht so sehr das Proletariat, das es jetzt ja gar nicht mehr gibt, weil es vom Prekariat abgelöst wurde, sondern, etwa in der damaligen Reichshauptstadt Berlin, das tragende Bürgertum Hitler folgte, weil es sich durch die wirtschaftlichen Umstände in seiner Existenz bedroht sah.«[131]

Ein Beispiel: Am 3. Oktober 2015 brach im unbewohnten Dachstuhl eines Wohnhauses im westfälischen Altena, kurz nachdem sieben syrische Asylbewerber vor dem Terror in ihrer Heimat dort Schutz gesucht hatten, ein Feuer aus. Es war Brandstiftung. Die Feuerwehr konnte das Feuer jedoch schnell löschen, niemand wurde verletzt. Sechs Tage später wurden die Brandstifter – zwei junge Männer aus dem Raum Altena – festgenommen. Die Staatsanwaltschaft Hagen warf ihnen schwere Brandstiftung vor. Darauf stehen bis zu 15 Jahre Haft. Den naheliegenden Vorwurf des versuchten Mordes sah die Staatsanwaltschaft nicht. Denn es wurde ja nur der Dachstuhl angezündet. »Wenn er den Tod der Menschen gewollt hätte, hätte er alles in Brand gesteckt«[132], so der zuständige Staatsanwalt Bernd Maas. Doch was wäre geschehen, wenn der Brand nicht rechtzeitig festgestellt worden wäre?

Auf jeden Fall zeigte Maas große Milde. Er beantragte keine Untersuchungshaft. Schließlich seien die beiden Brandstifter »ganz normale« Menschen, die einer geregelten Arbeit nachgingen und nicht vorbestraft seien. Sie wollten lediglich, dass die Syrer »verschwinden«. Daher, so der Staatsanwalt, sei der »Hintergrund eine persönliche Überzeugung, keine politische«. Diese Argumentation löste heftige Kritik aus, was Maas jedoch kaltließ. Er beschwerte sich sogar über die Kritik, obwohl er zu wissen meinte, dass überall in Deutschland Flüchtlingsheime brennen.

Sind die Täter alles nur »normale Menschen«, die unter Umständen »nur« fremdenfeindlich sind, was irgendwie entschuldbar ist? »Längst haben sich rechtsradikale Ansichten tief hinein in die Gesellschaft gefressen. Wer das verharmlost, schützt den Rechtsstaat nicht, er gefährdet ihn.«[133] Diesen Kommentar von Annette Ramelsberger in der *Süddeutschen Zeitung* sollte sich Staatsanwalt Bernd Maas ins Stammbuch schreiben.

Während der Zentralrat der Juden in Deutschland große Sorge ob der antimuslimischen Demonstrationen von Pegida äußerte, zeigte Bundesinnenminister Thomas de Maizière (CDU) Verständnis für Pegida und meinte, dort würden »Sorgen vor den Herausforderungen der heutigen Zeit« artikuliert. Pegida steht jedoch »für den Rassismus der deutschen Mitte«, so die Forschungsergebnisse von Oliver Decker, Johannes Kiess und Elmar Brähler von der Universität Leipzig in ihrer Studie »Die stabilisierte Mitte. Rechtsextreme Einstellung in Deutschland 2014«. Die Wissenschaftler ziehen ein deutliches Fazit:

> »Außerdem wurde deutlich, dass die Islamfeindschaft das neue Gewand des Rassismus ist: Nun wird (vordergründig) nicht mehr biologisch argumentiert, sondern die vermeintliche Rückständigkeit der islamischen Kultur thematisiert. Damit bricht der kulturalistische Rassismus wichtige Tabus, wie schon von der Kommunikationslatenz des primären Antisemitismus bekannt.«[134]

Deshalb überraschte es die Wissenschaftler auch nicht, dass »jeder dritte Deutsche findet, Muslimen und Musliminnen sollte die Zuwanderung nach Deutschland untersagt werden, und 42,7 % der Befragten fühlen sich ›wie ein Fremder im eigenen Land‹«.[135]

In Dresden organisierte Pegida im Grunde genommen eine völkische und teilweise rechtsradikale politische Sammelsurium-Bewegung, sogenannte Montagsdemonstrationen, zu denen im Winter 2014 immerhin bis zu 25 000 Menschen kamen. Öffentlich wurde dadurch, dass es eine fremdenfeindliche Parallelgesellschaft gibt. Nach internen Auseinandersetzungen innerhalb von Pegida war es Mitte 2015 ruhig geworden. Doch seit September 2015 marschieren bei den Montagsdemonstrationen wieder Tausende mit und haben sogar den öffentlichen Raum in Dresden erobert. Denn es gab keine nennenswerten Gegendemonstrationen mehr gegen den rechten Mob.

Der Mitorganisator der Montagsdemonstrationen Lutz Bachmann bezeichnete auf Facebook Migranten schon mal als »Dreckspack«, »Gelumpe« und »Viehzeug«. Derselbe Bachmann wurde in jungen Jahren bekannt für das, was Pegida heute eher den Flüchtlingen vorwirft: Einbrüche, Körperverletzungen und Diebstähle, eng verbunden mit dem Dresdner Rotlichtmilieu.[136] Die *Bild*-Zeitung titulierte ihn sogar einmal als »Panzerknacker aus Dresden«.

An seiner Seite stand anfangs Kathrin Oertel, Mitbegründerin, zeitweise Sprecherin und Scharfmacherin von Pegida. Sie fiel in einer ZDF-Talkshow von Maybrit Illner am 21. Mai 2015 einerseits wegen der ziemlich dick aufgetragenen Schminke auf und andererseits wegen ihrer ziemlich wirren Sätze:

> »Sicherlich ist der Herr Goebbels tot, und das ist auch gut so. Aber wer glaubt, dass die Propaganda mit Herrn

Goebbels gestorben ist, dem muss ich leider die Illusion nehmen. Die NATO-Propaganda ist sehr gefährlich, weil die NATO mit ihrer Propaganda einfach die Menschen in den Krieg stürzt und dadurch viele, viele Streitigkeiten aufkommen, und zum Beispiel auch das Thema um den Islam und den bösen Moslem. Das ist eindeutig der NATO-Propaganda zu verdanken.«[137]

Später dachte sie laut darüber nach, was denn wäre, wenn die »3000 Menschen«, die durch den US-Drohnenkrieg ums Leben gekommen sind, in Deutschland von Terroristen ermordet worden wären: »Das wäre doch der Terrorismus, den wir uns hier wünschen, den sich die Medien wünschen.«

Wochen zuvor hatte sie noch vor der Islamisierung des Abendlandes gewarnt. Immerhin entschuldigte sie sich, nachdem sie Pegida verlassen hatte, bei den Migranten und Muslimen. Verschwörungstheoretisch blieb sie hingegen weiter auf Kurs.

Thomas Tallacker, Ex-CDU-Mitglied, ist ebenfalls Mitglied im Pegida-Organisationsteam. Er hetzte im Sommer 2013 auf Facebook gegen Asylbewerber: »Was wollen wir mit dem zu 90 % ungebildeten Pack, was hier nur Hartz 4 kassiert und unseren Sozialstaat ausblutet.«

Ein weiteres Mitglied des Organisationsteams ist Siegfried Däbritz. Er beschimpfte laut *Spiegel* Muslime als »mohammedanische Kamelwämser« oder »Schluchtenscheißer«.

Zu den Pegida-Köpfen gehört auch Michael Viehmann. »Merkel wollte er steinigen. Israelis beschimpfte er als ›Judenpack‹«, schrieb die *Frankfurter Rundschau* am 3. März 2015.

Von Pegida gefeiert wurde eine Tatjana Festerling, die sogar bei der Oberbürgermeisterwahl in Dresden am 7. Juni 2015 kandidierte. Sie erhielt immerhin 9,6 Prozent der Stimmen, das heißt, sie wurde von knapp 21 000 Dresdnern gewählt.

In einem Artikel der rechtslastigen Schweizer Wochenzeitung *Die Weltwoche* beschäftigte sich Festerling mit den gewaltbereiten Hooligans:

> »Hooligans überwinden ihre tief sitzenden Freund-Feind-Bilder, schließen sich vor sechs Wochen zusammen und gründen die Bewegung ›HoGeSa – In den Farben getrennt in der Sache vereint – Hooligans gegen Salafisten‹. Also Typen, die sich trauen, für unser Land und für den vor der Glotze hockenden deutschen Michel auf die Straße zu gehen.«[138]

Bekannt sind ihre Äußerungen zu Flüchtlingen, das seien »Männer, die ihre Familien und Heimat im Stich gelassen haben, weil es hier Schöner Wohnen und ordentlich Knete vom Staat gibt«. Oder sie schwadroniert über »Asylantenströme, mit denen ihr, die Deutschlandvernichter von Merkel und Gabriel bis Tillich, unser Dresden, unser Sachsen und unser Deutschland flutet«.[139] Normalerweise heftet man solche Äußerungen als dummes Geschwafel ab. Doch ihre 21 000 Stimmen bei der Dresdner OB-Wahl zeigen, dass selbst das dümmste Geschwafel Begeisterung wecken kann.

Am 28. September 2015 trat Festerling erneut vor mehr als 10 000 Pegida-Teilnehmern in Dresden auf die Bühne. Diesmal forderte sie, dass Bundeswehr und Polizei ihre Arbeit niederlegen sollten. »Pegida wurden Dokumente zugespielt, aus denen hervorgeht, wie kritisch sich selbst hochrangige militärische Führungskreise zu den Zuständen äußern und den bedingungslosen Gehorsam infrage stellen.« Und sie forderte, dass sich »Arbeiter, Polizisten, Soldaten, freiwillige Helfer«, eben Menschen, die »inzwischen enorme Energie aufwenden« müssten, um »die negativen, traurigen Gedanken an die Zukunft zu verdrängen«, krankschreiben lassen sollten.[140] Beifall brandete auf, als sie diese wirren Aussagen von sich gab.

Erschreckend ist, dass nach einer Umfrage von *Zeit Online* vom Dezember 2014 jeder zweite Deutsche mit Pegida sympathisiert. Es sind jene Deutschen, die gern als schweigende Mehrheit bezeichnet werden. An den Demonstrationen von Pegida nahmen Arbeitslose genauso teil wie Handwerker, kleine Unternehmer, Beamte, Ärzte, Architekten und sogar Wissenschaftler. Und die Veranstalter verweisen entschuldigend darauf, dass die Demonstranten von Pegida doch unmöglich alle Neonazis sein könnten. Dagegen stellt Andreas Zick, Direktor des Instituts für interdisziplinäre Konflikt- und Gewaltforschung an der Universität Bielefeld, fest:

> »Das Neue ist ja, dass der Rechtspopulismus und der Rechtsextremismus zusammengewachsen sind, und der ist zusammengewachsen über Pegida. Es scheint ja für viele Bürger harmlos zu sein, da einfach mitzulaufen. Viele Bürger glauben, die Politik hat eh versagt, die Demokratie, jetzt nehmen wir das selbst in die Hand, und hoffen darauf, dass die Kämpfer in den Truppen der Rechtsextremen dann zuschlagen, und genau das passiert.«[141]

In einer beachtenswerten wissenschaftlichen Studie der Friedrich-Ebert-Stiftung mit dem Titel *Die Mitte in der Krise* aus dem Jahr 2010 ist bereits zu lesen:

> »So hat sich der Trend, dass seit 2002 immer weniger Deutsche eine Diktatur befürworten, umgekehrt: 2010 wünschte sich in Deutschland gut jede/r Vierte eine ›starke Partei‹, die die ›Volksgemeinschaft insgesamt verkörpert‹, mehr als jede/r Zehnte einen ›Führer‹, der ›Deutsch-

land zum Wohle aller mit harter Hand regiert‹. Und etwa jede/r Zehnte hält eine ›Diktatur‹ für ›die bessere Staatsform‹. Durchschnittlich allen drei Aussagen gleichzeitig stimmt jede/r zwanzigste Deutsche zu.«[142]

Im Jahr 2015 dürfte sich an diesen Werten ganz sicher nichts geändert haben, zu befürchten ist eher das Gegenteil. Das zeigt eine Forsa-Umfrage vom Juni 2015 unter potenziellen Wählern der rechtspopulistischen Alternative für Deutschland (AfD). Fast die Hälfte der Befragten attestierte dem historischen Nationalsozialismus, »in erster Linie die Interessen der Deutschen vertreten« zu haben. Zwei Drittel wollten »Arbeitsunwillige« zum Arbeiten zwingen. Asylbewerber wurden von 75 Prozent der potenziellen AfD-Wähler generell als »Sozialschmarotzer« bezeichnet, 76 Prozent glaubten an einen »Gesinnungsterror linkslastiger Medien«.[143]

Angefeuert werden die gefährlichen Ressentiments aus der Mitte der Gesellschaft heraus, zum Beispiel von einem Historiker aus Berlin. Jörg Baberowski ist Professor für die Geschichte Osteuropas an der Humboldt-Universität Berlin und gern gesehener Gast in Funk und Fernsehen. »Deutschland hat seine nationale Souveränität aufgegeben und die Entscheidung darüber, wer kommen und wer bleiben darf, in die Hände illegaler Einwanderer gelegt.« Das ist nicht einmal ansatzweise wissenschaftlich, sondern schlichtweg dumpfes Ressentiment. Wahrlich nur dummes Zeug ist seine Aussage: »Deutschland ist ein Land ohne Opposition, dessen Regierung wünscht, dass in ihm nur noch eine Sprache gesprochen und nur noch eine Auffassung vertreten werde.« Und der soziale Rassismus scheint ihm nicht fremd zu sein:

> »Warum soll eigentlich ein Einwanderer Sozialleistungen beanspruchen können, für die jene, die schon hier sind,

jahrzehntelang gearbeitet haben? Menschen, die keine Wohnung finden, weil ihr Gehalt nicht ausreicht, verstehen nicht, warum das soziale Netz auch für jene da sein soll, die für seine Finanzierung keinen Beitrag geleistet haben.«[144]

Diese rhetorische Gewalttätigkeit, diese von Vorurteilen triefenden Sätze könnten auch von der NPD oder der AfD stammen.

Andere Geistesgrößen, von denen man nie etwa zu Fragen der sozialen Gerechtigkeit, zur ungleichen Vermögensverteilung oder klare Worte über die Ausbeutung der Dritten Welt vernehmen konnte, reihen sich inzwischen in das völkische Orchester gefährlicher Ressentiments ein. Plötzlich fühlen sich die intellektuellen Biedermänner in ihrem nationalistischen plüschigen Ohrensessel durch Fremde bedroht. In einem Leserbrief an die FAZ schreibt ein Professor em. Lothar Göttsching, der ehemalige Leiter des Fachgebietes Papierfabrikation an der Technischen Universität Darmstadt:

> »Wir sind mit unserer selbstmörderischen Willkommenskultur Zeitzeugen der dritten Invasion ohne adäquate Abwehrkräfte – analog zum Fall von Byzanz (Konstantinopel) im Jahr 1453, was ebenfalls das Ergebnis eines irreversiblen Vorgangs war.«[145]

Ein ebenfalls emeritierter Professor, hier für Wissenschaftssoziologie in Wien, ist Rudolf Burger. Er ist in Österreich hoch geachtet. Am 13. Oktober 2015 sagte er in einem Interview gegenüber der Wiener Zeitung:

> »Warum kommen die hunderttausenden jungen Männer zu uns? Warum bleiben sie nicht und verteidigen ihre Heimat? Ich stelle diese Frage ganz naiv, zumal es an Waf-

fen in der Region eher nicht mangelt und die Zahl der Kämpfer des Islamischen Staates überschaubar ist.«

Ist das Naivität, Dummheit oder pure Menschenfeindlichkeit? Letzteres insbesondere ist in Österreich ja ebenso weit verbreitet wie in Deutschland.

Auch der 70-jährige Schriftsteller und Dramatiker Botho Strauß erhob seine Stimme und argumentierte in etwa wie der Darmstädter Professor. In einer Glosse für den *Spiegel* schrieb Strauß:

> »Ich möchte lieber in einem aussterbenden Volk leben als in einem, das aus vorwiegend ökonomisch-demografischen Spekulationen mit fremden Völkern aufgemischt verjüngt wird, einem vitalen. (…) Die Sorge ist, dass die Flutung des Landes mit Fremden eine Mehrzahl solcher bringt, die ihr Fremdsein auf Dauer bewahren und beschützen.«[146]

Von der »Flutung« Deutschlands spricht auch ein Star des deutschen Feuilletons, der ebenfalls 70-jährige Literaturwissenschaftler und Schriftsteller Rüdiger Safranski: »Die Politik hat die Entscheidung getroffen, Deutschland zu fluten und er möchte doch gefragt werden, wenn die Kanzlerin sagt, Deutschland wird verändert werden.«[147]

Der menschenverachtende Begriff »Flutung« ist nur um Nuancen vom Begriff »Umvolkung« getrennt. Letzteren benutzt insbesondere die rechtsradikale NPD, um ebenfalls vor der »Flutung« zu warnen. Am 24. September 2015 forderte die NPD-Fraktion im Mecklenburgischen Landtag in einem Antrag: »Konkrete und wirksame Maßnahmen gegen die Asylflut einleiten – der Umvolkung in unserer Heimat konsequent begegnen.«[148]

Laut Duden ist Ressentiment ein Synonym für Feindschaft, Feindseligkeit, Vorurteil oder Widerwillen. In der Vergangenheit richtete es sich gegen die Juden, jetzt wahlweise gegen Ausländer, Muslime und Flüchtlinge, gegen das Fremde überhaupt. Für den Philosophen Friedrich Nietzsche war das Ressentiment ein Merkmal der Moral von Sklaven, die infolge ihrer Lebenssituation die Welt in keiner Weise verändern können. Letztlich wird aus dem Ressentiment eine Abneigung gegen jegliche Form staatsbürgerlichen Handelns, und es führt unter anderem zu ausgeprägtem Nationalismus und gefährlichem rechten Populismus. Und der wiederum hat in Deutschland seit dem Ende der Nazi-Herrschaft durchaus Tradition, was viele heute nicht mehr wahrhaben wollen.

Dazu passt, dass im vergangenen Jahr »in Deutschland etwas passiert ist, das alle Hemmschwellen eingerissen hat«. Mit diesen Worten beklagte Bundesinnenminister Thomas de Maizière (CDU) im Herbst 2014 ein »Klima der Maßlosigkeit und des Hasses in der öffentlichen Debatte«. Als der sächsische Ministerpräsident Stanislaw Tillich (CDU) sich kritisch über Pegida äußerte, konnte man auf Facebook Kommentare wie diese lesen: »Tillich der Volksverräter soll beim nächsten Hexenbrennen auf den Haufen geworfen werden.« Ein Michael Schmidt – kein anonymer Facebook-Nutzer – schrieb: »Herr Tillich. Ihnen als auch allen anderem korruptem Abschaum wird sowohl das Drohen als auch das Lachen vergehen, wenn Sie endlich bekommen was Sie verdienen. Wollen wir hoffen das es nicht standrechtlich ist, sondern ein ordentlicher Prozess.« Ein Olaf Eckmann äußerte sich so: »Tillich. Drecksack. Deine Tage sind gezählt.« Ein Sven Werlich schrieb: »Früher wurden solche Schweine am nächsten Baum aufgeknüpft. Heute meckert man nur noch.«

Die Publizistin Jutta Ditfurth, die sich für Flüchtlinge einsetzt, erhielt auf Facebook Nachrichten, die zeigen, welcher

Hass sich in den sozialen Medien derzeit austobt: »Du abartiges häßliges mistweib … geh deine inzucht brut weiter machen du dreckige Hure.« Ein Oli Ver, der ansonsten Beiträge in der rechten *Jungen Freiheit* teilt, nahm kein Blatt vor den Mund: »Ich wünsche ihnen den Tot.« Sämtliche hier unkorrigiert wiedergegebenen Beiträge zeigen, dass die auf ihr Deutschtum ach so stolzen Verfasser der deutschen Sprache in aller Regel nur rudimentär mächtig sind.

Nachdem Georg Leppert in der *Frankfurter Rundschau* am 10. März 2015 einen kritischen Artikel zu Pegida veröffentlicht hatte, brach ein Shitstorm los. Massenhaft kamen Briefe folgenden Inhalts: »Dafür werden wir dir deine kranken Bolschewikengedanken aus dem Wanst prügeln, wir kriegen Dich!!«

Sind solche Hasstiraden die Ausnahmen? Handelt es sich um Personen, für die eine psychiatrische Behandlung hilfreich wäre? Oder formulieren sie in ihrer geistigen Beschränktheit nur das, was bis in die Mitte der Gesellschaft vorzudringen droht – sozialer und ethnischer Rassismus, der von den politischen Eliten nicht einmal ansatzweise bekämpft wird?

Wenn Steve Feldmann, ein Vorstandsmitglied der Berliner Gewerkschaft der Polizei (GdP), im Zusammenhang mit Fahrraddiebstählen in einem Radiointerview am 17. Juli 2014 von polnischen Staatsbürgern »als alternativen Spargelstechern« redet, dann zeigt sich ein tief verwurzeltes Ressentiment in der Mitte der Gesellschaft. Nachdem die Pressesprecherin der GdP Berlin ihren Kollegen wegen seiner Äußerungen kritisiert hatte, wurde sie ihres Postens als Pressesprecherin enthoben. Nachfolger wurde ebenjener Kriminalkommissar Steve Feldmann, der laut Presseberichten in der Vergangenheit in rechtslastigen Organisationen seine politische Heimat gefunden hatte.[149] Aber diese Aktivitäten seien »Jugendsünden« gewesen, argumentierte der GdP-Funktionär treuherzig.

Deutschlandweit für Schlagzeilen sorgten Beamte der Bundespolizei in Hannover im Juni 2015. Dort wurde unter anderem ein 19-jähriger Marokkaner festgehalten, weil er keinen Fahrschein vorzeigen konnte. Er wurde in eine Zelle verbracht, nachdem man in seinen Strümpfen geringe Mengen von Marihuana gefunden hatte. Was dann geschah, wurde mit einem Handy gefilmt: Der Marokkaner wird von zwei Beamten festgehalten, man sieht ihn mit schmerzverzerrtem Gesicht. In der Handy-Kurzmitteilung des Beamten der Bundespolizei heißt es im Originalton:

> »Das ist ein Marokkaner. Den habe ich weiß bekommen. XY [sein unmittelbarer Vorgesetzter] hat gesagt, dass er ihn oben gehört hat, dass er geqikt hat, wie ein Schwein. Dann hat der Bastard erst mal den Rest gammeliges Schweinefleisch aus dem Kühlschrank gefressen, vom Boden.«[150]

Ähnlich erging es einem jungen Afghanen. In einer Nachricht, die von einem Beamten über den Kurzmitteilungsdienst WhatsApp verschickt wurde, steht: »Hab den weggeschlagen. (…) Mit Einreiseverbot. Hab dem meine Finger in die Nase gesteckt. Und gewürgt. War witzig. Und an den Fußfesseln durch die Wache geschliffen. Das war so schön. Das war ein Geschenk von Allah.«

Es waren keine Einzelfälle, wie mit verdächtigen Migranten in Hannover umgegangen wurde. Das Bestürzende dabei war und ist, dass die Kolleginnen und Kollegen sowie die Dienstvorgesetzten dieses Verhalten tolerierten und wegschauten.

Günter Burkhardt ist Geschäftsführer und Mitbegründer der Menschenrechtsorganisation Pro Asyl. Er sagt zu den Vorgängen in Hannover: »Wechselseitig wird gedeckt. Diese Kameraderie und menschenrechtsverachtende Behandlung habe ich schon öfters erlebt. Der Übergang zwischen Kameradschaftsgeist und rechtsradikalen Einstellungen ist fließend.«[151] Und dass nicht wenige Polizeibeamte und Verfassungsschützer mit den fremdenfeindlichen Organisatoren sympathisieren, ist eigentlich kein Geheimnis mehr.

Sieht man bei den Männern und Frauen mit ihren nationalistischen, rassistischen und menschenfeindlichen Einstellungen und Aktionen genauer hin, findet sich ein gefährliches Maß an geistiger Trägheit, blindwütiger, nach innen und außen gerichteter Aggression, gepaart mit erbärmlichem Selbstmitleid und tief sitzenden Ressentiments. Soziologen sprechen sehr wertneutral von Gruppenbezogener Menschenfeindlichkeit.

Am Institut für interdisziplinäre Konflikt- und Gewaltforschung der Bielefelder Universität findet seit 2002 unter der Leitung von Wilhelm Heitmeyer und Andreas Zick eine Langzeituntersuchung zu Gruppenbezogener Menschenfeindlichkeit statt. Erforscht werden die Entwicklung und die Ursachen von Vorurteilen gegenüber unterschiedlichen gesellschaftlichen Gruppen. Berücksichtigt werden bei den empirischen Analysen zwölf Elemente, die sich in der Regel gegenseitig ergänzen: Rassismus, Antisemitismus, Fremdenfeindlichkeit, Etabliertenvorrechte, Abwertung von Obdachlosen und Menschen mit Behinderung, Homophobie, Islamfeindlichkeit, Sexismus, Abwertung von Langzeitarbeitslosen, Abwertung von Asylbewerbern, Abwertung von Sinti und Roma. Das heißt zum Beispiel, dass jemand, der fremdenfeindliche Einstellungen vertritt, mit einiger Wahrscheinlichkeit auch antisemitische, sexistische und homophobe Einstellungen vertritt. In einem vorläufigen Fazit aus dem Jahr 2011 werden die Folgen beschrieben:

»In der politischen Sphäre gibt es mit der Wahrnehmung einer Demokratieentleerung, also von Vertrauensverlusten und einem Gefühl der Machtlosigkeit, ernste Warnsignale, da die Anfälligkeit für rechtspopulistische Mobilisierung auffällig ist. Entsicherung, Richtungslosigkeit und Instabilität sind zur neuen Normalität geworden, die Nervosität scheint über alle sozialen Gruppen hinweg zu steigen. Eine explosive Situation als Dauerzustand.«[152]

Klarer und eindeutiger äußerte sich bereits Ende der Sechzigerjahre der Frankfurter Psychoanalytiker Alexander Mitscherlich in seiner Dankesrede anlässlich der Verleihung des Friedenspreises des Deutschen Buchhandels im Jahr 1969. Für ihn leistet die Dummheit der

> »feindseligen Aggression kräftig Vorschub, weil sie die Neigung erweckt, einen Sündenbock zu finden, Aggression überhaupt nur außerhalb des eigenen Ich zu sehen. Damit steht dem Ausagieren der Feindseligkeit kaum noch etwas entgegen. Sie nimmt vielmehr ihren mehr oder weniger geplanten Lauf.«

Und Mitscherlich sagte etwas, das heute aktueller ist denn je:

> »Der Versuch, den intensiven Wirkungszusammenhang zwischen Aggression und sozial erzeugter Dummheit sichtbar zu machen, kann sich auf das Wort berufen: ›Dummheit und Stolz wachsen auf einem Holz.‹ Die Gültigkeit des Sprichwortes lässt sich auch auf Gruppenverhalten erweitern; das hieße dann: Nationale Dummheit und nationaler Stolz wachsen auf einem Holz.«

Dahinter verbirgt sich ein strukturelles gesellschaftliches Problem. Alexander Mitscherlich nannte es die »anerzogene Dummheit«, die »sorgfältig durch Erziehung zu Vorurteilen herbeigeführte Dummheit«. Momentan erleben wir deren Auswirkungen insbesondere dort, wo die Protagonisten dieser Dummheit sich lautstark und öffentlich präsentieren, wobei die »anerzogene Dummheit« nicht nur an den Rändern, sondern auch in der Mitte der Gesellschaft und damit auch bei Teilen der politischen Elite präsent ist.

Szenen aus menschenfeindlichen Landschaften in der Ex-DDR am Beispiel von Freital und anderen Orten

Nationalismus und Rassismus nehmen immer extremere Formen an, Anpöbeleien auf der Straße sind für Flüchtlinge trauriger Alltag, insbesondere wenn sie von dunklerer Hautfarbe sind. An mehreren Orten mobilisierte und organisierte eine neofaschistische Partei Fackelmärsche und Proteste, die sich gegen Flüchtlinge richteten. Schutzsuchende werden von Skinheads überfallen.[153]

Das sind Erkenntnisse aus einem Bericht der Menschenrechtsorganisation Pro Asyl. Aber sie beziehen sich auf Ungarn, ein EU-Land, in dem eine rechtsradikale Regierung an der Macht ist. Eigentlich könnten mit dieser Beschreibung auch bestimmte Regionen in Deutschland gemeint sein, ob in Rheinland-Pfalz, Nordrhein-Westfalen, Bayern, Baden-Württemberg oder in allen neuen Bundesländern.

Für die rechtsradikalen Randalierer wird offiziell gerne der Euphemismus »Asylgegner« benutzt, die dadurch mit den »Asylfreunden« auf eine Stufe gestellt werden, was David Hugendick in *Zeit Online* zu folgendem Kommentar veranlasste:

»Mittlerweile sind für diesen Mob, der da seine Ressentiments durch die Straßen trägt, die Wörter ›Asylkritiker‹ oder ›Asylgegner‹ üblich geworden – Begriffe, die sich diese Gruppen selbst zueignen und die mit den ›Asylbefürwortern‹ ein neues Begriffspaar bilden. Inzwischen übernehmen einige Medien diese Wörter, ohne sich nähere Gedanken zu machen, was und vor allem welcher Gesinnung hier nachgeplappert wird. Der ›Asylkritiker‹ reiht sich ein ins krypto-totalitäre Vokabelheft, wo schon der ›gesunde Menschenverstand‹ steht, der ›besorgte Bürger‹, der ›Islamkritiker‹ und die ›schweigende Mehrheit‹. Ein ganzes Bestiarium des Volksempfindens.«[154]

Wer das hiesige gesellschaftliche Milieu des Rassismus und Rechtskonservatismus, dieses »Bestiarium des Volksempfindens«, näher kennenlernen und erfahren will, wie weit wir inzwischen in bestimmten Landesteilen von einer humanen Bürgergesellschaft entfernt sind, der sollte in das vor den Toren Dresdens gelegene sächsische Freital reisen. Auf ihrer Homepage präsentiert sich die Große Kreisstadt Freital mit ihren knapp 40 000 Einwohnern als Stadt »mit Charme«, »mit vielfältigen Freizeitmöglichkeiten, mit gemütlichen Hotels, Pensionen und Restaurants«, kurz, als regelrechtes Idyll.

Wer jedoch von Dresden aus an Weinbergen, eingezäunten Kirsch- und Apfelbaumplantagen vorbeifährt, sieht spätestens, wenn er die im Talkessel gelegene Innenstadt erreicht, eher soziale Tristesse mit heruntergekommenen Wohnhäusern und zahllosen Billigläden.

Ein wenig außerhalb der Stadt liegt das Hotel Leonardo, umrahmt von Einfamilienhäusern und einfachen Sozialbauten. Anfang 2015 wurde es zur Erstaufnahmeunterkunft für Schutz suchende Flüchtlinge umgewidmet, für Menschen, die eine monatelange Odyssee hinter sich hatten und auf ihrer Flucht vor Krieg, politischer Verfolgung und bitterer Armut oft nur knapp dem Tod entronnen waren.

Freital war einmal eine sozialdemokratische Stadt, galt als das »rote Wien von Sachsen«. In den Zwanzigerjahren sollte hier eine Musterstadt entstehen, »frei von Ausbeutung und Unterdrückung« – daher der Name Freital. Dann kamen die Nazis. 1944 wurde in Freital ein Zwangsarbeitslager für etwa 5000 jüdische Häftlinge eingerichtet. Sie mussten für ein Stahlwerk des Flick-Konzerns schuften. Heute erinnert nichts mehr an ihr Schicksal. Kaum ein Freitaler Bürger hat sich je mit der dunklen Vergangenheit seiner Stadt beschäftigt, auch nicht während der SED-Herrschaft, als Teile dieser Geschichte einfach tabuisiert wurden. Immerhin gibt es in Freital-Hainsberg ein Denkmal – das »Eiserne Kreuz« für die Gefallenen des Ersten Weltkrieges.

Seit der Wende herrscht in Freital unangefochten die CDU, und sie ist mitverantwortlich für das beherrschende rechtskonservative Milieu. Uwe Rumberg (CDU) wurde am 7. Juni 2015 mit 51,3 Prozent der Stimmen als Nachfolger von Klaus Mättig, ebenfalls CDU, zum neuen Oberbürgermeister von Freital gewählt. SPD-Kandidat Klaus Wolframm, von Beruf Schornsteinfeger, kam gerade mal auf 12,4 Prozent und schnitt damit nur etwas besser ab als der Kandidat der rechtspopulistischen Alternative für Deutschland (AfD) mit 11,7 Prozent. René Seyfried, einer der Initiatoren der Freitaler Initiative »Nein zum Heim«, erhielt hingegen 8,8 Prozent der Stimmen, mehr als der Kandidat der Grünen.

Während des Wahlkampfes im Frühjahr 2015 hatte Rumberg Asylsuchende als »Glücksritter, die nach Deutschland kommen, um auf Kosten der Gemeinschaft ein sorgloses Leben ohne Gegenleistung zu führen«, bezeichnet und Sanktionen gegen »pöbelnde und gewalttätige Asylbewerber« gefordert.[155]

Mitte Februar 2015 wurde bekannt, dass der private Konzern pro shelter das ehemalige Hotel Leonardo in Freital anmieten wolle, um dort bis zu 400 Asylsuchende unterzubringen. Auf der Website von pro shelter hieß es über die ersten ankommenden Flüchtlinge: »Sie wurden von Freitaler Bürgern vor dem Hotel willkommen geheißen.«

Davon kann allerdings kaum die Rede sein. Zunächst wurde eine Bürgerinitiative »Freital wehrt sich – Nein zum Hotelheim« gegründet. Anführer war der bereits erwähnte OB-Kandidat René Seyfried, der bis dato vor allem mit rassistischen Sprüchen auf sich aufmerksam gemacht hatte.

Die erste große Demonstration gegen das Flüchtlingsheim fand am 6. März 2015 unter dem Motto »1. Freitaler Spaziergang gegen das Hotelheim« statt. Zu den 1500 Teilnehmern zählten unter anderem Rumbergs Amtsvorgänger Mättig sowie zahlreiche rechtsradikale Hooligans aus dem Umland. Die Sprechchöre waren wenig einladend: »Wir sind das Volk. Wir sind das Volk« und »Weg mit dem Dreck. Weg mit dem Dreck«. Oder: »Wir wollen euch hängen sehen.« Proteste dagegen? Keine! Wenig später wurde als Gegenpol die »Organisation für Weltoffenheit und Toleranz Freital« ins Leben gerufen. Ihre Mitglieder boten ehrenamtliche Deutschkurse an, veranstalteten Unterhaltungsnachmittage für die Flüchtlinge – aber wie das »Willkommensbündnis Freital« waren auch sie die Ausnahme.

An einer Demonstration gegen das Flüchtlingsheim am 20. März 2015 beteiligten sich erneut Hunderte Freitaler Bürger und skandierten »Wir sind das Volk, wir sind das Volk«, »Lügenpresse« und »Zieht euch an, zieht euch an«. Als ein Redner sagte: »Stehen wir zusammen, dann wird ein Sturm durch Deutschland gehen«, wurde Beifall geklatscht und wieder geschrien: »Wir sind das Volk, wir sind das Volk«. Dresden und Pegida waren nicht weit entfernt. Mehrfach kam es danach zu Spontandemonstrationen vor der Flüchtlingsunterkunft.

Auf einer Veranstaltung der »Freital wehrt sich«-Initiative am 19. Juni 2015 behauptete ihr Initiator: »Wir hatten noch nie kriminelle Ausländer. Plötzlich sind sie da.« Dann folgte, in Anlehnung an das Dresdner Vorbild Pegida, die Initiative »Frigida – unsere Stadt bleibt sauber – Freital ist frei«.

Nach einer angeblichen sexuellen Belästigung in einem Linienbus mit der Nummer 360 bildete sich die »Bürgerwehr 360 – du fährst nicht allein«, die solche vermeintlichen Übergriffe künftig verhindern sollte. Mitglieder der Bürgerwehr fuhren nicht nur im Linienbus 360 mit – sie dokumentierten auch fast jeden Schritt der Flüchtlinge in der Stadt im Internet und erzeugten dadurch ein Klima der Angst und Bedrohung. Ein Gang durch die Innenstadt wurde für die Flüchtlinge fortan zum Spießrutenlaufen. Die Neuankömmlinge wurden beleidigt, bespuckt, Freitaler schnitten Grimassen – die Ablehnung war nicht versteckt, nein, sie wurde und wird weiterhin ganz offen gezeigt.

Am 6. Juli 2015 meldete sich dann wieder einmal »das Volk« zu Wort. Der Freitaler Stadtrat hatte für diesen Tag zu einer Einwohnerversammlung zum Thema Asyl in das Kulturhaus der Stadt eingeladen, um über die Situation rund um das Flüchtlingsheim zu informieren. »Einlass erhalten nach einer Ausweiskontrolle nur Freitaler Bürgerinnen und Bürger«, stand in der Ankündigung und: »Bei der Veranstaltung sind Ton- und Filmaufnahmen nicht zugelassen«. Anwesend war auch der sächsische Innenminister Markus Ulbig (CDU), der angekündigt hatte, eine Sondereinheit gegen straffällig gewordene Asylbewerber ins Leben zu rufen.

380 Bürger drängten ins Kulturhaus, noch einmal so viele erhielten wegen Überfüllung keinen Zutritt mehr. Medien berichteten nach der Bürgerversammlung, dass die wenigen

Befürworter des Heims niedergebrüllt worden seien, selbst Innenminister Markus Ulbig.

Nein, es »gab keine Tumulte im Saal«, widersprach der SPD-Abgeordnete Klaus Wolframm, der an der Bürgerversammlung teilgenommen hatte. Dass Gegner des Flüchtlingsheims laut wurden, bestätigte er zwar, aber »da haben ein paar Nazis rumgeschrien, und über die haben die Medien dann berichtet«. Die Medien waren also schuld. »Wären Film- und Tonaufnahmen zugelassen« gewesen, konstatierte demgegenüber der MDR-Journalist Thomas Datt, »hätte das ganze Grauen dieser Veranstaltung, dieser Hass, diese Vorurteile, nachhaltig den Glauben an friedliche Freitaler Bürger zerstört«.

Anscheinend gibt es unterschiedliche Wahrnehmungen hinsichtlich dessen, was sich bei dieser Bürgerversammlung abspielte. Sätze über Asylanten als »Schmarotzer«, die in Freital »Urlaub machen«, waren noch die harmlosesten, die von aufgebrachten Anwohnern geäußert wurden. Überwiegend waren jene Freitaler anwesend, die auch bei den Demonstrationen gegen das Flüchtlingsheim zu sehen gewesen waren. Eine zweite Gruppe bestand größtenteils aus älteren Bürgern, die sich nicht weniger rassistisch äußerten wie die Freitaler Wutbürger.

Nach vielen Wortmeldungen und längeren Beiträgen der »normalen« Freitaler Bürger meldete sich eine Sprecherin der »Initiative für Weltoffenheit und Toleranz« zu Wort. Der Hass, der ihr und anderen Befürwortern des Flüchtlingsheims entgegenschlug, war gruselig. Mit Worten wie: »Lass dich von denen ficken«, »Zecke«, »Raus«, wurde sie niedergebrüllt. Der Moderator untersagte ihr weiterzusprechen, und sie wurde von Sicherheitskräften vom Mikrofon weggezerrt. Auf der Facebook-Seite der Initiative war nach der Veranstaltung zu lesen: »Tatsächlich fanden wir es beängstigend, wenn Menschen uns vom Mikrofon wegstoßen, uns daran hindern, unsere Meinung kundzutun und kein Mensch eingreift. Von den verbalen Angriffen und direkten Gewaltandrohungen mal ganz abgesehen.«

Wie groß der Hass der Freitaler Wutbürger ist, erfuhr eine Politikerin der Grünen am eigenen Leibe. Ines Kummer ist Mutter von drei Kindern, mit vier Enkeln und einem Pflegesohn aus Ghana, und sie kümmert sich um Flüchtlinge – eine Ausnahmeerscheinung in Freital. Zur Äußerung ihres SPD-Ratskollegen Klaus Wolframm, der von den rassistischen Ausfällen auf der Bürgerversammlung nichts gesehen und gehört haben will, sagte sie: »Er relativiert. Ich habe die Befürchtung, dass versucht wird, alles unter dem Deckel zu halten. Das ist brandgefährlich, weil die Rassisten damit aufgewertet werden.« Ihr Fazit: »Wir haben hier rassistische und nazistische Strukturen und nur bruchstückhaft demokratische Strukturen.«

Kummer selbst wurde mit dem Hinweis auf ihre Privatadresse, die die Bürger ja einmal besuchen könnten, an den Pranger gestellt, auf der Straße angepöbelt und bedroht.

Ähnliche Erfahrungen machte die 56-jährige Agnes Russo, eine ebenso resolute wie engagierte Bürgerin aus dem sächsischen Plauen. Sie war Kandidatin von Bündnis 90/Die Grünen bei der Bundestagswahl 2013. In Plauen organisiert sie jetzt, immer noch voller Enthusiasmus, Bürgerinitiativen gegen Rassismus. Denn auch in Plauen gibt es ein Flüchtlingsheim. Ihr ambitioniertes Ziel ist es, das private Engagement einzelner zu bündeln, um »eine regelrechte Wand gegen die Nazis aufzubauen. Denn je mehr wir entgegensetzen, umso stiller werden sie.«

Agnes Russo fuhr nach Freital, um sich schützend vor die dortigen Flüchtlinge zu stellen. Die Bewohner von Freital hatten daran wenig Interesse, im Gegenteil. »Ich erlebte eine brüllende Masse. Das war grauenvoll. Wenn man die Asylbewerber sieht, die seit Wochen nur die Kleidung besitzen, die sie am Leib tragen, und auf der anderen Seite diesen spürbaren Hass. Es war erschreckend.« Sie und ihre Freunde wurden schließlich von Neonazis massiv bedrängt und baten die Polizei um Schutz. Deren Antwort war eindeutig: »Wir können doch nicht jedem das Händchen halten.«

Andrea Hübler, von der Beratungsstelle für Betroffene rechter Gewalt, stellte fest, dass in Freital die Rassisten deutlich aggressiver und offener auftreten, »als wir es in anderen sächsischen Orten bisher beobachten konnten«. In den vergangenen Monaten sei es dort bereits zu einer ganzen Reihe von Übergriffen und Bedrohungen gegenüber Asylsuchenden und ihren Unterstützern gekommen. »Von besorgten, asylkritischen Bürgern zu sprechen, die ihrer Angst Ausdruck verleihen, ist hier fehl am Platz.«

Auf Facebook konnte man zu dem Flüchtlingsheim in Freital Kommentare lesen wie den folgenden von Andreas Schäffel (hier in der Originalrechtschreibung und -grammatik wiedergegeben, wie die folgenden Kommentare auch): »Alle auf ein Schiff verfrachten und auf hoher See versenken das sie ja nicht wiederkommen.« Alexander Ludwig schrieb: »Liebe Anwohner von Freital. Jedes Asylheim hat auch Stromnetz also kann ein Kurzschluss entstehen oder?« Ein Günther hielt »Zyklon B für das richtige Willkommensgeschenk für Flüchtlinge«. Ein Marvin fand, jedes deutsche Kind sollte »mit einem Zimmermannshammer die Schädel der Ausländer einschlagen«, denn Kinder seien ja noch strafunmündig. Ein Rene wollte die Menschen »kontrolliert abbrennen lassen«, Maja Wilhelmy, eine jung blond gefärbte Frau, empfahl, »gezielt biologische Waffen ein[zu]setzen. Damit wäre das Problem gelöst.«

Das ist nur eine kleine Auswahl von Aussagen ganz normaler Bürger auf Facebook. Besonders gerne werden vom rechten Mob Meldungen in den Medien zitiert, wenn es in Flüchtlingsheimen zu Schlägereien zwischen verschiedenen Volksgruppen gekommen ist. Eigentlich ist es ein Wunder, dass es in den überfüllten Massenlagern nicht mehr gewalttätige Konflikte gibt. Auf engstem Raum zusammenlebend, traumatisiert durch Hunger, Demütigung und teilweise den Verlust von Angehörigen während der Flucht, ohne Privatsphäre, geraten Ethnien, die sich ansonsten in ihrer Heimat bekämpfen, zwangsläufig aneinander. Und dann muss die Polizei einschreiten. Was wiederum das Vorurteil bestätigt, dass die deutsche Bevölkerung durch gewalttätige Asylsuchende bedroht sei.

Der Freitaler SPD-Stadtrat Klaus Wolframm hingegen findet den braunen Anstrich Freitals nicht gerechtfertigt – und kämpft weiter für den guten Ruf seiner Heimatstadt. Der Vorsitzende der gemeinsamen Fraktion von SPD und Grünen im Freitaler Stadtrat sagt daher: »Nazis haben den Ruf der Stadt zerstört.«

Leider hat seine Imagewerbung für Freital mit der politischen Realität wenig zu tun. Wahrscheinlich versteht Wolframm nicht, dass es überhaupt nicht darum geht, ob Nazis den Ruf der Stadt zerstört haben oder nicht. Denn das haben die normalen Bürger schon selbst erledigt. Jene Bürger, die gegen das Flüchtlingsheim demonstrierten, die bei den Demonstrationen aus dem Fenster ihrer Wohnungen heraus Beifall klatschten, wenn Sprechchöre die Vertreibung der Flüchtlinge forderten, die mit Neonazis zusammen demonstrierten, die die Asylsuchenden mit Verachtung strafen, die weder Zivilcourage noch Solidarität zeigen, also die schweigende Mehrheit dieser Stadt.

Der mit dem Sächsischen Journalistenpreis ausgezeichnete Michael Kraske, zusammen mit Christian Werner Autor des

Buches *... und morgen das ganze Land. Neue Nazis, »befreite Zonen« und die tägliche Angst – ein Insiderbericht*, geht davon aus, dass es einen Reflex auf rechte Gewalt und organisierte rechte Strukturen gibt, mit Verleugnung zu reagieren, was auch in Freital das Problem ist:

> »Die Sorge um den guten Ruf der eigenen Stadt oder des heimischen Vereins verbindet sich mit der Sehnsucht nach Ruhe, die nicht den rechten Verursacher von Gewalt und Hetze ins Visier nimmt, sondern denjenigen als Ruhestörer und Nestbeschmutzer brandmarkt, der sie kritisiert oder öffentlich macht. Diese Art der Problembewältigung durch Umdeutung durchzieht alle relevanten gesellschaftlichen Bereiche: Schulen, Vereine, Kommunen, Gerichte. Es gibt eine Übereinkunft, eine Art ungeschriebene Staatsräson. Die besagt, Rechtsextremismus nicht zu hoch zu hängen, bloß nicht aufbauschen, keine schlafenden linken Hunde oder Reporter zu wecken.«[156]

Die wurden abermals geweckt, nachdem am späten Abend des 26. Juli 2015 das Auto des Linken-Politikers Michael Richter durch einen illegalen Böller erheblich beschädigt worden war. Man hatte zuerst die Scheibe eingeschlagen und dann den Böller hineingeworfen. Der Vorsitzende der Partei Die Linke in Freital hatte sich für die Flüchtlinge engagiert. Er stehe auf der Abschussliste der Fremdenhasser ganz oben, das wisse er schon lange, erklärte er nach dem Anschlag. Auf Facebook sei er schon häufig mit dem Tod bedroht worden.

Auf der Facebook-Seite von »Widerstand Freital« wurde ein Beitrag der »Bürgerwehr Freital 360« geteilt:

> »Da hatte wohl jemand die Schnauze voll. Wer den Freitalern unreines Blut vorwirft und eine Vermischung an-

strebt, um Freital ›weniger weiß‹ zu machen, braucht sich über Racheakte gar nicht zu wundern. Oder hat er es sogar darauf angelegt? Oder hat er den oder die Täter sogar beauftragt? Oder waren es sogar Asylanten? Aber egal wer es war: Wer Wind säht, wird Sturm ernten.«

Und wenn sich, wie am 31. Juli 2015, diese Bürgerwehr im Zentrum der Stadt, am Platz des Handwerks in der Nähe des Rathauses, in und vor der Bar »Timba« trifft, fallen muskulöse, tätowierte Glatzenträger mit Bierflaschen in der Hand auf, die aus ihrer rechtsradikalen Gesinnung kein Hehl machen. Das Gebäude, in dem sich die Bar befindet, zieren zwei große Deutschlandfahnen. An einem Laternenpfahl klebt ein Aufkleber, der an Zynismus kaum zu überbieten ist: »Refugees not welcome. Destination Africa.«

An besagtem 31. Juli, einem Freitag, wollte eigentlich die »Organisation für Weltoffenheit und Toleranz« zusammen mit dem Leipziger Bündnis »Refugees welcome« ein Fest der Toleranz am Flüchtlingsheim veranstalten. Geplant waren ein Basar, ein Kinderprogramm und Musik. Die Veranstaltung wurde vom Landrat verboten, weil die rechten Hassbürger der Bürgerwehr ein Fest angekündigt hatten, ebenfalls vor dem Flüchtlingsheim. Daher befürchteten die Behörden gewalttätige Auseinandersetzungen. Auf den eher naheliegenden Gedanken, das Fest der Toleranz zu schützen, kamen die zuständigen Behörden nicht. Dafür wurde ein generelles Demonstrationsverbot an und in der Nähe der Asylunterkunft ausgesprochen. Die Gegner des Flüchtlingsheims hatten da ihre geplante Veranstaltung bereits abgesagt. Der Grund? Der Antrag, Bier auszuschenken, sei von der Behörde abgelehnt worden.

Anstelle des verbotenen Festes der Toleranz nahe der Asylunterkunft organisierten die Unterstützer der Flüchtlinge eine

Alternativveranstaltung im Zentrum der Stadt. Es herrschte große Anspannung. Die Bürgerwehr hatte am Tag zuvor auf Facebook geschrieben:

> »Die Linken wollen morgen alle Bars, Banken und Friseurläden in Schutt und Asche legen. Polizei und Bürgerwehr werden alles geben, damit eure Geschäfte und Autos nicht beschädigt werden. Sollten die Linken auch nur ansatzweise hier Terror machen, lassen wir sie tanzen.«

Um 17.20 Uhr kamen sie mit dem Zug aus Leipzig und Dresden am kleinen Bahnhof Potschappel an, ungefähr 300 junge Leute, überwiegend Schüler und Studenten. Im Gegensatz zur Bürgerwehr und deren Sympathisanten waren sie in Freital ein störender Fremdkörper. Zwischen ihnen und der »Bürgerwehr 360« am Platz des Handwerks lagen politisch Welten und entfernungsmäßig gerade mal die Dresdner Straße und die Polizei.

Dabei fiel ein großer, sehr fülliger, schwarz gekleideter Mann mit rundem Gesicht auf, der hin und wieder zur Polizei lief und ansonsten Journalisten strafrechtliche Konsequenzen androhte, sollten sie es wagen, Filmaufnahmen oder Fotos von den Mitgliedern der Bürgerwehr und ihren Sympathisanten zu machen. Offenbar sollte verhindert werden, dass von Journalisten erkannte Neonazis gefilmt oder fotografiert wurden.

Der Verhinderer stellte sich mit sanfter, freundlicher Stimme als Rechtsanwalt Jens Lorek aus Dresden vor. Lorek hatte Bekanntheit erlangt, weil er sich zum einen in Dresden für Pegida einsetzte, und weil er zum anderen in der *Bild*-Zeitung vom 4. Oktober 2006 als erster Anwalt für Alien-Opfer Eigenwerbung betrieb: »Von Außerirdischen entführt? Jens Lorek hilft! – Ich bin Deutschlands 1. Anwalt für Alien-Opfer«. Gegenüber der *Bild*-Zeitung sagte er: »Deutschen Opfern stehen nach dem Opferentschädigungsgesetz Leistungen wie Heilbehandlungen, Kuren und lebenslange Renten zu.«

Im Jahr 2013 bewarb er sich um die Mitgliedschaft in der rechtspopulistischen Alternative für Deutschland (AfD). Von den Außerirdischen zur AfD, dann zu Pegida oder nach Freital scheint der Weg also nicht weit zu sein. Immerhin hatte Lorek laut Medienmeldungen in der Vergangenheit eine Demonstration gegen die Asylunterkunft angemeldet, an der knapp 150 nicht nur »besorgte Bürger«, sondern auch nicht wenige gewaltbereite Neonazis teilnahmen. Die skandierten hinter einem meterlangen Transparent mit der Aufschrift »Kein Heim für Flüchtlinge« mit Schaum vor dem Mund »Lügenpresse, Lügenpresse« und »Widerstand lässt sich nicht verbieten«.

Ebenso auffällig war die Anwesenheit eines anderen Rechtsanwalts im schicken schwarzen Anzug in Freital. Der Publizist Michel Friedman, von 2000 bis 2003 stellvertretender Vorsitzender des Zentralrats der Juden in Deutschland, wollte sich in Begleitung von zwei Personenschützern persönlich über die Situation in Freital informieren. Zu Journalisten sagte er sichtlich erschüttert, dass es in Freital ja eigentlich um ein strukturelles gesellschaftliches Problem gehe. In Freital sei es nur besonders sichtbar geworden – die flächendeckende Fremdenfeindlichkeit, und die habe er schon vor mehr als 20 Jahren in anderen Gemeinden, insbesondere in Hoyerswerda, kennengelernt. Friedman erinnerte daran, dass Mitte September 1991 in Hoyerswerda ein Wohnheim für Flüchtlinge von Neonazis angegriffen worden war. Hunderte Anwohner und Sympathisanten der Neonazis hatten damals die Stimmung noch angeheizt. Die Flüchtlinge mussten wieder fliehen. Immerhin fand wenige Tage später eine Demonstration gegen die Angriffe des rechtsradikalen Mobs in Hoyerswerda statt, an der mehr als 4000 Menschen teilnahmen, die aus den verschiedensten Bundesländern angereist waren. Im Juni 2015 versuchten abermals in Hoyerswerda bislang unbekannte Täter eine Notunterkunft für politische Flüchtlinge anzuzünden. Sie warfen einen Behälter mit brennbarer Flüssigkeit in Richtung der Turnhalle, in der sich 27 Asylsuchende aufhielten. Diesmal gab es keine tausendköpfige Demonstration.

An der Demonstration vom 31. Juli 2015, die schließlich gegen 19 Uhr begann, beteiligten sich nur sehr wenige Freitaler Bürger. Dafür wurden die Demonstranten aus vielen Fenstern heraus angepöbelt und aufgefordert, Freital zu verlassen. Einer sehr besonnenen Polizei war zu verdanken, dass es keine nennenswerten Angriffe durch die Bürgerwehr gab, deren Mitglieder und Sympathisanten immer wieder versuchten, die Demonstranten anzugreifen. Abgesehen von zwei älteren Männern, die die Hand zum Hitlergruß reckten und sofort von der Polizei angezeigt wurden, blieb es friedlich. Umstehende störten sich übrigens nicht an dem Hitlergruß, sondern am Einschreiten der Polizei. Zum Abschluss des Festes der Toleranz mussten Journalisten aus Sicherheitsgründen von der Polizei zu ihren Autos gebracht werden, weil sie vom rechten Mob bedroht wurden. Das war Freital im Sommer 2015. Während der Sommerferien blieb es verhältnismäßig ruhig. Doch seit September 2015 wird wieder gehetzt.

Am selben Tag, als in Freital demonstriert wurde, wurden unter anderem in Berlin sechs Männer wegen ihres jüdischen Glaubens beleidigt und mit Flaschen beworfen. In dem sächsischen Ort Niesky wurden Steine gegen eine frisch bezogene Asylunterkunft geschleudert, die Scheiben zerstört und die Flüchtlinge mit rassistischen Sprüchen beleidigt.

Sachsens Ministerpräsident Stanislaw Tillich (CDU) sah das alles weniger dramatisch. In einem Kommuniqué der

Staatskanzlei nach einem Brandanschlag gegen eine geplante Asylunterkunft in Meißen wurde er mit den Worten zitiert: »Die Stimmung kippt nicht in Sachsen. Es gibt Tausende von Bürgerinnen und Bürgern, die sich dafür einsetzen, dass die Menschen bei uns eine gute Aufnahme finden.«

Ein CDU-Landrat und rechte Umtriebe in Meißen

In der Tat engagieren sich viele Bürgerinnen und Bürger in Sachsen für Flüchtlinge. Das ändert aber nichts daran, dass die mörderisch-rassistische Stimmung vorhanden ist. Und Äußerungen, wie die von Arndt Steinbach, dem CDU-Landrat im Landkreis Meißen, der 1990 aus Baden-Württemberg nach Sachsen kam, sind nicht dazu angetan, dieser Stimmung Einhalt zu gebieten. Von Journalisten nach den rechten Umtrieben in Meißen gefragt, erwiderte er brüsk, so als sei er persönlich angegriffen worden: »Die rechten Umtriebe sehe ich nicht, die Sie meinen. (…) Sie werden das auch gar nicht beurteilen können. Sie kommen ja auch gar nicht von hier. Sie quatschen da ja einen Mist nach.«[157] Es gebe viele Stammtischparolen, ergänzte er, aber ein rechtes Gewaltpotenzial sehe er in Meißen nicht. Das Interview gab er übrigens vor der Kulisse einer abgebrannten Asylunterkunft. In dem Mehrfamilienhaus, das der Eigentümer der Stadt zur Verfügung gestellt hatte, sollten 32 Flüchtlinge Schutz finden. Doch zwei Tage zuvor, am 27. Juni 2015, war das Gebäude einem Brandanschlag zum Opfer gefallen. Der Besitzer des Hauses hatte 14 Tage vor dem Anschlag erste Warnungen erhalten und war daraufhin zur Polizei gegangen. Die zeigte wenig Interesse, der Sache nachzugehen. Nach dem Brandanschlag erhielt er Morddrohungen.

CDU-Landrat Arndt Steinbach hatte zuvor, am 19. Februar 2015, nicht nur NPD-Politiker zum Dialog eingeladen, sondern auf dieser »Bürgerversammlung« auch vorgeschlagen, die leer stehende Justizvollzugsanstalt Zeithain zur Flüchtlingsunterkunft umzuwidmen – mit der Begründung, die Umzäunung würde die Bewohner drinnen genauso vor Übergriffen schützen wie die Leute draußen. Auf dem Internetportal der NPD Meißen war über diesen Tag zu lesen: »Gemeinsam schritt man die wenigen Hundert Meter vom Kundgebungsort zum Landratsamt hinüber, das NPD-Transparent mit der Aufschrift ›Asylmissbrauch stoppen‹ vorneweg. Bürger und Landrat hinterher.«

Die Meißner SPD-Bundestagsabgeordnete Susann Rüthrich kritisierte den Landrat auf ihrer Facebook-Seite:

> »Der Landrat von Meißen, Arndt Steinbach, ist nicht in der Lage, sich gegen die Feinde der Demokratie abzugrenzen. Er spricht auf einer Demo der NPD! Und lädt im Anschluss an die Demo ein ins Landratsamt! Jeweils Leute von uns und von denen. Und erwartet ernsthaft, dass wir uns diesem Dialog stellen! Sein einziger Inhalt: er sei auch für eine schnelle Rückführung. Ich könnte nur noch schreien!«

Rüthrichs Kommentar löste hasserfüllte Reaktionen auf Facebook aus. So schrieb ein Lots H.: »Momentan weiß ich nicht wen ich mehr verabscheue. Euch Toleranzromantiker rot/grün oder die Sozialschmarotzer welche ungebremst über uns herfallen.«

Als im Kreistag von den Parteien Die Linke, SPD, Bündnis 90/Die Grünen und der Piratenpartei ein Misstrauensantrag gegen den Landrat eingebracht wurde, scheiterte er an der Stimmenmehrheit von CDU, FDP, AfD und dem CSU-Ableger DSU. Sie sprachen dem Landrat ihr Vertrauen aus. Dazu passt, dass in der gleichen Sitzung des Kreistages ein Antrag auf Schaffung einer Stelle für einen hauptamtlichen Ausländerbeauftragten keine Mehrheit fand. Steinbach hingegen wurde bei der Landratswahl im Juni 2015 wiedergewählt, und zwar mit 60,9 Prozent der Stimmen. Die Wahlbeteiligung lag bei 36,8 Prozent – ein demokratisches Armutszeugnis.

In Meißen gibt es auch eine »Initiative Heimatschutz«. Sie rief in der Vergangenheit immer wieder zu Demonstrationen gegen die Einrichtung neuer Asylunterkünfte auf. Anfang August 2015 war es wieder einmal so weit. 600 Bürger kamen diesmal, um unter dem Motto »Meißen sagt Nein zu Asylbetrug und Politikversagen« zu demonstrieren. Mit den Rufen »Sieg Deutschland«, »Zieht euch an« und »Wir sind das Volk« liefen sie durch die menschenleeren Straßen von Meißen. Es war eine bunte Mischung aller Altersgruppen, darunter auffällig viele junge Frauen und zahlreiche Neonazis.

Sprecher auf der anschließenden Kundgebung war der Rechtspopulist Michael Stürzenberger aus München. Flüchtlinge nannte er »aggressive und testosterongesteuerte junge Männer«, beklagte den selbstzerstörerischen »Schuldkult« und kritisierte die »linken Meinungsfaschisten«, die auf den »Schuttplatz der Geschichte« gehörten. Als er Bundeskanzlerin Angela Merkel wegen ihrer Aussage »Der Islam gehört zu Deutschland« kritisierte, brandeten »Merkel-muss-weg«-Rufe auf. Und aus der Menge heraus forderte ein Bürger, »das Rathaus anzuzünden«.

Stolz präsentierte die »Initiative Heimatschutz« auf ihrer Website den Brief des rechten Meißner Stadtrats Mirko Schmidt von der »Bürgerbewegung pro Deutschland«. Der schrieb am 9. August 2015 unter anderem:

»Seit 70 Jahren sind wir ein besetztes Land. Die Presse, Rundfunk und Fernsehen wurden gleichgeschaltet, wir haben mehr politische Gefangene wie in der DDR. (…) Wer geschichtliche Ungereimtheiten hinterfragt, wird wegen Volksverhetzung eingesperrt, Neunzigjährige werden für Pflichterfüllung im Krieg vor Gericht gezerrt. (…) Ihre Demonstrationen in Meißen und deutschlandweit begrüße ich. Aber so lange diese Masse eines Tages nicht ein Parlament stürmt und die Macht im Land übernimmt, wird sich absolut nichts ändern.«

Auf telefonische Nachfrage bei ihm, ob dieser Brief, den die »Initiative Heimatschutz« veröffentlichte, wirklich von ihm geschrieben sei, antwortete Schmidt: »Ja, das entspricht der Wahrheit.«[158]

Die Meißner CDU-Landtagsabgeordnete Daniela Kuge, die sich selbst als »ehrliche, fröhliche, stolze und sächsische CDU-Politikern« bezeichnet, gilt im Sächsischen Landtag bei manchen Kollegen als in Sachfragen »hinterbänklerisch« und »in jeder Richtung unbedarft«.[159] Das konstatiert zumindest Klaus Bartl, langjähriges Mitglied des Landtags für Die Linke im Parlament und Obmann verschiedener parlamentarischer Untersuchungsausschüsse.

Als in Meißen die vor der Eröffnung stehende Asylunterkunft in Brand gesteckt wurde, äußerte Kuge sich auf Facebook mit den Worten: »Es ist KEIN Asylheim. Dort sind Wohnungen für Asylbewerber geplant. (…) So viel Taktgefühl sollte die Presse schon an den Tag legen und nicht noch Stimmung machen.«[160] Kein Wort der Verurteilung des Anschlags.

Auf einer Bürgerversammlung im Kulturhaus von Niederau im Landkreis Meißen nahm sie am 24. September 2015 an einer Bürgerversammlung teil. Die Bewohner sollten über eine neue Unterkunft für Flüchtlinge informiert werden, in der 500 Menschen Schutz suchen sollten. Die Stimmung war aufgeheizt. Burkhard Kurths, der Vizepräsident der Landesdirektion Sachsen, forderte die Besucher auf, ihn nicht anzubrüllen, das Ganze sei schließlich kein »römischer Zirkus«.

Dann wurde die ebenfalls anwesende Daniela Kuge gefragt, ob sie sich als junge, attraktive, blonde Frau in Meißen nach 22 Uhr auf die Straße traue: »Ich wohne in Meißen am Bahnhof. Ich weiß, was Sie meinen. Ich habe Schiss.«[161]

Die CDU-Landtagsabgeordnete gehört der Initiative »Flüchtlinge 2015 in Niederau« an, einer geschlossenen Website. Zu finden sind dort unter anderem der NPD-Stadtrat Dirk Abraham aus Freital sowie die beiden Pegida-Mitbegründer Lutz Bachmann und Thomas Tallacker. Tallacker, ehemaliger CDU-Stadtrat in Meißen, hetzte bereits im Sommer 2013 auf Facebook gegen Asylbewerber. Eine Distanzierung von diesem Thomas Tallacker ist nicht bekannt.

Vom 25. September 2015 an, als die ersten Flüchtlinge nach Niederau kamen, wütete der Niederauer Mob drei Tage lang, angestachelt von der NPD. Nach Angaben des Technischen Hilfswerks (THW) wurden die Helfer bei der Abfahrt blockiert und bedroht, Fahrzeuge des THW mit Gegenständen beworfen. »Etwa 20 teils betrunkene Demonstranten hatten versucht, den Bauzaun um den früheren Supermarkt umzustoßen.«[162] Am 26. September twitterte ein Beobachter der Vorgänge in Niederau: »70 Nazis, teilweise mit Kampfhunden vor Ort. Polizei versteht sich gut mit Nazis und trinken zusammen Bier.«

Auf der Facebook-Seite von Daniela Kuge findet sich kein kritisch distanzierender Kommentar zu diesen Vorgängen.

Mehr als 1400 Menschen aus dem Chemnitzer Stadtteil Einsiedel (3600 Einwohner), bekannt wegen einer Brauerei, demonstrierten am 30. September 2015 gegen die Nutzung des ehemaligen Pionierlagers Palmiro Togliatti als Erstaufnahmeeinrichtung für Flüchtlinge. Hier sollten 544 Flüchtlinge, überwiegend aus Syrien, Schutz finden. Mit der Initiative »Einsiedel sagt Nein zur EAE« (Erstaufnahmeeinrichtung) bildete sich eine sogenannte Bürgerbewegung. Auf der Website von »Einsiedel sagt Nein zur EAE« wird begründet, warum man gegen die Aufnahme von Flüchtlingen protestiert:

> »Wir wollen unsere Frauen ohne Angst allein zu Hause lassen, weiter mit unseren Familien und Hunden sorglos im Wald spazieren, unsere Schwippbögen [kleine holzgeschnitzte Lichterkränze], Weihnachtsbäume und Pyramiden auch weiterhin aufstellen können, dass unsere Frauen und Töchter ohne Angst ihre hübschen Sommerkleider tragen oder mit Bikini in unserem Freibad liegen können. Wir wollen unser Leben zurück. Wir gehen auf die Straße für unsere Familien, unser Recht und unser Volk.«

Am 5. Oktober blockierten 500 dieser »besorgten Bürger« die Zufahrt zu dem Flüchtlingsheim, nachdem bekannt geworden war, dass die ersten Busse mit Schutzsuchenden ankommen sollten. Versuche, die Flüchtlinge mit Bundeswehr-Lastwagen durch den Wald zu der Unterkunft zu bringen, wurden durch Baumstämme verhindert, die über die Wege gelegt wurden. Der rechte Mob hatte erst einmal wieder gesiegt.

So viel zur politischen Kultur in Sachsen, wobei nicht unerwähnt bleiben darf, dass es auch viele zivilgesellschaftliche Initiativen gibt. Aber nicht sie prägen das Bild von Sachsen, sondern Bürgerwehren und die rechtspopulistischen und rechtsradikalen Bewegungen und Parteien, bis hin zur CDU.

Zwischen Januar 2015 und Ende Juli 2015 verübten rechtsradikale Täter an oder direkt in sächsischen Asylbewerberheimen mindestens 50 Straftaten, darunter Brand- und Sprengstoffanschläge, Hausfriedensbruch, Körperverletzung, Sachbeschädigung, Beleidigung und Volksverhetzung. Allein in der letzten Juliwoche 2015 wurden unter anderem folgende Vorfälle öffentlich: Vor dem neuen Zeltlager für Flüchtlinge in Dresden kam es zu Attacken von rechten Skinheads und später zu heftigen Auseinandersetzungen zwischen den Asylsuchenden selbst. An einem neuen Heim im Dresdner Stadtteil Stetzsch, in dem 40 Asylsuchende Schutz finden sollten, wurden aus einer Gruppe von 30 Rechtsradikalen heraus die Fensterscheiben zertrümmert. Wenige Tage danach wurde in einem der Räume der Flüchtlingsunterkunft eine übel stinkende Flüssigkeit verspritzt, vermutlich Buttersäure. In Lunzenau bei Chemnitz fluteten Unbekannte das Flüchtlingsheim, in das 50 Asylbewerber einziehen sollten. Kurz danach warfen Unbekannte Molotowcocktails gegen das Haus. In der idyllischen Universitätsstadt Freiberg, knapp 30 Kilometer von Freital entfernt, explodierte auf einem Flur der Asylunterkunft ein selbst gebauter Sprengsatz, sieben Flüchtlinge wurden verletzt. Der Anschlag hätte auch tödlich enden können.

Die Motive für diese offensichtliche Menschenfeindlichkeit der sogenannten »besorgten Bürger« erläuterte der Politikwissenschaftler Robert Feustel von der Universität Leipzig gegenüber dem MDR:

> »Es gibt ein breites Spektrum von rechtskonservativen Wählern. Und hinzu kommt, dass die politischen Würdenträger in den letzten Monaten nichts weiter zu tun hatten, als permanent Öl ins Feuer zu gießen, indem man ständig auf der Frage von Asylrecht, von kriminellen

Ausländern rumgeritten ist und damit immer weiter Stereotype gedroschen hat, die anschlussfähig nach Rechtsaußen sind.«[163]

Stresow: ein gottverlassenes Dorf und ein Rechtsradikaler

Wer sich irgendwann einmal in das kleine 136-Seelen-Dorf Stresow in Sachsen-Anhalt verirren sollte, dem sei ob der landschaftlichen Monotonie dringend angeraten, so schnell wie möglich das Weite zu suchen. Stresow ist eingebettet in riesige, akkurat abgezirkelte Landwirtschaftsflächen. Genauso sauber und aufgeräumt sieht es im Dorf selber aus. Die Dorfmitte wird von einer kleinen Kirche, dem Friedhof und einem Spielplatz geprägt, finanziert durch ein Dorferneuerungsprogramm. In der Nähe eines heruntergekommenen ehemaligen Gutshauses, das verlassen in der Landschaft steht, befindet sich eine moderne Schweinezuchtanlage mit 2500 Sauen und 13 000 Aufzucht- beziehungsweise Mastplätzen. Gezüchtet werden hier Hybridsauen, die für die industrielle Massenproduktion geeignet sind. Abgesehen von der hohen Zustimmung für die NPD bei Wahlen lädt auch der Gestank von Gülle nicht gerade zum Verweilen ein.

Stresow nicht zu kennen bedeutet jedoch, einen fatalen gesellschaftlichen Prozess zu übersehen – wie eine im Prinzip eher unpolitische Dorfgemeinschaft sich rechtsradikalem Gedankengut durch Konformitätsdruck öffnet. Und damit ist Stresow kein Einzelfall mehr, sondern nur ein Beispiel für viele andere ländliche Gemeinden in den neuen Bundesländern.

Bei der Ortsbürgermeisterwahl im Jahr 2014 war einer der Kandidaten in Stresow ein parteiloser 27-jähriger Jungunternehmer, Mitinhaber einer kleinen T-Shirt Firma. Ein Verkaufserfolg ist das T-Shirt mit dem Aufdruck »Gallisches Dorf Stresow«. In der Vergangenheit fiel Dennis Wesemann als einer der besten Torjäger der Kreisliga Jerichower Land Süd auf – und durch eine ungewöhnliche Rückennummer in Sütterlinschrift, die 18. In Nazikreisen ist die 18 ein Code und weist auf den ersten und achten Buchstaben des Alphabets hin – die Initialen Adolf Hitlers. Gestört hat das hier niemanden. Auch nicht, dass Wesemann Mitbegründer einer gewalttätigen Magdeburger Hooligan-Bande ist, bei Neonaziaufmärschen gesehen wurde und mehr als 30 Ermittlungsverfahren gegen ihn laufen, unter anderem wegen der Zurschaustellung verfassungsfeindlicher Symbole in der Öffentlichkeit. Verurteilt wurde er nie, weil es bislang zu keiner Gerichtsverhandlung kam. David Begrich, Mitarbeiter der Arbeitsstelle Rechtsextremismus bei Miteinander e.V., hat eine Erklärung dafür: »Es gelingt ihm offenbar immer wieder, alle einzuschüchtern. So scheint niemand bereit, vor Gericht gegen ihn auszusagen. Er ist in der Lage, mal eben so 50 Kameraden zu mobilisieren.« Aber ist es wirklich Einschüchterung, oder ist er tatsächlich unschuldig und daher der Liebling des Dorfes Stresow, das niemand kennen würde, gäbe es nicht Dennis Wesemann?

Am 9. Juli 2014 wäre Wesemann beinahe zum Ortsbürgermeister gewählt worden, hätte es da nicht einen unerwarteten Gegenkandidaten gegeben. Dieser Gegenkandidat wurde kurz nach dem ersten Wahlgang massiv bedroht, und zwar, wie in den Medien unwidersprochen zu lesen war, von Wesemann höchstpersönlich. Bei der nächsten Wahlrunde wurde auf Wesemanns Empfehlung hin der parteilose Frühpensionär Norbert Müller gewählt. Wesemann ist inzwischen mit überwältigender Mehrheit in den Ortschaftsrat gewählt worden. Er genießt das volle Vertrauen nicht nur des neu gewählten Ortsbürgermeisters, sondern auch der überwiegenden Mehrheit der Dorfbewohner. Von Journalisten befragt, was sie von Wesemann halten, sagen die Bewohner: »Ich halte mich da raus. Ich will meine Ruhe haben.« Ganz anders der neue Ortsbürgermeister: »Dennis Wesemann ist ein junger Mann. Er will Gutes für das Dorf. Jeder kann denken, was er will.«

Im Juni 2015 ließ Wesemann sich bei der Neueröffnung eines von ihm mitgesponserten Spielplatzes feiern. Als ein Kamerateam des MDR ihn interviewen wollte, schlug er auf die Kamera ein – während die in der Nähe stehenden Polizeibeamten tatenlos zuschauten. Auch als die Freundin von Dennis Wesemann den Journalisten einen Platzverweis erteilte (»Wir haben das mit der Polizei abgesprochen«) und sie ultimativ aufforderte, das Dorf zu verlassen, schritten die Beamten nicht ein. Stattdessen eskortierten sie das TV-Team aus dem Dorf heraus. »Die Polizei habe sich rechtskonform verhalten«, wurde dem MDR später auf Nachfrage von der Polizeiführung mitgeteilt. Das Innenministerium in Magdeburg selbst wollte sich zu dem Fall nicht äußern.

Fazit: Die demokratische Kultur in Stresow ist nicht wegen des rechtsextremen Dennis Wesemann bedroht, sondern durch das bleierne Schweigen der Dorfbewohner und die offene Unterstützung, die Wesemann von allen Seiten einschließlich der Polizei erfährt.

Tröglitz: Rassismus im Schatten eines KZ-Außenlagers

200 Kilometer südlich von Stresow liegt die Kleinstadt Tröglitz. 2700 Menschen leben hier. Tröglitz entstand im Jahr 1937 als Arbeitersiedlung für die Arbeiter der damaligen Braunkohle-Benzin AG (BRABAG), des wichtigsten Treib-

stofflieferanten der Wehrmacht mit Stammsitz in Magdeburg. Um den Bedarf an Arbeitskräften und Nachschub für die Wehrmacht zu decken, wurde in der Nähe von Tröglitz ein Treibstoffwerk der BRABAG errichtet, wo Benzin aus Kohle gewonnen wurde. Von 1944 bis 1945 befand sich in Tröglitz und dem zwei Kilometer entfernten Rehmsdorf ein dem Konzentrationslager Buchenwald unterstehender Lagerkomplex, das Außenlager Wille. In Tröglitz war es ein Zeltlager. Bis Ende 1944 waren hier Tausende ungarischer Juden unter menschenunwürdigen Bedingungen untergebracht, Zwangsarbeiter für die BRABAG. Im Außenlager Wille führte die schwere Arbeit bereits nach wenigen Wochen zur totalen Erschöpfung der Häftlinge. Wenn sie auf dem Betriebsgelände starben, wurden sie häufig zusammen mit Bauschutt »entsorgt«. Insgesamt starben 5871 Häftlinge des Außenlagers Wille, einschließlich der Kranken und Arbeitsunfähigen, die nach Auschwitz oder nach Räumung des Lagers Anfang April 1945 nach Theresienstadt deportiert wurden.

In ihrem 2003 erschienenen Standardwerk *Ein KZ in der Nachbarschaft. Das Magdeburger Außenlager der Brabag und der »Freundeskreis Himmler«* beschreiben Tobias Bütow und Franka Bindernagel ein Phänomen, das anscheinend bis heute zu beobachten ist. Nämlich, wie sich die Bevölkerung verhielt, die mit den zum Tod durch Arbeit verurteilten Zwangsarbeitern direkt oder indirekt Kontakt hatte:

> »Schaulustig standen die Bewohner auf den Balkonen und an den Fenstern, wenn sich die Häftlingskolonne durch die Siedlung bewegte, und einige äußerten sich auch. Durch die Beschimpfung der Häftlinge machte ein Teil der Anwohner deutlich, dass er die Existenz der Konzentrationslager als legitim empfand und unterstützte, sowie die brutale Behandlung der Häftlinge billigte.«

Denn, und das deckt sich mit aktuellen Verhaltensmustern, ob in Freital, Tröglitz oder anderswo:

> »Die Existenz und die Erscheinung der Gefangenen, die im Konzentrationslager zu ausgehungerten, ungepflegten und verelendeten Menschen gemacht worden waren, korrespondierte mit bereits vorhandenen ideologisch geformten Bildern, rassistischen bzw. antisemitischen Einstellungen und Mentalitäten.«[164]

Man ersetze antisemitische Einstellung durch rassistisch-völkische Einstellung, und man versteht, was sich 2015 in Tröglitz abspielte, nachdem im Winter 2014 bekannt geworden war, dass in einem Wohnhaus 40 Flüchtlinge untergebracht werden sollten.

Bereits Anfang 2015 begannen sonntägliche Demonstrationen gegen die geplante Unterbringung. Organisiert wurden sie vom NPD-Kreisrat. Parallel zu den Demonstrationen gegen die Flüchtlinge organisierte Markus Nierth, der Ortsbürgermeister von Tröglitz, zusammen mit dem Ortspfarrer Friedensgebete und setzte sich vehement für die Asylsuchenden ein. Am 9. März 2015 gab Nierth aufgrund massiver Bedrohungen und fehlenden Schutzes sein Amt auf. Am 4. April 2015 brannte das Obergeschoss des Mehrfamilienhauses, in dem die Flüchtlinge Schutz und Sicherheit finden sollten. Die Staatsanwaltschaft sprach von einer »besonders schweren Brandstiftung«. Zwei Menschen wohnten in dem Haus. Sie konnten sich rechtzeitig in Sicherheit bringen. Die Brandstifter sind bis heute nicht gefasst.

Die geistigen Brandstifter von Tröglitz hingegen veranstalteten drei Tage nach dem Brandanschlag eine Konferenz, organisiert von dem rechtspopulistischen Magazin *Compact*. Titel der Veranstaltung: »Asyl- und Flüchtlingspolitik am

Ende?« Auf dem Podium saßen unter anderem André Poggenburg, der Vorsitzende der Alternative für Deutschland (AfD) von Sachsen-Anhalt, sowie der bekannte Rechtsextremist und Holocaustleugner Christian Bärthel. Poggenburg resümierte nach der Veranstaltung, die von 70 Tröglitzern besucht worden war, auf seiner Facebook-Seite: »Der Abend kann als wirklich gelungene Berührung von Politik und Bürger gewertet werden und ich danke nochmal für die Einladung und Gelegenheit!« Bärthel war häufig Redner bei den Demonstrationen gegen das Flüchtlingsheim und fabulierte dabei über »begattungsfreudige Nordafrikaner, die uns hier belästigen« und denen er eine gute Heimreise wünsche. Der Beifall der Demonstranten war groß.

Anstelle der 40 Asylbewerber leben derzeit (Herbst 2015) drei Flüchtlingsfamilien mit kleinen Kindern in Tröglitz. Für eine der Familien übernahm Ex-Ortsbürgermeister Nierth die Patenschaft. Einige Monate sind seit den Demonstrationen gegen das Flüchtlingsheim vergangen. Am 21.Juni 2015 fand im Tröglitzer Kulturzentrum ein Benefiz-Konzert zugunsten der Asylbewerber unter dem Motto »Brich dem Hungrigen Dein Brot« statt. Mehr als 700 Gäste lauschten den Leipziger Bach-Solisten und dem Leipziger Barockorchester. Die Besucher spendeten 7693,57 Euro für Deutschkurse für Flüchtlinge. Und es bildete sich eine Bürgerinitiative »Miteinander, Füreinander«.

Hat sich in Tröglitz etwa das gesellschaftliche Klima aufgrund der Vorfälle um die Asylsuchenden verändert? Der ehemalige Ortsbürgermeister wird immer noch gemieden. Markus Nierth glaubte, dass sich die Bürger von Tröglitz – und zwar die breite, schweigende Mehrheit – nach den rassistischen Demonstrationen und dem Brandanschlag mit ihm solidarisieren würden, was ein Irrtum war. Zwar positionierte sich die breite Mehrheit – aber gegen ihn. In einem Interview mit der *Süddeutschen Zeitung*, drei Wochen nach dem Benefiz-Konzert, bekannte er:

> »Die wenigen, die sich gegen den Hass gewehrt haben, wurden ins Visier genommen. Aber jene, die durch rassistische Hetze im Umfeld der Demonstrationen alles angestachelt haben und dies weiter tun, werden aus Feigheit oder innerer Übereinstimmung in Ruhe gelassen. Und die schweigende breite Mitte schweigt immer noch.«[165]

Und sie schweigt immer noch, auch im Winter 2015. Markus Nierth denkt daran wegzuziehen.

Es war so wie damals, als die jüdischen Zwangsarbeiter im Außenlager Wille in den Tod durch Arbeit getrieben wurden, ohne dass sich eine Hand für sie gerührt hätte.

Massiv bedroht wurde im Frühjahr 2015 übrigens auch der Magdeburger SPD-Oberbürgermeister Lutz Trümper. Er erhielt im März Morddrohungen, die mit »Heil Hitler« unterschrieben waren. Magdeburgs Oberbürgermeister ist inzwischen aus der SPD demonstrativ ausgetreten. Der Grund: Seine eigene Partei habe ihm, weil er die Berliner Flüchtlingspolitik kritisierte, einen Maulkorb verpasst. Derweil haben immer mehr Asylsuchende in seiner Stadt Angst vor Angriffen rechtsradikaler Gruppen. Aber nicht nur Asylbewerber und alternative Jugendliche stehen im Fokus der Rechten, wie David Begrich von der Magdeburger Arbeitsstelle Rechtsextremismus im Verein Miteinander e.V., sondern auch demokratische Parteien. Und ehrenamtliche Flüchtlingshelfer werden bedroht, müssen sich für ihren Einsatz rechtfertigen. Zu diesen skandalösen Vorgängen hört man nichts Besonderes vom jetzt parteilosen Magdeburger Oberbürgermeister.

Die braunen Brigaden von Halle

Mit seinen rund 45 000 Einwohnern ist Bitterfeld-Wolfen in Sachsen-Anhalt das gesellschaftliche und wirtschaftliche Zentrum des Landkreises Anhalt-Bitterfeld. Auf der Website von Bitterfeld-Wolfen erfährt der Leser, dass die Stadt ein abwechslungsreiches kulturelles und sportliches Leben zu bieten hat: »Davon zeugen die vielfältigsten Einrichtungen wie das Städtische Kulturhaus, der Kulturpalast, diverse Museen, Bibliotheken, ein Freizeit- und ein Sportbad, Stadien u.v.m. Tennisspieler und Liebhaber des Pferdesports finden ebenfalls beste Voraussetzungen.«

Die Stadt bietet aber auch beste Voraussetzungen für die Jagd auf Andersdenkende und Ausländer. In bestimmten Stadtteilen beherrschen sogenannte »Brigaden« bereits das öffentliche Leben, verbreiten Angst und Schrecken. Das ZDF-Magazin *Frontal 21* brachte darüber am 7. Juli 2015 einen alarmierenden Bericht der beiden Journalisten Arndt Ginzel und Ulrich Stoll. Demnach bedrohen maskierte Neonazis sowohl in Bitterfeld als auch in Halle/Silberhöhe jeden, der nicht in ihr nationalistisches Weltbild passt. Die Brigaden der Neonazis gehen demnach mit äußerster Brutalität gegen jene vor, die entweder zur alternativen Jugendszene gehören oder politische Gegner sind, wie Mitglieder der Linken oder der Grünen. Deren Büros werden von Zeit zu Zeit zerstört. Die Neonazis schrecken nicht einmal davor zurück, Wohnungstüren einzutreten, um ihre Gegner zu verprügeln. Häufig wird das Alternative Kulturwerk am Stadtrand von Bitterfeld angegriffen, auf den Wohnwagen einer dort lebenden jungen Frau wurde ein Brandanschlag verübt. Den Journalisten erzählte sie: »Wenn ich hier drin gewesen wäre, zum Arbeiten, oder wenn ich drin geschlafen hätte, was ich im Sommer tue, dann wäre es das wahrscheinlich gewesen.«

In der Opferberatung Dessau häufen sich unterdessen die Meldungen über die Attacken der Brigaden. Marco Steckel von der Opferberatung Dessau sagt: »Politisch aktive Abgeordnete sollen durch Gewalttaten in ihrem Agieren eingeschüchtert werden. Alternative Jugendliche, als zweite betroffene Gruppe, sollen aus dem Bild von Bitterfeld verschwinden. Ja, das ist Terror von rechts.«[166]

Nicht weniger aktiv ist die Brigade Halle, insbesondere im Stadtteil Silberhöhe mit seinen knapp 13 000 Einwohnern. Die in den Achtzigerjahren gebaute Plattenbausiedlung ist ein sozialer Brennpunkt mit hoher Arbeitslosigkeit. Zudem leben hier 240 Roma und Sinti – Hassobjekt rechtsradikaler Fanatiker wie ganz normaler Bürger. »Roma rauss« und »Zigeuner rauss« ist immer wieder an Hauseingängen und auf Straßen zu lesen. Das »ss« ist dabei teilweise den Runen der SS nachempfunden. Daneben werden Hakenkreuze gesprüht. Autos von Roma werden angezündet, Kinderwagen im Haus ebenfalls.

Die Neonazis werden hier wie in anderen Städten nicht von einer schweigenden Mehrheit gedeckt, vielmehr bekennt diese Mehrheit sich offen zu den rechtsextremen Brigaden und unterstützt sie, so die Erfahrung der ZDF-Journalisten. Im Dezember 2014 wurde zum Beispiel an einem Hochhaus ein großes Plakat mit der Losung »Heute ist nicht alle Tage; wir kommen wieder keine Frage« angebracht. Der Satz stammt aus dem Bekennervideo des Nationalsozialistischen Untergrunds, in dem weitere Morde angedroht wurden. Als das ZDF-Team Bewohner fragte, was sie von dem Plakat hielten, lautete die kurze Antwort: »Das finde ich in Ordnung.«

Auf der Facebook-Seite der »Brigade Halle BHS« wird »Freiheit für Oskar Gröning« gefordert. Der Mitarbeiter der Auschwitz-Häftlingsgeldverwaltung wurde im Juli 2015 in Lüneburg wegen Beihilfe zum Mord an 300 000 Juden zu vier

Jahren Gefängnis verurteilt. In der Kommentarspalte schreibt dazu ein Jens-Uwe: »Das ist eine Schande das diese illegale Justiz in diesem illegalen und völkerrechtswidrigen Besatzungskonstrukt immer noch angebliches Recht sprechen darf.« Gepostet wurde auf der gleichen Facebook-Seite, dass in Merseburg ein Interkulturelles Zentrum eröffnet werden soll. Die Kommentare dazu: »Weg damit«, »Widerlich – ohne Worte«.

Auf dem Internetportal *HalleMax, die nationalistische Stimme von Halle (Saale)* wurde am 14. Juli 2015 gepostet:

> »Am heutigen Tag fanden nunmehr Koordinierungsgespräche der einzelnen nationalen Gruppierungen in unserem Bundesland und Sachsen statt. Die einzelnen Gruppierungen vereinbarten ein gemeinsames Vorgehen gegen die Mitglieder und Anhänger der linksextremen Antifa-Bewegung sowie gegen alle deutschlandfeindlichen Kräfte und Organisationen. Der Konsens lautete ›In Zukunft wird es kein Vergeben und Vergessen mehr geben‹.«

Der Rechtsextremist Rolf Brückner ist der Administrator des Internetportals. Der Verfassungsschutz Sachsen-Anhalt weiß über ihn Folgendes zu berichten:

> »Der örtliche Rechtsextremist Rolf Brückner erklärte am 4. November 2014, dass er nunmehr Mitglied der NPD sei. Unter der Überschrift ›Zuhause angekommen‹ gab er an, dass er sich mit Mitgliedern des NPD-Kreisverbands Halle getroffen habe. Sie wären die ›Einzigen, die die Ängste und Nöte der Bürger verstehen‹. Somit wolle er aktiv die NPD unterstützen.«[167]

So schrieb Brückner etwa am 19. September 2014, man wolle Demonstrationen mit Betroffenen aus anderen Städten durchführen, eine Bürgerwehr gründen und den Stadtteil bestreifen, Sitzblockaden veranstalten und eine Briefaktion an die Adresse der Sinti- und Roma-Familien durchführen. Auch einen Namen haben sich die Roma-Gegner gegeben. Sie nennen sich »Bürgerinitiative für die kulturelle Erhaltung des Halleschen Stadtteils Silberhöhe« (Bikes). Einen Tag später begann bereits die Jagd auf Roma. Das geht aus Äußerungen in der Facebook-Gruppe der »Bürgerinitiative Silberhöhe« hervor. »Die Romas können Rennen aber wie«, schreibt der Administrator. Auf den Einwurf eines Users, »ich kann die Roma echt nicht mehr sehen. Überall wo man hinguckt«, antwortet der Administrator: »Deswegen jagen wir sie durch die Straßen« und ergänzt: »Überall wo wir sie sehen.«

Auf *HalleMax* findet sich auch ein bemerkenswerter Kommentar zu dem *Frontal-21*-Beitrag des ZDF:

> »Neonazis in Halle und Bitterfeld. Unter diesem Titel berichtete das ZDF in einem Beitrag bei *Frontal 21* am 07.07.2015, über angebliche Neonazis der Brigade und über ach so verfolgte Zigeuner. Dabei äußerten die Verantwortlichen des Verfassungsschutzes die Angst, dass sich in den betroffenen Städten Nazi-Netzwerke bilden könnten. Dass die Mitglieder und Freunde der Brigade bereits strukturiert organisiert sind und sich Netzwerke der einzelnen Brigaden etabliert haben, scheint den Mitarbeitern des Verfassungsschutzes entgangen zu sein. Oder liegt diese Unkenntnis vielleicht daran, dass auch einzelne Mitarbeiter des Verfassungsschutzes mit den Brigaden sympathisieren?«

Natürlich gibt es auch zahlreiche Beispiele des Engagements von Bürgern für die Flüchtlinge, ob in Freital, Tröglitz, Halle oder Bitterfeld. Sogar einzelne Politiker zeigen Flagge. Zu ihnen gehört der CDU-Bundestagsabgeordnete Martin Patzelt aus Brandenburg. Er hat zwei Asylbewerber aus Eritrea bei sich aufgenommen, weil er davon überzeugt ist, dass die Flüchtlingskrise nur zu bewältigen ist, wenn sich die Bürger engagieren. Wie jedoch war die Reaktion in der Bevölkerung? Patzelt erhielt Morddrohungen.

Das Gleiche erlebte auch die Sozialarbeiterin Karen Larisch, die in der Kleinstadt Güstrow nahe Rostock die sozio-kulturelle Begegnungsstätte Villa Kunterbündnis gegründet hat. Güstrow, idyllisch in der mecklenburgischen Seenplatte gelegen, wurde im Jahr 2011 als »Familienfreundliche Kommune« in Mecklenburg-Vorpommern ausgezeichnet. In der Villa Kunterbündnis engagieren sich die ehrenamtlichen Mitarbeiter für sozial schwache Bürger, für Migranten und für Flüchtlinge. Im Büro von Karen Larisch stapeln sich Plastiktüten mit Spielzeug und Kleidung, die für sozial benachteiligte Güstrower, aber auch für Flüchtlinge gespendet wurden. Damit ist Larisch, die für die Partei Die Linke im Stadtparlament sitzt, ins Visier der Rechtsradikalen geraten, die für ihre Gewaltbereitschaft polizeibekannt sind. Die NPD demonstrierte vor der Villa Kunterbündnis, während nachts schwarz gekleidete Männer einer rechtsextremen Bürgerwehr durch Güstrow laufen.

> »In unser Haus wurde mehrmals eingebrochen, das gesamte Mobiliar zerstört, der Computer vernichtet. Auf der Straße werde ich beleidigt. Man sagt mir, wir machen weiter, bis du hier aufhörst. Man hat mich vom Fahrrad geschubst, mit dem Regenschirm auf mich eingeschlagen, mit dem Tod bedroht.«[168]

Und im Stadtparlament sagen ihr Kollegen: »Hör doch einfach auf, diese Arbeit zu machen.« Doch sie gibt nicht auf, lässt sich nicht einschüchtern, auch wenn die Villa Kunterbündnis, bedingt durch die finanziellen Schäden aufgrund der Zerstörungen, in der Existenz bedroht ist.

Verfassungsschutz: Lichtenhagen war kein Pogrom – die Geschichte hinter der Geschichte

Mecklenburg-Vorpommern ist aus zwei Gründen wichtig. Zum einen gilt Mecklenburg-Vorpommern geradezu als Brennpunkt der rechtsradikalen und völkischen Bewegungen und die NPD ist im Landtag vertreten, zum anderen spielt sich das Landesamt für Verfassungsschutz in der Landeshauptstadt Schwerin als Zensurbehörde bei kritischen Abhandlungen über die rechte Gefahr in Mecklenburg-Vorpommern auf. Auffällig ist, dass einzelne Gegenden von Mecklenburg-Vorpommern bereits von rechtsradikalen Bewegungen beherrscht werden und gesellschaftliche Angsträume entstehen konnten. In einzelnen Gemeindeverwaltungen agieren bereits Anhänger der NPD oder anderer rechtsradikaler Bewegungen. Aber: »Klischeehafte Bilder wie der Skinhead mit Springerstiefeln treffen immer weniger zu«, schreibt die Extremismus-Expertin Andrea Röpke in ihrer im Auftrag der Schweriner SPD-Landtagsfraktion verfassten Publikation *Gefährlich verankert*.

Auf einer Pressekonferenz mit der SPD in Schwerin am 30. April 2015 erklärte Andrea Röpke anlässlich der Präsentation ihrer brisanten Studie,

»dass die Konzentration auf die NPD zu kurz greife. Die Behörden klammern viele Bereiche wie MVgida (ein Ableger von Pegida), die rechtsextreme Siedlerbewegung oder rassistische Sekten weitgehend aus. Dabei lasse das Maß an kultureller Unterwanderung, wirtschaftlicher Verflechtung und gesellschaftlicher Vereinnahmung durch Rocker, Bürgerwehren, Siedlergemeinschaften und Firmenkonglomerate aufhorchen.«[169]

Die bei der Buchpräsentation ebenfalls anwesende SPD-Bundesfamilienministerin Manuela Schwesig berichtete, dass sie selbst erlebt habe, was es bedeutet, wenn Rechtsextreme ganze Dörfer tyrannisieren und im Landtag gegen Flüchtlinge hetzen.

Die Rechtsextremisten, insbesondere die NPD, hätten hier eine gezielte Siedlungsstrategie verfolgt, bestätigte Karl-Georg Ohse vom Regionalzentrum für demokratische Kultur in Schwerin gegenüber der *taz*. Nach Westmecklenburg seien demnach mehr als 20 Nazigrößen aus Westdeutschland gezogen, darunter Udo Pastörs und Thomas Wulff samt Familien. »Sie schicken ihre Frauen und Kinder vor, fassen Fuß in Schulen und Vereinen und treten zunächst unpolitisch auf«, sagt Ohse.[170]

Diese Entwicklung beschreibt sehr eindrücklich eine Studie, die in der Broschüre *Frauen und Rechtsextremismus in Mecklenburg-Vorpommern* veröffentlicht wurde. Sie wurde im Auftrag des Landesfrauenrates Mecklenburg-Vorpommern und der Amadeu Antonio Stiftung erstellt. Herausgeber ist der Verein »Lola für Demokratie in Mecklenburg-Vorpommern«, gefördert wurde die Broschüre vom Sozialministerium in Schwerin. Der Verein »Lola für Demokratie in Mecklenburg-Vorpommern« setzt sich, wie die Amadeu Antonio Stiftung, für eine Vernetzung zivilgesellschaftlicher

Organisationen ein, die sich gegen Rechtsextremismus und für eine demokratische Kultur engagieren.

In der Studie mit dem Titel »Rechtsextreme Szenen in Mecklenburg-Vorpommern« beschreiben die Autoren eine Szene, die in Deutschland kaum bekannt ist und den meisten vollkommen fremd sein dürfte. Demnach sind die

> »völkischen Siedlerinnen und Siedler, Musikerinnen und Musiker, Kindergärtner und Kindergärtnerinnen, Bio-Bauern und -Bäuerinnen, Studierende und Burschenschaftler, Sportlerinnen und Sportler, Handwerkerinnen und Handwerker, Hebammen und Versandhändlerinnen und -händler mit rechten Einstellungen gut vernetzt. Sie organisieren sich in Kameradschaften, völkischen Gemeinschaften und Parteien.«[171]

Was nichts anderes bedeutet, als dass diese Personengruppen erfolgreich öffentliche Einrichtungen unterwandern. So sind Dorfgemeinschaften entstanden, die von rechten Kadern dominiert werden. Diese wiederum schüchtern durch ihre völkisch-nationale Bewegung demokratische Initiativen ein.

Womit die Verfasserinnen der Studie wohl niemals gerechnet hatten, war, dass ihre Broschüre vor Drucklegung dem Landesamt für Verfassungsschutz zur Prüfung vorgelegt wurde, wie aus Quellen des Sozialministeriums zu erfahren war. Bei einer Manuskript-Besprechung im Sozialministerium waren, für die Autoren völlig überraschend, zwei Mitarbeiter des LfA anwesend. Sie monierten zahlreiche Punkte in dem Manuskript, unter anderem die Feststellung der Autoren, dass der Verfassungsschutz die Rolle rechtsextremer Frauen ausblende, oder dass in Rostock/Lichtenhagen Ende August 1992 ein Pogrom stattfand.

Aufgrund dieser ziemlich abwegigen Kritik an der Studie gab das Schweriner Sozialministerium ein Gutachten in Auftrag – und zwar beim Verfassungsschutz selbst. Der behauptete in diesem Gutachten nun, bei den Vorfällen in Lichtenhagen habe es sich nicht um ein Pogrom gehandelt, Frauen hätten im Zusammenhang mit dem Rechtsextremismus überhaupt keine Relevanz, und die Rolle bestimmter Rechtsextremisten würde überbewertet. Außerdem seien die Verfasserinnen ideologisch einseitig. Der Verfassungsschutz forderte das Sozialministerium sogar auf, nicht mehr mit dem Verein »Lola« zusammenzuarbeiten. Die Broschüre mit der Studie erschien trotzdem.

Rückblende. Bereits im Oktober 1991 waren in Rostock Asylbewerberheime und Wohnheime für ausländische Arbeiter/Arbeiterinnen von Rechtsextremisten angegriffen und zerstört worden. Im Frühjahr 1992 wurde ein Roma von mehreren Rechtsradikalen totgeschlagen. In der Nähe von Kühlungsborn drangen Jugendliche mit nationalsozialistischen Parolen und der Androhung körperlicher Gewalt in ein Ferienheim, in dem sich eine Gruppe deutsch-türkischer Schüler zur Erholung befand. Am 24. Mai überfielen 100 Jugendliche das Asylbewerberheim in Güstrow-Bockhorst.

Es herrschte also eine starke fremdenfeindliche Stimmung in Mecklenburg-Vorpommern. Dann kam der August 1992. Am 19. des Monats erschien in den *Norddeutschen Neuesten Nachrichten* die Ankündigung, dass sich im Rostocker Stadtteil Lichtenhagen eine Bürgerwehr bilden werde, um die dortige Zentrale Aufnahmestelle für Flüchtlinge »aufzuräumen«. Ein anonymer Anrufer wurde mit den Worten zitiert: »Wenn die Stadt nicht bis Ende der Woche in Lichtenhagen für Ordnung sorgt, dann machen wir das. Und zwar auf unsere Weise.« Zwei Tage später meldete die *Ostseezeitung*, dass mehrere Bewohner von Lichtenhagen angekündigt hätten, die »rumänischen Roma aufzuklatschen«, und »die Leute, die hier wohnen, werden aus den Fenstern schauen und Beifall klatschen«.

Hintergrund dieser Meldungen war, dass die politisch Verantwortlichen in den zurückliegenden Wochen dafür gesorgt hatten, dass die Zustände in der Zentralen Aufnahmestelle für Flüchtlinge (ZAst) in Lichtenhagen unhaltbar wurden. Hunderte von Asylbewerbern warteten vor dem Gebäude wochenlang auf die Bearbeitung ihrer Asylanträge. In der brütenden Sommerhitze wurden ihnen mobile Toiletten verwehrt, der Dreck häufte sich vor dem Plattenbau, in dem die ZAst untergebracht war, es kam zwangsläufig zu Schlägereien – und alle Warnungen vor einem Ausbruch von Gewalt gegen die dort notgedrungen kampierenden Flüchtlinge wurden in den Wind geschlagen.

An den darauffolgenden Tagen kam es dann zu massiven Ausschreitungen gegen die ZAst im sogenannten Sonnenblumenhaus. Die Fassade dieses Plattenbaus ziert eine riesige Sonnenblume. Und die Bewohner schauten nicht nur aus dem Fenster, sie beteiligten sich aktiv an den nun folgenden Attacken gegen die ZAst. Hunderte rechtsradikaler Skinheads und Tausende normaler Bürger belagerten die Flüchtlingsunterkunft. »Ausländer raus! Ausländer raus!!, Deutschland den Deutschen«, johlten sie. Die ersten Steine und Molotowcocktails flogen gegen die ZAst, die eingesetzten Polizeikräfte wurden attackiert, teilweise wurde auf sie geschossen, es herrschten bürgerkriegsähnliche Zustände. Ein Polizeiführer erinnert sich: »Kämpfen sage ich auch bewusst, weil das wirklich nur ein Kampf war, sich seiner eigenen Haut zu erwehren. Hinzu kam, dass wir sehr schnell eine große Anzahl von Verletzten hatten, Kolleginnen und Kollegen.«

Am 24. August versammelten sich am Vormittag erneut Jugendliche und begannen zu randalieren, und der Zustrom der Lichtenhagener Bürger wurde immer größer. Am Nachmittag flüchteten die letzten Asylbewerber unter Polizeischutz aus der ZAst – der Lichtenhagener Mob schien sein Ziel erreicht zu haben, nachdem er in den letzten 48 Stunden die Schutz suchenden Menschen attackiert hatte. Und die Polizei zog sich ebenfalls zurück, in dem Glauben, die Lage jetzt unter Kontrolle zu haben. Niemand dachte daran, ein Nebengebäude zu schützen, ein Wohnheim für Vietnamesen, die in der DDR als Vertragsarbeiter beschäftigt gewesen waren. Am späten Nachmittag verschärfte sich die Situation abermals, weil immer mehr Neonazis aus anderen Städten in Lichtenhagen eintrafen. Und alles war perfekt organisiert. Die Befehle kamen aus einem Audi, in dem ein führender Hamburger Neonazi saß.

Am Abend des 24. August, gegen 21.30 Uhr, meldete sich einer der rechtsextremen Anführer bei der Polizei und bot einen »Waffenstillstand« an. Seine Bedingungen waren: Treffen mit einem verantwortlichen Polizeibeamten, Besichtigung des Asylantenheimes mit einigen Gleichgesinnten, freier Abzug. Und das Treffen sollte an einem unbeleuchteten Zeitungskiosk stattfinden. Die Forderungen wurden zuerst abgelehnt. Dann war man jedoch zu Verhandlungen bereit, wenn die Bedingungen für den Waffenstillstand von der Polizei gestellt würden.

Dazu kam es jedoch nicht mehr. Im offiziellen Lagebericht der Polizei wird ein neuer Angriff des Mobs beschrieben:

> »Ca. 1000 Störer wurden durch 3000 Schaulustige teilweise bei ihren Handlungen unterstützt. (…) Während einer laufenden Umgruppierung der Kräfte gelang es einer großen Zahl von Randalierern, das Gebäude der ZAst an mehreren Stellen mit Molotowcocktails in Brand zu setzen. (…) Die im Nebenaufgang wohnenden vietnamesischen Bürger flüchteten, als sie bemerkten, dass es auch

in einer Wohnung ihres Gebäudeteils brannte, über das Dach und das Treppenhaus, Eingang Nr. 15.«

Der Polizeibericht war etwas geschönt, denn in dem von der Polizei genannten Gebäudeteil hielten sich noch mehr als 120 Vietnamesen sowie ein ZDF-Fernsehteam und der Rostocker Ausländerbeauftragte Wolfgang Richter auf. Sie alle hatten Todesangst. Als es im Haus zu brennen begann, ging bei der Feuerwehr der Anruf einer Bewohnerin aus der Nachbarschaft ein. »Das Heim, das brennt. Die werfen da Brandsätze rein. Und die Feuerwehr löscht nicht.« Feuerwehr: »Nee, wir kommen ja da auch nicht ran, junge Frau.« Anruferin: »Ach, also das kann es doch nicht geben.« Feuerwehr: »Ja, was sollen wir denn machen? Sollen wir den Gummiknüppel rausholen und uns da einen Weg durch bahnen, oder was? Haben wir nicht. Na sehen Sie. Wir warten. Die Polizei kommt schon.«[172]

Doch die Polizei kam nicht, sondern hatte sich zurückgezogen. Der verantwortliche Rostocker Branddirektor erinnert sich, dass die Polizeikräfte, die vor Ort stationiert waren, unter Sondersignal wegfuhren und die Feuerwehrkräfte allein am Einsatzort waren. Da war es 22 Uhr. Als es dann den Feuerwehrleuten kurzfristig gelang, zu den Brandherden vorzudringen, wurden sie von den Skinheads, die in das Haus eingedrungen waren, bedroht. Gegenüber dem Feuerwehreinsatzleiter erklärten sie, erinnert sich der Rostocker Branddirektor: »Von euch wollen wir nichts, wenn ihr hier jetzt freiwillig verschwindet.«

Die Feuerwehr musste sich daher zurückziehen, während weitere neue Brände im Gebäude der ZAst ausbrachen. Die Vietnamesen sowie das TV-Team und der Ausländerbeauftragte, die sich – auch aus Angst vor dem Lynchmob – noch im Haus aufhielten, konnten sich in letzter Minute selbst retten, sonst wären sie elend verbrannt. Jochen Schmidt, ein Journalist des ZDF, schreibt in seinem Buch *Politische Brandstiftung*, dass die Feuerwehr den Mob »höflich gebeten« habe, die Löscharbeiten nicht zu behindern, und dass sie sich für die Aufmerksamkeit und Unterstützung »bedankte«:

> »Die bitten auch noch, diese Idioten. Sollen sie doch gleich noch einen Satz hinten dranhängen: ›Wir wünschen Ihnen einen angenehmen Abend.‹ So klingt das jedenfalls. Ich hasse Gewalt, aber in diesem Moment krempelt sich alles in mir um. Warum, verdammt noch mal, knüppelt die Polizei nicht einfach los, jedem auf die Schnauze, der nicht sofort abhaut? Die alle haben es verdient, alle 3000, ohne einzige Ausnahme. Stattdessen werden diese Kriminellen noch freundlich um ›Unterstützung‹ gebeten. Na klasse!«[173]

Am Tag danach herrschte in Lichtenhagen Volksfeststimmung, mit Würstchenbuden, Bierständen, alkoholisierten und fanatisierten Bürgern und rechtsradikalen Sturmtrupps. Sie feierten gemeinsam, dass Lichtenhagen endlich ausländerfrei war. Jochen Schmidt erinnert sich an diesen Abschied, als die dem Feuertod entronnenen Vietnamesen zu den bereitstehenden Bussen eskortiert wurden:

> »An den beiden Bussen steht ein ganzer Pulk von ›Demonstranten‹, wie sich die johlende Masse selbst wohl nennt. Und dann geht es los: ›Deutschland den Deutschen!‹ – ›Ausländer raus!‹ – ›Karrt sie gleich ins Wasser!‹ – ›Da habt ihr noch mal Schwein gehabt!‹ – ›Wir kriegen euch!‹ Von allen Seiten brüllen die deutschen Saubermänner ihre wahre Gesinnung den Opfern ins Gesicht.«[174]

Diese Szenen erinnern stark an den wütenden Mob, der im Jahr 2015 gegen Flüchtlinge mobilmachte.

Wie um das Verhalten des rechtsradikalen Mobs zu entschuldigen, wurde erklärt, dass die Arbeitslosigkeit doch so hoch sei, weil jede vierte Frau und jeder dritte Mann seit der Wende ihre Arbeit verloren hätten, also sozialer Sprengstoff vorhanden sei. Ein zuständiger Staatsanwalt aus Rostock meinte:

> »Ich glaube, das ist aus meiner persönlichen Sicht … dass die Bürger dort wohl sich immer wieder an die Verwaltung oder Behörde oder an die Politiker gewandt haben. Und es geschieht ja nichts. Ein interessanter Satz war: ›Nur durch Gewalt erreicht man etwas.‹ Ich habe das Gefühl, dass es ganz viele Frusttäter waren oder mitgerissene Leute, die sich dahin verleiten lassen haben, Steine zu werfen.«

Gewünscht war also die politische Absolution für die an dem Pogrom beteiligten Lichtenhagener. Diese Absolution wurde zusätzlich dadurch erteilt, dass führende CDU-Politiker eine ausschließlich rechtsradikale Beteiligung an den Angriffen gegen die Flüchtlinge abstritten, sondern wahlweise von einer maßgeblichen Beteiligung der Stasi, Linksradikaler und Autonomer sprachen. Der damalige Bundeskanzler Helmut Kohl behauptete sogar, die Stasi hätte die Ausschreitungen angezettelt und gelenkt.

Mecklenburg-Vorpommerns Innenminister Lothar Kupfer wiederum erklärte, die Störer gehörten nachweislich ihrer Herkunft und ihres Verhaltens zum Teil zur rechts- und linksradikalen Szene, aber auch zum Kreis der Autonomen. Ministerpräsident Berndt Seite ergänzte, man kenne »solche Gewalttäter auch aus Brokdorf, aus der Hafenstraße in Hamburg oder der Startbahn West in Frankfurt und von Wackersdorf«. Peter Hintze, der damalige Generalsekretär der CDU, sprach zwar von rechtsradikalen Ausschreitungen, in die jedoch »die Linksradikalen offensichtlich mit eingestiegen sind«.

Höchst aufschlussreich war die Feststellung des damaligen CDU-Innenministers Kupfer im WDR: »Die Rechten haben bewirkt, die Politiker dafür zu sensibilisieren, dass das Asylrecht eingeschränkt wird und dass das Sicherheitsgefühl an erster Stelle steht – nicht nur in Ostdeutschland.«

Wenige Wochen nach dem Pogrom in Lichtenhagen wurden die Asylbewerberheime in Wismar, Rostock-Hinrichshagen, Neubrandenburg und Greifswald angegriffen. In Wismar kam es zwischen dem 15. und dem 20. September 1992 zu sechstägigen Ausschreitungen rechtsradikaler Gruppen gegen ein Asylbewerberheim. Sie fanden, wie zuvor in Lichtenhagen, den Beifall der Anwohner.

Übrigens ist in der Broschüre *Frauen und Rechtsextremismus in Mecklenburg-Vorpommern* zu lesen, dass sich bereits Anfang der Achtzigerjahre die ersten Skinhead-Gruppen in den größeren Städten der DDR etablierten und rassistische Beleidigungen und Angriffe auf Wohnheime der ausländischen Vertragsarbeiter bekannt gewesen seien. »Insgesamt zählte das Innenministerium der DDR Ende der 1980er-Jahre 15 000 mit der rechten Szene Sympathisierende – nachdem Neonazismus jahrzehntelang als ›Rowdytum‹ verharmlost wurde.«

Es ist also eine beliebte Märchenerzählung, dass erst nach dem Zusammenbruch der DDR Neonazis aus dem Westen die neuen Bundesländer heimsuchten. »Demzufolge brachte das Ende der DDR«, schreiben die Autoren,

> »eine florierende Neonazi-Szene nicht erst hervor. Vielmehr eröffnete die neue politische und soziale Realität

> günstige Bedingungen für das Erstarken, Strukturieren und Ausdifferenzieren einer bereits breit aufgestellten Szene, deren Positionen auch in größeren Teilen der Mehrheitsgesellschaft Zustimmung fanden«[175].

Und bis heute Zustimmung finden. Politisch ist das Ganze im Grunde eine Bankrotterklärung.

Die offensichtlichen Lügen der CDU-Politiker nach dem Pogrom von Lichtenhagen passten durchaus ins politische Konzept der Bundesregierung. Der Journalist Jochen Richter, der mit dem ZDF-Team aus dem brennenden Haus fliehen konnte, sprach mit vollem Recht von politischer Brandstiftung. »Rostock-Lichtenhagen sollte als Fanal fungieren. Geplant war vonseiten der Politik eine kontrollierte Eskalation des Volkszorns mit dem Ziel, die SPD zum Einlenken in der Asylfrage zu zwingen.«[176]

Denn diesem Pogrom war tatsächlich, wie es Jochen Schmidt beschrieb, eine massive politische und mediale Propaganda gegen Flüchtlinge vorausgegangen. Auch das erinnert fatal an die Situation im Jahr 2015, als hunderttausend Flüchtlinge nach Deutschland kamen, um hier Schutz vor politischer Verfolgung und vor den blutigen Bürgerkriegen in Syrien, Afghanistan oder im Irak zu finden.

Edmund Stoiber, damals bayerischer Innenminister und später gern gesehener Talkshowgast, forderte, aus dem im Grundgesetz verankerten Grundrecht auf Asyl (Art. 16a, Abs. 3 GG) eine »Art Gnadenrecht« zu machen. Es müsse ein »abstraktes Grundrecht« werden, auf das sich ein Flüchtling »nicht mehr ohne Rücksicht auf andere Interessen berufen« könne. Die Bevölkerung müsse vor einer »totalen Überforderung« durch Flüchtlinge »geschützt« werden. Bettelnd, betrügend, ja messerstechend gingen Ausländer durch die Straßen. Sie würden festgenommen, und nur, weil sie das Wort »Asyl« rufen, lägen sie dem Steuerzahler in einem siebenjährigen Verfahren auf der Tasche, heizte der Berliner CDU-Fraktionschef Klaus Rüdiger Landowsky damals in einem Interview die Stimmung an.

Neun Monate nach dem Pogrom in Lichtenhagen und weiteren Ausschreitungen wurde das Asylgrundrecht radikal verändert, mit den Stimmen von CDU/CSU, FDP und SPD. Die Bewohner nicht nur von Lichtenhagen dürften nochmals gejubelt haben.

Am 1. November 1992 brannte in Dolgenbrodt in Brandenburg ein Flüchtlingsheim. Einwohner hatten dem Brandstifter 11 000 Mark bezahlt, nachdem sie zuvor vor einem zweiten Lichtenhagen gewarnt hatten.

Immerhin wurde 20 Jahre nach dem Pogrom von Lichtenhagen am Rathaus von Rostock eine Gedenktafel zur Erinnerung an die beschämenden Ereignisse vom August 1992 angebracht. Das war im August 2012. Vier Monate später wurde sie entfernt und durch ein Schild mit der Aufschrift »Für immer Deutschland« ersetzt. Inzwischen (2015) gibt es in Rostock einen nordostdeutschen Pegida-Ableger mit Namen MVgida, der bei seinen Montagsspaziergängen einige hundert Anhänger auf die Straße brachte. MVgida unterhält direkte Verbindungen zur NPD und zu Neonazi-Kameradschaften.

Hinzu kommt eine neue Entwicklung, die von dem Blog *Endstation Rechts* aufgedeckt wurde, dessen Mitarbeiterinnen und Mitarbeiter die Aktivitäten der rechtsradikalen Szene in Mecklenburg-Vorpommern genau verfolgen. Mitinitiator und Förderer von *Endstation Rechts* ist der SPD-Landtagsabgeordnete Julian Barlen. Er sieht in diesen Tarnlisten Rechtsradikaler eine große Gefahr, da die Bürger nicht wirklich wüssten, wer sich hinter diesen Tarnlisten verberge. »Das heißt, die NPD tritt nicht mehr als Partei bei Kommunalwahlen an, sondern es sind entweder NPD-Mitglieder oder solche, die ihr politisch sehr nahestehen. Und sie haben Erfolg mit dieser Strategie.«[177]

Es sind Wählervereinigungen wie die »Alternative für Torgelow«, »Wir von hier« oder die »Wählergemeinschaft Schöneres Strasburg«, die bei den Kommunalwahlen 2014 weitaus mehr Stimmen erhielten als zuvor die NPD, wenn sie als Partei auftrat. »Damit schaffen sie nicht nur Ausweichmöglichkeiten für den Fall eines Verbots ihrer Gemeinschaft, sondern trotzen bis zu einem gewissen Maß auch der verbreiteten Skepsis gegenüber politischen Parteien, von der auch die NPD trotz des gepflegten ›Anti-Parteien‹-Images nicht verschont bleibt.«[178]

Dies führt zurück zur Intervention des Verfassungsschutzes von Mecklenburg-Vorpommern gegen die Veröffentlichung der Broschüre *Frauen und Rechtsextremismus in Mecklenburg-Vorpommern* und zum Widerstand der Verfassungsschützer gegen den Begriff Pogrom. Der Begriff ist eindeutig: gewalttätige Aktionen gegen Menschen, die einer religiösen, nationalen, ethnischen oder anderen Minderheit angehören. Aber wie sonst sollte man bezeichnen, was in Lichtenhagen geschehen war?

Bundespräsident Joachim Gauck forderte am 26. August 2012, am 20. Jahrestag des Pogroms von Lichtenhagen: »Doch heute und hier versprechen wir. Allen Rechtsextremisten und Nationalisten, all jenen, die unsere Demokratie verachten und bekämpfen, sagen wir: Wir fürchten euch nicht – wo ihr auftretet, werden wir euch im Wege stehen: in jedem Ort, in jedem Land, im ganzen Staat.«

In Lichtenhagen, wie in anderen deutschen Dörfern und Städten, scheint man diese Aussage nicht gelesen oder nicht verstanden zu haben. Nachdem der Rostocker Sozialsenator Steffen Bockhahn (Die Linke) am 21. Juli 2015 einen Vorschlag auf seiner Facebook-Seite veröffentlicht hatte, wonach die frei werdenden Mittel aus dem Betreuungsgeld für unbegleitete Flüchtlingskinder eingesetzt werden könnten, hagelte es Kommentare der übelsten Sorte: »Die Linken bitte direkt unter den Sozis an der Siegessäule aufhängen«, »Häng dich auf, das wäre sinnvoll!!!«, »Solche Forderungen sind Verrat am deutschen Volk« oder »Es reicht. Bei einem gewissen Menschen der in den 30iger Jahren an der Macht war, hätte es so was nicht gegeben. (...) Ich bin kein Nazi, aber da kann man wirklich einer werden.«

Auf der anderen Seite werden Bürger, die sich auf den obigen Satz des Bundespräsidenten berufen und sich Rechtsextremisten in den Weg stellen, indem sie Demonstrationen von Neonazis und rechtem Mob blockieren, von der Polizei bedroht und teilweise kriminalisiert. Schließlich muss die Polizei das Recht auf Versammlungsfreiheit schützen, und letzteres gilt dummerweise auch für Neonazis. Die haben zwar mit Demokratie nichts im Sinne, träumen vom Nationalsozialismus und würden ihre Gegner am liebsten genauso behandeln, wie es ihre Vorbilder einst im Dritten Reich praktizierten, aber die Wahrnehmung des Demonstrationsrechts muss unter allen Umständen gewährleistet werden. Schließlich ist die Bundesrepublik Deutschland ein Rechtsstaat.

Der III. Weg und der Herr Krebs aus Frankfurt am Main

Er ist 1975 geboren, Stadtverordneter in Frankfurt am Main, jener Stadt, die für ihre kulturelle Weltoffenheit bekannt ist und für die multikulturelles Leben kein Fremdwort ist. Jörg Krebs passt da irgendwie nicht so richtig hinein, und deshalb wird er von allen demokratischen Parteien auch geächtet. Der ehemalige hessische NPD-Vorsitzende sagt von sich: »Ich bin kein Nazi.«

Inzwischen ist Krebs aus der NPD ausgetreten, die ihm zu chaotisch wurde. Den in Frankfurt am Main eher lächerlichen Pegida-Ableger kritisierte er wegen einer »schon fast peinlichen Anbiederung an den Staat Israel«. Stein des Anstoßes war eine israelische Flagge. Bei den Demonstrationen der militanten rechten »Hooligans gegen Salafisten« (HoGeSa) im Oktober 2014 in Köln hingegen sah man ihn mitten unter den Demonstranten, die brüllten: »Deutschland den Deutschen. Ausländer raus«. Dabei kam es zu schweren Auseinandersetzungen, bei denen mindestens 44 Polizisten verletzt wurden. In Krebs' Twitter-Account las man danach: »Noch ist Deutschland nicht verloren! Zusammenhalt ist unsere Stärke!« Und: »Wir brauchen Köln, wir brauchen HoGeSa auch in Frankfurt dringend.«

Im Frankfurter Stadtparlament fiel der gelernte Schreiner eher dadurch auf, dass er, im braunen Anzug, seinen Platz rechts außen in der vorletzten Reihe einnahm und ansonsten nicht weiter auffiel. Abgesehen von einer Anfrage, die er, als inzwischen parteiloser Stadtverordneter, Anfang August 2015 an den Frankfurter Magistrat stellte:

> »Wie viele Flüchtlingsunterkunfte/Asylantenheime gibt es derzeit auf der Gemarkung der Stadt Frankfurt am Main? Wo genau befinden sich diese Unterkünfte? Wie viele Flüchtlinge/Asylbewerber sind derzeit in Hotels/Pensionen untergebracht, und welche Kosten fallen dafür monatlich an? Welche weiteren Standorte für Flüchtlingsunterkünfte/Asylantenheime sind in Frankfurt derzeit – ggf. – in Planung?«

Inzwischen (Herbst 2015) sympathisiert Krebs mit der rechts von der rechtsradikalen NPD angesiedelten neuen neofaschistischen Partei »Der III. Weg«, der vorgeworfen wird, Brandanschläge auf Flüchtlingsheime durch Hetze gegen Flüchtlinge provoziert zu haben. Seine Sympathie für diese Neofaschisten dokumentiert Krebs sowohl auf seiner Facebook-Seite als auch mit seinem Twitter-Account. Auf seiner Facebook-Seite wird an prominenter Stelle für eine »Nationalrevolutionäre Aktion« geworben. Hier postet er viele Beiträge des »III. Weges«, etwa:

> »Der rheinland-pfälzische Innenminister bezichtigt die neue volkstreue Partei Der III. Weg der Volksverhetzung. Spricht man die Wahrheit in der BRD und ist dem System nicht genehm, fällt immer ganz schnell das Wort ›Volksverhetzer‹, ›Rattenfänger‹, ›Ausländerfeinde‹ und und und. Es ist immer das gleiche Spiel der Herrschenden.«

Krebs' Kommentar dazu: »Einfach ignorieren, den Büttel.« In einem anderen Beitrag zitiert er den Spruch des »Freien Deutschlands« (3756 Personen gefällt das): »Die Fahne empor, himmelwärts! Nur für Deutschland schlägt das deutsche Herz«. »Freies Deutschland« ist ebenfalls eine Neonazi-Organisation. Irgendwie muss ihn auch ein Foto begeistert haben, das ebenfalls vom »III. Weg« ins Netz gestellt und von ihm geteilt wurde. »Noch sitzt ihr da oben, ihr feigen Gestalten, vom Feinde bezahlt und dem Volke zum Spott. Doch einst wird wieder Gerechtigkeit walten, dann richtet das Volk und es Gnade Euch Gott!«

Die Frage ist, warum diesem Jörg Krebs der Zutritt zum Frankfurter Stadtparlament nicht schlichtweg verweigert wird.

Die Thüringer Landtagsabgeordnete Katharina König wies in einer Presseerklärung vom 5. August 2015 darauf hin, dass nun auch die Thüringer Behörden die Gefahr durch die Partei »Der III. Weg« erkannt hätten, vor der antifaschistische und zivilgesellschaftliche Initiativen seit vielen Monaten gewarnt hatten.

Auf der Website dieser noch sehr kleinen neofaschistischen Partei ist ein Banner zu sehen: »Boykottiert Produkte aus Israel«. Im thüringischen Saalfeld marschierten am 1. Mai 2015 rund 800 »Nationalsozialisten«, wie sich Mitglieder des »III. Weges« selbst gerne nennen, und konnten von der Polizei kaum gebändigt werden. »Wir haben beim Aufmarsch vom ›Dritten Weg‹ am 1. Mai in Saalfeld gesehen, dass es diesen Neonazis nicht um ein Biedermann-Image geht, sondern um pure Aggression, möglichst radikale Hetze, NS-Bezüge und gewalttätiges Auftreten«, so die Abgeordnete, die auf mehrere Attacken dieser Neofaschisten auf Gegendemonstranten, Journalisten und Polizisten verweist.

Anhänger des »III. Weges« nahmen im Sommer 2015 auch an Demonstrationen gegen Flüchtlinge und Asylunterkünfte in Thüringen teil, bezeichneten Flüchtlinge in Flyern als Kultur- und Blutsfremde.

> »Während andere rechtspopulistische und extrem rechte Parteien sich zumindest den Anschein bürgerlicher Seriosität geben, versucht der ›Dritte Weg‹ durch sein radikales und unverblümtes Auftreten auch in der Neonazi-Szene zu punkten, um Kameradschaften, sogenannte »Freie Netze‹ und enttäuschte NPD-Anhänger zu rekrutieren«[179],

stellte Katharina König fest.

Inzwischen unterhalten die Neofaschisten des »III. Weges« auch Stützpunkte in Rheinland-Pfalz, Hessen, Bayern, Thüringen und Sachsen und sind mit europäischen neofaschistischen Organisationen verbunden.

Die Scheinheiligkeit der offiziellen Asylpolitik und die tödlichste Grenze der Welt

Nun trägt die Bundesregierung natürlich, auch wenn es nie zugegeben wird, eine erhebliche Mitschuld an den stetig wachsenden Attacken gegen Flüchtlingsheime und Asylsuchende. Sie ist deshalb mitverantwortlich, weil sie es unterlassen hat, die Bevölkerung ausreichend über die wahren Ursachen der Flucht aus den Herkunftsländern zu informieren. Genau das macht zum Beispiel André Schulz, der Bundesvorsitzende des Bundes Deutscher Kriminalbeamter:

> »Durch eine arrogante und menschenverachtende Kolonialpolitik haben wir andere Völker über Jahrhunderte ausgebeutet und auf deren Kosten gelebt. Wir haben in vielen Regionen die Grundlage für den Hass auf die westliche Welt und die heute damit einhergehende terroristische Bedrohung selbst geschaffen. (…) Wir haben es ermöglicht, dass der Islamische Staat überhaupt entstehen konnte.«[180]

Die Bundesregierung hat hingegen alles dafür getan, um die Abschottungspolitik gegenüber Flüchtlingen als politische Meisterleistung populistisch zu verkaufen. Denn die europäischen Staaten haben, mit besonderer Beteiligung Deutschlands, dafür gesorgt, dass die Außengrenze der EU inzwischen zur tödlichsten Grenze der Welt geworden ist. Wie viele Flüchtlinge bislang auf dem Weg ins rettende Europa zu Tode gekommen sind, ist nicht einmal ansatzweise bekannt. Die Schätzungen schwanken zwischen 20 000 und 25 000 Flüchtlingen allein bei der Flucht über das Mittelmeer in den letzten drei Jahren. Wie viele Menschen auf dem Weg dorthin oder auf dem Landweg, über die Balkanroute, erstickten, erfroren oder ermordet wurden, ist überhaupt nicht bekannt. Eine traurige Bilanz der europäischen Abschottungspolitik.

Die Bundesregierung war die treibende Kraft bei der Durchsetzung des sogenannten Dublin-III-Abkommens. Danach ist allein derjenige EU-Staat für das Asylverfahren zuständig, den der Schutzsuchende als Erstes betreten hat.

> »Dublin hat dazu geführt, dass Migranten in Ungarn, Bulgarien, Italien in Elendslagern hausen, die nicht nur Human Rights Watch als menschenunwürdig kritisiert. Deutschland hat sich in diesem System der Mehrfach-Abschottung jahrelang wunderbar eingerichtet. Die Bundesregierung konnte einerseits das Asylrecht hochleben lassen und musste gleichzeitig so gut wie keine Flüchtlinge versorgen. 2007 stellten gerade einmal 19 000 Menschen einen Asylantrag.«[181]

In Ungarn, Bulgarien oder auf Malta werden Asylsuchende, die nach einer teilweise monatelangen Flucht glaubten Schutz in der Wertegemeinschaft Europa zu finden, erst einmal inhaftiert. Ungarische Gefängnisärzte verabreichen Gefangenen in den Lagern systematisch Betäubungsmittel, um sie ruhigzustellen. In Libyen bilden deutsche Polizisten Milizen zu Grenzschützern aus, obwohl dort Flüchtlinge in Internierungslagern gefoltert werden, wie die Menschenrechtsorganisation Human Rights Watch beklagt hat. In der griechischen Ägäis hat die Küstenwache Flüchtlingsboote zerstört oder schwer beschädigt, woraufhin die Insassen ertranken.

Aus Afrika oder dem Nahen Osten nach Deutschland gelangen kann ohnehin nur, wer die Flucht über das Mittelmeer mithilfe von Schleppern überlebt hat. Das gilt für Syrer, Afghanen und Iraker sowie für diejenigen, die aus afrikanischen Diktaturen und vor den dortigen Bürgerkriegen geflüchtet sind. Bis Oktober 2014 organisierte die italienische Regierung die Rettungsaktion Mare Nostrum. Mindestens 115 000 Flüchtlinge konnten daraufhin durch die italienische Marine gerettet werden. Dann wurde das Rettungsprogramm mangels finanzieller Möglichkeiten und wegen fehlender Solidarität der anderen europäischen Staaten beendet. Die EU war nicht willens, gerade einmal neun Millionen Euro zur Fortsetzung der Seenotrettung zur Verfügung zu stellen. Federführend dabei dürfte ein deutscher Innenminister gewesen sein. Thomas de Maizière hatte bereits im September 2014 verlangt, das Programm Mare Nostrum durch die europäische Grenzschutzmission Frontex zu ersetzen. Er behauptete, die Seenotrettung schaffe lediglich neue Motive für Flüchtlinge, in See zu stechen, um sich retten zu lassen: »Mare Nostrum war als Nothilfe gedacht und hat sich als Brücke nach Europa erwiesen.«

Auf Mare Nostrum folgte die EU-Operation Triton. Ihr Rettungsradius ist deutlich kleiner als der von Mare Nostrum, und das Budget beträgt nur ein Drittel des Vorgängerprogramms. Statt Seenotrettung steht die Flüchtlingsabwehr im Vordergrund. Entsprechend ist die Zahl der Toten seit dem Ende von Mare Nostrum beziehungsweise seit dem Beginn von Triton stark gestiegen. Allein in den ersten sechs Monaten des Jahres 2015 kamen mindestens 2100 Menschen – Männer, schwangere Frauen und Kinder – im Mittelmeer ums Leben, weil niemand sie retten konnte oder wollte. Günter Burkhardt von Pro Asyl übte harsche Kritik an Triton: »Jeder Mensch hat Anspruch auf Leben, dass dann dieses Recht auf Leben in politisches Kalkül einfließt, wie bekämpfe ich die Schlepper, das ist sehr kaltherzig.«

Dazu passt, dass der deutsche Operationsleiter von Triton sich in einem Schreiben an den Direktor der italienischen Grenzpolizei dafür starkmachte, Notrufen von außerhalb der 30-Meilen-Zone zukünftig überhaupt nicht mehr nachzukommen. Man wolle keine »Anreize« zur Flucht bieten, berichtete Pro Asyl über diesen unsäglich inhumanen Vorschlag. Und in einer Presseerklärung zitierte Pro Asyl den UN-Flüchtlingshochkommissar Antonio Guterres, der im Dezember 2014 die Haltung der europäischen Regierungen mit scharfen Worten kritisiert hatte: »Einige Regierungen räumen der Abwehr von Flüchtlingen höhere Priorität ein als dem Recht auf Asyl. Flüchtlingspolitik darf nicht den Verlust von Menschenleben als Kollateralschaden akzeptieren.«[182]

Gehört wurde Guterres weder in Berlin noch in Brüssel. Im Gegenteil. Die Innenminister verschiedener EU-Staaten, darunter auch Thomas de Maizière, debattierten anlässlich des EU-Innenministertreffens am 12./13. März 2015 die Einrichtung von Asylzentren in Nordafrika, um die Flüchtlinge von der Überfahrt über das Mittelmeer abzuhalten, angeblich, um Tote zu verhindern.

Damit würden Staaten, in denen die Menschenrechte von Flüchtlingen und Migranten systematisch verletzt werden, in Mitverantwortung für die Schutzprüfung und Aufnahme von Flüchtlingen genommen. Und da man schon dabei war, die Europäische Menschenrechtskonvention außer Kraft zu setzen, kokettieren EU und Bundesregierung mit afrikanischen Diktaturen, damit diese die Flucht ihrer Bürger bereits in ihrer Heimat mit allen Mitteln verhindern. Kooperiert werden sollte mit den Herkunftsländern Äthiopien, Sudan, Eritrea, Südsudan, Somalia und Kenia sowie mit den Transitländern Libyen, Ägypten und Tunesien.

Am 28. November 2014 trafen sich in Rom Repräsentanten von 58 Staaten Europas und Afrikas, darunter die Außen-

und Innenminister der EU, um die sogenannte »Khartoum Erklärung« zu verabschieden. In ihr wurde die Kooperation der EU mit den Herkunfts- und Transitländern von Flüchtlingen festgeschrieben, die vom Horn von Afrika aus versuchten, Schutz in Europa zu finden. Gleichzeitig sollte künftig gegen kriminelle Netzwerke vorgegangen werden, womit die Schlepper gemeint waren und nicht die kriminellen und korrupten Strukturen im Land selbst. Am Tisch saßen in Rom unter anderem die Vertreter der Militärdiktaturen Eritreas, des Sudans, Ägyptens und Somalias. Aus diesen Ländern stammt ein Großteil der nach Deutschland geflüchteten Männer, Frauen und Kinder.

Georg Restle vom ARD-Magazin *Monitor*, das am 23. Juli 2015 enthüllte, mit wem die EU zu paktieren beabsichtigte, um die »Fluchtursachen« zu bekämpfen, kommentierte die »Khartoum Erklärung« mit den Worten:

> »Es gehört ja zum ewigen Credo deutscher und europäischer Flüchtlingspolitik, dass man die Fluchtursachen in den Herkunftsländern bekämpfen will. Doch was ist damit eigentlich gemeint? Mehr Demokratie oder mehr Unterdrückung? Und wer soll da wirklich bekämpft werden? Die Diktaturen oder die Flüchtlinge?«[183]

Es geht hier um nicht mehr und nicht weniger als die Doppelmoral der Bundesregierung – eine Doppelmoral, die jeglicher Ethik ebenso wie den Werten, für die Europa eigentlich stehen möchte, Hohn spricht.

Beispiel Ägypten. Dessen Staatschef Abd al-Fattah as-Sisi wurde Anfang Juni 2015 in Berlin von Bundespräsident Joachim Gauck mit allen militärischen Ehren empfangen. Sisi ist verantwortlich für eine der brutalsten Sicherheitsbehörden im Nahen Osten. Polizeigewalt und Folter sind an der Tagesordnung, demokratische Grundrechte werden mit Füßen getreten – Diktatur pur. Seit Sisis Machtantritt im Juni 2014 sind mindestens 40 000 Menschen aus politischen Gründen verhaftet, mehr als 100 Inhaftierte zu Tode gefoltert und mehr als 2500 Ägypter bei Protesten gegen das Regime getötet worden. Was die Bundesregierung nicht daran hinderte, im März 2015 ein Abkommen zur Polizeikooperation zu verhandeln. Vorgesehen sind sechs Trainingsprogramme für die ägyptische Polizei durch das BKA. Außerdem besteht ein Expertenaustausch zum Thema »Terrorismusbekämpfung« zwischen dem ägyptischen Geheimdienst und der Staatsschutzabteilung des BKA. In Planung ist ein Informationsaustausch mit dem Leiter der ägyptischen Polizeiakademie sowie den Vertretern der Fachhochschule des Bundes, der Deutschen Hochschule der Polizei, zu Fragen der Aus- und Fortbildung.

Beispiel Eritrea. Menschenrechtsorganisationen sprechen von willkürlichen Hinrichtungen, unsäglichen Haftbedingungen, systematischer Folter, unbefristetem militärischen Zwangsdienst. Der CDU-Bundestagsabgeordnete Frank Heinrich sagte am 10. Juni 2015 im Deutschen Bundestag, in Eritrea herrsche eine »mitleidlose Diktatur«. Das Land gilt zu Recht als das Nordkorea Afrikas. Frank Heinrich erinnert auch daran, dass eritreische Botschaften von exilierten Landsleuten, auch jenen, die längst deutsche Staatsbürger sind, eine zweiprozentige Einkommensabgabe erpressen: »Wenn Sie behaupten, das alles sei nicht wahr, lassen Sie die Experten ins Land«, wandte er sich an die eritreische Führung.[184]

Beispiel Sudan: Der sudanesische Diktator Umar al-Baschir sollte sich wegen Völkermordes, Verbrechen gegen die Menschlichkeit und Kriegsverbrechen vor dem Internationalen Strafgerichtshof in Den Haag verantworten. Die Chefanklägerin des Internationalen Strafgerichtshofs teilte am 12. Dezember 2014 resigniert mit, dass sie ihre Ermittlungen mangels Aussicht auf Erfolg einstellen musste. Obwohl ein internationaler Haftbefehl gegen Al-Baschir vorliege, könne er ungehindert in andere afrikanische Staaten, unter anderem nach Südafrika, reisen.

Beispiel Somalia: Hier beklagt Amnesty International, dass seit 2012 insgesamt 18 Journalisten getötet und weitere angegriffen, schikaniert und ins Exil getrieben wurden:

> »Auch kam es nach wie vor zu gezielter Gewaltanwendung gegen Mitarbeiter humanitärer Hilfsorganisationen und Menschenrechtsverteidiger. Bewaffnete Gruppen nahmen weiterhin Zwangsrekrutierungen vor – auch von Kindern – und verschleppten, folterten und töteten Menschen rechtswidrig. Schwere Menschenrechtsverstöße, einschließlich Kriegsverbrechen, blieben straffrei.«[185]

So viel zu den Partnern der Bundesrepublik und der EU im Kampf gegen die Flüchtlinge, die versuchen, die Wertegemeinschaft Europa zu erreichen. Seit November 2014 verhandelt die EU mit den Repräsentanten dieser Diktaturen, wie man Fluchtursachen bekämpfen und die illegale Migration beenden könne. Im Sudan soll ein »Trainingszentrum« etabliert werden, um Menschenhandel zu bekämpfen. Sudanesische Beamte sollen in Migrationsmanagement geschult werden. Im Mittelpunkt steht das Training von Polizei und Strafverfolgungsbehörden, und das in einer Diktatur, deren Herrscher berüchtigt für seine Verbrechen gegen die Menschlichkeit ist. Es ist nicht bekannt, dass die Bundesregierung in Berlin Einwände gegen die Kooperation mit dem Diktator vorgebracht hat oder gar den ganzen Khartoum-Prozess platzen ließ.

Catherine Teule, die Vizepräsidentin der Europäischen Vereinigung für die Verteidigung der Menschenrechte, hingegen bezieht klar Stellung:

»Es ist ein Skandal, dass Europa die Verantwortung auf Länder abwälzt, die die Menschenrechte nicht respektieren oder die Genfer Flüchtlingskonventionen nicht ratifiziert haben… Mit solchen Ländern kann man keine Abkommen treffen. Was sich in Eritrea und im Sudan ereignet, zeigt doch, dass man solchen Ländern kein Vertrauen schenken kann. In diesen Ländern werden die Leute abgeschlachtet. Eine solche Zusammenarbeit wäre schändlich.«[186]

Nicht weniger schändlich ist, dass EU-Kommissionspräsident Jean-Claude Juncker dafür plädiert, die Türkei als »sicheren Herkunftsstaat« einzustufen. Dass dort unter dem Regime von Staatspräsident Erdogan nicht nur die Terrormiliz des IS unterstützt wird, sondern Folter an der Tagesordnung ist, dass die Pressefreiheit mit den Füßen getreten, die politische Opposition verfolgt wird und dass die Kurden massakriert werden, das spielt für ihn keine Rolle – Hauptsache, die türkische Regierung hindert die aus Syrien flüchtenden Menschen daran, nach Europa zu kommen.

Der unmenschliche Zynismus besteht darin, dass deutsche Politiker in der aktuellen Asyldebatte gerne von einer »Willkommenskultur« sprechen, dass man die »echten Flüchtlinge« bereitwillig und mit offenen Armen aufnehme, nur eben nicht diejenigen, die vom Balkan kämen. Das sind in den Augen führender Politiker diejenigen, die das Asylrecht missbrauchen. Tatsache ist jedoch, dass selbst den sogenannten »echten Flüchtlingen« aus dem Nahen Osten oder aus Afrika alle Wege verschlossen werden, um das rettende Europa überhaupt zu erreichen.

Und wenn die Flüchtlinge dann trotzdem irgendwie den europäischen Kontinent und das gelobte Land Deutschland erreichen, müssen sie damit rechnen, wieder in den Staat abgeschoben zu werden, in den sie als Erstes nach Betreten europäischen Bodens ihren Fuß setzten.

Zum Beispiel nach Bulgarien. Dass es sich um einen sicheren Herkunftsstaat handele (alle Mitgliedstaaten der EU gelten als sichere Herkunftsstaaten), ist ein Hohn angesichts der dortigen Verhältnisse. Pro Asyl berichtete in der Dokumentation *Erniedrigt, misshandelt, schutzlos: Flüchtlinge in Bulgarien* über barbarisches Asyl, dass der Flüchtlingsschutz nur auf dem Papier existiere und dass bulgarische Grenzbeamte die Schutzsuchenden in grenznahen Haftzentren unter erniedrigenden Bedingungen einsperrten und massiv misshandelten. Außerhalb des Gefängnisses würden sie Opfer des auch in Bulgarien herrschenden gewalttätigen Rassismus. Von Flüchtlingsschutz könne nicht einmal ansatzweise die Rede sein.

Die Arbeitsteilung von Biedermännern und Brandstiftern am Beispiel der Flüchtlingsfrage

Spätsommer 2015 in Sharia. Das kleine Dorf liegt in der Nähe der Stadt Duhok in der autonomen Region Kurdistan im Norden des Irak. Kurdistan ist inzwischen die einzige Region im Nahen Osten, abgesehen von Israel, wo demokratische Freiheiten und größtmögliche Sicherheit herrschen. Einige Hundert Meter vor dem Dorf, inmitten einer wüstenähnlichen Landschaft, breitet sich eine unübersehbare Ansammlung von Zelten aus, ein Flüchtlingslager. Mehr als 80 000 Menschen leben hier. Es sind fast ausschließlich Jesiden. Sie mussten nach einer Offensive des Islamischen Staates (IS) gegen die fast ausschließlich von Jesiden bewohnte Stadt Sindschar (Irak) im Sommer 2014 fliehen, wollten sie nicht ermordet, vergewaltigt oder verschleppt werden. Jesiden sind Kurden, sie leben überwiegend im Irak, aber auch in der Türkei, wo sie immer wieder verfolgt wurden. Sie haben eine eigene Religion, den Jesidismus, und glauben an Seelenwanderung – ein Leben nach dem Tod; eine Hölle oder einen Teufel gibt es für sie nicht. Ihr Glaube wird ausschließlich mündlich überliefert.[187] Die Dschihadisten bezeichnen Jesiden als Teufelsanbeter, die ausgelöscht werden müssten.

In den Zelten in Sharia leben zwischen sechs und sieben Personen auf einer Fläche von 16 Quadratmetern. Jetzt, im Spätsommer, herrschen am Nachmittag noch Temperaturen von über 40 Grad.

Auf dem grauen Betonboden eines der weißgrauen Zelte sitzt die 49-jährige Neam Yousif Khidir. Ihre Enkelkinder wurden alle vom IS ermordet. Sie selbst entkam mit viel Glück. Ihre 30-jährige Tochter Aische hingegen wurde von den Terroristen des IS nach Raqqa, dem Zentrum des Islamischen Staates, entführt und dort verkauft. Über das weitere Schicksal ihrer Tochter weiß Neam Yousif Khidir nichts.

Die 52-jährige Khaton Safar Murad sitzt auf einem erhöhten Podest und kann sich kaum bewegen. Ihr wurden von den Terroristen des IS Beine und Arme gebrochen. 50 Angehörige ihrer Familie wurden vom IS entweder entführt oder ermordet. Sie sind zu arm, um überhaupt daran zu denken, nach Europa zu flüchten. »Wir werden hier sterben oder in unsere Heimat zurückkehren, wenn wir dort in Sicherheit leben können«, sagt Neam Yousif Khidir zum Abschied.

Szenenwechsel nach Deutschland im Spätsommer 2015, knapp 3950 Kilometer Luftlinie von Sharia entfernt.

Lange Zeit schwieg Bundeskanzlerin Angela Merkel zu den rassistischen Angriffen gegen Flüchtlinge überall in Deutschland. Erst nach den brutalen Attacken auf ein Flüchtlingsheim in Heidenau (Sachsen) am 22. August 2015, als Hunderte Neonazis sogar die Polizei angriffen, meldete sie sich zu Wort. Am 26. August 2015 besuchte sie demonstrativ das Flüchtlingsheim in Heidenau, während vor der Tür der rechte Mob tobte und »Volksverräter, Volksverräter« brüllte.

Einen Tag nach diesen Vorgängen meldete sich auf Facebook ein Ralph Schrader. Er behauptete, in der Kampftruppenschule Hammelburg der Bundeswehr zu arbeiten und Mitglied der Rockergruppe Nomads MC zu sein. Er postete das Foto eines Konzentrationslagers und schrieb dazu: »Aber bin ja kein Unmensch, ich hätte die perfekte Lösung für die Asylanten, gepflegt und renoviert, kann sofort wieder in Betrieb genommen werden.« Am selben Tag postete er das Foto eines Schrankes voller automatischer Gewehre samt dazugehöriger Munition und kommentierte das Foto mit den Worten: »Bei uns soll ein Asylantenheim eröffnet werden, habe mal einige Vorbereitungen getroffen.«

Angela Merkel war es dann auch, die nicht mehr mit ansehen wollte, wie zur gleichen Zeit am Keleti-Bahnhof in Budapest und an der ungarisch-serbischen Grenze Zehntausende Flüchtlinge aus Syrien und dem Irak wie Schwerverbrecher drangsaliert wurden und man ihnen jegliche Hilfe verweigerte. Was sie im Orbán-Land erlebten, waren Diffamierungen und Schläge. Viele kannten das aus den Ländern, aus denen sie fliehen mussten. Denn der ungarische Premierminister Viktor Orbán weigert sich aus ideologischen Gründen, Flüchtlinge aus islamisch geprägten Ländern aufzunehmen. Der überzeugte Christ demonstrierte mit der brutalen Härte seiner polizeilichen und militärischen Einsatzkräfte, dass ihm das Schicksal der Menschen, die eine monatelange Odyssee hinter sich hatten, vollkommen gleichgültig war: »Wenn wir ihnen den Eindruck vermittelten, sie seien willkommen, dann wäre das eine moralische Niederlage.«[188]

Bereits im Juni 2015 kritisierte der Ausschuss gegen Rassismus und Intoleranz des Europarats (ECRI) in Straßburg den Umgang Ungarns mit Asylsuchenden. Mehr als ein Fünftel aller Schutzsuchenden sei in sogenannten Haftlagern untergebracht und physischen und verbalen Angriffen durch Sicherheitskräfte ausgesetzt; Zugang zu Anwälten und Hilfsorganisationen werde kaum gewährt.[189] Europa als Wertegemeinschaft – hier in Ungarn ist diese hehre Idee zur Farce geworden. Amnesty International klagte deshalb in einem öffentlichen Aufruf: »Die Europäische Gemeinschaft wurde auf Werten wie Freiheit und Gerechtigkeit gegründet. Für Flüchtlinge endet diese Freiheit jedoch vor Stacheldrahtzäunen und in wackeligen Booten auf dem Mittelmeer.«

Nur durch die Intervention von Angela Merkel konnte Orbán überzeugt werden, die Flüchtlinge nach Österreich und Deutschland weiterreisen zu lassen. Seitdem kommen noch mehr Flüchtlinge als zuvor nach Österreich und Deutschland, insbesondere aus dem von einem blutigen Bürgerkrieg heimgesuchten Syrien. Denn bereits Monate zuvor war das ersehnte Ziel der meisten Flüchtlinge Deutschland, und es sah damals bereits so aus, als seien die Behörden mit dem Ansturm der Flüchtlinge überfordert. Diese Entwicklung einer Völkerwanderung war jedoch voraussehbar. Sie wurde aber, aus welchen Gründen, sei dahingestellt, von den politisch Verantwortlichen in Berlin wie in Brüssel verdrängt.

Auf einer Bürgerpressekonferenz zum Tag der offenen Tür in Berlin am 30. August 2015 erklärte Thomas de Maizière zu der hohen Zahl von nach Deutschland kommenden Flüchtlingen: »Wir haben das nicht vorhergesehen. Das haben auch die Griechen nicht vorhergesehen, die Serben nicht vorhergesehen, die Mazedonier, die Ungarn, niemand. Hinterher sind natürlich viele Schlaumeier, die sagen, ihr hättet das wissen müssen.«[190] Die Flüchtlinge waren also eine Art menschlicher Tsunami, den niemand erkennen konnte. Wirklich nicht?

Zwei dieser »Schlaumeier« stellten am 29. September 2015 auf der Bundespressekonferenz in Berlin ihr Gutachten zur geplanten Asylrechtsreform der Bundesregierung vor. Die Experten sind Mitglieder des Rates für Migration, eines bundesweiten Zusammenschlusses von 100 Wissenschaftlerinnen und Wissenschaftlern. Zentrale Aufgabe des Rates für Migration ist die öffentliche und kritische Begleitung der Politik in Fragen von Migration und Integration. Sein Vorsitzender, Professor Werner Schiffauer, redete auf der Pressekonferenz Klartext:

> »Die gegenwärtige Zuwanderung von Flüchtlingen aus Syrien sowie aus anderen Kriegsgebieten war absehbar (…), und wir wissen seit 2000, dass weder das Grenzsystem der EU noch das Dublin-System haltbar und nachhaltig ist. Wir ernten jetzt die Folgen einer jahrelangen Verdrängung dieses Tatbestands, der der Wissenschaft bekannt war und von der Wissenschaft an die Politik kommuniziert wurde.«[191]

Auf derselben Pressekonferenz übte Sabine Hess, Professorin am Institut für Kulturanthropologie der Universität Göttingen, scharfe Kritik an Bundesinnenminister Thomas de Maizière:

> »Auch die Europäische Kommission selbst und einzelne europäische Grenzstaaten, vor allem Italien, weisen seit 2013 vehement und eindringlich auf die kommende und jetzt eingetretene humanitäre Katastrophe hin. Erinnert sei nur an das sogenannte Malmström-Papier, welches mit der Mittelmeer-Task Force 2013 ausgearbeitet wurde,

an den Vorschlag Österreichs aus dem Sommer 2014, welches eine großzügige Resettlement-Politik[192] einforderte. Oder an das sogenannte Non-Paper der italienischen Regierung vom März dieses Jahres, die alle rasant steigende Flüchtlingszahlen vorhergesagt haben und einen radikalen Kurswechsel eingefordert haben. All diese Papiere sind vor allem auf das Betreiben des deutschen Innenministers in den Schubladen verschwunden.«[193]

Samstag, 5. September 2015. Auf Gleis 7 des Frankfurter Hauptbahnhofs kommt der ICE 22 mit den ersten Flüchtlingen aus Ungarn an, die von Budapest nach Wien und dann nach Deutschland reisen durften. Sie werden, während sie eher erschöpft und verlegen aus den Fenstern des ICE schauen, mit Jubel und Applaus empfangen. Nach den schrecklichen Erfahrungen in Ungarn ist das für sie wie eine Erlösung. Unzählige hilfsbereite Bürgerinnen und Bürger haben gespendet, überall wird Hilfe angeboten – es ist ein überwältigendes Bild der Hilfsbereitschaft in dieser nasskalten Nacht in Frankfurt.

Der ICE 22 wird wenig später weiter nach Dortmund fahren. Auch hier werden die Flüchtlinge von Hunderten Bürgerinnen und Bürgern mit Jubel empfangen und von Helfern versorgt. Decken, Lebensmittel, Kleidung und Spielzeug werden den Flüchtlingen zur Verfügung gestellt. Gleichzeitig haben jedoch Neonazis zum Empfang der Flüchtlinge aufgerufen. 30 von ihnen sind dem Aufruf gefolgt. Ihre Kundgebung beenden sie um 2.38 Uhr. Anderthalb Stunden später kommt es zu einem versuchten Brandanschlag in der ehemaligen Förderschule Dortmund-Kemminghausen, die als Flüchtlingsunterkunft genutzt werden sollte.

In den darauffolgenden Tagen und Wochen engagierten sich auf freiwilliger Basis unzählige Bürgerinnen und Bürger für die ankommenden Flüchtlinge. Es war so etwas wie ein deutscher Frühling der Menschlichkeit und Solidarität. Doch dieser Frühling der Menschlichkeit – die Medien sprachen von einem Sommermärchen – war nicht im Sinne vieler Politiker aus dem konservativen und rechtsradikalen Lager. Systematisch machten Neokonservative wie Rechtsradikale auf unterschiedlichen Ebenen Stimmung gegen die Flüchtlinge und insbesondere gegen Bundeskanzlerin Angela Merkel. Sie beschuldigten sie, Schleusen geöffnet zu haben, damit die Flüchtlinge Deutschland »überfluten«, wie sie es nannten. Ihre Forderung lautete deshalb, die Grenzen zu schließen, so wie es der ungarische Ministerpräsident getan hatte.

Hans-Georg Maaßen, der Präsident des Bundesamtes für Verfassungsschutz, warnte in einem Interview mit dem Fernsehjournalisten Rainer Fromm vor der Instrumentalisierung der Asylfrage:

> »Unser Eindruck ist, dass rechtsextremistische Organisationen, rechtsextremistische Parteien, neonazistische Gruppen den Unmut in der Bevölkerung nutzen, um als Trittbrettfahrer in der Öffentlichkeit wahrgenommen zu werden, und versuchen, durch fremdenfeindliche Hetze, das Klima anzufeuern, bis hin zur Gewaltbereitschaft.«[194]

Genau das ist ihnen gelungen.

Aber sind es wirklich nur die Rechtsextremen, die das rassistische Klima anfeuern? Gehört zu diesen Brandstiftern nicht auch Bundesinnenminister Thomas de Maizière? Am 2. Oktober 2015 erklärte er im *heute-journal* des ZDF:

> »Bis zum Sommer waren die Flüchtlinge dankbar, bei uns zu sein. Sie haben gefragt, wo ist die Polizei, wo ist das

Bundesamt. Wo verteilt ihr uns hin. Jetzt gibt es schon viele Flüchtlinge, die glauben, sie können sich selbst irgendwohin zuweisen. Sie gehen aus Einrichtungen raus, sie bestellen sich ein Taxi, haben erstaunlicherweise das Geld, um Hunderte von Kilometern durch Deutschland zu fahren. Sie streiken, weil ihnen die Unterkunft nicht gefällt, sie machen Ärger, weil ihnen das Essen nicht gefällt, sie prügeln in Asylbewerbereinrichtungen.«

Diese Aussage kommentierte Lutz Bachmann von Pegida auf seiner Website folgendermaßen: »Herr de Maizière, für solche Feststellungen werden Pegida und die Anhänger seit fast einem Jahr als Nazis, Rassisten und brauner Mob usw. beschimpft von der Politik und den Medien.« Wie schreibt doch Bernd Pickert in einem Kommentar in der *taz*: »Eigentlich müsste ein deutscher Innenminister den Rechtsstaat gegen den Mob verteidigen und nicht andersherum. De Maizière aber zündelt.«[195]

Ein weiteres Beispiel für dieses anscheinend bewusste »zündeln« durch den Bundesinnenminister gefällig? Am 24. September 2015 trat er in der ZDF-Talkshow von Maybrit Illner vor einem Millionenpublikum auf. Thema war die »Flüchtlingsrepublik Deutschland«. Er behauptete dort, im Brustton der Überzeugung: »Ungefähr 30 Prozent der Menschen, die jetzt kommen, behaupten, sie seien Syrer, sind aber keine.« Und er legte spater noch nach. »Für ihn sei diese Zahl sogar noch zu niedrig bemessen«.[196]

Tatsache ist, dass die Bundespolizei, die bekanntlich seinem Ministerium unterstellt ist, im ersten Halbjahr 2015 nur 118 ge- oder verfälschte syrische Reisepässe sicherstellte.[197] Und die europäische Grenzschutzbehörde Frontex[198] kam auf die Zahl von insgesamt 170 Passfälschungen. »Mehr als achtzig Prozent der Inhaber dieser falschen syrischen Papiere seien tatsächlich Syrer gewesen, teilte Frontex auf Anfrage von

Panorama mit. Viele Syrer besitzen keine Reisepässe und können in der Kriegssituation im Heimatland auch keine beantragen.«[199] Martin Link, der Geschäftsführer des Flüchtlingsrates Schleswig-Holstein, forderte daher im ARD-Magazin Panorama den Innenminister auf, mit dem Zündeln aufzuhören. »Wir halten das für brandgefährlich im wahrsten Sinne des Wortes, wenn der Bundesinnenminister mit seiner Autorität solche Strategien und Kampagnen der Verunglimpfung von schutzbedürftigen Menschen macht.«[200] Denn gerade in Sachsen, der politischen Heimat des Innenministers, brennen die Flüchtlingsheime bereits und werden Flüchtlinge und deren Helfer massiv bedroht, triumphieren Rechtspopulisten und Rechtsradikale. Ist das vielleicht sogar politisches Kalkül? Max Straubinger, der Parlamentarische Geschäftsführer der CSU-Landesgruppe im Deutschen Bundestag, verstieg sich zu der absurden Forderung, die syrischen Flüchtlinge nach Syrien abzuschieben, schließlich gebe es in Syrien Regionen, in denen man leben könne. »Nicht überall in Syrien wird gekämpft. Aleppo ist nicht Damaskus.«[201] Nachfragen bei ihm, ob er Gebiete in Syrien nennen könne, in denen Flüchtlinge ohne Angst vor dem Terror des Islamischen Staates oder den Fassbomben der syrischen Regierung leben könnten, beantwortete er nicht.

Und dann meldete sich der bayerische Ministerpräsident höchstpersönlich zu Wort. Horst Seehofer, dem billiger Populismus nicht fremd ist, hatte seine Einstellung gegenüber den Flüchtlingen bereits am 9. März 2011 beim alkoholgeschwängerten politischen Aschermittwoch in der Passauer Dreiländerhalle klargestellt: »Bis zur letzten Patrone« werde seine Regierung sich gegen eine massenhafte Zuwanderung in die deutschen Sozialsysteme wehren.

Vier Jahre später lautete sein Vorwurf, dass die Bundeskanzlerin mit ihrer Bereitschaft, die Grenzen für die Flüchtlinge aus Ungarn zu öffnen, eine Sogwirkung ausgelöst habe und Deutschland deshalb ein Kollaps drohe.

Das sah man bei den Neonazis und der AfD nicht anders. Sie forderten seit Langem, die Grenzen dicht zu machen, keine Flüchtlinge aufzunehmen und das Asylrecht einzuschränken. Sie stilisierten Angela Merkel zu ihrem Feindbild, insbesondere seitdem die Kanzlerin am 11. September 2015 öffentlich und kategorisch erklärt hatte: »Das Grundrecht auf Asyl für politisch Verfolgte kennt keine Obergrenze; das gilt auch für die Flüchtlinge, die aus der Hölle eines Bürgerkriegs zu uns kommen.«[202]

Es war ein äußerst bedeutsamer Satz, den sie später, trotz wütender Proteste der CSU, nicht zurücknahm. Der Schriftsteller Navid Kermani, der eine Reise entlang der Flüchtlingsroute von Griechenland bis Ungarn unternahm, kann – wie viele Demokraten – die Kritik an Merkel nicht verstehen. »Die Deutschen sollten froh sein über eine Bundeskanzlerin, die sich noch rühren lässt. Wenn spätere Zeiten etwas an ihr rühmen werden, dann ihren Impuls zu helfen, als die Not überhandnahm.«[203]

Bei den rassistischen Pegida-Demonstrationen oder denen der AfD wird jedoch nicht nur »Volksverräter«, »Lügenpresse« oder »Wer Deutschland nicht liebt soll Deutschland verlassen« gerufen, sondern immer aggressiver »Merkel muss weg«. Lutz Bachmann, der schon ansatzweise größenwahnsinnige Führer von Pegida, schreibt auf seiner Website:

> »Na Angela Merkel, wird langsam einsam auf dem ›Wir schaffen das‹-Posten. Aber eine Sache können wir Dir versprechen, Angela. Deine Kumpane kommen auch nicht ungeschoren davon. Sigmar, Steinmeier und wie die ganzen roten Volksverräter heißen, die sich gerade retten wollen und Dir die Schuld allein zuschieben, sie alle, jeder

Einzelne bekommt die Quittung für seinen Vaterlandsverrat.«[204]

Am 12. Oktober 2015 lud Pegida in Dresden, wie jeden Montag, zum Dresdner Abendspaziergang ein. Wieder beteiligten sich 9000 Dresdner an der Demonstration und bejubelten den Redner Lutz Bachmann, der in seiner wirren Rede Angela Merkel als »Berliner Diktatorin« bezeichnete. So weit, so normal für den fremdenfeindlichen Hetzer. Während des Abendspaziergangs hielten die »besorgten Bürger« keinen Abstand zu einem Galgen, den einer von ihnen in der Hand hielt. An dem baumelten zwei Plakate: »Reserviert Siegmar ›das Pack‹ Gabriel« und »Reserviert Angela ›Mutti‹ Merkel«. Niemand distanzierte sich, die Polizei schritt nicht ein und erklärte später lediglich: »Das Schild ist uns bekannt. Die Polizei wird die Bilder der Staatsanwaltschaft vorlegen. Diese wird dann entscheiden, inwieweit eine Straftat vorliegt und ob ein Ermittlungsverfahren eingeleitet wird«, so Polizeisprecher Marko Laske.[205]

In einem Interview wurde der Träger dieses Galgens gefragt, wie die Demonstranten bei Pegida auf seinen Galgen reagiert hätten: »95 Prozent hat gelacht, Daumen hoch, endlich einmal einer der mutig ist zu sagen, was zu tun ist.«

Nachdem das Foto in den sozialen Medien gepostet worden war und helle Empörung ausgelöst hatte, meldete sich Bachmann auf Facebook zu Wort: »So, da ist der pöhse pöhse ›Riesengalgen‹ … er ist ca. 1,20 m lang, aus dünnen Latten (also kein Verstoß gegen Versammlungsauflagen), kann offensichtlich einhändig getragen werden.« Er postete: »Es war wie jeden Montag, eine unvergessliche Atmosphäre und eine grandiose Veranstaltung.« Und er kündigte zum Abschluss der rassistischen Kundgebung an, dass zum einjährigen Bestehen von Pegida hochkarätige Gäste aus halb Europa kämen, unter anderem aus Ungarn, Österreich, Italien und Tschechien. Besonderen Wert legte er darauf, dass auch der deutsch-türkische Schriftsteller Akif Pirinçci zu ihnen sprechen werde.

Über diesen Akif Pirinçci schreibt Lea Kosch in der *Huffington Post*: »Rechtspopulist und Hetz-Autor Akif Pirinçci ist zurück – jetzt stürzt er sich auf die Flüchtlinge.«[206] Aufgefallen ist er zuvor bei einer Veranstaltung des Bonner Ablegers von Pegida im Dezember 2014. Damals war er gefeierter Redner. Sein Vortrag endete mit den Worten: »Ihr seid Deutsche, keine feigen Ratten. Es lebe das heilige Deutschland.«[207] Und am 1. September 2015 schrieb er auf seiner Facebook-Seite:

> »Je mehr die rot grün versifften Polit-Steuergeldschmarotzer angesichts der Moslem-und-Afro-Invasion Morgenluft für die Verwüstung der Heimat und des Austauschs des eigenen Volkes durch Analphabeten aus Scheißhaufenistan wittern, desto stärker fühlen sie sich bei Widerstand zu Methoden ihrer Urväter genötigt, welche zu jener schönen Zeit noch die klare Luft über den KZ-Türmen inhalieren durften.«

Dresden am 19. Oktober 2015 um 17.30 Uhr. Manchmal wünscht man sich Hagel und Sturm, leider ist es herbstlich freundlich. Unzählige Menschen, der Zulauf zum Theaterplatz scheint überhaupt nicht abzubrechen, eilen mit schnellen Schritten zur Kundgebung von Pegida. Der Eindruck drängt sich auf, dass hier die gesamte gesellschaftliche und altersmäßige Breite der sächsischen Bevölkerung läuft, obwohl die Generation ab 50 überwiegt. Begleitet werden sie immerhin von lautstarken Protesten überwiegend junger Menschen. Sie wollen deutlich machen, dass Dresden nicht nur aus Pegida und deren Anhängern besteht, und skandieren

»Schämt Euch«. Doch die Angesprochenen, viele mit Deutschlandfahnen und Bierflaschen in der Hand, lachen nur. Schließlich, gegen 19 Uhr, haben sich knapp 20 000 Menschen versammelt (nach Angaben der Pegida-Organisatoren 39 000), um den Reden hingebungsvoll zu lauschen, nur unterbrochen von gespenstischem zehntausendfachem Gebrülle: »Wir sind das Volk«, »Merkel muss weg«, »Lügenpresse« und »Widerstand, Widerstand«. Und dann, es ist endgültig dunkel geworden, spricht der umjubelte Gastredner Akif Pirinçci. Seine Rede trug der anscheinend unter dem Kleine-Mann-Syndrom leidende Deutsch-Türke mit verbissener Miene vor. Sie bestand in weiten Teilen aus der Fäkalsprache, insbesondere wenn es um Muslime und Flüchtlinge ging. Großer Beifall belohnte ihn. Der rechtsradikale Schreihals war sichtlich zufrieden. Als er sagte, dass die Flüchtlinge und Muslime dorthin gehen sollten, wo der Pfeffer wächst, brandete erneut Jubel auf.

Wenig später, am Ende der Veranstaltung gegen 21.30 Uhr, griffen Hooligans und Neonazis die Gegendemonstranten an und jagten sie teilweise durch die dunklen Straßen. Sächsische Verhältnisse eben. Immerhin waren an diesem 19. Oktober 2015 die rechten Fanatiker nicht allein. Über 14 000 überwiegend junge Männer und Frauen protestierten gegen Pegida. Und vor dem Staatsschauspielhaus spielte eine jüdische Musikgruppe auf, gefeiert von den jungen Menschen, die den Rechtsradikalen diesmal nicht den öffentlichen Raum überlassen wollten – ein ungewöhnlicher großer Hoffnungsschimmer im ansonsten dunklen Dresden. Am nächsten graueregnerischen Tag, Fahrt mit dem Taxi vom Hotel zum Hauptbahnhof. Der Taxifahrer: »Na, da haben Sie ja was erlebt.« Ja, es war traurig. »Aber das waren nicht alle Nazis, ich bin ja auch kein Nazi. Aber die vielen Flüchtlinge und die Merkel, die das alles zulässt. Was wollen die alle hier?« Aber warum klatschen da alle, wenn dieser Akif Pirinçci unter Beifall erzählt hat, dass die KZs leider geschlossen sind? »Ja, das geht natürlich auch nicht.« Und das mit dem Galgen? »Das war doch Satire.« Nein, der hat das ernsthaft so gemeint. »Aber der Justizminister Maas hat in Heidenau die Demonstranten als Pack bezeichnet.« Das richtete sich doch gegen die Rechtsradikalen, die sogar die Polizei angegriffen hatten. »Nein, da haben sich Rechts- und Linksextremisten bekämpft.« Es waren doch gar keine Linksextremisten da. »Wir werden ja gar nicht gehört. Und das Flüchtlingslager in der Bremer Straße. Das war früher ein Behördengebäude und musste wegen Krebsgefahr geräumt werden. Jetzt sind dort Flüchtlinge untergebracht.« Dafür können doch die Flüchtlinge nichts. »Ist doch ein Skandal, aber auf uns hört niemand.«

Und dann waren wir auch schon am Dresdner Hauptbahnhof angekommen, und ich bezahlte 13 Euro für die Fahrt und für ein Gespräch mit einem typischen Dresdner Bürger.

Auf ihrer Facebook-Seite forderte Frauke Petry, die AfD-Vorsitzende im Herbst 2015: »Treten Sie zurück Frau Merkel.« Kommentiert wurde die Forderung auf ihrer Seite unter anderem von einem Karsten B. mit den Worten: »Stoppt diese Frau bevor es zu spät ist, notfalls auch mit Gewalt.« Andre F. meinte: »Die braucht dringend einen neuen Aktenkoffer, Stauffenberg ist heute ein Held weil er Deutschland von einem Irren befreien wollte!!« Gelöscht wurde hingegen der Beitrag einer Katarina M: »Früher wurden ›Landesverräter‹ erschossen!!«

Es dürfte nicht übertrieben sein zu behaupten, dass ein Stichwortgeber für viele Neonazis und Rechtspopulisten in diesem Zusammenhang unter anderem Jürgen Elsässer ist. Der Anhänger der AfD ist Herausgeber des Magazins *Compact,* einer Zeitschrift mit einer großen Fangemeinde unter den rechten Verschwörungstheoretikern:

> »Die Bundesregierung löst durch die Stimulierung eines unkontrollierten Massenzustroms den Staat auf, hebt die staatliche Ordnung aus den Angeln! In dieser Situation kommt es auf Euch an, Soldaten der Bundeswehr: Erfüllt Euren Schwur und schützt das deutsche Volk und die freiheitliche Ordnung! Besetzt die Grenzstationen, vor allem die Grenzbahnhöfe, und schließt alle möglichen Übergänge vor allem von Süden. (…) Nur Ihr habt jetzt noch die Machtmittel, die von der Kanzlerin befohlene Selbstzerstörung zu stoppen.«[208]

Irgendwie passt zu diesem Aufruf, dass in Leipzig ein rechtsradikaler Redner auf einer Veranstaltung des rassistischen Bündnisses Legida (Leipziger gegen die Islamisierung des Abendlandes) am Abend des 28. September 2015 unter dem großen Beifall einer mehr als sechshundertköpfigen Menge sagen konnte: »Ich könnte das Volk zu den Waffen rufen, aber ich mache es nicht.«[209] Die Polizei rief er zur Befehlsverweigerung auf, wenn die Zeit der Machtergreifung gekommen sei.

Nicht weit von diesen wirren verfassungsfeindlichen Sprüchen entfernt lässt sich die Aussage von Alexander Gauland einordnen, dem stellvertretenden AfD-Vorsitzenden und Fraktionschef der AfD im Brandenburger Landtag. Auf einer Demonstration seiner Partei in Erfurt forderte er: »Es wird Zeit, dass wir das Schicksal des deutschen Volkes, damit es ein deutsches Volk bleibt, aus den Händen dieser Bundeskanzlerin nehmen.« Der Beifall der achttausendköpfigen Menge war ihm sicher. Vielleicht hat sich deshalb ein Robert H. auf Facebook zu folgender Aussage hinreißen lassen. »Ich hoffe das bald Krieg ist. Ich bin an der Front dabei. Die merken echt nichts mehr die Politiker. Die müsste man gleich mit vergasen.«

Am 13. September 2015 verkündete die Bundesregierung, ab sofort wieder Grenzkontrollen einzuführen, was ein prahlerischer Horst Seehofer sogleich selbstzufrieden als sein Verdienst reklamierte. Auf der Website der CSU war daher zu lesen: »CSU setzt sich durch – Grenzkontrollen eingeführt!« Einen Tag später schrieb die AfD-Vorsitzende Frauke Petry auf ihrer Website: »Herbstoffensive 2015. Karten auf den Tisch. AfD wirkt! Grenzkontrollen eingeführt!« Ähnlich äußerte sich die NPD. Und natürlich lobte Viktor Orbán in Budapest die Entscheidung der Bundesregierung: »Wir haben großes Verständnis für Deutschlands Entscheidung und erklären unsere volle Solidarität. Wir verstehen, dass diese Entscheidung notwendig war, um die gewachsenen Werte Deutschlands und Europas zu verteidigen.«[210]

Nicht nur bei den rechtsradikalen Bewegungen ist Orbán inzwischen ein gefeierter Held. Und Horst Seehofer äußerte sich gegenüber dem Nachrichtensender N 24 am 19. September 2015 wiederum zu Orbán:

> »Viele werden auch noch dankbar sein, für das, was Orbán, der ungarische Ministerpräsident, an seiner Grenze macht, denn ich stelle immer umgekehrt die Frage: Was wäre denn, wenn wir die Grenzen völlig auf hätten? Dann wäre dies schon längst nicht mehr beherrschbar. Und es machen sich auch viele auf den Weg, die ganz anderes im Sinn haben. Wirtschaftlich, auch im Hinblick auf die Umgehung unserer Gesetze – oder das Ausnutzen unserer Gesetze.«

Hilfreich in diesem Zusammenhang ist ein Kommentar zur Flüchtlingsfrage von Thomas Fischer, dem Vorsitzenden Richter des 2. Strafsenats am Bundesgerichtshof in Karlsruhe:

> »Das Erbärmlichste, was uns Politiker zurzeit liefern – ob mit oder gegen ihre Überzeugung –, ist die Reaktivierung von nationalistischen Dummheiten und einer Kultur der Abschottung, die angeblich dem ›Interesse der Menschen‹ entspricht. Das wird verbrämt mit Phrasen von den ›Sorgen der Bürger‹ und allerhand ›Befürchtungen‹.«[211]

Zu diesen »Befürchtungen« gehörte unter anderem die Behauptung, dass Terroristen des Islamischen Staates (IS) mit den Flüchtlingen aus Syrien oder dem Irak nach Europa und Deutschland einsickerten. Thomas Kreuzer, der Vorsitzende der CSU-Fraktion im Bayerischen Landtag, befürchtete eine Einreise islamistischer Terroristen, die, als Flüchtlinge getarnt, in die Europäische Union gelangen könnten. Und weiter: »Wir müssen aufpassen, dass die Terrormiliz Islamischer Staat keine Terroristen auf den Flüchtlingsschiffen mitschickt.«[212] Wenig später warnte geradezu apokalyptisch eine Schlagzeile in der *Welt:* »Das nächste große Schlachtfeld ist Europa. Jetzt bereiten die islamistischen Terroristen eine neue Strategie vor. Systematisch schleusen sie Kämpfer über Flüchtlingsrouten in die EU.«[213] Der ehemalige Bundesminister Hans-Peter Friedrich (CSU) schlug in die gleiche Kerbe. Es sei »völlig unverantwortlich, dass jetzt Zigtausende unkontrolliert und unregistriert ins Land strömen, und man nur unzuverlässig genau abschätzen kann, wie viele davon IS-Kämpfer oder islamistische Schläfer sind«.[214] Für die AfD (wie auch für die rechtsradikalen Asylgegner) war das ein Argument für ihre gegen die Flüchtlinge gerichtete Hass-Politik. Die AfD-Vorsitzende Frauke Petry: »Zu Recht warnt Friedrich deshalb auch vor IS-Terroristen und islamistischen Schläfern.«

Lorenz Caffier, der CDU- Innenminister von Mecklenburg-Vorpommern, also jenes Bundeslandes, in dem die Neonazis munter marschieren und Flüchtlinge bedrohen können, schien besonders gut informiert zu sein: »Dem BND und befreundeten Diensten liegen Hinweise darüber vor, dass sich unter den Flüchtlingen auch Salafisten und potenzielle Gefährder befinden.«

Unterstützung erhielt Caffier von Rainer Wendt (CDU), dem Vorsitzenden der Deutschen Polizeigewerkschaft (DPolG). Wendt ist populistische Stimmungsmache nicht fremd. »Kein anderer Gewerkschaftsführer steht so weit rechts wie CDU-Mitglied Wendt.«[215]

Erinnert sei an seine Aussage in der *Jungen Freiheit*, dem Sprachrohr der neuen Rechten, als er im Mai 2010 den damaligen Bundestagsvizepräsidenten Wolfgang Thierse (SPD) als »die personifizierte Beschädigung des deutschen Parlaments« diffamierte und seinen Rücktritt forderte.[216] Nachdem das Oberverwaltungsgericht in Koblenz am 29. Oktober 2012 entschied, dass *racial profiling* (polizeilicher Pauschalverdacht gegen Farbige) verfassungswidrig sei (Az: 7 A 10532/12), tönte Wendt: »Man sieht wieder einmal, die Gerichte machen schöngeistige Rechtspflege, aber richten sich nicht an der Praxis aus.«[217]

Rainer Wendt wusste auf jeden Fall, woher auch immer, dass sich bereits »zahlreiche Gefährder unter die Flüchtlinge gemischt haben«.[218] Folgerichtig forderte er auch noch den Bau eines Zauns entlang der deutsch-österreichischen Grenze.[219] Und fügte hinzu: »Unsere innere Ordnung ist in Gefahr. Wir stehen vor sozialen Unruhen.«

Die Reaktion der seriösen Gewerkschaft der Polizei (GdP) war eindeutig. Jörg Radek, der stellvertretende Bundesvorsitzende der GdP, nannte Wendts Forderung ein »unverantwortliches Spiel mit dem Feuer«. Denn »wer jetzt in die Rolle des Brandstifters schlüpft, gefährdet genau das, was die Menschen in Deutschland als hohes Gut ansehen: die Innere Sicherheit«.[220] Scharf kritisierte André Schulz, der Vorsitzende des Bund Deutscher Kriminalbeamter (BDK), Rainer Wendt: »Auch Polizisten sind Dummschwätzer und Brandstifter.«[221] Und Sebastian Fiedler, Vorsitzender des BDK in Nordrhein-Westfalen, warf Wendt auf seiner Facebook-Seite vor, »mit Kalkül zu zündeln«.

Fatal ist, dass Rainer Wendt, der Kriminalkommissar der Schutzpolizei (mittlerer Dienst), auffällig häufig in den Medien als Experte in Fragen der Inneren Sicherheit zitiert wird. Die kleine gewerkschaftliche Repräsentanz der Polizei hat offensichtlich die Meinungsführerschaft für die deutsche Polizei übernommen. Vollkommen unverständlich ist, dass fast alle, selbst seriöse Medien, Wendt als *den* Repräsentanten der deutschen Polizei vorstellen. Das ist er, glücklicherweise, ganz sicher nicht.

Tatsache ist, dass das Bundeskriminalamt (BKA) im Oktober 2015 zu einer klaren Erkenntnis im Zusammenhang mit den vermeintlichen Gefährdern, die mit den Flüchtlingen nach Europa und Deutschland kämen, gelangte. Es gab demnach, trotz zahlreicher Horrormeldungen dubioser Geheimdienstquellen in der Türkei oder Bulgarien, bis dato keinen einzigen belastbaren Hinweis darauf, dass Terroristen des IS mit den Flüchtlingen nach Deutschland oder Europa gekommen wären. »Auch in allen anderen europäischen Ländern, wo Flüchtlinge angekommen sind, gibt es nach Erkenntnissen deutscher Sicherheitsexperten keinen belegten Fall. Europäische Polizeibehörden und Geheimdienste, die sich in dieser Frage austauschen, melden Fehlanzeige.«[222] Doch die Angst, ausgelöst zum Beispiel durch Aussagen des ehemaligen CSU-Ministers Friedrich oder des CDU-Innenministers aus Mecklenburg-Vorpommern, hat sich bereits in den Köpfen eingenistet und ist auch durch die klare Faktenlage nicht mehr auszumerzen. Es ist die gleiche, glücklicherweise nicht vorhandene Bedrohung, die der ungarische Premierminister

Orbán an die Wand malt, um Flüchtlinge aus Syrien oder dem Irak mit polizeistaatlichen Methoden abzuwehren.

Vier Tage nach Seehofers Einlassungen auf N 24, am 23. September, reiste Viktor Orbán auf Einladung des bayerischen Ministerpräsidenten ins ehemalige fränkische Benediktinerkloster Banz. Er sei sehr froh, den »lieben Viktor« zur CSU-Klausurtagung eingeladen zu haben, sagte Seehofer mit selbstzufriedenem Lächeln. Die Stimmung bei dem Treffen soll sehr freundlich gewesen sein. Man mag es eigentlich nicht glauben. Da umarmt der CSU-Vorsitzende demonstrativ einen ungarischen Politiker, der öffentlich erklärt hat, einen illiberalen Staat auf einem nationalen Fundament aufbauen zu wollen. Denn liberale Demokratien sind für Orbán global nicht wettbewerbsfähig. »Länder hingegen wie Russland, die Türkei oder China seien da bessere Beispiele.«[223] Den liberalen Europäern wirft er vor,

> »dass sie das im Zeichen der Schöpfung entstandene Familienmodell in eine für uns chaotisch scheinende Welt verschieben wollen. Anders gesagt: Sie verschieben die Ordnung des Glaubens, der Religion und der Schöpfung in Richtung Religionslosigkeit und wissenschaftlicher Weltauffassung – in Richtung des gottlosen Kosmos.«[224]

Tatsächlich ist die liberale Demokratie in Ungarn nur eine schöne Zuckerbäcker-Fassade. In der Legislaturperiode von 2010 bis 2014 verordnete Orbáns Partei Fidesz mit ihrer Zweidrittelmehrheit im Parlament unter anderem eine neue, in

> »ihrer Präambel völkisch-klerikale Verfassung, die Entmachtung des Verfassungsgerichts, ein repressives Me-

> diengesetz, die Aushebelung des Streikrechts, eine Anti-Reform des Schul- und Hochschulwesens. Säuberungen in allen Bereichen des öffentlichen Dienstes und der Bürokratie sorgten dafür, dass dort ein Klima der Einschüchterung und Angst herrscht.«[225]

Der renommierte Publizist Klaus Harpprecht hatte bereits Ende Mai 2015 angesichts der Duldung von quasi faschistischen Dorfchefs und deren Diskriminierung der Roma seitens der Regierung in Budapest eine klare Distanz zu Orbán eingefordert.

> »Es ist an der Zeit, dass die Christdemokraten Deutschlands, der Niederlande, der nordischen Länder und selbst die bayerische CSU die Fraktionsgemeinschaften mit Fidesz im Europaparlament endlich aufkündigen. Die haben mit dieser halb autoritären, nur noch partiell demokratischen Truppe in Wahrheit nicht mehr viel zu schaffen.«[226]

Den bayerischen Ministerpräsidenten kümmern solche Forderungen nicht, im Gegenteil. Er hat sich mit Orbán verbrüdert – und damit irgendwie auch mit dessen national-klerikaler Gedankenwelt. Wie sagte doch der ungarische Regierungschef, der sich bereits 2014 auf Einladung von Horst Seehofer in München aufgehalten hatte: »Das Besondere des Kommens nach Bayern ergibt sich auch dadurch, dass das der Ort in Europa ist, wo man uns versteht.«[227]

Wie bei den Pogromen im Jahr 1992 reagiert die Politik des Jahres 2015 auf die massive Zuwanderung und die damit verbundenen Probleme mit einer weiteren Verschärfung des individuellen Asylrechts. Das entsprechende Gesetzesvorhaben beschloss die Bundesregierung Ende September 2015. Und Widerstand dagegen in den Ländern, in denen die Grünen mitregieren, war nicht zu erwarten.

Die Evangelische Kirche in Deutschland (EKD) und die Deutsche Bischofskonferenz kritisierten in einer gemeinsamen Stellungnahme die im Gesetzesvorhaben der Bundesregierung avisierte und von Bund und Ländern abgesegnete Unterscheidung in Personen »mit und ohne Bleiberechtsperspektive« als »sehr problematisch«. Eine solche Einteilung widerspreche dem auf eine individuelle Prüfung ausgerichteten Asylrecht. Ferner warnten die Kirchen, die Verpflichtung, in einer Aufnahmeeinrichtung zu wohnen, auf sechs Monate auszuweiten, könne die Situation von Betroffenen aus Sicht der Kirchen erheblich verschlechtern. Darüber hinaus wandten sich die Kirchen gegen das Vorhaben der Bundesregierung, für bestimmte Gruppen von Flüchtlingen die Sozialleistungen auf das »physische Existenzminimum« zu reduzieren. »Eine Absenkung von Leistungen unter das Niveau des menschenwürdigen Existenzminimums aus migrationspolitischen Erwägungen verbietet das Bundesverfassungsgericht in seinem Urteil vom 18. 7. 2012 ausdrücklich.«[228]

Der Protest der Kirchen gegen die neue Verschärfung des Asylrechts blieb ebenso ungehört wie entsprechende Einwände von Pro Asyl oder dem DGB. Immerhin landeten die Forderungen einzelner Politiker, insbesondere aus Bayern, die, wie Staatsminister Markus Söder, das Grundgesetz demontieren wollen, indem sie eine Abschaffung des individuellen Asylrechts verlangen, im Herbst 2015 erst einmal in der Schublade. Die Frage bleibt, wie lange noch?

ANSTELLE EINES NACHWORTES

Ist die demokratische Zivilgesellschaft am Ende?

Kaum jemand wird bestreiten wollen, dass selbst mündige Bürger dem Staat und seinen Repräsentanten zunehmend die kalte Schulter zeigen, ja, beide regelrecht verachten. Dabei häufen sich Stimmen, wie die eines vermögenden Bankers aus Kronberg, der offen sagt, dass wir die Demokratie überhaupt nicht brauchen.

Die ständig sinkende Wahlbeteiligung sowohl auf kommunaler wie auf Länder- und Bundesebene ist ein untrügliches Zeichen für die schleichende Entfremdung von der Demokratie. Seit mindestens 15 Jahren wird nach jeder Wahl über die immer geringer werdende Wahlbeteiligung gejammert, um das Problem danach schnell wieder zu verdrängen – bis zur nächsten Wahl. Inzwischen gehen Menschen, die in prekären Verhältnissen, sprich: in Armut leben, oft überhaupt nicht mehr zur Wahl. Was nicht nur daran liegt, dass, so der Allensbacher Politologe Wolfgang J. Koschnick, das untere Drittel der Gesamtbevölkerung in den Parlamenten durch niemanden vertreten wird – weder durch eine nennenswerte Zahl von Abgeordneten noch durch eine der Volksparteien:

> »Da nimmt es nicht weiter wunder, dass bei allen wirtschaftlichen und sozialen Entscheidungen der letzten Jahre und Jahrzehnte stets das untere Drittel besonders nachhaltig zur Kasse gebeten wurde. Die Einkommenskluft zwischen Arm und Reich in Deutschland ist in den vergangenen zwei Jahrzehnten erheblich stärker gewachsen als in den meisten anderen Industrienationen.«[229]

Aber es sind ja nicht nur die im sozialen Elend Lebenden, die nicht mehr zur Wahl gehen, auch immer mehr Bürger der Mittelschicht üben sich in Wahlenthaltung.

Angesichts dieser besorgniserregenden Entwicklung diskutieren manche Politiker ernsthaft über die Herabsetzung des Wahlalters auf 16 Jahre. In Bremen dürfen diese Jugendlichen bereits wählen. Anscheinend sind politische Bildung und eine gewisse Reife nicht mehr gefragt. Bernhard Heinzlmaier vom Wiener Institut für Jugendkulturforschung analysiert seit Jahrzehnten Deutschlands Jugend. Er spricht von der »Verdummung der Jungen, die mit begrenztem Horizont und engem Herz in eine unmenschliche Leistungsgesellschaft gedrängt werden« und auf dem besten Wege sind, »in die absolute Verblödung geführt zu werden«.

Nicht weniger grotesk war der SPD-Vorschlag, mobile Wahlurnen in Supermärkten oder an ähnlichen Plätzen aufzustellen. Der politische Wahlakt würde zum Wahlkonsum verkümmern. Neben dem Einkauf von Eiern und Obst würde noch flugs der Wahlzettel ausgefüllt. Und wenn CDU-Generalsekretär Peter Tauber vor dem Hintergrund der zunehmenden Wahlenthaltung erklärt, dass dieser Trend nicht automatisch eine Ablehnung des demokratischen Systems bedeute, schließlich könne nicht zu wählen »ja auch Ausdruck von Zufriedenheit mit der Regierung sein«, weiß man nicht, ob aus dieser Äußerung Dummheit, Frechheit oder der pure Zynismus spricht.

Eigentlich ist es eine Binsenweisheit, dass in der Demokratie die einzige Legitimationsquelle der Staatsgewalt die Durchsetzung des Bürgerwillens ist. Das bedeutet zumindest in der Theorie, dass sich die Willensbildung von den Bürgern zu den Staatsorganen zu vollziehen hat und nicht umgekehrt.

Aber wird heute tatsächlich alle staatliche Gewalt vom mündigen, bei Wahlen frei entscheidenden Volk kontrolliert, wie es den Vätern des am 23. Mai 1949 verabschiedeten Grundgesetzes (das übrigens von Bayern abgelehnt wurde) vorschwebte? Die sich, dieser ketzerische Hinweis sei an dieser Stelle erlaubt, allerdings nicht vorstellen konnten, dass es nach den Erfahrungen der NS-Diktatur viele Bürger gäbe, denen vollkommen gleichgültig wäre, was in Gesellschaft und Politik geschieht, ja, die sich sogar wieder nach einer »starken Führung« sehnen würden. Und wenn Tausende Bürger »Wir sind das Volk« skandieren, dann ist das inzwischen nichts als die Stimme eines amorphen frustrierten Mobs. Sollten dessen Forderungen als Wille der Bürger von der Politik umgesetzt werden, so wäre dies das Ende der zivilen Bürgergesellschaft. Insofern ist die Durchsetzung des Bürgerwillens durchaus ein zweischneidiges Schwert.

Einer der Gründe für die von Alexander Mitscherlich so bezeichnete »anerzogene Dummheit« findet sich seit geraumer Zeit selbst an deutschen Universitäten. Die Vermittlung kritischen Denkens ist aufgrund der ökonomisierten Studienbedingungen an deutschen Hochschulen nicht mehr möglich, im Prinzip aber auch überhaupt nicht gewünscht. Ein

Dozent aus Baden-Württemberg, der über langjährige Erfahrungen mit Studenten verfügt, spricht von der in den letzten Jahren zunehmenden »Unfähigkeit des strukturierten Denkens«. Die Informationen würden nur noch additiv nebeneinander gestellt, und das mache dumm, lautet sein Fazit. Seinen Namen will er nicht nennen, da er einen Shitstorm der Beleidigungen vermeiden will.

Die Erfahrungen dieses Dozenten werden übrigens von vielen älteren Hochschulprofessoren geteilt. »Dem strukturierten, gar dem kritischen Denken, selbst bei uns an den Universitäten, wird kein Raum mehr gelassen«, klagen sie. Tatsächlich ist genau das politisch erwünscht.

In der Volkswirtschaftslehre wird diese Entwicklung besonders deutlich. Dort liegen die Schwerpunkte von Lehre und Forschung auf Varianten neoklassischer Grundmodelle. In einem offenen Brief haben daher Studierende und Lehrende von mehr als 50 Hochschulen, die im »Netzwerk Plurale Ökonomie« organisiert sind, am 11. September 2012 auf den alarmierenden Zustand ihres Faches aufmerksam gemacht:

> »Jahrzehntelanger Glaube an die selbstregulierenden Kräfte des Marktes, der vorherrschende Modellplatonismus, mangelnde Selbstreflexion und fehlende Methoden- und Theorienvielfalt haben nicht nur unser Fach in eine Sackgasse geführt: Die Einseitigkeit ökonomischen Denkens trägt auch zur anhaltenden Wirtschaftskrise und der damit einhergehenden Perspektivlosigkeit bei.«[230]

Denken und Nachdenken stören die reibungslose ökonomische Verwertung des Individuums in der neoliberalen Gesellschaft, in der marktkonformen Demokratie, wie es einst Bundeskanzlerin Angela Merkel dankenswerterweise so treffend formulierte – ohne dass ihr dabei die Schamesröte ins Gesicht stieg.

Am Beispiel Griechenland lässt sich beispielhaft zeigen, um welche politischen Ziele es geht. Denn hier wurde exemplarisch vorgeführt, wie das demokratische System nach Belieben ein- und ausgeschaltet werden kann, wie der Veränderungswille der Bürger durch demokratische Wahlen missachtet wurde, weil es um die Durchsetzung der Interessen einer kleinen, demokratisch nicht legitimierten Elite ging.

Im Zentrum steht dabei die global agierende und über das Schicksal von Völkern bestimmende Finanzindustrie. Sie ist auch ein Staat im Staate, weil sie durch niemanden demokratisch kontrolliert wird, weil sie Politiker, Militärs, Nachrichtendienste und die Justiz als Unterstützer hat und weil sie ausschließlich die partikularen Interessen der politischen und wirtschaftlichen Elite bedient.

Was letztendlich in Europa und Deutschland erzwungen werden soll, das erklärte der ehemalige griechische Finanzminister Yanis Varoufakis in einem *stern*-Gespräch mit dem Journalisten Arno Luik mit sehr deutlichen Worten:

> »Als ich in die Politik kam, habe ich einiges erwartet. Aber ich war dann doch überrascht, wie wenig den wichtigsten Akteuren Demokratie bedeutet, wie egal ihnen die konkreten Auswirkungen ihrer Politik sind. Dass ihre Politik Hunderttausende, nein, Millionen Menschen verelenden lässt. Als ich in der Eurogruppe darüber reden wollte, blaffte mich Dijsselbloem an: ›Darüber reden wir nicht, das ist zu politisch!‹ Es geht denen nur um Macht, Kontrolle. Sie wollen ihre verdammten Strukturen erhalten. Es geht ihnen in Wahrheit nicht um die Wirtschaft, auch nicht um Wachstum – und schon gar nicht um die Menschen. Die sind ihnen egal.«[231]

Der von Varoufakis erwähnte Jeroen Dijsselbloem ist der Vorsitzende der europäischen Finanzminister in der Eurogruppe.

Und was den deutschen Finanzminister Wolfgang Schäuble betrifft, hat der griechische Ex-Finanzminister ebenfalls eine klare Meinung:

> »Schäuble sagt es ja ganz offen: Er will ein strafferes, ein autoritäres Europa. Weniger Sozialstaat. Dank dieser Krise können sie all die Dinge umsetzen – Lohnkürzungen, Rentenkürzungen, Privatisierungen –, all die quälenden Dinge, für die ein Volk bei Wahlen nie stimmen würde.«[232]

Dazu passen die Worte von Bundeskanzlerin Angela Merkel am 16. Juni 2005. Da sagte sie im Brustton der Überzeugung: »Politik mit Mut – das ist heute erneut gefragt. Denn wir haben wahrlich keinen Rechtsanspruch auf Demokratie und soziale Marktwirtschaft auf alle Ewigkeit.«

Der Eindruck drängt sich auf, dass jene europäischen Politiker, Ökonomen und Wirtschaftsrepräsentanten, die das griechische Volk praktisch entmündigten, eine tiefe Feindseligkeit gegenüber einer sozialen und demokratischen Bürgergesellschaft in Europa entwickelt haben. Die wird für sie genau dann obsolet, wenn die Bürger es wagen sollten, ihren Traum, ihre Sehnsucht nach Freiheit und Brüderlichkeit, in praktische Politik umzusetzen. Liberté, Égalité, Fraternité durfte und darf es in Europa daher niemals geben.

Sicher ist jedenfalls, ob man es nun wahrhaben will oder nicht, dass den Bürgern, gleichgültig ob jung oder alt, ob im Westen oder Osten, das notwendige Vertrauen in die Abgeordneten als Repräsentanten des Bürgerwillens teilweise verloren gegangen ist. Stattdessen herrscht das undefinierbare Gefühl vor, dass die Abgeordneten im Bundestag die gesellschaftlichen und sozialen Probleme (von Klimakatastrophe und Flüchtlingselend über die Prekarisierung der Arbeit bis hin zur Altersarmut) nur noch bedingt lösen können und es vielleicht auch überhaupt nicht wollen. Eigentlich wäre es eine bewundernswerte Herkulesaufgabe, wenn die politischen Entscheidungsträger jemals in praktische Politik umsetzen würden, was die überwältigende Mehrheit der Bevölkerung fordert: eine neue Wirtschaftsordnung, die Sozialausgleich, Umwelt- und Ressourcenschutz mehr als bisher berücksichtigt. Doch das sind Illusionen, wenn etwa ein hoher Beamter des Bundeskriminalamtes aufgrund seiner jahrzehntelangen Erfahrung mit Politikern auf Bundesebene konstatiert:

> »Was mich irritiert, ist, dass bei der überwiegenden Mehrheit der Politiker das politische Machtkalkül durchgängig wichtiger ist als die Sache. Für sie gilt der Primat der Parteipolitik, nicht der Primat des demokratischen Rechtsstaats.«

Mit dieser Einschätzung steht er leider nicht alleine da. In Wirklichkeit geht es nicht nur um den Primat der Parteipolitik, sondern auch darum, wie es Andreas Zielcke in der *Süddeutschen Zeitung* beschrieb, dass »seit geraumer Zeit aber die hoheitlichen oder auch die zivilgesellschaftlichen Domestizierungskräfte schwächer und schwächer geworden« sind. »In dem Maße, in dem sich der Kapitalismus aber wieder von seinen politischen, sozialen und moralischen Auflagen und Bindungen befreit, wird die Gemeinwohlunterstellung zur Fiktion.«[233]

Da mögen heutzutage 250 000 politisch aufgeklärte und engagierte Bürgerinnen und Bürger, wie am 10. Oktober 2015 in Berlin, gegen die europäische neoliberale Politik der sozialen und kulturellen Eiszeit, gegen das geplante Freihandelsabkommen TTIP und für kulturelle Vielfalt demonstrieren – na und? Die politischen Entscheidungsträger in Berlin und Brüssel zucken nicht mal mit der Wimper. Und wenn in Rom, Athen, Paris, London oder Brüssel Hunderttausende für ein soziales und solidarisches Europa auf die Straße gehen – na und? Das verläuft sich, denken die politisch Verantwortlichen, derweil demokratisch nicht legitimierte Machtstrukturen gemeinsam mit rechtsradikalen und rechtspopulistischen Organisationen und Parteien versuchen, die letzten Reste eines sozialen und solidarischen Europa zu demontieren.

Es gibt deshalb zahlreiche gute Erklärungen dafür, warum sich nicht unbedeutende Teile der Bevölkerung wegen ihrer Ohnmacht von der aktiven Mitwirkung an demokratischen Entscheidungsprozessen verabschiedet haben – was wahrscheinlich von Teilen der politischen Elite nicht einmal besonders bedauert wird. Die hat bekanntlich ein eher distanziertes Verhältnis zu transparenten Entscheidungsprozessen und zum kritischen und mündigen Bürger.

Fakt ist außerdem, dass die in einer lebendigen Demokratie eigentlich notwendige Partizipation in kulturellen, sozialen und politischen Institutionen immer noch zu wenig ausgeprägt ist, vor allem in den neuen Bundesländern. Während sich dort eine zwischen Hass und Ohnmacht hin und her schaukelnde Haltung wie ein Krebsgeschwür ausbreitet, wird gleichzeitig politisches Engagement in den traditionellen Parteien weder für lohnenswert noch für erwünscht erachtet. Insbesondere die junge Generation entzieht sich den klassischen parteipolitischen Strukturen und sucht Alternativen, die wiederum, wenn sie als emanzipatorische und systemkritische Forderungen daherkommen, gerne als utopische Spinnerei diffamiert werden.

Zweifellos haben viele Menschen, die in der gnadenlosen Arbeitswelt zermürbt werden, die ständig um ihre nackte

Existenz kämpfen müssen, die Angst vor ihrer sozialen Zukunft und der ihrer Kinder haben, längst die Kraft verloren, sich ausreichend zu informieren und auch noch politisch einzumischen. Um diese Bürger geht es jedoch nicht, wenn der Publizist Harald Schumann bei seinen Lesungen und Diskussionsveranstaltungen häufig die Erfahrung macht, dass Mitbürger, die sich selbst für politisch halten und zu seinen Veranstaltungen kommen, ihn immer wieder fragen, warum nichts gegen die angeprangerten Verhältnisse unternommen werde. Er fragt dann zurück: »›Wo sind Sie denn engagiert? Wer von Ihnen im Raum hatte in den vergangenen 24 Monaten Kontakt zu seinen Vertretern in den Parlamenten?‹ Und dann gehen, wenn da 100 Leute sitzen, maximal zwei Arme hoch.«

Was bleibt also? Im Zusammenhang mit der Politikverdrossenheit und der zunehmenden Antipathie gegen »die Politiker« zerbröckelt das Fundament einer demokratischen Bürgergesellschaft.

Und noch etwas kommt zu dieser Entwicklung hinzu: der ideologisch geprägte Fingerabdruck, der von der Gründungsphase des demokratischen Deutschland 1949 bis ins Jahr 2015 nachweisbar ist und der das politische Leben seitdem mehr oder weniger stark prägt. Dieser Fingerabdruck wurde bei geheimen und intransparenten Organisationen in den Fünfzigerjahren bis in die späten Achtzigerjahre nachgewiesen. Der gleiche Fingerabdruck ist im Justiz- und Polizeiapparat nachweisbar, ebenfalls bis Ende der Achtzigerjahre – und in Teilen bis heute. Beim Oktoberfest-Attentat 1980 ist er ebenso zu finden wie bei den Pogromen gegen Migranten und Flüchtlinge in Hoyerswerda und Lichtenhagen Anfang der Neunzigerjahre. Auch bei den Morden und Sprengstoffanschlägen des Nationalsozialistischen Untergrunds (NSU) zwischen 2000 und 2007 und heute bei den rassistischen Attacken gegen Migranten und Flüchtlinge entdeckt man diesen Fingerabdruck. Auf der Facebook-Seite *Keine weiteren Asylantenheime in Deutschland* ist unter anderem folgender Beitrag zu lesen: »Tötet dieses Drecksvolk doch endlich, ich hab die Schnauze voll von diesem Dreck. Wo ist die NSU? Wir brauchen euch Kameraden.« 30 535 Personen gefiel diese Facebook-Seite.

»Die Morde des Nationalsozialistischen Untergrunds«, stellt Timo Reinfrank, der Stiftungskoordinator der Amadeu Antonio Stiftung, fest, »sind nur die Spitze eines Eisberges, der sich in vielen Kommunen und Städten als rechtsextremer Alltagsterror darstellt.«

Am 3. März 2015 demonstrierten vor dem Münchner Oberlandesgericht Mitglieder der Partei Die Rechte, eine extrem radikale und gefährliche kleine Neonazi-Partei. Auf einem großen Transparent stand: »Freiheit für die politischen Gefangenen.« Die Redner ließen keinerlei Zweifel an ihrer Bewunderung für die im NSU-Verfahren angeklagten Beate Zschäpe, Ralf Wohlleben und André E. »Für einen der anwesenden Rechtsextremisten, Philipp Hasselbach, war Wohlleben ›ein Held‹. Er forderte die Einstellung des als ›NSU-Show‹ bezeichneten Verfahrens.«[234] Auf der Kundgebung, die damals wenig Beachtung fand, hielt auch Andreas Groh eine Rede, ein führendes Mitglied der bayerischen Neonazi-Partei. Mit dabei war zudem Dan Eising, der zuvor bereits als einer der Organisatoren des Pegida-Ablegers Nügida in Nürnberg durch Hetze gegen Flüchtlinge aufgefallen ist. Gern prahlte er in der fränkischen Naziszene von seinen Schlägereien mit Linken und Ausländern. Dan Patric Eising, vom Äußeren eher ein Milchbubi, wurde am 1. Juli 1994 in Frankfurt am Main geboren. In Nürnberg nahm er Ende 2011, Anfang 2012, Kontakt zur Nürnberger Neonaziszene auf, insbesondere zur NPD. In der Nürnberger Antifaschistischen Bewegung fiel er im Jahr 2014 dadurch auf, dass er versuchte sie zu bespitzeln, indem er sich als Aussteiger der rechtsradikalen Bewegung vorstellte – bis die Maskerade auffiel.

Er und seine »Kameraden« aus Bamberg und Nürnberg sind beispielhaft für den Prozess, wie sich die Sympathisanten des NSU-Terror-Trios, befeuert durch die fremdenfeindliche Stimmung, zu mutmaßlichen Terroristen entwickeln und das innerhalb eines sehr kurzen Zeitraums. Aufgefallen sind sie, insbesondere in Bayern, im ersten Halbjahr 2015 durch Proteste gegen Flüchtlingsheime und ihre gewalttätigen Attacken gegen die politischen Gegner. Im zweiten Halbjahr vollzog sich dann ein weiterer Radikalisierungsprozess. Am 23. August 2015 hatten sie zum Beispiel zu einem Vortrag in Nürnberg eingeladen. Ihr Gast war Karl-Heinz Hoffmann, der Ex-Chef der Wehrsportgruppe Hoffmann. Sein Thema: »Waffenbrüderschaft im Deutschen Reich und die Parallelen zur NATO.«

Wenige Tage danach begrüßten sie auf einer fremdenfeindlichen Hetzveranstaltung erneut einen besonderen Gast. »Es hat der stellvertretende bayerische Landesvorsitzende der NPD, Manfred Waldukat, das Wort.« Das postet Die Rechte – Landesverband Bayern am 29. August auf seiner Website. Vierzehn Tage später, am 12. September 2015, hielt der AfD-Vizeparteichef Alexander Gauland im Genossenschaftssaalbau in Nürnberg einen Vortrag, auf Einladung der AfD in Nürnberg. Sein Thema war *Deutschland Quo Vadis*. Unter den rund 100 Gästen befanden sich auch Mitglieder der Partei Die Rechte, unter ihnen Dan Eising. Sie lauschten andächtig der Rede Gaulands. Am 17. Oktober veranstaltete die Initiative »Schweinfurt WEHRT sich – Asylmissbrauch nein danke« eine Kundgebung am Schweinfurter Schillerplatz.

Ein Redner war der bayerische NPD-Vizechef. Die Reden waren kaum zu hören, da es eine große Gegendemonstration gab, die sich gegen die Neonazis zur Wehr setzte. Unter den Neonazis waren unter anderem Dan Eising und Andreas Groh zu sehen. Sie forderten bekanntlich bereits am 3. März 2015 in München Freiheit für das NSU-Terror-Trio.

Am frühen Morgen des 21. Oktober 2015 ging die bayerische Polizei mit einer groß angelegten Razzia in Bamberg und Nürnberg gegen Mitglieder der Partei Die Rechte und Sympathisanten von Pegida aus Bamberg und Nürnberg vor. Elf Männer und zwei Frauen im Alter zwischen 20 und 36 Jahren wurden festgenommen. Den Ermittlern war es zuvor gelungen, eine größere Menge illegaler Feuerwerkskörper abzufangen, unter anderem in Polen bestellte Kugelbomben, die vor allem in geschlossenen Räumen mit ihrer Sprengkraft eine tödliche Wirkung entfalten können. Zudem präsentierten die Ermittler sichergestellte Waffen: mehrere Schwerter, eine Armbrust, ein Gewehr, eine Maschinenpistole und Propagandamaterial. Geplant war anscheinend, das behauptete jedenfalls die Staatsanwaltschaft, dass zwei Asylbewerberunterkünfte in Bamberg, darunter das sogenannte Rückführungszentrum für Balkan-Flüchtlinge, konkrete Ziele für Sprengstoffanschläge waren. Außerdem sollte ein linkes Veranstaltungslokal überfallen und verwüstet werden.

> »Auch ein führendes Mitglied der ›Nügida-Bewegung‹ sei dabei, bestätigten die Ermittler. Nach Informationen des Bayerischen Rundfunks handelt es sich dabei um den Nürnberger Rechtsradikalen Dan Eising. Bislang bestehe der Verdacht, dass die vier Hauptverdächtigen eine kriminelle Vereinigung gebildet haben, für mehrere Gewaltdelikte verantwortlich sind und weitere Taten geplant hatten.«[235]

Philipp Hasselbach, der Landesvorsitzende der Partei Die Rechte, schrieb nach der Verhaftung seiner »Kameraden« auf seiner Facebook-Seite:

> »In Gedanken bei meinen inhaftierten Kameraden aus Bamberg (auf dem Foto links Dine, im Hintergrund Andreas, die beide dieser Tage unter Vorwänden öffentlichkeitswirksam eingesperrt wurden)... Freiheit für alle nationalen politischen Gefangenen!«

Bei Dine und Andreas handelt es sich um Führungskader der Partei Die Rechte. Dine ist die stellvertretende Kreisvorsitzende in Bamberg. Andreas gehörte zu den Teilnehmern der Demonstration gegen die Inhaftierung der NSU-Terroristen in München. Fazit: Nicht einmal ein Jahr der Radikalisierung, der Einflüsterung durch geistige Brandstifter, insbesondere der NPD und einer allgemeinen rassistischen Stimmung reichten aus, um willens zu sein, einen unter Umständen tödlichen Anschlag gegen Flüchtlinge auszuführen.

Das Problem ist jedoch die schweigende Mehrheit. Sie ist entweder politisch zu desinteressiert, um Widerstand gegen den fremdenfeindlichen Mob (und das sind die sogenannten besorgten Bürger) zu leisten, oder sie duckt sich und klatscht im Geiste sogar Beifall. Nur wegen einer solchen Einstellung konnten und können sich rechtsextreme Organisationen und demokratiefeindliche Bewegungen überhaupt erst entfalten, wovon ein direkter Weg zu den Mördern des NSU führt.

Was unterscheidet daher eigentlich die Taten des NSU, der zwischen 1999 und 2007 mordete, von dem Pogrom in Rostock-Lichtenhagen im August 1992? Damals wurden aus einem dreitausendköpfigen Mob heraus zuerst Steine und Betonplatten gegen die Zentrale Aufnahmestelle für Asylsuchende geworfen, dann schleuderte der Mob Molotowcocktails in ein benachbartes Wohnheim für Vietnamesen und steckte es in Brand.

Man achte auf die Geisteshaltungen beziehungsweise den ideologischen Fingerabdruck damals und heute. Nach den Pogromen von Lichtenhagen zeigten Abgeordnete der CDU in Mecklenburg-Vorpommern »ein gewisses Maß an Verständnis«. Während CDU-Fraktionschef Eckhardt Rehberg im Landtag unter Beifallsbekundungen seiner Fraktion Ausländerinnen und Ausländern einen geringen Anpassungswillen und Roma einen Hang zur Kriminalität unterstellte, was die »Befindlichkeit unserer Bürger« störe, bemächtigte sich Ministerpräsident Berndt Seite eines biologistischen Duktus und sah den deutschen »Körper« durch Asylsuchende erkrankt. Die Gewalt versuchte er zu relativieren: »Dass das natürlich teilweise umschwappt, wenn man in der Menge ist, dafür habe ich auch Verständnis.«[236]

Ist das Verhalten der Männer und Frauen in Lichtenhagen 1992 und das der Bürgerinnen und Bürger, die im Jahr 2015 gegen Flüchtlinge demonstrierten und Asylunterkünfte niederbrannten, tatsächlich von der Geisteshaltung derjenigen Deutschen zu unterscheiden, die in den Dreißigerjahren ebenfalls gafften oder Beifall klatschten, als jüdische Geschäfte in Flammen aufgingen und Juden verhöhnt, geschlagen und schließlich deportiert und ermordet wurden? Überhaupt nicht!

Daher ist es allzu bequem, guten Gewissens die rassistischen Terroristen des NSU oder die rechtsradikalen Parteien und Organisationen zu verdammen, die Politiker und Medien uns als die einzigen Bösen präsentieren. Der Publizist Georg Diez fand dazu klare Worte:

> »Was Seehofer, Söder, Herrmann und die anderen Verfassungsverächter in diesem neuesten Unrechtsstaat tun,

> ist nicht weniger als die Putinisierung der deutschen Politik: Sie stellen Stabilität und Ordnung über alles, über das Grundgesetz, die Freiheit, die Menschenrechte, die Grundlagen des demokratischen Systems.«[237]

Gibt es heute noch den klassischen Tiefen Staat, wie er einst durch Gladio in den Siebziger- und Achtzigerjahren in Europa repräsentiert wurde? Versteht man den Tiefen Staat als geheim agierende, demokratisch nicht legitimierte Akteure aus Politik, Sicherheitsinstitutionen und Wirtschaft, die das Ziel verfolgen, die politischen und wirtschaftlichen Machtinteressen einer national-konservativen Elite durchzusetzen, auch mihilfe neofaschistischer Terroristen, so hat sich dieser Tiefe Staat spätestens mit dem Zusammenbruch der UdSSR Anfang der Neunzigerjahre überlebt. Und zwar nur deshalb, weil es jetzt keine ernsthaften Konkurrenten zum neoliberalen, sprich kapitalistischen Wirtschaftssystem mehr gab. Orientiert man sich hingegen an der Grundrechtecharta der Europäischen Union, die auch von Deutschland ratifiziert wurde, wonach die Europäische Union »sich auf die unteilbaren und universellen Werte der Würde des Menschen, der Freiheit, der Gleichheit und der Solidarität gründet«[238], so gibt es innerhalb staatlicher Strukturen sowohl in Europa wie in Deutschland Personen und im Untergrund agierende Organisationen, die genau diese Ziele der Grundrechtecharta sabotieren und damit den zeitgenössischen Tiefen Staat repräsentieren. Verbunden sind diese Kräfte, wie einst in den Fünfziger- bis in die Neunzigerjahren, durch institutionellen Rassismus, Elitismus, völkischen Nationalismus und Menschenfeindlichkeit.

Manifest wird das durch die politische Instrumentalisierung der Flüchtlingsfrage, genährt aus der vermeintlichen Überlegenheit der eigenen Rasse oder Religion. Dabei geht es auch um die Verunsicherung der Bürgerinnen und Bürger. Ging es bis Anfang der Neunzigerjahre um den Kampf gegen kommunistische Bestrebungen, so geht es heute darum, die zivile liberale Bürgergesellschaft zu bekämpfen, die sich der Europäischen Grundrechtecharta verpflichtet fühlt. Und wieder spielen dabei Teile der Sicherheitsbehörden eine verhängnisvolle Rolle. Bedrückend ist das, was die Arbeitsgemeinschaft Fallanalyse rechtsextremistischer Straftaten des Gemeinsamen Abwehrzentrums gegen Rechtsextremismus/-terrorismus (GAR) in Berlin herausfand. Untersucht wurden insgesamt 3300 Verbrechen zwischen 1990 und 2011, ob sie aufgrund von Opfer- und Tatmerkmalen als rechtsextremistisch motiviert beurteilt werden müssen. Demnach gab es 746 Fälle vollendeter und versuchter Tötung aus dem Bereich Rechtsextremismus.[239]

Das hat auch etwas mit der in Teilen der Sicherheitsbehörden immer noch vorhandenen Geisteshaltung zu tun und der teilweise immer noch systematischen Verharmlosung rechtsradikaler Gewalt, was im Prinzip ihrer Förderung gleichkommt. Dokumentiert wird das unter anderem durch die Presseerklärung der Polizeidirektion Görlitz (Sachsen) vom 7. November 2015. Nachdem im sächsischen Bautzen die neofaschistische Partei Die Rechte demonstrierte, schrieb die Polizeidirektion: »Dem Aufruf einer Partei aus dem rechtspolitischen Lager waren etwa 200 Teilnehmer aus Sachsen und anderen Bundesländern gefolgt.« Rechtspolitisch anstelle neofaschistisch oder zumindest rechtsradikal – welch eine zynische Verharmlosung der Partei Die Rechte, deren Mitglieder sich in Bayern unter anderem wegen Bildung einer kriminellen Vereinigung, gefährlicher Körperverletzung und geplanter Sprengstoffanschläge verantworten müssen.

Agnes Russo ist die Vorstandsvorsitzende der Flüchtlingshilfe Plauen. Sie engagiert sich ehrenamtlich für die über

1000 Flüchtlinge. Nach ihren Erkenntnissen sind »Teile der Polizei bereits von Rechtsradikalen unterwandert«.[240] Sie selbst wurde von Rechtsradikalen massiv bedroht. Doch die Polizei in Plauen lehnte es nach ihren Angaben ab, gegen den namentlich bekannten Rechtsradikalen eine Anzeige aufzunehmen. Vielmehr wollte man sie, es ist schon kafkaesk, in die Psychiatrie einweisen lassen.

> »Geht man von der These aus, dass sich unter den Angehörigen der Behörden dieselben Einstellungen wiederfinden lassen wie in der Bevölkerung, so muss man annehmen, dass rechtsextreme Einstellungen auch dort zum Tragen kommen, wo eigentlich Neutralität gefragt ist.«[241]

Zu diesem Ergebnis kommen die Extremismusforscher Elmar Brähler, Oliver Decker und Johannes Kiess.

In Berlin griffen vermummte Neonazis auf einer Kundgebung der Alternative für Deutschland (AfD) am 7. November 2015 Gegendemonstranten an – die Polizei schaute zu. Anzeigen gegen die Neonazis wurden nicht aufgenommen.[242] In Dresden wiederum ist die Polizei, das behauptet einer der Pegida-Mitorganisatoren, »der Sache doch zugetan. Und weit über die Hälfte der Polizei ist auf unserer Seite.«[243] Ein Vorwurf, dem die Dresdner Polizeiführung heftig widersprach. Am 9. November 2015 wurde eine Mahnwache für die Opfer der Reichspogromnacht und des Nationalsozialismus in Dresden von der Polizei aufgelöst. Die Beamten nahmen die Personalien der Anwesenden auf, stellten Platzverweise aus und kündigten Strafanzeigen wegen Verstoßes gegen den Denkmalschutz an. Grund: Der Boden war mit gelber Kreide bemalt worden, um das Pflaster zu Stolpersteinen umzugestalten. Auffällig ist zumindest, dass für einige Polizeiführer der störende Feind, wie seit den Fünfzigerjahren, die linke antifaschistische Bewegung ist. Ihre Sitzblockaden und andere Formen des zivilen Widerstands gegen die rechtsradikalen und rechtspopulistischen Akteure werden daher sehr gerne strafrechtlich verfolgt und in der Kriminalstatistik 2015 wahrscheinlich als linksextreme Gewalttaten wieder auftauchen. Sitzblockaden von Flüchtlingsgegnern vor Flüchtlingsunterkünften wie im sächsischen Dresden-Übigau und volksverhetzende Parolen hingegen werden geduldet. Bereits im Jahr 2013 veröffentlichte Marion Kraske im Auftrag der Amadeu Antonio Stiftung einen Report mit dem Titel »Staatsversagen. Wie Engagierte gegen Rechtsextremismus im Stich gelassen werden«. Marion Kraske kommt dabei zu dem Ergebnis:

> »Für einige Sicherheitsorgane in diesem Land scheint der Ausdruck ›Antifaschisten‹ ausschließlich negativ besetzt zu sein. (…) Ausgerechnet den Gegnerinnen und Gegnern der extremen Rechten begegnet man paradoxerweise mit großer Skepsis, gar mit Ablehnung. (…) Die rechten Hetzer und Schläger aber, die die Demokratie sukzessive aushöhlen, die das Leben von Menschen in diesem Land bedrohen und auslöschen – sie erfahren auf vielfältige Weise Unterstützung. Die Bandbreite dabei reicht von Duldung und Verharmlosung bis hin zum aktiven abwertenden Akt durch Behördenvertreter. Der Alltagsrassismus in unserer Gesellschaft – nur allzu oft spiegelt er sich im Fehlverhalten deutscher Sicherheitsbehörden wider.«[244]

In Markersdorf bei Chemnitz beschimpften und bedrohten Anfang Oktober 2015 knapp hundert alkoholisierte Wutbürger und Neonazis diejenigen syrischen Flüchtlinge, die sich aus Angst vor Übergriffen des rechten Mobs weigerten, in die für sie bereitstehende Turnhalle zu gehen. Der rechte Mob skandierte hasserfüllte Parolen, warf Flaschen und Böller in Richtung der verängstigten Flüchtlinge. Die Polizei stand teilnahmslos da und hatte, obwohl sie Platzverweise gegen den wütenden Mob erteilen könnte, nichts unternommen. Die *Bild*-Zeitung meldete empört: »Die Nazis konnten ihre Steine ungehindert werfen, Festnahmen gab es keine.«[245] Und da gibt es Rainer Wendt, den Vorsitzenden der Polizeigewerkschaft (DPolG). In der Novemberausgabe 2015 der Zeitschrift *Compact*, einem Organ rechter Verschwörungstheoretiker, wird ein Interview mit Wendt unter der Überschrift »Der importierte Terror: Mit Waffen, Messern, mit Knüppeln« angekündigt. Der Chef einer Polizeigewerkschaft und Beamter des Staates gibt also Jürgen Elsässer, dem Herausgeber von *Compact*, politischen Rückenwind. Er ist der Mann, der schreibt:

> »Soldaten der Bundeswehr: Erfüllt Euren Schwur und schützt das deutsche Volk und die freiheitliche Ordnung! Besetzt die Grenzstationen, vor allem die Grenzbahnhöfe, und schließt alle möglichen Übergänge vor allem von Süden … Nur Ihr habt jetzt noch die Machtmittel, die von der Kanzlerin befohlene Selbstzerstörung zu stoppen.«[246]

In dieser Konstellation finden sich die Merkmale des zeitgenössischen Tiefen Staates – Propagandisten eines Putsches gegen eine demokratisch legitimierte Regierung, bewusst oder unbewusst gefördert von Repräsentanten staatlicher Sicherheitsbehörden. Das die rechtspopulistische Alternative für Deutschland (AfD) in Jürgen Elsässer einen gewichtigen Unterstützer gefunden hat, ist in diesem Zusammenhang ebenfalls von Bedeutung.

Die Frage ist außerdem, und das betrifft die Provokation innerer Spannungen bis hin zu Terroraktionen, ob Asylsuchende bewusst monatelang auf ihren Asylantrag im Bundesamt für Migration und Flüchtlinge (Bamf) warten müssen. Das Ziel könnte ja sein, genau jenes Chaos zu produzieren, das nur dadurch gelöst werden kann, indem ein fundamentales Grundrecht, das auf Asyl, ausgehebelt wird und die Grenzen abgeschottet werden. Damit wäre man wieder beim zeitgenössischen Tiefen Staat, wo sogar politische Entscheidungsträger aus CDU und besonders der CSU die Politik von Bundeskanzlerin Merkel in der Flüchtlingsfrage nachhaltig sabotieren. Sie favorisieren das Prinzip Abschreckung, um Flüchtlinge von Europa fernzuhalten nach der Devise, sollen sie doch in ihren Herkunftsländern oder auf der Flucht nach Europa ertrinken, verhungern oder erfrieren. Keiner jener Politiker in Berlin oder München, die die Abschottung gegenüber den in Europa Schutzsuchenden einfordern, rührte nur einen Finger, als Ende Oktober bekannt wurde, dass auf der griechischen Insel Lesbos die Leichenhallen überfüllt sind, weil Hunderte in Europa Schutz suchende Menschen im Mittelmeer zwischen der Türkei und Griechenland ertrunken sind.[247] Es sind übrigens die gleichen politischen Kräfte, die sich als Repräsentanten des neoliberalen Wirtschaftssystems verstehen und das griechische Volk faktisch entmündigt haben, um ihre Sparziele durchzusetzen.

Das Schüren von Ressentiments, das den rechtsradikalen Strömungen in der Gesellschaft Nahrung gibt, bedient unter anderem Innenminister Thomas de Maizière. Er behauptete Ende Oktober 2015 kühn, dass man wegen der nach Afghanistan geflossenen Entwicklungshilfe erwarten könne, dass »die Jugend Afghanistans und die Mittelschichtfamilien in ihrem Land verbleiben und dort das Land aufbauen sollen«.[248] Geflissentlich verschwieg er, dass ein großer Teil dieser Entwicklungshilfe in den privaten Taschen der mit der mächtigen Drogenmafia verbundenen korrupten Regierungsmitglieder verschwunden ist. Afghanische Bürger fragen sich daher, wieso

> »denn die meisten deutschen Entwicklungshelfer kürzlich aus Afghanistan abgezogen wurden? Wieso schickte die Gesellschaft für Internationale Zusammenarbeit (GIZ) ihre Mitarbeitenden, deren Projekte in Kabul, Faisabad und anderswo weiterlaufen, plötzlich ins sicher entfernte Dubai oder gar ganz nach Eschborn?«[249]

Deutsches Leben ist natürlich mehr wert als afghanisches Leben. Thomas de Maizière plädierte ja auch dafür, ohne dass ihm die Schamesröte ins Gesicht stieg, die Türkei als sicheres Herkunftsland einzustufen. In der Türkei werden die Kurden massakriert, politische Gegner gefoltert, die Parlamentswahlen im Oktober 2015 waren manipuliert, und die Menschenrechte werden seit Langem mit Füßen getreten. Als Kritik an seiner Aussage über die Türkei als sicheres Herkunftsland laut wurde, antwortete der Innenminister geradezu verächtlich: »Wir müssen uns abgewöhnen, als Deutsche in allen Fragen gegenüber allen Staaten auf der Welt mit dem Gestus der Rechthaberei auf dem moralischen Sockel der Menschenrechte zu sitzen.«[250] Was ist das für eine menschen- und demokratieverachtende Geisteshaltung des Innenministers, dem obersten Verfassungshüter in der Regierung?

Hingenommen hat man ja bereits, dass die Balkanländer als sichere Herkunftsländer eingestuft wurden. Für die aus diesen Ländern flüchtenden Roma bedeutet das die Rückkehr in das totale Elend, die rassistische Verfolgung und häufig den Tod. Denn Morde an Roma sind in den Balkanländern eine häufige Lebensrealität.

Und welche Anfeuerung für rechtsradikale Aktivisten geht von der CSU aus, die auf ihrer Webseite am 6. November 2015 unter der Überschrift »CSU setzt durch« stolz verkündete: »Schärfstes Asylrecht aller Zeiten in Deutschland. Rückführungszentren für schnellere Abschiebung. Familiennachzug ausgesetzt.« Waren in der Vergangenheit nicht die geistigen Brandstifter mitverantwortlich für die Entfesselung des Ressentiments gegen religiöse oder ethnische Minderheiten, die schließlich in deren Vernichtung endete?

Demagogie, die Kunst der Volksverführung, der gezielte Einsatz von Vorurteilen und Lügen zum Erreichen eines politischen Ziels, also die Instrumentalisierung von Ängsten, sie wurden nach blutigen Terroranschlägen am 13. November 2015 in Paris eingesetzt. Am Abend dieses Tages verübten Terroristen barbarische Attentate. Sie erschossen wahllos meist junge Menschen, oder sie sprengten sich mit Sprengstoffgürteln selbst in die Luft. 130 Menschen starben, Hunderte weitere wurden teilweise schwer verletzt. Es war ein unfassbares Gemetzel. In solchen Situationen wäre es angemessen, einmal innezuhalten, nachzudenken, nur zu trauern. Doch weit gefehlt. Denn es lohnte sich anscheinend, zur Befriedigung politischer Interessen, den Terrorakt mit der aktuellen Flüchtlingsfrage in Verbindung zu bringen. Und das bereits ein Tag nachdem noch nicht einmal geklärt war, wer die Killer waren und woher sie kamen. Fest stand am nächsten Tag lediglich, dass sich die Terrororganisation Islamischer Staat (IS) zu der Anschlagsserie bekannte. Anstatt seinen populistischen Sprüchebaukasten nicht in Anspruch zu nehmen, postete der CSU-Mann Markus Söder am Tag nach dem Massaker von Paris: »Paris ändert alles. Die Zeit unkontrollierter Zuwanderung und illegaler Einwanderung kann so nicht weitergehen.« Und er legte am nächsten Tag nach: »Der

Kontinent muss sich besser schützen vor Feinden, die vor nichts zurückschrecken.«[251] Der stellvertretende CDU-Bundesvorsitzende Armin Laschet warnte daraufhin die CSU davor, die Anschläge von Paris für die Asyldebatte zu instrumentalisieren. »Die Tat in Paris ausgerechnet mit dem Asylschutz für diese IS-Opfer und der Zuwanderungsdebatte in Verbindung zu bringen, ist unverantwortlich.«[252] Doch Markus Söder hatte bereits die politische Richtung vorgegeben, geschlossene Grenzen und die Begrenzung der Zahl der vor dem IS-Terror in Syrien und Irak Schutzsuchenden. Tatsache ist, dass zwei Attentäter aus einem Pariser Vorort stammten und drei weitere aus Molenbeek bei Brüssel. Ein weiterer Attentäter erreichte Frankreich über die Balkan-Flüchtlingsroute, mit einem gefälschten Pass. Und dann wurde Tage vor dem Attentat ein Mann aus Montenegro in Bayern verhaftet. In seinem Auto fand man Maschinenpistolen, Pistolen und Sprengstoffe. »Polizei stellt möglichen Paris-Mittäter«, melden daraufhin am Samstag die Medien. Das wiederum war gefundenes Fressen für den bayerischen Innenminister Joachim Herrmann:

> »Wenn jemand mehrere Kalaschnikows, Handgranaten und Sprengstoff transportiert, könnte das jemand aus dem Bereich der Schwerkriminalität sein. Der Verdacht liegt aber nahe, dass es sich um terroristische Absichten handelt, beziehungsweise jemand den Terroristen Waffen liefert.«[253]

Und dann am 16. November 2015 wurde in der ARD-Talkshow *hart aber fair* zum Thema »Terror gegen die Freiheit – wie verteidigen wir unsere Werte?« von der CSU-Politikerin Ilse Aigner genau dieser Vorgang des Waffenfundes als Argument benutzt, um einen Zusammenhang zwischen Paris und der Flüchtlingsfrage herzustellen. Für den ebenfalls anwesenden Verleger Wolfram Weimer, der sich selbst als wertkonservativ versteht, war nach Paris »die Zeit der naiven Willkommenskultur endgültig vorbei und das wird höchste Zeit. Denn mit den Kriegsflüchtlingen kommt seit Monaten eine Kriegsgefahr unkontrolliert ins Land.«[254] Nicht fehlen durfte in der öffentlichen Diskussion, dass die Bundeswehr zur Inneren Sicherheit eingesetzt werden müsse, wie es unter anderem der CDU-Abgeordnete Henning Otte forderte.

Bereits am 17. November meldete *Spiegel Online*, dass der Mann aus Montenegro, der die Waffen transportierte, nichts mit dem Pariser Attentat zu tun hatte, sondern ein kleiner Waffenschmuggler war.[255]

Die unsägliche Verknüpfung dieses barbarischen Terroranschlags mit der aktuellen Flüchtlingsfrage griffen, wie nicht anders zu erwarten, die Neonazis und Rechtspopulisten auf. Die profaschistische Idenditäre Bewegung schrieb am 14. November auf Facebook:

> »Wir sehen in all dem nur die Bestätigung unserer Aufgabe und ihrer Dringlichkeit. Wir werden nicht tatenlos zusehen, wie unser Kontinent im Chaos versinkt, wie unsere Brüder und Schwestern von islamischen Terrorkommandos hinweggemetzelt, wie unsere Städte von islamischen Horden übernommen werden und unser Land von hunderttausenden jungen Moslems überrannt wird. Es ist Zeit zu kämpfen. Für Deutschland, für Europa.«

Natürlich durfte die rassistische Pegida nicht fehlen.

> »Es ist an der Zeit, dass jeder einzelne Bürger auf die Straße geht und Gesicht gegen die aktuelle Fehlpolitik der Volksverräter in Berlin zeigt, bevor französische Zustän-

de mit islamistischen Anschlägen, islamischen Antisemitismus und Parallelgesellschaften auf deutschem Boden zur Normalität werden, denn Realität sind sie schon längt! Freunde, es ist 1 Sekunde vor 12! Lasst nicht zu, dass unser Land untergeht, und geht auf die Straße!«

In Görlitz (Sachsen) marschierten am 15. November 2015 über 1000 Rechtsradikale durch die Stadt, hetzten gegen Flüchtlinge, die vor dem IS-Terror geflohen sind, und ganz allgemein gegen Muslime. Am gleichen Tag wurde auf der Ostseeinsel Usedom ein geplantes Flüchtlingsheim für 15 Personen in Brand gesteckt. Und Unbekannte warfen in Köln-Porz mehrere Brandsätze auf die Mevlana-Moschee. Der Hass der rechten Hetzer entspricht dem der islamistischen Hetzer. Auch sie demonstrierten. In Deutschland bejubelten die Anhänger der Terrororganisation IS, die hier agierenden Salafisten, die Tat in ihren nicht öffentlichen Kreisen. Ganz öffentlich jedoch taten sie dies am Tag nach dem Terroranschlag in den beiden türkischen Städten Gaziantep und Konya: Anhänger des IS feierten den Anschlag unter anderem mit einem Autokorso.[256] Die ansonsten immer präsenten Sicherheitskräfte waren nicht zu sehen. Sowohl die islamistischen Fanatiker in der Türkei wie ihre rechtsradikalen und rechtspopulistischen Gegenpole in Deutschland, sie nahmen natürlich nicht die Stellungnahme des Zentralrats der Muslime in Deutschland zur Kenntnis. Der verurteilte die Anschläge von Paris als »feigen und perfiden Massenmord«.

»Diese Terroristen führen Krieg gegen die Menschlichkeit und damit auch direkt gegen den Islam. Ihr Ziel, Panik, Hass und Zwietracht zwischen den gesellschaftlichen Gruppen und Religionen zu säen, wird niemals aufgehen, wenn wir wachsam, entschlossen und vor allem gemeinsam handeln. Wir appellieren insbesondere an Medien und Politik, den Terroristen nun nicht auf den Leim zu gehen, indem ihre pseudo-religiösen Begründbarkeiten einfach unkritisch übernommen werden und damit der Vereinnahmung des Islam weiter Vorschub geleistet wird.«[257]

Wie schrieb doch der renommierte Zeit-Journalist Bernd Ulrich am Tag nach dem Terrorakt: »Der größte Feind des islamistischen Terrorismus ist die Willkommenskultur.«[258] Genau das also, was sowohl die CSU, Teile der CDU und die gesammelten Rechtsextremisten seit Langem bekämpfen.

Ja, es gab in Deutschland wie in Europa einmal die Sehnsucht nach Demokratie, Gerechtigkeit und vor allem Solidarität – und die Hoffnung, dass sie in praktische Politik umgesetzt würden. Vor sehr langer Zeit forderte das ein Friedensnobelpreisträger, Bundeskanzler a. D. und SPD-Vorsitzender von seinen Genossinnen und Genossen. Es war Willy Brandt in seiner Abschiedsrede als SPD-Parteivorsitzender am 14. Juni 1987. Der Kompass der SPD müsse auf das eingestellt bleiben, was er die »unsere Bewegung tragende Idee« nannte. Brandt ging es darum, »einer sich steigernden Zahl von Menschen Freiheit erfahrbar zu machen und dafür zu sorgen, dass die großen gesellschaftlichen Lebensbereiche von den Grundwerten der Demokratie und Gerechtigkeit durchdrungen werden«. Es sei »vor allem Solidarität, die den Schwachen zu mehr Freiheit verhilft«.[259]

Und was einst der türkische Lyriker Nazim Hikmet schrieb: »Leben einzeln und frei wie ein Baum, und dabei brüderlich wie ein Wald, diese Sehnsucht ist unser« – es ist immer noch ein Traum.

Dass dieser Traum vielleicht doch noch wahr wird, dafür kämpfen heute, trotz aller Widerstände, viele zivilgesellschaftliche Gruppen, wie zum Beispiel das »Bochumer Bündnis für

Arbeit und soziale Gerechtigkeit«, der »Brölliner Aktionskonsens der Aktionsbündnisse Mecklenburg-Vorpommern für die Entfaltung demokratischer Kultur und gegen Nazis«, »Fulda stellt sich quer. Gegen Rassismus. Für Weltoffenheit«, die »Organisation für Weltoffenheit und Toleranz Freital«, das »Bündnis für Demokratie und Toleranz – gegen Extremismus und Gewalt« oder auch einzelne evangelische und katholische Kirchengemeinden sowie Institutionen gegen Rassismus und Menschenfeindlichkeit, insbesondere die Amadeu Antonio Stiftung, in Lübeck der Verein »KlopfKlopf. Lübeck ist weltoffen«, »Endstation Rechts«, Amnesty International, medico international, Pro Asyl, Attac, »Mehr Demokratie«; oder »HelpCamp«[260], ein bundesweites Verzeichnis von Initiativen aus dem Bereich der Flüchtlingshilfe, mit dem Ziel, hilfsbereite Menschen zu unterstützen, ihr Engagement möglichst effizient einzusetzen, sowie weiteren Stützen der Zivilgesellschaft, glücklicherweise auch zahlreiche Politikerinnen und Politiker in den Gemeinden, den Ländern und im Bund.

Ich erwähne das am Schluss dieses Buches, weil ansonsten alles ziemlich hoffnungslos wäre. Denn es gibt sie tatsächlich, die lebendige zivile Bürgergesellschaft, die sich gegen Rassismus, Ausbeutung, Antisemitismus und Menschenfeindlichkeit zur Wehr setzt. Es sind Bürgerinnen und Bürger, die in Deutschland und in anderen europäischen Ländern versuchen, für eine sozial gerechtere, eine menschenwürdige Welt zu kämpfen. Gäbe es sie nicht, dann gäbe es keine Hoffnung mehr. Der Staat im Staate oder auch der Tiefe Staat, dem daran liegt, diese zivile Bürgergesellschaft zu zerstören, er hätte endgültig gesiegt. Und das gilt es unter allen Umständen zu verhindern.

Aber kann ich diese Hoffnung auch meinem neunjährigen Enkel Emil überzeugend vermitteln? Er ist neugierig. Er will wissen was in der Welt geschieht. Bin ich nicht gezwungen, ihn anzulügen? Denn wie erkläre ich ihm, dass es bis Ende

November 2015 schon 747 Brandanschläge auf Flüchtlingsheime und Attacken gegen Flüchtlinge gab, mehr als dreimal so viele wie im gesamten Vorjahr?[261] Er wird mich erstaunt fragen, warum die Polizei nichts dagegen unternimmt? Ich muss ihn anlügen. Denn Polizei, das sind für ihn die freundlichen Männer und Frauen die ihn schützen wenn er in Gefahr ist. Deshalb werde ich ihm sagen, dass die Polizei ja mit allen Mitteln versucht, diese Kriminellen zu finden. Emil hatte die Mütter mit ihren Babys und die Männer aus Syrien, Afghanistan und dem Irak selbst gesehen, die an der österreich-deutschen Grenze in bitterer Kälte ausharren mussten. Ich kann ihm jetzt doch nicht erzählen, dass nach einer Demonstration von Nazis am 20. November 2015 in Jüterbog (Brandenburg) eine kirchliche Begegnungsstätte für Flüchtlinge durch einen Brandanschlag zerstört wurde, und dass der Bürgermeister von Jüterbog die Bürger bereits »vor geringfügigen Kontakten« zu den Flüchtlingen gewarnt hatte.[262] Es waren die Flüchtlinge gemeint, die Emil am Grenzübergang Achleiten in Bayern erlebt hatte. Kann ich ihm Meldungen vorlesen, wonach es viele Menschen bei uns gibt, die Flüchtlinge erschießen oder in ein Konzentrationslager schicken wollen? Kann ich dem neunjährigen Emil diesen erbarmungslosen Hass erklären? Natürlich nicht. Er würde es nicht verstehen – ich verstehe es ja selbst nicht mehr. Emil wird nicht das grausame Schicksal begreifen können, dass sich hinter der Meldung der internationalen Menschenrechtsorganisation Human Rights Watch vom 23. November 2015 verbirgt. Demnach schicken türkische Soldaten syrische Flüchtlinge, Kranke, schwangere Frauen, Kinder und Alte mit Gewalt in die blutige Kriegszone zurück.[263] Er kennt die Erzählungen seines Freundes Yusuf. Ihm gelang es, zusammen mit seiner Familie, aus Syrien flüchten. Yusuf erzählte ihm, wie Bomben in seiner Heimatstadt Damaskus ganz nahe bei ihm einschlugen und seinen Opa getötet hatten. Tagelang mussten sie im Mittelmeer in einem kleinen Boot ausharren, voller Angst, bis sie die rettende europäische Küste erreicht hatten. Ich hatte Emil die Bilder von den Flüchtlingslagern in Irak-Kurdistan gezeigt. Soll ich ihm erzählen, das selbst unser Entwicklungsminister Gerd Müller beklagte, dass die Menschen in den Flüchtlingslagern hungern müssen, weil wir, die reichen Nationen, den Helfern kein Geld geben, um das Leben in den Lagern einigermaßen erträglich zu machen.[264] Wie kann ich ihm erklären, dass Tag für Tag Hunderte Flüchtlinge in der Bundeshauptstadt Berlin unter menschenunwürdigen Verhältnissen vor dem Landesamt für Gesundheit und Soziales, teilweise tagelang darauf warten müssen, registriert zu werden. Unter ihnen sind viele Kinder, Frauen, Schwangere und Familien, die erschöpft von den Strapazen ihrer wochenlangen Flucht, ohne die Essens-, Kleider- und Teeverteilung durch freiwillige Helfer noch mehr hungern und frieren würden. Soll ich ihm lieber Fotos von prunkvollen Empfängen in Berlin zeigen, wie vom Bundespresseball, wo die für diese Missstände mitverantwortlichen Politikerinnen und Politiker in ihren teuren Abendkleidern und Fracks dinieren? Wie erkläre ich Emil, dass überall in Europa die Grenzen mit Stacheldraht und durch bewaffnete Soldaten dicht gemacht werden, oder dass unsere Regierung mit Diktatoren verhandelt, die Blut an den Händen haben, damit keine Flüchtlinge mehr zu uns kommen können? Deshalb erzähle ich ihm lieber, dass es viele Menschen bei uns gibt, wie den ehemaligen CDU-Bundespostminister Christian Schwarz-Schilling, der sich trotz seines hohen Alters immer noch vehement für Flüchtlinge einsetzt, die von kaltherzigen Bürokraten abgeschoben werden sollen.

Emil würde mit seiner kleinen Schwester gerne auf den Frankfurter Weihnachtsmarkt gehen. Doch seine Mutter hat große Angst vor einem Bombenattentat islamistischer Terroristen. Und diese Angst teilt sie mit vielen Bürgern. Angst vor dem islamistischen Terrorismus frisst jedoch den Verstand bei der überwiegenden Mehrheit der Bevölkerung auf. Sie sehnen sich nach einem Sicherheitsstaat, selbst wenn dadurch fundamentale Freiheitsrechte außer Kraft gesetzt werden müssen. Plötzlich gelten Geheimdienste als wichtigste Helfershelfer im Kampf gegen den islamistischen Terrorismus, die gleichen Geheimdienste, die beim heimischen rechtsradikalen Terrorismus gegen Migranten und Flüchtlinge kläglich versagt haben und immer noch versagen. Was für ein Zynismus. Gerade wegen der leidvollen Erfahrungen, die mit Geheimdiensten durch eine Strategie der gesellschaftlichen Konfrontation und einer gezielten Desinformation in der Vergangenheit gemacht wurden. Plötzlich ist alles vergessen.

Selbstverständlich werde ich Emil von all dem überhaupt nichts erzählen, sondern ihm eine spannende Geschichte mit Happy End vorlesen. Ich möchte ihm den Traum von einer friedvollen und menschenwürdigen Gesellschaft nicht zerstören.

ANMERKUNGEN

1 Hikmet Nazim: Leben! Einzeln und frei wie ein Baum und brüderlich wie der Wald: Gedichte. Hrsg. u. übersetzt v. Ümit Güney, Hamburg 1983. S. 46
2 Gespräch mit Karen Larisch, 30. September 2015
3 Armen Avanessian: »Diese Menschenschwärme«, *Zeit Online*, 19. September 2015
4 http://www.deutschland-frankreich.diplo.de/Rede-von-Bundeskanzler-Gerhard,354.html
5 http://www.podcast.de/episode/241442690/Ein+Jahr+NSU-Prozess+-+Der+%E2%80%9Ctiefe+Staat%E2%80%9D+in+Deutschland/
6 Zeitung berlintürk, Berlin, 17. November 2011
7 http://fraktion.cdu-bw.de/fileadmin/user_upload/infothek/Integration/20120611-Materialsammlung_%C3%96ney-Tiefer_Staat_Presse_akt.pdf
8 http://www.badische-zeitung.de/suedwest-1/oeney-bleibt-in-der-kritik--60493821.html
9 http://www.nachdenkseiten.de/wp-print.php?p=26060
10 Rolf Gössner: »Tarnname ›Verfassungsschutz‹, BIG Business Crime«, *Theorie, Praxis und Kritik der kriminellen Ökonomie,* Maintal, Heft Nr. 2/2015, S. 21
11 http://tomrohrboeck.at/2012/12/14/gert-rene-polli-die-medien-sind-heute-die-waffen-der-nachrichtendienste/
12 Amtsblatt der Europäischen Gemeinschaften Nr. C 324, 24. Dezember 1990, S. 201
13 Christopher Simpson: *Der amerikanische Bumerang. NS-Kriegsverbrecher im Sold der USA*, Wien 1988, S. 175

14 Ebda., S. 181
15 vgl. Dieter von Glahn: Patriot und Partisan für Freiheit und Einheit, Tübingen 1994, S. 80
16 Ganser, Daniele: Nato Geheimarmeen in Europa, Zürich 2008, S. 309
17 Frankfurter Rundschau, 10. Oktober 1952
18 Dieter von Glahn: *Patriot und Partisan für Freiheit und Einheit*, Tübingen 1994, S. 69
19 Ebda., S. 71
20 Der Spiegel, 26. November 1990
21 Agilolf Keßelring: *Die Organisation Gehlen und die Verteidigung Westdeutschlands. Alte Elitedivisionen und neue Militärstrukturen 1949-1953*, Marburg: Unabhängige Historikerkommission zur Erforschung der Geschichte des Bundesnachrichtendienstes 1945–1968, 2014, S. 33
22 Ganser, Daniele: Nato-Geheimarmeen in Europa, inszenierter Terror und verdeckte Kriegsführung, Zürich 2008, S. 32
23 http://www.stay-behind.it/Zas/Documenti/Salvini%20scagiona%20Gladio%203_2_98_2.pdf
24 Ed Vulliamy: »Secret agents, freemasons, fascists… and a top-level campaign of political ›destabilisation‹«, *The Guardian*, 5. Dezember 1990
25 Daniele Ganser: »Nato-Geheimarmeen und ihr Terror«, *Der Bund*, Bern, 20. Dezember 2004
26 Werner Raith: »Gerät ›Gladio‹ zum Putsch von oben?«, *taz*, 5. Dezember 1990
27 Jürgen Roth/Berndt Ender: *Geschäfte und Verbrechen der Politmafia*, Berlin 1995, S. 95
28 Daniele Ganser, Interview, *Baseler Zeitung*, 16. Dezember 2004, S. 4
29 http://dipbt.bundestag.de/doc/btd/12/005/1200560.pdf
30 Ebda.
31 Daniele Ganser, Interview, *Baseler Zeitung*, 16. Dezember 2004, S. 4
32 Regine Igel: »Die P2-Loge und die geheimen Gladio-Truppen in Italien«, in: Andreas Anton/Michael K. Walter (Hrsg.): *Konspiration. Soziologie des Verschwörungsdenkens*, Wiesbaden 2014, S. 82
33 Änne Seidel: »Geschichte des Innenministeriums. Brauner als gedacht«, Deutschlandfunk, 5. März 2015
34 Ebda.

35 http://www.foia.cia.gov/search/site/Dickopf
36 Armand Mergen: *Die BKA-Story*, München 1987, S. 122
37 http://www.bka.de/nn_193232/DE/Publikationen/BKA-Historie/bkaHistorie__node.html?__nnn=true
38 »Lippenbekenntnisse zum Rechtsstaat«, Jan Friedrich, Interview mit Patrick Wagner, *Der Spiegel*, 11. April 2011, S. 42
39 http://www.humanistische-union.de/veranstaltungen/buergerrechtspreise/fritz_bauer_preis/2003/rede_schenk/
40 Heinrich Grosse: Ankläger von Widerstandskämpfern und Apologeten des NS-Regimes nach 1945 – Kriegsgerichtsrat Roeder, Kritische Justiz, Heft 1/2005, S. 45
41 Zit. nach *Zeit Online*, http://www.zeit.de/2005/37/A-Sch_9arner_neu/seite-2
42 Bert-OIiver Manig: »Der Bluthund ist zurück«, *Zeit Online*, 8. September 2005
43 Hans Canje: Zum Beispiel Josef Schafheutle, Ossietzky, Zweiwochenschrift für Politik, Kultur, Wirtschaft, Dähre, Nr. 13/2013
44 http://www.kramerwf.de/Karrieren-und-Selbstrechtfertigungen.196.0.html
45 Thomas Fischer: *Spuren der Strafrechtswissenschaft*. Festschrift für Ruth Rissing-van Saan zum 65. Geburtstag am 25. Januar 2011, Berlin, New York 2011, S. 166
46 Jürgen Roth, Berndt Ender: Geschäfte und Verbrechen der Politmafia, Berlin 1995, S. 71
47 Hans Graf Huyn: *Der Angriff. Der Vorstoß Moskaus zur Weltherrschaft*, Wien, München, Zürich, Innsbruck 1978, S. 257
48 Frédéric Laurent: *L'Orchestre Noir*, Paris 1978, S. 294
49 *Der Spiegel*, 25. Februar 1980, S. 22
50 Vgl. Minderheitenbericht des Untersuchungsausschusses des Bayerischen Landtags »zur Prüfung der landespolitisch bedeutsamen Gesichtspunkte von in der Presse behaupteten Veröffentlichungen, Kenntnissen und Verhaltensweisen des Leiters der Abteilung Staatsschutz im Bayerischen Staatsministerium des Innern«; Drucksache 9/ 13012, 10. September 1982, S. 2
51 zit.n. Ridder Winfried: Verfassung ohne Schutz – Die Niederlagen der Geheimdienste im Kampf gegen den Terrorismus, München 2013, S. 58
52 Reinhard Jellen: »Die V-Mann-Problematik hat es damals schon gegeben«. Interview mit Werner Dietrich, *Telepolis*,

6. Dezember 2011, http://www.heise.de/tp/artikel/36/36006/1.html

53 »Terroristischer Einzeltäter – Vereinigungen?« Zit. nach haGalil.com –Jüdisches Leben online, 23. September 2005, http://www.hagalil.com/archiv/2005/09/oktoberfest-1.htm

54 Antwort der Bundesregierung, Bundestagsdrucksache 17/12431, vom 21. Februar 2013

55 Karl–Heinz Hoffmann: *Die Oktoberfest-Legende*, Riesa 2011, S. 193

56 Ebda., S. 283

57 Manuela Mayr: »Zog der Staatsschutz-Chef Hans Langemann die Fäden«, *Augsburger Allgemeine,* 12. Februar 2015

58 Zit. nach Ulrich Chaussy: »Geheimarmee Stay behind. Der Staat als Pate des Terrors«. Hörfunkfeature, WDR 5, 5. Oktober 2014

59 Reinhard Jellen: »Die V-Mann-Problematik hat es damals schon gegeben«. Interview mit Werner Dietrich, *Telepolis*, 6. Dezember 2011

60 Bundesamt für Verfassungsschutz, Rechtsextremismus Nr. 21, Gefahr eines bewaffneten Kampfes deutscher Rechtsextremisten – Entwicklungen von 1997 bis Mitte 2004, Köln 2004, S. 46

61 Thomas Moser: »Der NSU-Komplex. Wer ermittelt gegen den Verfassungsschutz?«, *Blätter für deutsche und internationale Politik*, Januar 2014

62 Carsten Hübner: »Der tiefe Staat«, *neues deutschland*, 8. April 2015

63 Roland Wuttke: Die NSU-Legende wird zum GAU für die BRD, www.volksdeutsche-stimme.de, November 2014, abgerufen 1. November 2015

64 http://oktoberfest.arbeitskreis-n.su/

65 Auf seiner Internetseite www.karl-heinz-hoffmann.com schreibt er am 27. September 2015: »Wir, das heißt ich und einige Mitstreiter für Gerechtigkeit und Wahrheit haben mit dem Internetforum 1980 Oktoberfest Blog ...«, abgerufen am 11. November 2015

66 NSU Watch, 22. April 2015, http://www.nsu-watch.info/2015/04/

67 http://www.nsu-nebenklage.de/blog/2015/04/23/23-04-2015/

68 Focus Magazin, Nr. 47/2011

69 Thüringer Landtag, Drucksache 5/8080, Bericht des Untersuchungsausschusses 5/1 »Rechtsterrorismus und Behördenhandeln«, 16. Juli 2014, S. 961
70 Der Tagesspiegel, 26. November 2014
71 http://keupstrasse-ist-ueberall.de/offener-brief-an-den-ehemaligen-bundesinnenminister-otto-schily/
72 Deutscher Bundestag, Stenografisches Protokoll der 27. Sitzung des 2. Untersuchungsausschusses, Protokoll Nr. 27, 11. März 2013, S. 74
73 Deutscher Bundestag, 2. Untersuchungsausschuss, Protokoll Nr. 27, 11. März 2013, S. 90
74 Protokoll vom 27. 8. 2015, Haskala, Website der Abgeordneten Katharina König, Mitglied des Untersuchungsausschusses, http://haskala.de/tag/thuringer-untersuchungsausschuss/
75 http://www.politische-bildung-brandenburg.de/node/8015
76 Thüringer Landtag, Drucksache 5/8080, Bericht des Untersuchungsausschusses 5/1 »Rechtsterrorismus und Behördenhandeln«, 16. Juli 2014, S 1774
77 Gespräch mit Friedrich-Karl Schrader, 9. Juni 2015
78 Ebda.
79 Ebda.
80 Gespräch mit Uwe Kranz, 11. Juni 2015
81 Interview mit Rainer Fromm, 7. März 2015
82 Gespräch mit Uwe Kranz, 11. Juni 2015
83 Bericht des Untersuchungsausschusses 5/1 »Rechtsterrorismus und Behördenhandeln«, Thüringer Landtag, Drucksache 5/8080, 16. Juli 2014, S. 534
84 Ebda. S. 1770
85 CIA und deutsche Dienste kooperierten bei Datenbank, Focus, 8. September 2013
86 Rainer Nübel in: Andreas Förster (Hrsg.): *Geheimsache NSU. Zehn Morde, von Aufklärung keine Spur,* Tübingen 2014, S. 218
87 Johanna Henkel-Waidhofer: »Kein Zurück mehr«, *Kontext*, 28. Februar 2015
88 Zweifel am Suizid: Schwäbische Post, 21. Dezember 2013
89 Presseerklärung der Staatsanwaltschaft Karlsruhe vom 30. März 2015
90 Bundeskriminalamt, Zeugenvernehmung, Aktenzeichen: GBA 2 BJs 162/11-2, Eisleben 27. Juni 2012
91 Gespräch mit Rainer Fromm, 11. Juni 2015

92 *Der Tagesspiegel*, 19. Januar 2014
93 Minderheitenbericht Sächsischer Landtag, 2. Untersuchungsausschuss, 2014, Bericht der Mitglieder der Fraktionen Die Linke der SPD und Bündnis 90/Die Grünen, S. 5
94 http://www.johannes-lichdi.de/verfassungsschutz.html
95 Sächsischer Landtag, 3. Untersuchungsausschuss, Abschlussbericht sowie abweichende Berichte, Drucksache 5/14688, Band II, S. 79
96 Rechtsextremismus Nr. 21, Gefahr eines bewaffneten Kampfes deutscher Rechtsextremisten – Entwicklungen von 1997 bis Mitte 2004, VS-Nur für den Dienstgebrauch, Bundesamt für Verfassungsschutz, Köln, Juli 2004, S. 14
97 http://www.johannes-lichdi.de/pm+M565e89b64e4.html
98 http://www.weiterdenken.de/de/2014/06/01/evangelikale-sachsen-ein-bericht
99 Jennifer Stange: »Evangelikale in Sachsen«, Heinrich Böll Stiftung Sachsen, 2014, S. 34
100 Miro Jennerjahn: »Der sächsische Verfassungsschutz: Ein Frühwarnsystem«; http://www.miro-jennerjahn.eu/texte-und-reden/der-saechsische-verfassungsschutz-ein-frueh-warnsystem/
101 Karl Nolle: »Wir sind unseren politischen Ahnen verpflichtet«, Interview, *Junge Welt*, 2. Mai 2015
102 »Als Dresden ›Hauptstadt der Bewegung‹ war«, *Sächsische Zeitung*, 2. Oktober 2015
103 https://www.epenportal.de/web/datapool/storage/files100474/Deutscher_Patriotismus_im_vereinigten_Europa.pdf, S. 6
104 http://www.mdr.de/nachrichten/sachsentrend-umfrage-september
105 http://www.zeit.de/politik/deutschland/2015-09/afd-spd-sachsen-trend-umfrage
106 Marion Kraske: *Das Kartell der Verharmloser. Wie deutsche Behörden systematisch rechtsextremen Alltagsterror bagatellisieren*, Berlin: Amadeu Antonio Stiftung, 2012, S. 11/12
107 Steffen Winter/Maximilian Popp: »Die Härte des Systems«, *Der Spiegel*, 1. August 2011 http://www.spiegel.de/spiegel/print/d-79723290.html,
108 taz.de, 23. Februar 2011, http://www.taz.de/!5126085/
109 http://www.die-linke-thl.de/fileadmin/lv/dokumente/presse/sonstiges/11-12-12%20AufrufKoenig.pdf

110 http://www.karl-nolle.de/files/file/Lichdi_PersErklg_Hauptverhandlung.pdf
111 Ermittlungsakte der Polizeidirektion Dresden, Kriminalpolizeiinspektion, Soko 19/2, Strafverfahren 937/11/263390
112 OVG Nordrhein-Westfalen, Urteil vom 18. September 2012, Aktenzeichen: 5 A 1701/11
113 http://www.andre-hahn.eu/?p=2864
114 Sächsischer Landtag, Plenarprotokoll 5/41, 15. September 2011, S. 3989
115 Folter-Rechtfertigung: Dienstaufsichtsbeschwerde gegen Richterbund-Chef, *Spiegel Online*, 20. Januar 2003
116 *Leipziger Volkszeitung*, 23. Januar 2009
117 https://www.youtube.com/watch?v=FRbJVmnVBM0
118 www.mdr.de/sachsen/gesundheitskarte-asylbewerber102.html
119 Petra Zais: »100 Tage Mackenroth als Ausländerbeauftragter: Grüne stellen schlechtes Zeugnis aus«, Pressemitteilung, 26. März 2015
120 Die Linke, Pressemitteilung 211/2015, 20. April 2015
121 Gespräch mit Arndt Ginzel, 10. Oktober 2015
122 Heinz Bude,/Ernst-Dieter Lantermann: »Besorgt, beleidigt und zurückgesetzt«, *Süddeutsche Zeitung*, 23. Dezember 2014, S. 11
123 »Darum hat Pegida wieder Zulauf«, www.bild.de, 4. Oktober 2015
124 Dieter Nuhr: »Wir leben im digitalen Mittelalter«, *Frankfurter Allgemeine Zeitung*, 17. Juli 2015
125 http://perlen-aus-freital.tumblr.com/
126 Sabrina Hoffmann: »Die neuen Asozialen. Eure Dummheit bringt Deutschland an den Abgrund«, *The Huffington Post*, 24. Juli 2015; http://www.huffingtonpost.de/sabrina-hoffmann/dummheit-deutschland_b_7866694.html
127 »Sarrazin fordert drastische Einschränkung des Asylrechts«, *Zeit Online*, 9. September 2015
128 Albrecht von Lucke: »70 Jahre Befreiung: Deutsche Kälte, deutsches Glück«, *Blätter für deutsche und internationale Politik*, Berlin, Mai 2015; https://www.blaetter.de/archiv/jahrgaenge/2015/mai/70-jahre-befreiung-deutsche-kaelte-deutsches-glueck
129 ARD-Talkshow Günther Jauch: »Frustbürger und Fremdenfeinde – wie gefährlich sind die neuen Straßen-Proteste«

130 Anetta Kahane: »Extremismus der Mitte«, *Berliner Zeitung*, 1. März 2015
131 Interview, *Die Welt*, 10. April 2013
132 *RP Online*, 12. Oktober 2015
133 Annette Ramelsberger: »Ein naiver Staatsanwalt«, *Süddeutsche Zeitung*, 13. Oktober 2015
134 Oliver Decker/Johannes Kiess/Elmar Brähler: *Die »Mitte«*. Studie der Universität Leipzig, Leipzig 2014, S. 48
135 Ebda., S. 49
136 Oliver Hach: »Das wilde Leben des Pegida-Häuptlings«, *Freie Presse*, 3. Dezember 2014
137 http://www.huffingtonpost.de/2015/05/21/oertel-pegida_n_7417750.html
138 Tatjana Festerling: »Aufbegehren unerwünscht«, *Die Weltwoche* 45/2014
139 Christina Hebel: »Zu rechts für die AfD – für die Pegida gerade recht«, *Spiegel Online*, 14. April 2015
140 https://mopo24.de/nachrichten/festerling-fordert-helfer-und-polizei-auf-ihre-arbeit-niederzulegen-streik-15997
141 »Es bildet sich eine rechtsterroristische Mentalität«. Andreas Zick im Gespräch mit Sandra Schulz, Deutschlandfunk, 24. August 2015
142 Oliver Decker/Marliese Weißmann/Johannes Kiess/Elmar Brähler: *Die Mitte in der Krise. Rechtsextreme Einstellungen in Deutschland 2010,* Berlin: Friedrich-Ebert-Stiftung, 2010, S. 140
143 www.stern.de/politik/deutschland/die-forsa-umfrage-zur-afd-kurz-vorm-parteitag-6327510.html
144 Jörg Baberowski: »Deutschland verwandelt sich in eine Tugend-Republik«, *Neue Zürcher Zeitung*, 27. September 2015
145 Briefe an die Herausgeber, *Frankfurter Allgemeine Zeitung*, 8. Oktober 2015, S. 21
146 Botho Strauß: »Der letzte Deutsche«, *Der Spiegel*, 2. Oktober 2015, S. 123 ff.
147 Matthias Matussek/Rüdiger Safranski: »Deutschland bluten? Da möchte ich doch gefragt werden«, *Die Welt*, 28. September 2015
148 Beschlussprotokoll über die 101. Sitzung des Landtages Mecklenburg-Vorpommern, Drucksache 6/4466, 24. September 2015, S. 4

149 Plutonia Plarre: »Auf dem rechten Auge blind«, *taz*, 6. April 2015; http://www.taz.de/!5013793/
150 *Süddeutsche Zeitung*, 18. Mai 2015
151 Gespräch mit Günter Burkhardt, 20. Mai 2015
152 »Deutsche Zustände – das entsicherte Jahrzehnt«. Präsentation der Langzeituntersuchung des Institut für interdisziplinäre Konflikt- und Gewaltforschung, Berlin, 12. Dezember 2011; https://www.uni-bielefeld.de/ikg/Handout_Fassung_Montag_1212.pdf, S. 14
153 Flucht ohne Ankunft. Die Misere von international Schutzberechtigten in der EU, Pro Asyl, Frankfurt am Main, November 2014, S. 13
154 David Hugendick: »Der neue Name der Rechten«, *Zeit Online*, 27. Juli 2015
155 Matthias Meisner: »Pegida, Freital, Meißen … und die CDU. In Sachsen ist was faul«, *Der Tagesspiegel*, 29. Juni 2015
156 Michael Kraske: »In den Tiefen des Staates«, *Cicero. Magazin für politische Kultur*, 14. September 2012
157 *The Huffington Post*, 1. Juli 2015
158 Telefongespräch am 15. August 2015, 10.40 Uhr
159 Gespräch mit Klaus Bartl, 4. Oktober 2015
160 Matthias Meisner: »Pegida, Freital, Meißen … und die CDU. In Sachsen ist was faul«, *Der Tagesspiegel*, 29. Juni 2015
161 http://www.bild.de/regional/dresden/cdu/politikerin-kuge-hat-angst-nachts-auf-die-strasse-zu-gehen-42708878.bild.html
162 http://www.mdr.de/nachrichten/thw-mitarbeiter-niederau-angegriffen100_zc-e9a9d57e_zs-6c4417e7.html
163 Thomas Datt: »Streitobjekt Flüchtlingsheim«, MDR exakt, 1. Juli 2015
164 Tobias Bütow/Franka Bindernagel: *Ein KZ in der Nachbarschaft. Das Magdeburger Außenlager der Brabag und der ›Freundeskreis Himmler‹*, Köln, Weimar, Wien 2004, S. 172
165 Cornelius Pollmer: »Rechte bestimmen moralische und politische Grenzen«, Interview mit Markus Nierth, *Süddeutsche Zeitung*, online, 10. Juli 2015
166 Arndt Ginzel/Ulrich Stoll: »Neonazis in Halle und Bitterfeld – Die alltägliche Gewalt«, ZDF-*Frontal 21*, 7. Juli 2015

167 Verfassungsschutzbericht 2014, Berichtszeitraum 1.1. bis 31.12.2014, Ministerium für Inneres und Sport des Landes Sachsen-Anhalt, Magdeburg, S. 44

168 Gespräch mit Karen Larisch, 30. September 2015

169 Marc Brandstetter: »Rechtsextremismus-Expertin Röpke: Neonazis in M-V ›gefährlich verankert‹«, www.endstation-rechts.de, 30. April 2015

170 Paul Wrusch: »Der Klempner ist ein Neonazi«, *taz*, 11. September 2009

171 Martin Arndt/Stephan Geelhaar/Kristin Witte: »Rechtsextreme Szenen in Mecklenburg-Vorpommern«, in: *Frauen und Rechtsextremismus in Mecklenburg-Vorpommern*, Schwerin 2015, S. 12

172 Annette Ramelsberger: »Brandstifter unter sich«, *Süddeutsche Zeitung*, 17. September 2002, S. 9

173 Jochen Schmidt: *Politische Brandstiftung. Warum 1992 in Rostock das Ausländerwohnheim in Flammen aufging*, Berlin 2002, S. 133

174 Ebda., S. 141

175 Martin Arndt/Stephan Geelhaar/Kristin Witte: »Rechtsextreme Szenen in Mecklenburg-Vorpommern«, in: *Frauen und Rechtsextremismus in Mecklenburg-Vorpommern*, Schwerin 2015, S. 13

176 Heike Kleffner: »Pogrom gewollt?«, taz.de, 21. August 2002

177 Gespräch mit Julian Barlen, 30. September 2015

178 www.endstation-rechts.de, 27. Mai 2014

179 http://www.die-linke-thl.de/nc/presse/pressemitteilungen/detail/artikel/neonazi-partei-der-dritte-weg-in-thueringen-aktiv/

180 André Schulz: »Asylpolitik: heute hü – morgen hott – Europa hat keinen Plan«, www.bdk.de, 14. September 2015

181 Maximilian Popp: »Asylpolitik: System der Scheinheiligkeit«, *Spiegel Online*, 16. September 2015

182 http://www.proasyl.de/de/news/detail/news/europa_laesst_weiter_sterben/

183 http://www1.wdr.de/daserste/monitor/sendungen/grenzen-dicht-100.html

184 https://www.bundestag.de/dokumente/textarchiv/2015/kw24_aktuelle_stunde_eritrea/377944

185 https://www.amnesty.de/jahresbericht/2013/somalia

186 http://info.arte.tv/de/va-khartoum

187 Ausführliches zur Religion der Jesiden findet sich bei Michael Blume: »Warum es falsch ist, Jesiden als Teufelsanbeter zu beschuldigen«, http://www.scilogs.de/natur-des-glaubens/warum-werden-jesiden-beschuldigt-teufelsanbeter-zu-sein/
188 *Süddeutsche Zeitung*, 4. September 2015
189 European Commission against Racism and Intolerance: ECRI Report on Hungary, Straßburg, S. 31/32
190 https://www.youtube.com/watch?v=Nec0IFHw6xI
191 https://www.youtube.com/watch?v=2nIZrnjuhK4
192 *Resettlement* bedeutet nach der Terminologie des UNHCR die Auswahl und den Transfer verfolgter Personen aus einem Staat, in dem die Betroffenen Schutz gesucht haben, in einen Staat, der ihrer Aufnahme als Schutzbedürftige zugestimmt hat und in dem sie sich dauerhaft niederlassen und integrieren können.
193 https://www.youtube.com/watch?v=2nIZrnjuhK4
194 Rainer Fromm: »Die Anti-Asylfront«, ZDFinfo-Dokumentation, 9. Oktober 2015
195 Bernd Pickert: »Dieser Minister ist widerlich«, taz.de, 2. Oktober 2015
196 Wolfgang Degen: Innenminister de Maizière spricht in Wiesbaden mit Sicherheitsbehörden: Verhalten der Flüchtlinge hat sich verändert, *Wiesbadener Kurier*, 2. Oktober 2015
197 Anna Steiner: Das sind Deutschlands Flüchtlinge, *Frankfurter Allgemeine Zeitung*, faz-net, 21. Oktober 2015
198 Frontex ist die Europäische Agentur für die operative Zusammenarbeit an den Außengrenzen der Mitgliedstaaten der Europäischen Union
199 Robert Bongen, Stefan Buchen: »Falsche Syrer«: Wie der Innenminister Gerüchte schürt, ARD-Panorama, 8. Oktober 2015
200 Ebda.
201 *Spiegel Online*, 8. September 2015
202 *Rheinische Post*, 11. September 2015
203 Navid Kermani: »Der Einbruch der Wirklichkeit«, *Der Spiegel*, 10. Oktober 2015, S. 61
204 Lutz Bachmann auf seiner Facebook-Seite (Lutz Bachmann Person des öffentlichen Lebens) am 10. Oktober 2015, abgerufen am 11. November 2015

205 https://mopo24.de/nachrichten/pegida-demo-dresden-9000-teilnehmer-wieder-gegenprotest-19039
206 Lea Kosch, *The Huffington Post*, 3. Oktober 2015
207 Reiner Burger: »Wir simulieren das Volk«, *Frankfurter Allgemeine Zeitung*, 15. Dezember 2014
208 https://juergenelsaesser.wordpress.com/2015/09/13/aufruf-an-unsere-soldaten-sichert-die-deutschen-grenzen/
209 *Leipziger Volkszeitung*, 4. Oktober 2015
210 »Orbán und Seehofer loben Entscheidung über Grenzkontrollen«, *Zeit Online*, 13. September 2015
211 Thomas Fischer: »Schaffen wir das?«, *Zeit Online*, 6. Oktober 2015
212 *Die Welt*, 1. Juni 2015
213 *Die Welt*, 29. Juni 2015
214 *Passauer Neue Presse*, 11. September 2015
215 Bert Loose: »Deutschlands schillerndster Gewerkschaftschef«, *WirtschaftsWoche*, 20. April 2015
216 www.welt.de/welt_print/politik/article7461932/Aerger-um-Thierses-Sitzblockade.html
217 *Spiegel Online*, 30. Oktober 2012
218 *Leipziger Volkszeitung*, 15. September 2015
219 *Welt am Sonntag*, 18. Oktober 2015
220 www.gdp.de/gdp/gdp.nsf/id/DE_GdP-zu-Grenzzaun
221 *Die Welt*, Meinung, 18. Oktober 2015
222 Georg Mascolo: »Terror und Tatsachen«, *Süddeutsche Zeitung*, 15. Oktober 2015
223 Bernhard Schinwald: »Auf dem rechten Ohr taub«, *The European*, 2. August 2014
224 Uj Ember, *Katholische Wochenzeitschrift*, Budapest, 8. April 2012
225 Gregor Mayer: »Viktor Orbán: Wir bauen den illiberalen Staat auf«, zit. nach Pusztaranger, 30. Juli 2014, https://pusztaranger.wordpress.com/2014/07/30/viktor-orban-wir-bauen-den-illiberalen-staat-auf/
226 Klaus Harpprecht: »Die EU muss endlich gegen das Orbán-Regime einschreiten«, *Zeit Online*, 30. Mai 2015
227 *Der Tagesspiegel*, 6. November 2014
228 Gemeinsame Stellungnahme des Bevollmächtigten des Rates der EKD und des Leiters des Kommissariats der deutschen Bischöfe, Berlin, 23. September 2015

229 Wolfgang J. Koschnik: Die repräsentative Demokratie frisst ihre Kinder, Telepolis, 23. Dezember 2013

230 https://www.plurale-oekonomik.de/projekte/offener-brief/

231 »Der Tag, an dem sie die Demokratie beerdigten«, Arno Luik im Gespräch mit Yanis Varoufakis, 3. August 2015, www.stern.de

232 Ebda.

233 Andreas Zielcke: »Institutionell dumm«, *Süddeutsche Zeitung*, 19. März 2015

234 Thomas Witzgall: »Held« Wohlleben und ein neuer Kreisverband in Bamberg, Endstation Rechts. Bayern, 4. März 2015

235 Bayerischer Rundfunk, BR 24, Nachrichten, 23. Oktober 2015

236 Roman Guski: »Aufarbeitung und Perspektiven des Gedenkens«, in: *Rostocker Informationen zu Politik und Verwaltung* 32/2012, S. 34 (20 Jahre Rostock-Lichtenhagen, Institut für Politik- und Verwaltungswissenschaften, Universität Rostock)

237 Georg Diez: »Umgang mit Flüchtlingen: Die Putinisierung der deutschen Politik«, *Spiegel Online*, 11. Oktober 2015

238 http://www.europarl.europa.eu/charter/pdf/text_de.pdf

239 Professor Hans-Joachim Asmus: Polizei und Migrantenopfer, in: Polizeilicher Umgang mit migrantischen Opferzeugen. Eine explorative Untersuchung zur wissenschaftlichen Aufklärung von Vorwürfen mangelnder Sensibiltät von Polizeibeamten in Einsätzen bei vorurteilsmotivierten Straftaten, Forschungsbericht, Fachhochschule Polizei Sachsen-Anhalt, Aschersleben, August 2014, S. 5

240 Gespräch in Plauen am 8. November 2015

241 Oliver Decker/Johannes Kiess/Elmar Bühler: Die »Mitte«. Studie der Universität Leipzig, Leipzig 2014, S. 11

242 *Zeit Online*, 7. November 2015

243 Michael Borgers: Umarmt die Polizei Pegida? Deutschlandfunk, 4. November 2015

244 Marion Kraske: Staatsversagen. Wie Engagierte gegen Rechtsextremismus im Stich gelassen werden. Ein Report aus Westdeutschland, Amadeu Antonio Stiftung, Berlin 2013, S. 40

245 bild.de, 12. Oktober 2015
246 https://juergenelsaesser.wordpress.com/2015/09/13/aufruf-an-unsere-soldaten-sichert-die-deutschen-grenzen/
247 Bürgermeister von Lesbos: »Unsere Leichenhalten sind voll«, *Süddeutsche Zeitung*, 31. Oktober 2015
248 *Bild*, 28. Oktober 2015
249 Cem Sey: Afghanistan ist sicher! Todsicher, *Journal Internationale Politik und Gesellschaft*, Berlin, 10. November 2015
250 *Frankfurter Allgemeine Zeitung*, 8. Oktober 2015
251 *Welt am Sonntag*, 15. November 2015
252 *Focus Online*, 15. November 2015
253 *Bayernkurier*, 16. November 2015
254 ARD-Talkshow, hart aber fair, 16. November 2015
255 Jörg Diehl, Jan Puhl, Roman Lehberger: Terror in Paris: Die Balkanspur, *Spiegel Online*, 17. November 2015
256 *Cumhuriyet*, Istanbul, 15. November 2015
257 islam.de, 14. November 2015
258 *Zeit Online*, 14. November 2015
259 http://www.willy-brandt.de/fileadmin/brandt/Downloads/Abschiedsrede_Willy_Brandt_Parteitag_1987.pdf
260 http://www.helpcamp.de/initiativen/interaktive-landkarte/
261 Jan Fritsche, Arndt Ginzel, Manka Heise, Ulrich Stoll: »Immer mehr Gewalt gegen Flüchtlinge – Biedermänner als Brandstifter«, ZDF Frontal 21, 24. November 2015
262 Christoph Stollowsky: »Wir lassen uns nicht einschüchtern«, *Der Tagesspiegel*, 21. November 2015
263 https://www.hrw.org/news/2015/11/23/turkey-syrians-pushed-back-border
264 Augsburger Allgemeine, 24. November 2015

LITERATURVERZEICHNIS

Adorno, Theodor, W./Bettelheim, Bruno, u.a.: *Der autoritäre Charakter. Studien über Autorität und Vorurteil*, Amsterdam 1968

Altvater Elmar/Mahnkopf, Birgit: *Globalisierung der Unsicherheit. Arbeit im Schatten. Schmutziges Geld und informelle Politik*, Münster 2002

Aust, Stefan/Laabs, Dirk: *Heimatschutz. Der Staat und die Mordserie des NSU*, München 2014

Chaussy, Ulrich: *Oktoberfest. Das Attentat: Wie die Verdrängung des Rechtsterrors begann*, Berlin 2014

Crouch, Colin: *Das befremdliche Überleben des Neoliberalismus*, Berlin 2011

Daimagüler, Mehmet Gürcan: *Kein schönes Land in dieser Zeit, Das Märchen von der gescheiterten Integration*, München 2013

Decker, Oliver/Brähler, Elmar/Kiess, Johannes: *Die Mitte im Umbruch. Rechtsextreme Einstellungen in Deutschland*, Bonn 2012

Förster, Andreas (Hrsg.), *Geheimsache NSU. Zehn Morde, von Aufklärung keine Spur*, Tübingen 2014

Frei, Nobert (Hrsg.): *Hitlers Eliten nach 1945*, München 2003

Friedrich, Sebastian/Wamper, Regina (Hrsg.): *Die NSU in bester Gesellschaft: Zwischen Neonazismus, Rassismus und Staat*, Münster 2015

Funke, Hajo: *Staatsaffäre NSU. Eine offene Untersuchung*, Münster 2015

Ganser, Daniele: *Nato-Geheimarmee in Europa. Inszenierter Terror und verdeckte Kriegsführung*, Zürich 2009

Gatti, Fabrizio: *Bilal. Als Illegaler auf dem Weg nach Europa*, München 2010
Geiges, Lars/Marg, Stine/Walter, Franz: *Pegida. Die schmutzige Seite der Zivilgesellschaft*, Bielefeld 2015
Görtemaker, Manfred/Safferling, Christoph (Hrsg.): *Die Rosenburg. Das Bundesministerium der Justiz und die NS-Vergangenheit – eine Bestandsaufnahme*, Göttingen 2013
Hafez, Farid: *Jahrbuch für Islamophobieforschung 2015*, Wien 2015
Heitmeyer, Wilhelm (Hrsg.): *Deutsche Zustände: Folge 10*, Frankfurt am Main 2011
Igel, Regine: *Terrorjahre: Die dunkle Seite der CIA in Italien*, München 2006
John, Barbara (Hrsg.): *Unsere Wunden kann die Zeit nicht heilen. Was der NSU-Terror für die Opfer und Angehörigen bedeutet*, Freiburg 2014
Kermani, Navid: *Vergesst Deutschland. Eine patriotische Rede*, Berlin 2012
Kermani, Navid: *Wer ist Wir? Deutschland und seine Muslime*, München 2014
Konicz, Tomasz: *Krisenideologie. Wahn und Wirklichkeit spätkapitalistischer Krisenverarbeitung*, Hannover 2013
Kuhn, Inva: *Antimuslimischer Rassismus. Auf Kreuzzug für das Abendland,* Köln 2015
Kuschel, Sebastian: *»Nicht links, nicht rechts – identitär«? Eine Analyse der »Identitären Bewegung« in Deutschland*, München 2013
Langebach, Martin/Speit, Andreas: *Europas radikale Rechte. Bewegungen und Parteien auf Straßen und in Parlamenten*, Zürich 2013
Marchart, Oliver: *Die Prekarisierungsgesellschaft. Politik und Ökonomie im Zeichen der Prekarisierung*, Bielefeld 2013
Müller, Ingo: *Furchtbare Juristen. Die unbewältigte Vergangenheit der deutschen Justiz*, Berlin 2014
Oeser, Erhard: *Die Angst vor dem Fremden. Die Wurzeln der Xenophobie*, Darmstadt 2015
Prantl, Heribert: *Glanz und Elend der Grundrechte. Zwölf Sterne für das Grundgesetz*, München 2014
Röpke, Andrea/Speit, Andreas: *Blut und Ehre: Geschichte und Gegenwart rechter Gewalt in Deutschland*, Berlin 2013
Röpke, Andrea/Speit, Andreas: *Mädelsache! Frauen in der Neonazi-Szene*, Freiburg 2015

Röpke, Andrea: *Gefährlich verankert. Rechtsextreme Graswurzelarbeit, Strategien und neue Netzwerke in Mecklenburg-Vorpommern*, Sozialdemokratische Schriften zur Landespolitik, Bd. 1, Rostock 2015.
Ross, Carne: *The Leaderless Revolution. How Ordinary People Will Take Power and Change Politics in the 21st Century*, London 2011
Schenk, Dieter: *Die braunen Wurzeln des BKA*, Frankfurt am Main, 2003
Schmidt, Jochen: *Politische Brandstiftung. Warum 1992 in Rostock das Ausländerwohnheim in Flammen aufging*, Berlin 2002
Schmincke, Imke/Siri, Jasmin: *NSU-Terror. Ermittlungen am rechten Abgrund. Ereignis, Kontexte, Diskurse*, Bielefeld 2013
Schlötterer, Wilheilm: *Wahn und Willkür, Strauß und seine Erben oder Wie man ein Land in die Tasche steckt*, München 2015
Sedláček, Tomáš/Tanzer Oliver: *Lilith und die Dämonen des Kapitals. Die Ökonomie auf Freuds Couch*, München 2015
Simsek, Semiya: *Schmerzliche Heimat. Deutschland und der Mord an meinem Vater*, Berlin 2013
Sow, Noah: *Deutschland Schwarz Weiß. Der alltägliche Rassismus*, München 2008
Sundermeyer, Olaf: *Rechter Terror in Deutschland*, München 2012
Staud, Toralf: *Neue Nazis. Jenseits der NPD. Populisten, Autonome Nationalisten und der Terror von rechts*, Köln 2012
Zick, Andreas/Klein, Anna: *Fragile Mitte. Feindselige Zustände. Rechtsextreme Einstellungen in Deutschland 2014*, Bonn 2014

NÜTZLICHE INTERNETLINKS

Beratungsstellen für die Opfer rechter und rassistischer Gewalt:

http://www.lobbi-mv.de/ (Mecklenburg-Vorpommern)

http://www.mbr-berlin.de/startseiten/was-tun-und-wie/ (Opferberatung Berlin)

http://www.ezra.de/ (Opferberatung Thüringen)

https://www.raa-sachsen.de/ (Opferberatung Sachsen)

http://www.backup-nrw.org/ueber-uns.html (Opferberatung NRW)

Zivilgesellschaftliche Initiativen und Bündnisse für demokratische Kultur und gegen Nazis:

http://demminnazifrei.blogsport.de/ (Aktionsbündnis 8. Mai Demmin)

http://rostock-nazifrei.systemausfall.org/

http://www.soziale-bildung.org/ (Rostock)

http://www.lola-fuer-lulu.de/ (Ludwigslust & Genderreflektierte Anti-Rex Arbeit)

http://www.aktionsbuendnis-brandenburg.de/

http://www.berlinerratschlagfuerdemokratie.de/partner/

http://www.schule-ohne-rassismus.org/startseite/

http://www.netzwerk-courage.de/

Infoportale:

http://www.endstation-rechts.de/ (Mecklenburg-Vorpommern)

http://www.endstation-rechts-bayern.de/ (Bayern)

http://www.bnr.de/ (Blick nach Rechts, bundesweit)

http://www.publikative.org/ (bundesweit)

http://www.nsu-watch.info/ (bundesweit, international)

https://thueringenrechtsaussen.wordpress.com/ (Thüringen)

https://www.kombinat-fortschritt.com/
(Fokus Mecklenburg-Vorpommern)

http://www.apabiz.de/ (von Berlin aus)

https://www.aida-archiv.de/ (von München aus)

http://www.ruhrbarone.de/ (Ruhrgebiet)

http://www.netz-gegen-nazis.de

Bundesprogramm »Demokratie leben!«

Lokale Partnerschaften für Demokratie:
https://www.demokratie-leben.de/programmpartner/partnerschaften-fuer-demokratie.html

Bundesweite Modellprojekte:
https://www.demokratie-leben.de/programmpartner/modellprojekte.html